KB083252

柳莊相法

국립중앙도서관 출판예정도서목록(CIP)

유장상법 : 四庫全書 / 원저자: 원충철 ; 역주: 김용남. ―
서울 : 상원문화사, 2015
      p. ;   cm

원표제: 柳莊相法
원저자명: 袁忠徹
중국어 원작을 한국어로 번역
ISBN 979-11-85179-10-0 03180 : ₩33000

관상학[觀相學]

188.1-KDO6
138-DDC23   CIP2015006621

四庫全書

柳莊相法

明・袁忠徹 著

會堂 申箕源 監修

日中 金容男 譯註

祥元文化社

蓋天以陰陽化生萬物, 氣以成形, 而山川草木, 各有形勢, 飛走昆蟲, 咸含
性體, 而人爲萬物之靈, 同長秉彝, 其中有貴賤夭壽之異, 豈天地厚薄於
其間哉, 殊不知天之生人, 原無區別, 而人之自生, 各有所秉, 非僅命之
異, 而竝有相之異也. 在八字之異, 在五官, 總不越五行生剋之理, 然推命
者頗多成書, 而辨相者少有眞訣, 柳莊袁先生之神相也, 識魚龍, 分玉石,
無不驗, 苟非探微窺異, 焉能不爽纖毫, 觀其百問對答, 辭明理順, 卽不學
斯術者, 亦何妨置諸案頭, 旣可別人之賢愚, 又可鑑己之否泰, 所謂鑑貌
辨色, 趨吉避凶, 豈無補助之益耶, 玆坊友重鐫以廣世, 請序於余, 覽而樂
之, 書此以弁其端, 乾隆甲申臘月松陸李宸志亭甫書於九思齋書室.

蓋天以陰陽化生萬物, 氣以成形, 而山川草木, 各有形勢, 飛走昆蟲, 咸含性體,
하늘의 음양 변화로 만물을 생하고, 기로 형상을 이루었으니 산천초목이 각기 형세가 있고,
날짐승, 들짐승과 곤충들도 모두 성정과 형체를 갖추고 있다.

而人爲萬物之靈, 同長秉彝, 其中有貴賤夭壽之異, 豈天地厚薄於其間哉,
사람은 만물의 영장이니 타고난 천성이 모두 길이 떳떳함을 지녀야 하니 그 가운데 귀와

천, 요절과 장수가 다르게 되고, 천지의 후복(厚福)과 박복(薄福)이 어찌 그 사이에 있을 수 있겠는가!

殊不知天之生人, 原無區別, 而人之自生, 各有所秉, 非僅命之異, 而竝有相之異也. 在八字之異, 在五官, 總不越五行生剋之理,

하늘이 사람을 낳는데, 원래 구별이 없으나 사람이 태어남에 따라 타고난 것이 단지 운명의 차이만 있는 게 아니라 또한 상의 차이도 있고, 팔자의 차이가 있으니 오관에 있어서 종합하면 오행 생극의 이치를 벗어나지 않는 것을 잘 알지 못한다.

然推命者頗多成書, 而辨相者少有眞訣,

또한 추명함에 있어 상서가 매우 많아도 상을 분별하는 참된 비결은 많지 않다.

柳莊袁先生之神相也, 識魚龍, 分玉石, 無不驗, 苟非探微窺異, 焉能不爽纖毫,

유장원 선생의 신상법은 물고기와 용을 식별하고 옥석을 구분하니 영험하지 않음이 없어서 진실로 미묘함을 탐구하고 기이함을 엿볼 수 있으니 어찌 미세한 부분도 명백하지 않음이 있겠는가.

觀其百問對答, 辭明理順, 卽不學斯術者, 亦何妨置諸案頭,

영락황제와의 영락백문을 보면 말씀이 명확하고 이치가 순조로우니 이 상학을 배우지 않고 또한 어찌 책상 구석에 그대로 방치할 수 있겠는가.

旣可別人之賢愚, 又可鑑己之否泰,
이미 사람의 현명함과 어리석음을 분별하고 또한 자신의 불운과 행운을 살피고 있었다.

所謂鑒貌辨色, 趨吉避凶, 豈無補助之益耶,
이른바 용모를 살피고 기색을 분별하여 길한 것을 취하고 흉한 것을 피한다면 어찌 유익한
도움이 없겠는가.

玆坊友重鑴以廣世, 請序於余, 覽而樂之, 書此以弁其端,
여기 한 동네 친구가 여러 번 격려하여 세상에 널리 알리려고 함에 나에게 서문을 청하여
살펴보니 훌륭한 내용이므로 여기 서문의 첫머리를 쓴다.

乾隆甲申臘月松陵李宸志亭甫書於九思齋書室.
건륭 갑신년 동짓달에 송능에서
신지(아호) 이정보가 구사재 서옥에서 쓰다.

柳莊相法 ... 추천사

相學(상학)은 참으로 위대한 학문이다. 왜냐하면 우리 인생의 숙명을 가장 單的(단적)으로 정확하게 간파하기 쉬운 方術(방술)이기 때문이다. 사주 명리학을 비롯하여 운명에 대한 예언서의 모든 학문들은 文字〔글자〕로만 풀어나가지만 오로지 相學만이 그 얼굴 생김새의 實相(실상)을 직접 보고, 간파하므로 그 정확도에 있어 독특한 장점이 있는 것이다.

그러나 世人(세인)들은 그 진정한 가치를 여실히 알지 못하여 외면하기 일쑤니 안타까운 일이다. 그도 그럴 것이 상법을 정통으로 工夫(공부)해서 그 참되고 깊은 맛을 맛보기가 그다지 쉽지 않기 때문이다. 본래 값진 보석은 얻기가 어렵듯이 상법을 터득하기가 쉽지 않으며 다양한 숙달과정을 거쳐야 하는 학문이다.

상법을 공부하자면 많은 서적이 있는데, 그중에서 가장 교과서적인 필독서로서 『마의상법』이 백미로 꼽힌다. 상학은 고대로부터 많은 기인들이 끊임없이 발전시켜 왔는바 그중에 송나라 때의 마의선생이 특히 유명하다. 그리고 명나라 때 와서 관상학이 거의 완성단계에 이르렀으니 이때 나온 책이 원충철 선생의 『유장상법』으로서 『마의상법』과 함께 쌍벽에 속한다. 『마의상법』이 骨幹(골간)에 해당하는 뼈라면 『유장상법』은 枝葉(지엽)에 해당하는 살이라 할 수 있다.

日中 김용남은 이 뼈와 살에 해당하는 마의와 유장을 숙독하고 징험하며 20여 년을 渴磨(갈마)하여 그 진수를 파헤치며 그야말로 무르녹은 경지에 도달한 나머지 마침내 『유장상법』을 번역하기에 이르니 참으로 반가운 일이다.

일찍이 한중수 선생께서 『마의상법』을 알차게 번역하시어 후학들에게 지대한 도움이 되었으나 유장은 아직까지 강호에 선보이지 못하여 늘 아쉬워 하던 중 드디어 탄생하니 후학들을 위하여 참으로 다행한 일이다. 아무쪼록 많은 후학들이 애독하고 연마하기를 진심으로 바라며 추천하는 바이다.

乙未年 孟春에
會堂 신 기 원

천자문에 보면 「감모변색(鑑貌辨色)」이라는 관상과 관련된 구절이 있다.

얼굴에 모양[貌]과 얼굴에 나타난 기운[色]을 보고 감정하고 구별한다는 의미인데, 이를 두고 동양역술에서는 觀相(관상)이라고 하는 특별한 학문이 오래전부터 지금까지 천년이 넘도록 전해지고 있는 相學[학문]이다.

관상학을 전문적으로 공부하지 않았다고 하더라도 우리들은 사람들과 만남 속에서 보고 들으며 그 사람의 印象(인상)에 대한 느낌을 받게 되며, 그 인상은 비록 막연하지만 상황판단의 근거가 되는 경우가 많이 있다.

단순히 인상의 차원을 넘어 체계적이며 전문적으로 연구한 관상 서적 중에 명나라의 袁忠徹(원충철)이 지은 『柳莊相法(유장상법)』이라는 유명한 서적이 있다.

본 『柳莊相法』 번역본은 관상학의 대가인 會堂 신기원 선생님의 수제자인 日中 선생님이 본 서를 수차례 강의하면서 딱딱한 원서를 독자들이 이해하기 쉽도록 소위 떡갈비처럼 만든 명품 번역본이기에 과감히 추천하는 바이다.

乙未年 孟春에

현공풍수연구가 **최 명 우**

柳
莊
相
法
敍 ●●●머리말

天性不改(천성불개)라 함은, 會堂 신기원 선생님께서 평생 품으신 관상학의 철학이자 요체라 할 수 있습니다. 뜻인즉 '타고난 천성, 즉 성품은 절대로 바뀌지 않는다' 는 것으로, 선생님께서 관상을 배우고자 하는 이들에게 맨 처음부터 지침으로 이르시는 말씀입니다.

또한 선생님께서 이르시길, '타고난 운명을 先天(선천)이라 하면 後天(후천)적 노력으로 자신의 운명을 어떻게 바꾸어 나갈 것인지 내 마음 씀씀이에 따라 나의 얼굴과 삶을 바꾸어 놓는 근본이 되는 것이다.' 라고 하셨습니다.
아울러 미국의 저명한 철학자 윌리엄 제임스의 말을 인용하자면, "마음이 생각을 조절하고, 생각이 언어를 결정하며, 언어가 행동을 만들고, 행동이 습관을 들이며, 습관이 인격을 형성하고, 인격이 운명을 결정한다."고 했습니다.

저의 스승이신 회당 선생님께서는 관상학을 不師自通(불사자통), 즉 스승 없이 스스로 터득하여 神眼(신안)의 경지에 이르신 분입니다. 선생님께서는 관상학이 단지 方術(방술)이 아니라 상학의 性命雙修(성명쌍수)를 전하여 타고난 性과 命을 갈고 닦아 先天(선천)을 後天(후천)의 修身(수신)으로 변화시키는 데에 있음을 강조하셨습니다. 이를 전수 받은 저는 23년을 한결같은 마음으로 회당 선생님의 뜻을 따르려 노력하였으며, 敎學相長(교학상장)의 마음으로 후학에게 전하고자 『유장상법』을 완역하는 작업에 임하게 되었습니다.

『유장상법』은 총 42개의 비결이 실려 있으며, 머리카락에서 발끝까지 신체의 모든 부위를 세세하게 논한 상서 중의 비결이라 할 수 있습니다. 『유장상법』의 백미라 할 수 있는 부분은 영락황제와 유장선생의 영락백문을 외결로 덧붙였고, 영락백문은 명나라 영락황제가 원충철에게 질문한 백 가지 문답내용을 수록한 것이며, 실제로 전해지는 것은 73문답만이 수록되어 있습니다.

『유장상법』의 원본은 상·중·하로 나뉘어 상본은 사람의 귀천과 궁통을 알 수 있고, 중본은 사람의 당년의 길흉화복을 알 수 있으며, 하본은 미래의 왕상휴구와 자손의 성쇠를 알 수 있습니다. 그러나 현재 원본은 소실되었기에, 『유장상법』의 원전은 세상에 전해지지 않고 있습니다.

참고로, 영락황제는 1402년에 43세의 나이로 황제에 즉위하였고, 즉위 전에도 원충철의 부친인 원공과 친분이 두터워 그의 자문을 받았으며, 원공의 아들인 원충철을 관직에 중히 쓰면서 상법과 관련된 토론을 하였다고 합니다.
『유장상법』은 이러한 토대 위에서 원충철이 정리하여 만든 것이라 전해지며, 이에 영락황제는 원충철에게 '유장'이라는 호를 하사하였다고 전해집니다.

風監之氣(풍감지기)라는 것은 軒轅氏(헌원씨)의 신하인 風后氏(풍후씨)에게서 나와서 풍감이라는 명칭이 생기게 되고, 실제 풍후씨가 감정을 한다는 뜻에서 기인합니다. 相을 볼 수 있는 眼目(안목)을 타고나야 사람의 마음을 읽을 수 있는 관상가로서의 참된 자질임을 이르는 말입니다. 風監之氣를 타고난 관상가는 상대의 부귀빈천의 겉모습에 얽매이지 않으며, 내면의 心性(심성)을 보는 것이 바로 관상의 開眼(개안)이라 볼 수 있을 것입니다.

회당 신기원 선생님의 강의를 처음 듣던 날 선생님으로부터 "오늘 참으로 기이한 사람이 이 자리에 참석을 했군요."라는 말씀을 듣고는 그 기이한 인연으로부터 시작해 감사하게도 오랜 시간 동안 선생님을 곁에서 모시게 되었습니다. 부족한 저를 선생님의 문하생으로 받아주시고, 아낌없이 사랑을 베풀어 주시고, 때론 아들처럼 따끔하게 훈계를 해주신 선생님의 河海(하해)와 같은 은혜에 다시 한 번 깊이 감사를 드립니다.

또한 부족한 저에게, 끊임없는 격려와 함께 쉼 없는 변화를 시도하라 종용하시며 더욱 내실이 있는 강의와 상담을 할 수 있도록 지도편달을 아끼지 않으신 현공풍수 대가이신 겸산 최명우 선생님께도 심심한 감사의 말씀을 드립니다. 선생님께서 현재에 만족하지 않고 항상 새로운 도전을 불사하시며 노력을 하시는 열정적인 족적이 저와 같은 후학들에게 많은 귀감이 되고 있습니다.

그리고 『유장상법』을 완역하면서 번역과 교정으로 힘써 주신 선생님들과 선후배님들께 지면으로 감사의 인사를 드릴 수밖에 없음을 넓은 아량으로 이해해 주시기 바랍니다.

끝으로 오랜 시간 원고가 나오기까지 기다려 주시고 『유장상법』의 완역을 출판해 주신 상원문화사 문해성 사장님과 김영철 실장님께도 감사의 말씀을 전합니다.

乙未年 孟春에
日中 김용남 배상

目次

上篇

下篇

十三部位總要圖

십삼부위총요도

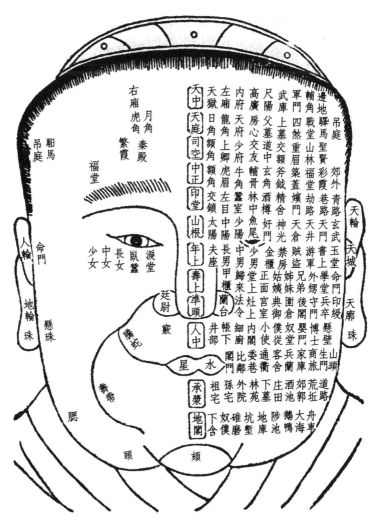

流年運氣部位圖

유년운기부위도

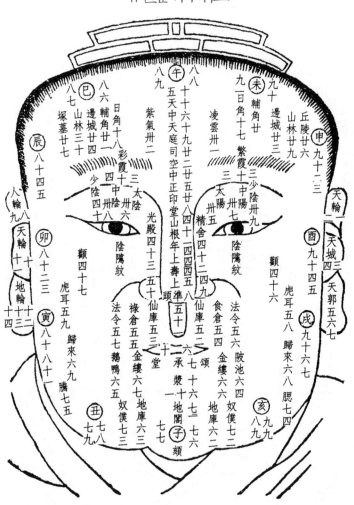

十二宮分之圖
십이궁분지도

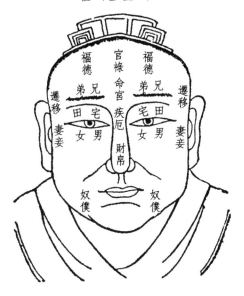

五星六曜五嶽四瀆之圖
오성육요오악사독지도

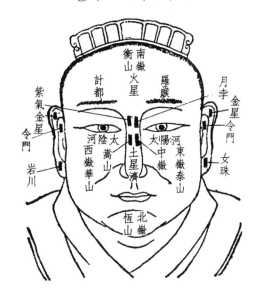

六府三才三停之圖
육부삼재삼정지도

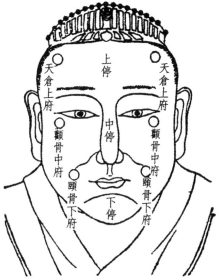

九州八卦干支之圖
구주팔괘간지지도

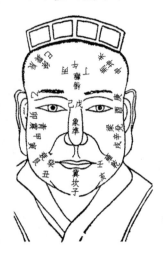

五官之圖
오관지도

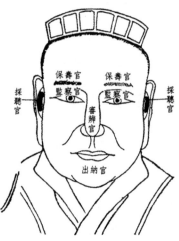

四學堂八學堂之圖
사학당팔학당지도

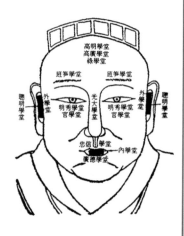

論人面痣之圖
논인면지지도

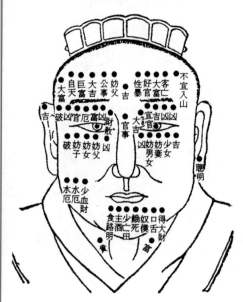

男人面痣之圖
남인면지지도

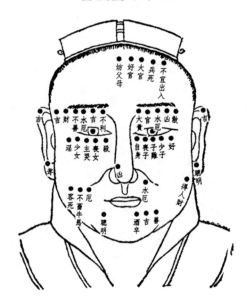

玉枕之圖
옥침지도

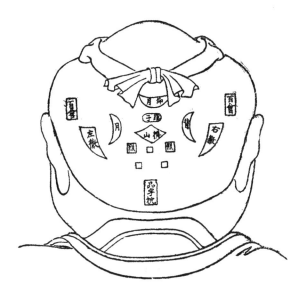

富貴掌圖
부귀장도

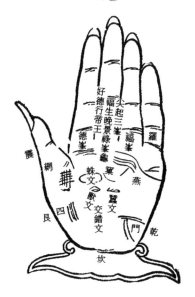

八卦掌圖
팔괘장도

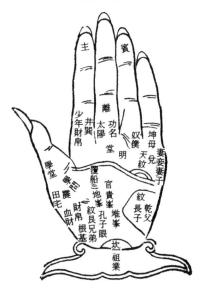

일러두기

◉ 『유장상법』의 본문의 오자나 탈자는 본문 옆에 〈괄호〉를 사용하였습니다.

예문: 十二官 ➡ 十二官〈宮〉

본문에서는 十二官으로 되어 있는 것을 〈괄호〉 안에 오자를 〈宮〉으로 변환하여 十二官〈宮〉으로 하였습니다.

◉ 『유장상법』의 본문의 내용을 부연 설명하는 부분은 (괄호)를 사용하였습니다.

예문: 신지 (아호)

본문에서 '신지'의 의미를 파악하기 어려운 부분을 (괄호) 안에 부연 설명을 하여 (아호)로 붙임으로써 '신지'가 아호임을 알려 드립니다.

◉ 『유장상법』의 본문에서 細註(세주)는 본문에는 1/2의 글자 크기로 되어 있으나 (괄호) 안에 (세주)라 하여 설명을 하였습니다.

上篇

◉胎兒貴賤태아귀천

明尙寶司卿 忠徹秘傳

未出腹中豫知貴賤○解曰此言腹中之姙, 凡男抱母女背母, 或上或下爲夭胎, 或左或右爲壽胎, 貴胎動必停勻自無毒病, 賤胎腹內多動母常有病. 廣鑑先生曰, 男胎母氣足神常清, 女胎母氣不足神多亂, 平常聲清懷孕必生福壽之男, 平常聲濁懷孕必生孤苦之子. 文曰, 脣白多産難, 臨盆欲安靜, 大富貴者, 胎自安, 賤者胎亂動, 壽者母必安, 夭者母多病, 壽者母印紅, 夭者母脣白, 貴者母精光, 賤者母神散.

未出腹中豫知貴賤
복중 태아의 귀천을 미리 예측할 수 있다.

○解曰, 此言腹中之姙
해왈, 이 말은 임신하여 복중 태아가 있음을 말한다.

凡男抱母, 女背母, 或上或下爲夭胎, 或左或右爲壽胎
보통 아들이면 모체를 마주하여 끌어안고 있는 모습이고, 딸이면 모체를 등지고 있는 모습이다. 혹 복중 태아의 모습이 위에 있거나 아래에 자리를 잡고 있으면 태어나서 오래 살지 못하게 되고, 혹은 왼쪽이나 오른쪽에 있게 되면 태어난 아이가 오래 살게 된다.

貴胎動必停勻自無毒病, 賤胎腹內多動母常有病

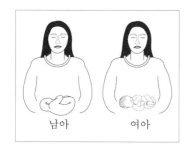

남아   여아

귀하게 될 태아는 반드시 일정하고 균일하며 자연스럽게 움직이면 태어나서도 질병에 걸리지 않고 건강하게 자라며, 천하게 될 태아는 복중에서 산만하게 많이 움직이게 되어 산모에게도 해를 끼치게 되고, 항상 병이 끊이지 않게 된다.

廣鑑先生曰, 男胎母氣足神常淸, 女胎母氣不足神多亂,

광감선생이 이르길, 남자 태아는 모체의 기가 충만하게 되고 항상 정신을 맑게 해 주지만, 여자 태아는 모체의 기가 불충분하게 되어 정신이 산란하게 된다.

☞ 神(정신 신) : 정신을 뜻한다

平常聲淸懷孕必生福壽之男, 平常聲濁懷孕必生孤苦之子.

산모의 음성이 평상시 맑으면 반드시 福壽(복수)를 누리는 남자아이를 잉태하고, 평상시에 음성이 탁한 산모는 반드시 고독하고 고생스러운 아이를 잉태하게 된다.

文曰, 脣白多產難, 臨盆欲安靜,

문왈, 산모의 입술이 허옇게 핏기가 없으면 난산을 하게 되고, 출산에 임박해서는 편안하게 안정을 취해야 한다고 하였다.

大富貴者, 胎自安, 賤者胎亂動,

대부귀를 누리게 되는 태아는 스스로를 편안하게 해서 산모를 안정케 하고, 천하게 될 태아는 어지럽게 움직여 산모를 불안케 한다.

壽者母必安, 夭者母多病,

장수할 태아의 산모는 반드시 안정되어 편안하고, 단명할 태아의 산모는 임신 기간 동안에 병이 많게 된다.

壽者母印紅, 夭者母脣白,

장수할 태아의 산모는 인당에 홍색이 나타나고, 단명할 태아의 산모는 입술이 허옇게 메말라 있게 된다.

貴者母精光, 賤者母神散.

귀하게 될 태아의 산모는 눈동자에서 빛이 나고, 천하게 될 태아의 산모는 눈동자의
빛이 어지럽게 흩어져 있다.

◉**胎兒男女**태아남녀

在腹先知男女○解曰, 男胎動必勻停, 母雙眼下白瑩, 準明印潤, 女
胎眼上靑暗, 又主難産.

在腹先知男女

복중의 남녀를 미리 알 수 있다.

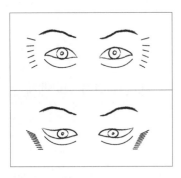

○ 解曰, 男胎動必勻停, 母雙眼下白瑩, 準明印
潤, 女胎眼上靑暗, 又主難産.

해왈, 남자 태아는 움직임이 반드시 일정하고 균일
하게 움직이고, 산모의 두 눈 아래가 하얗게 빛나
며, 준두가 맑고, 인당이 윤택하게 보인다. 여자 태
아를 잉태한 산모의 눈 주위가 푸르거나 어두우면
또한 반드시 난산의 위험이 있게 된다.

◉**出産期日**출산기일

臨盆可定日期○解曰, 印堂紅, 主丙丁日火旺, 必生男, 準頭黃, 主戊
己日土旺, 必生男, 水星口角明, 主壬癸日水旺, 必生女, 雙顴明, 主
甲乙日木旺, 必生男, 天倉地庫明, 主庚申日金旺, 生女必難産, 是男
不妨, 凡面上俱暗色不開, 還有幾日, 只待何處明, 方許臨盆, 忽然一

明復一暗, 必死無疑, 凡女人臨産之時, 看右手心紅在乾宮, 貴子, 紅在坎宮, 富子, 又好養, 在掌心爲明堂紅潤, 必生福壽之男, 若是靑色, 必産破家之裔, 再靑再暗, 未免難産, 以前俱論産婦之訣.

臨盆可定日期

출산의 기일을 정할 수 있다.

☞ 臨盆임분 : 출산을 뜻한다

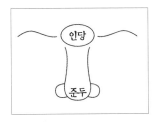

○ 解曰, 印堂紅, 主丙丁日火旺, 必生男,

해왈, 인당에 홍색이 나타나면 丙丁日(병정일)에 火旺(화왕)해서 반드시 남아를 얻게 된다.

準頭黃, 主戊己日土旺, 必生男,

준두가 노랗게 밝으면 戊己日(무기일)에 土旺(토왕)해서 반드시 남아를 얻게 된다.

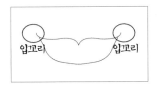

水星口角明, 主壬癸日水旺, 必生女,

입과 입꼬리가 밝으면 壬癸日(임계일)에 水旺(수왕)해서 반드시 여아를 얻게 된다.

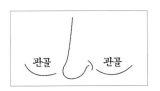

雙顴明, 主甲乙日木旺, 必生男,

양쪽 관골이 밝으면 甲乙日(갑을일)에 木旺(목왕)해서 반드시 남아를 얻게 된다.

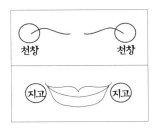

天倉地庫明, 主庚申日金旺, 生女必難産, 是男不妨,

천창지고가 밝으면 庚申日(경신일)에 金旺(금왕)하여 여아를 낳으면 난산을 하게 되지만 남아를 낳으면 난산을 하지 않게 된다.

☞ 천창은 눈썹 끝의 볼록하게 나온 뼈를 의미한다

凡面上俱暗色不開, 還有幾日, 只待何處明

산모의 얼굴에 어두운 색이 가득하여 환히 열리지 않으면 출산의 기일을 알 수는 없지만 다만 어느 부위가 밝아지게 되면 출산기일을 짐작할 수 있게 된다.

方許臨盆, 忽然一明復一暗, 必死無疑

출산에 임박해서 갑자기 밝아졌다 다시 어두워지면 반드시 사산을 의심해 봐야 한다.

凡女人臨産之時, 看右手心紅在乾宮, 貴子, 紅在坎宮, 富子, 又好養

산모가 출산에 임박해서 오른손바닥 중심과 건궁이 홍색이면 귀하게 될 아들을 낳게 되고, 손바닥 중심과 감궁이 홍색이면 부자가 될 아들을 낳아 건강히 잘 자라게 된다.

☞ 감궁은 손바닥 중심에서 손목에 가까운 부분이다

在掌心爲明堂紅潤, 必生福壽之男

재차 손바닥의 중심을 명당이라 하고, 홍색이 윤택하게 나타나면 반드시 福壽(복수)를 누리는 남자아이를 낳게 된다.

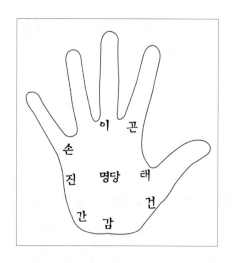

若是青色, 必産破家之裔

만약 손바닥 중심에 푸른색이 나타나면 반드시 집안을 몰락시키는 자손을 낳게 된다.

再青再暗, 未免難産,

또한 손바닥의 중심이 푸른 듯 어둡게 나타나면 난산을 면하기 어렵게 된다.

以前俱論産婦之訣.

앞에서 논한 모든 내용은 임산부에 관한 비결이다.

莫道嬰兒難相, 一生出腹可知○解曰, 凡下地小兒, 紅黑色爲妙, 白色主月內身亡, 身生白癜, 滑如糊, 因臨盆房事多傷, 主生瘡疾, 多病, 身生白癜, 滑如糊, 因臨盆房事多傷, 主生瘡疾, 多病, 有七件好養, 男兒頭髮齊眉, 好養, 多福利, 頭皮寬, 好養, 大貴, 鼻孔出氣閉口睡, 好養, 鼻高脣紅厚, 好養, 有神, 啼得先高後響大者, 好養, 陰囊大縐黑而有弦者好養, 有二十一件不好養, 頭皮急三歲關, 面大無鼻樑, 一歲關, 鼻樑不起, 一歲至死, 睛如黑豆, 身不滿週, 睛圓如鷄, 一週可知, 耳軟如綿, 三歲不全, 沒有脚根, 難過二春, 身大後小, 一週難保, 肉重如泥, 骨少必夭, 三歲死, 穀道無縫, 難過一春, 脣薄如紙, 一歲必死, 耳後無根, 不滿三春, 耳後小高骨, 又名玉枕(一名壽根), 書云, 玉枕不成, 能言而亡, 正合此也, 耳有輔弼, 只好二七十四歲出, 耳行天停上, 此骨在髮邊, 如無此骨者, 十四歲主死, 肉多骨軟, 一週不滿, 頭大頂細, 一週不滿, 雙目無神, 不過三春, 眼如含淚, 只好二歲, 頭尖又薄, 五歲妨厄, 腹大肚小, 三歲必了(此言無腿肚也), 髮黃又疎, 二歲而死, 無眉齒早, 三歲而死, 凡齒一週內生, 必好養, 一週外生, 大貴, 五六月生主死, 下齒先生者極多, 如上齒先生者, 主大聰明, 主妨母, ○凡小兒欲頂平耳正兼硬, 聲高氣足神爽方好, 書云, 神昏氣暗, 必是貧窮之漢, 第一件總論, 凡小兒欲聲高淸响喨而堅者爲妙, 非貴卽富, 以前相下地百日內之訣.

莫道嬰兒難相, 一生出腹可知
갓난아이의 상을 볼 수 없다고 하지만 갓 태어난 아이의 관상으로 다 알 수 있다.

○ 解曰, 凡下地小兒, 紅黑色爲妙, 白色主月內身亡

해왈, 아이가 태어나자마자 온 몸과 얼굴이 검붉은 색이면 가장 건강한 아이가 되고, 갓난아이가 핏기가 없이 허옇게 태어나면 한 달 안에 죽을 수 있게 된다.

身生白瘰, 滑如糊, 因臨盆房事多傷, 主生瘡疾, 多病

갓 태어난 아기가 허옇게 부스럼이 일어나거나 밀가루 풀을 바른 듯 번들거리면 임신 중에 부모가 합방하여 태아가 상해를 많이 입게 되고, 태어나서 창질에 걸리거나 잔병치레가 많게 된다.

有七件好養,

아이가 잘 자라는 일곱 가지 조건이 있다.

❶ 男兒頭髮齊眉, 好養, 多福利

남자아이의 머리카락이 무성하고, 눈썹이 가지런하면 건강하게 잘 자고, 이로운 복이 많은 아이가 된다.

❷ 頭皮寬, 好養, 大貴

두피가 너그럽게 도톰하면 잘 크고, 귀하게 된다.

❸ 鼻孔出氣閉口睡, 好養

잠을 잘 때 입을 꼭 다물고 코로만 호흡을 하면서 자면 건강하게 잘 자라게 된다.

❹ 鼻高脣紅厚, 好養

콧대가 오똑하고, 입술이 붉게 도톰하면 건강하게 잘 자라게 된다.

❺ 有神

눈동자가 까맣고, 눈빛이 초롱초롱하게 빛나면 건강하게 잘 자란다.

❻ 啼得先高後響大者, 好養

울음소리가 힘차게 시작하여 점점 크게 울리면 잘 크고 평생 건강하게 된다.

❼ 陰囊大縐黑而有弦者好養

음낭이 크고 검으며, 주름이 분명하고 탄력이 있으면 건강하게 잘 자라게 된다.

有二十一件不好養

아이를 잘 키우지 못하는 21가지 조건이 있다.

❶ 頭皮急三歲關

　두피가 얇아서 팽팽하게 보이면 3세를 넘기기 어렵게 된다.

❷ 面大無鼻樑, 一歲關

　얼굴은 큰데, 콧대가 없으면 1세를 겨우 넘기게 된다.

❸ 鼻樑不起, 一歲至死

　콧대가 높지 않으면 1세 되기가 어렵게 된다.

❹ 睛如黑豆, 身不滿週

　눈동자가 검은 콩처럼 윤기가 없으면 1년을 채우기 어렵게 된다.

❺ 睛圓如鷄, 一週可知

　닭의 눈처럼 둥글고 붉으면 수명이 1년밖에 안 되는 것을 알 수 있게 된다.

❻ 耳軟如綿, 三歲不全

　귀가 솜처럼 부드러우면 3세를 온전하게 넘기기 어렵게 된다.

❼ 沒有脚根, 難過二春

　발의 뒤꿈치가 없으면 2년을 넘기기 어렵게 된다.

❽ 身大後小, 一週難保

　몸은 우량아로 건실한데, 엉덩이가 작으면 1년을 보존키 어렵게 된다.

❾ 肉重如泥, 骨少必夭, 三歲死

　진흙처럼 덧바른 듯이 살이 두터우면 뼈가 약해서 반드시 3세를 넘기기 어렵게 된다.

❿ 穀道無縫, 難過一春

　항문에 주름이 없으면 1년을 넘기기 어렵게 된다.

　　　　　☞ 穀道無縫곡도무봉의 곡도는 항문이며, 봉은 쭈글쭈글한 주름 자국이다

⓫ 脣薄如紙, 一歲必死

　입술이 종이처럼 얇으면 1세를 넘기기 어렵게 된다.

⓬ 耳後無根, 不滿三春

　귀 뒤의 뼈가 없으면 3세를 채우지 못하게 된다.

　耳後小高骨, 又名玉枕, (一名壽根)

　귀 뒤에 작게 솟은 뼈가 있으며, 또 다른 명칭을 옥침이

　라 한다(세주 : 수명의 뿌리라 부른다).

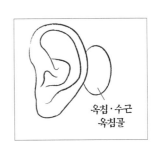

옥침·수근
옥침골

書云, 玉枕不成, 能言而亡, 正合此也

서운, 옥침골이 제대로 이뤄지지 않으면 말을 배우자마자 죽는다고 한 것이 바로 이
와 같은 것이다.

沒有輔弼, 只好二七十四歲

옥침골이 귀를 보필해 주지 않으면 14세를 넘길 수 없게 된다.

☞ 二七十四이칠십사 : 2×7=14로 본다

⑬ 出耳行天停上, 此骨在髮邊, 如無此骨者, 十四歲主死

귀가 높이 솟아 이마에 이르고, 이 옥침골이 머리카락 가장자리에 있어야 건강한데,
만일 이 옥침골이 없으면 14세에 죽을 수 있게 된다.

☞ 天停천정은 이마를 의미하고, 髮邊발변은 머리카락의 가장자리를 뜻한다

⑭ 肉多骨軟, 一週不滿

살은 많은데, 뼈가 연약하고 부드러우면 1년을 채우기 어렵게 된다.

⑮ 頭大項細, 一週不滿

머리는 큰데, 목이 가늘면 1년을 넘기 어렵게 된다.

⑯ 雙目無神, 不過三春

두 눈이 빛나지 않으면 3년을 넘기지 못하게 된다.

⑰ 眼女含淚, 只好二歲

눈에 눈물이 항상 고여 있으면 2세를 넘기기 어렵게 된다.

⑱ 頭尖又薄, 五歲妨厄

두상이 뾰족하고, 두피가 얇으면 5세를 넘기지 못하고 액을 끼치게 된다.

⑲ 腹大肚小, 三歲必了, (此言無腿肚也)

배는 큰데, 허벅지가 가늘면 3세를 넘기기 어렵게 된다(세주 : 이는 허벅지의 살이 두텁
지 않은 것을 말하는 것이다).

⑳ 髮黃又疎, 二歲而死

머리카락이 누렇고, 또 머리카락의 숱이 적으면 2세에 죽게 된다.

㉑ 無眉齒早, 三歲而死

눈썹은 엷은데, 치아가 빨리 나오면 3세에 죽게 된다.

凡齒一週內生, 必好養, 一週外生, 大貴

보통 치아는 1년 안에 생기게 되면 건강하게 잘 자라게 되고, 1년이 지나서 치아가 나오면 귀하게 될 아이가 된다.

五六月生主死

5~6개월이 되어 치아가 나오면 일찍 죽게 된다.

下齒先生者極多, 如上齒先生者, 主大聰明, 主妨母

아랫니가 먼저 나오는 경우가 가장 일반적인데, 만일 윗니가 먼저 나오면 매우 총명하지만 어머니에게 해를 끼치게 된다.

○凡小兒欲頂平耳正兼硬

소아의 두상이 둥글고 평평해야 하고, 귀는 단정하고 단단해야 한다.

聲高氣足神爽方好

음성이 높게 울리고, 기운이 넘치며, 눈의 총기가 밝게 빛나는 것이 매우 좋은 상이 된다.

書云, 神昏氣暗, 必是貧窮之漢

서운, 눈빛이 흐리고 기운이 가라앉으면 반드시 빈궁하게 살아가게 된다고 하였다.

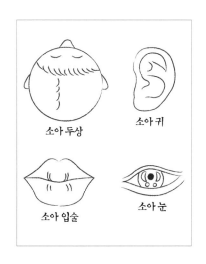

소아 두상　　소아 귀

소아 입술　　소아 눈

第一件總論 凡小兒欲聲高响喨而堅者爲妙, 非貴卽富

첫째로, 총론하면 아이는 음성이 높고, 맑게 울리고, 성량의 힘이 있어야 좋은 것이니 귀하게 되지 않으면 부유하게 된다.

以前相下地百日內之訣.

이전의 상은 생후 100일까지의 어린아이의 상을 볼 수 있는 비결이다.

> 三日知一生○解曰, 此言下地小兒, 乃原秉氣極驗, 後來恐乳好養起
> 來轉難看, 三日若脣紅又厚, 必貴, 耳硬必貴, 一連三四聲, 不換氣, 大
> 富貴, 啼叫自動, 大來有力善武, 睛轉看者, 必貴, 脣薄不爲妙, 自能動
> 頭者是能人, 啼叫無力者, 一生不如.

三日知一生
생후 3일 된 갓난아이를 보면 평생을 알 수 있다.

○解曰, 此言下地小兒, 乃原秉氣極驗
해왈, 이는 갓난아이는 선천적 타고난 기운을 주관하므로 지극히 상이 잘 드러난다는 말이다.

☞秉氣병기 : 선천적으로 타고난 기운

後來恐乳好養起來轉難看
아마도 이후에 다만 아이가 모유를 먹고 자라게 되면 상을 보기가 어렵게 된다.

三日若脣紅又厚, 必貴, 耳硬必貴
생후 3일 후에 아이의 입술이 붉고 두툼하면 반드시 귀하게 자라고, 귀가 단단하면 귀하게 될 아이라고 볼 수 있다.

一連三四聲, 不換氣, 大富貴, 啼叫自動, 大來有力善武
한 번에 서네 번을 연달아 숨이 차지 않고 우는 아이는 대부귀를 누리게 되고, 아이의 울음소리가 저절로 커지게 되면 장차 장군감이 된다.

睛轉看者, 必貴, 脣薄不爲妙

눈동자를 자유롭게 움직이는 아이는 반드시 귀하게 되고, 입술이 얇으면 귀하지 못한 아이라 본다.

自能動頭者是能人, 啼叫無力者, 一生不如

자기의 힘으로 고개를 돌릴 수 있는 아이는 뛰어난 사람이 되고, 울음소리가 힘이 없으면 평생 뜻대로 되지 않는다.

◉三歲八十삼세팔십

三歲定八十○解曰, 此言三歲起已不食乳, 好看了五官六府三停, 骨格性情, 賢愚自見, 小兒骨堅者, 精壯神足, 一生病少, 寢口合, 語不露齒, 乃福壽到老之相, 俗說三歲定老, 相上原有此說, 三四歲之童, 汗宜香, 聲宜淸晌, 眉宜黑, 髮宜細黑, 黃細亦不妙, 耳低百無一成, 多因髮生角, 主愚賤, 生天停, 主賢貴, 大槪相童之法, 要神血氣骨, 爲五形之理, 神欲淸而欲明, 氣欲和, 骨欲堅, 小兒骨欲硬, 大人骨欲軟, 皮屬土, 故爲皮土, 皮爲臣, 骨爲君, 君臣宜配, 皮骨欲勻, 皮薄骨高, 少年死, 皮厚骨少, 少年亡, 此五者有一件, 非貧卽夭

三歲定八十○解曰

세 살 버릇이 여든 살까지 간다는 것은, 해왈,

此言三歲起已不食乳, 好看了五官六府三停, 骨格性情, 賢愚自見

이는 3세부터 모유를 떼게 되면 오관·육부와 삼정이 모두 갖춰지게 되어 상을 보기가 좋게 되고 골격과 성정과 현우가 저절로 보이게 된다고 말한 것이다.

小兒骨堅者, 精壯神足, 一生病少

소아의 골격이 단단하며 검은 눈동자가 또렷하고, 눈의 총기가 충만하면 평생 병이 적게 된다.

寐口合, 語不露齒, 乃福壽到老之相

잘 때 입을 다물고, 말할 때 치아가 보이지 않으면 노년까지 복수를 누리는 상이 된다.

俗說三歲定老, 相上原有此說

속설에 세 살 버릇이 여든 살까지 간다고 하는데, 원래 관상에서 이러한 말이 있었다.

三四歲之童, 汗宜香, 聲宜淸响, 眉宜黑, 髮宜細黑, 黃細亦不妙

3~4세 아이의 땀에서 향기가 나고, 음성이 맑게 울리며, 눈썹이 검고, 머리카락이 검고 가늘어야 하는데, 머리카락이 누렇게 가늘면 좋은 상이 아니다.

耳低百無一成, 多因髮生角, 主愚賤

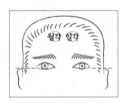

귀가 눈보다 낮으면 백가지 중에서 한 가지도 이루지 못하고, 머리카라이 일월각에 나게 되면 반드시 어리석고 천하게 된다.

☞ 일월각은 이마에 뿔처럼 튀어나온 부분이며, 왼쪽은 일각, 오른쪽은 월각이라 합니다.

生天停, 主賢貴

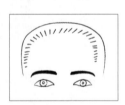

이마가 높이 솟으면 어질고 귀한 아이가 된다.

大槪相童之法, 要神血氣骨, 爲五形之理, 神欲淸而欲明, 氣欲和, 骨欲堅

아이의 상을 보는 법은 神(신) · 血(혈) · 氣(기) · 骨(골)이 중요하고, 다섯 가지 체형을 근본 이치로 삼으며, 눈빛이 깨끗하고 맑아야 하고, 기운은 온화해야 하며, 골격은 견고해야 한다.

小兒骨欲硬, 大人骨欲軟

소아의 골격은 단단해야 하고, 어른의 골격은 유연해야 한다.

皮屬土, 故爲皮土, 皮爲臣, 骨爲君, 君臣宜配

피부는 토에 속하니 고로 피토라 하는데, 피부는 신하가 되고 골격은 군주가 되니 군신의 배합이 잘 되어야 한다.

皮骨欲勻, 皮薄骨高, 少年死, 皮厚骨少, 少年亡

피부와 골격이 골고루 균등해야 하는데, 피부가 얇아 골격이 튀어나오면 어려서 죽기도 하고, 피부는 두터운데 골격이 적어도 어려서 죽게 된다.

此五者有一件, 非貧卽夭

이러한 다섯 가지 중에서 한 가지라도 해당하면 가난하거나 일찍 죽게 된다.

◉**相無訣法**상무결법

> 相無訣法, 不可亂言○解曰, 此說可記後邊斷法, 再依古書部位, 萬無一差, 不可以一美而言善, 莫以一惡而言凶, 是相有乘除加之法也.

相無訣法, 不可亂言○解曰

상을 보는 데 있어서 비결이 없다고 하는데, 함부로 말을 해서는 안 된다. 해왈,

此說可記後邊斷法, 再依古書部位, 萬無一差

이 말은 깊이 연구를 하여 비법을 기록한 것이고, 다시 다른 고서에서 어느 부분과 비교하여 한 치의 오차가 없어야 한다.

不可以一美而言善, 莫以一惡而言凶, 是相有乘除加之法也.

어느 한 가지만 잘생겼다고 좋은 상이라 볼 수 없으며, 어느 한 부위가 못생겼다고 나쁜 상이라고도 볼 수 없다. 상법에는 가감승제의 변통법이 있다.

人從少長, 先觀童相爲先, 骨格未成, 五六三停可定○解曰, 此言小兒不可不相, 凡小兒大槪先看形體正直, 氣象昂然, 此乃大成, 厚者有壽, 薄者少福, 天削刑傷, 地削貧賤, 睛黃愚頑, 鼻小大敗, 頭偏尖不成器, 耳低反必窮途, 神散多狂, 僧道耳低, 必定窮途, 神散多狂破而淫, 夫五者五官, 六者六府, 三停, 天地中爲三停, 小兒骨格雖未成, 但五官六府己成, 不可不依理細看, 何一官好, 何一處不如, 一生全要以頭爲主, 天停不好, 一生不妙, 不成事, 人言過此方好, 乃是亂道, 頭有二十四氣, 有二十四骨, 各有一名, 要細體認, 後有永樂百問詳看方知

人從少長, 先觀童相爲先, 骨格未成, 五六三停可定○解曰

어린아이가 성장하게 되면서 먼저 아이의 상을 우선시해야 하며, 골격이 아직 다 이뤄지지 않아도 오관·육부와 삼정은 이미 정해졌다. 해왈,

此言小兒不可不相, 凡小兒大槪先看形體正直, 氣象昂然, 此乃大成

어린아이의 상을 볼 수 없다고 말하지 마라. 어린아이의 상은 대개 체형이 단정하고 곧은지를 먼저 봐야 하고, 기상이 우렁차고 씩씩하면 이는 크게 성공할 수 있게 된다.

厚者有壽, 薄者少福

체격이 튼튼한 아이는 오래 살고, 체격이 허약한 아이는 복이 적게 된다.

天削刑傷, 地削貧賤

이마가 좁으면 어려서 갖은 형상을 겪게 되고, 턱이 좁으면 빈천하게 된다.

睛黃愚頑, 鼻小大敗

눈동자가 노란색이면 어리석고 고집이 세며, 코가 작으면 크게 실패하게 된다.

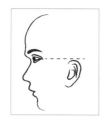

頭偏尖不成器, 耳低反必窮途, 神散多狂

머리가 삐뚤어지거나 뾰족하면 성공할 인물이 되지 못하게 되고, 귀가 눈보다 낮고 뒤집히면 반드시 가난하게 되고, 눈빛이 흩어지면 광기가 많아지게 된다.

僧道耳低, 必定窮途, 神散多狂破而淫

수도자의 귀가 낮으면 반드시 수행길이 어렵게 되고, 눈빛이 흩어지면 광기가 많아져서 파계하거나 음난하게 된다.

夫五者五官, 六者六府, 三停, 天地中爲三停

대개 오라고 하는 것은 오관이 되고, 육이라 하는 것은 육부가 되며, 삼정은 천지인이므로 삼정을 의미한다.

小兒骨格雖未成, 但五官六府已成, 不可不依理細看

어린아이의 골격은 아직 갖춰지지 않았으나, 다만 오관과 육부만 이미 갖춰졌으니 상의 이치에 의해서 상세히 볼 수 있다.

何一官好, 何一處不如, 一生全要以頭爲主天停不好, 一生不妙, 不成事

오관 중 어떤 일관은 좋고, 어떤 일관은 좋지 못하다 해도 평생에 두상을 가장 중요하게 삼으니 이마가 좋지 못하면 평생이 어렵고, 성사가 되는 것이 없다.

人言過此方好 乃是亂道

사람들이 이를 적당히 지나쳐서 대충 좋다고 말한다면 이는 관상의 법도를 어지럽히는 것이다.

頭有二十四氣 有二十四骨 各有一名

두골은 24개의 기와 24개의 뼈로 이뤄져 있으며, 각각의 명칭이 있다.

要細體認, 後有永樂百問詳看方知

상세히 체득해야 하는데, 뒷부분의 〈영락백문(281페이지 참조)〉에서 자세히 살펴보면 알게 될 것이다.

男相女相
남상여상

●**嬰孩童子**영해동자

> 嬰孩童子, 各有一說○解曰, 此言不可一概而推, 三歲爲嬰孩, 相神
> 氣, 不相五官, 十二歲內外爲童子, 還相五官六府三停十三官爲主,
> 不可以乳童論.

嬰孩童子,各有一說○解曰

영해와 동자에 대해서는 각각 설명되어져 있다. 해왈,

此言不可一概而推

이는 한 가지 방법으로 추론하면 안 되고, 각각 다르게 봐야 할 것이다.

三歲爲嬰孩, 相神氣, 不相五官

3세까지가 영해가 되고, 눈빛과 기운을 잘 살펴봐야 하며 오관의 상만 보아서는 안
된다.

十二歲內外爲童子, 還相五官六府三停十二官爲主, 不可以乳童論.

12세 내외는 동자가 되고, 오관·육부·삼정과 12궁을 위주로 상을 봐야 하고, 젖먹
이 아이와 같은 상법의 이론으로 봐서는 안 된다.

●**閨女童女**규녀동녀

> 閨女童女, 另有一相○解曰, 嬰女之相, 與男不同, 忌天庭高, 顴骨
> 聳, 聲大, 睛大, 眉重, 性躁, 此數件俱主妨母, 少兄弟, 又主破家, 十

歲爲童女, 忌聲高, 書云, 殺夫三顴面, 妨夫額不平, 欲知三度嫁, 女作丈夫聲, 相女之法, 和潤色明爲妙, 第一件, 忌齒白, 細尖, 黃大, 疎稀, 四者不妙, 大槪貴男無賤耳, 貴婦無賤齒, 若耳不好, 爲金木開花, 一世多成多敗, 多學少成, 女人齒白尖白上, 多淫少子不妙.

閨女童女, 另有一相〇解曰

규방과 동녀는 다르게 보는 상법이 있다. 해왈,

嬰女之相, 與男不同

어린 여아의 상과 남아를 보는 상은 서로 다르다.

忌天庭高, 顴骨聳, 聲大, 睛大, 眉重, 性躁

여아의 이마가 높고, 관골이 솟으며, 음성이 크고, 눈동자가 크며, 눈썹이 무성하면 성정이 조급하게 되니 모두 꺼리는 상이다.

此數件俱主妨母, 少兄弟, 又主破家

이에 모두 해당하는 여아는 어머니를 방해하고, 형제가 적으며, 또한 가정이 깨지게 된다.

十歲爲童女, 忌聲高

10세는 동녀가 되고, 음성이 높은 것을 꺼리게 된다.

書云, 殺夫三顴面, 妨夫額不平

서운, 남편을 죽이는 것은 삼관면을 보고, 남편을 방해하는 것은 이마가 평평하지 못하기 때문이라 하였다.

☞ 삼관면 : 이마와 양쪽의 관골을 의미한다

欲知三度嫁, 女作丈夫聲

세 번 이상 시집가는 것을 알고자 한다면 여인의 음성이 대장부와 같기 때문이다.

相女之法, 和潤色明爲妙

여인을 보는 상법은 화평하고 윤택하며 혈색이 밝은 것이 좋은 상이 된다.

第一件, 忌齒白, 細尖, 黃大, 疎稀, 四者不妙

가장 꺼리는 것은 치아가 지나치게 희고, 가늘고 뾰족하며, 누렇게 큰 치아거나 치아 사이가 벌어진 것이며, 4가지는 좋은 상이 아니다.

大槪貴男無賤耳, 貴婦無賤齒

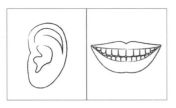

귀한 남자는 천한 귀가 없게 되고, 귀한 부인은 천한 치아가 없게 된다.

若耳不好, 爲金木開花, 一世多成多敗, 多學少成

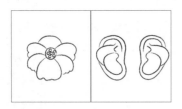

만약 귀가 못생기고, 금목이 개화되면 평생에 성패가 많게 되며, 많이 배워도 적게 이루게 된다.

☞ 금성은 왼쪽 귀, 목성은 오른쪽 귀,
개화는 귀의 윤곽이 뒤집힌 것을 의미한다

女人齒白尖白上, 多淫少子不妙.

여자의 치아가 너무 희고 뾰족하면 음란함이 많아 아들을 적게 두니 좋은 상이 아니다.

◉小兒三岳소아삼악

先言三岳, 乃出胎腹所成○解曰, 額爲南岳, 地閣北岳, 右顴西岳, 左顴東岳, 鼻乃中岳, 此乃五岳, 先看三岳何說, 額鼻閣, 乃面部三停, 出胎已成, 獨顴骨還未成, 凡小兒最要此三岳, 中正不塌爲上, 如

南岳高, 多福利, 少災, 好養, 如中岳高, 成大器, 好養, 如北岳方圓隆滿, 主有大富, 乃天高主貴, 地厚主富, 如一岳不成者, 難養不大, 雖養大亦是敗子, 上岳低則妨父母, 中岳陷則敗祖基, 下岳削則一生窮困, 此皆不足之相也.

先言三岳, 乃出胎腹所成○解曰,

먼저 삼악을 보는데, 삼악은 복중 태아 때 다 갖춰진 상태이다. 해왈,

額爲南岳, 地閣北岳, 右顴西岳, 左顴東岳, 鼻乃中岳, 此乃五岳

이마는 남악이 되고, 지각은 북악이라 하며, 오른쪽 관골이 서악이 되고, 왼쪽 관골은 동악이라 하며, 코가 중악으로 이 모두를 오악이라 한다.

先看三岳何說,

먼저 삼악을 본다고 한 것은 무슨 뜻인가.

額鼻閣, 乃面部三停, 出胎已成

이마·코·지각은 얼굴의 삼정의 부위가 된다. 태어날 때에 이미 갖춰진 것이다.

獨顴骨還未成

유독 관골만은 아직 갖춰지지 않은 상태이다.

凡小兒最要此三岳

소아의 상을 볼 때는 삼악을 제일 중요하게 본다.

中正不塌爲上, 如南岳高, 多福利, 少災, 好養

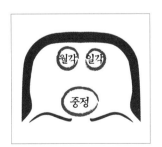

이마의 중정이 움푹 꺼지지 않으면 최상으로 보게 되며, 만일 남악이 높으면 이로운 복이 많고, 평생에 재앙이 적으며 잘 자라게 된다.

☞ 중정 : 이마의 중앙부분으로 인당의 윗부분을 의미한다

如中岳高, 成大器, 好養

만일 중악이 높으면 대성하게 될 인물이고 잘 자라게 된다.

如北岳方圓隆滿, 主有大富

만일 북악이 모난 듯 둥글고 풍만하면 반드시 크게 부유하게 될 아이가 된다.

乃天高主貴, 地厚主富

이는 이마가 높으면 반드시 귀하게 되고, 턱이 두터우면 부유하게 된다.

如一岳不成者, 難養不大 雖養大亦是敗子

만일 오악 중에 하나의 산악이라도 갖춰지지 못하면 크게 자라기 어렵고, 비록 크게 자란다고 해도 성공하지 못하는 아이가 된다.

上岳低則妨父母, 中岳陷則敗祖基, 下岳削則一生窮困, 此皆不足之相也.

상악이 낮으면 부모에게 해가 되고, 중악이 꺼지면 조상의 근기가 몰락하게 되고, 하악이 깎이면 평생 동안 곤궁하게 된다. 이는 모두 삼악이 부족한 상이 되기 때문이다.

● **次看五官** 차간오관

> **次看五岳, 誠恐後來更改○解曰, 凡小兒不可以面上爲驗, 恐後來有改換之處, 難看貴賤, 只看神色氣肉四件爲妙.**

次看五岳, 誠恐後來更改○解曰

다음은 오악을 보는데, 아마도 나중에 자라면서 다시 변할 수 있기 때문이다. 해왈,

凡小兒不可以面上爲驗

소아의 얼굴을 보고 시험 삼아 보지 마라.

恐後來有改換之處 難看貴賤

아마도 나중에 다시 바뀌는 부위가 있게 되니, 부귀빈천을 보기가 어렵게 된다.

只看神色氣肉四件爲妙.

다만 신기와 기색과 기상과 피부 등 4가지를 유심히 살펴봐야 할 것이다.

◉**變化觀察**변화관찰

> 不可認眞, 還宜動察○解曰, 不可以美而言好, 莫以惡而言害, 其中還
> 有異處, 不可定一理而推, 更宜細審聲音, 再察五官六府, 如俱不得好
> 處, 還有一件可取, 或貴或富, 若有一面好相, 得一件破處, 卽不利也,

不可認眞, 還宜動察

잘 맞는다고 단정하지 마라. 또한 변화하는 것을 자세히 살펴봐야 한다.

不可以美而言好, 莫以惡而言害

어느 한 부위가 좋은 상이라고 좋다고 말하지 말고, 어느 한 부위가 나쁜 상이라 해롭다고 말하지 마라.

其中還有異處, 不可定一理而推

그 가운데 특이한 부위가 있다고 해서 한 가지의 이론만 정해서 보지 말고 전체를 통찰해야 한다.

更宜細審聲音, 再察五官六府

또한 음성을 자세히 들어보고, 재차 오관과 육부를 자세히 살펴봐야 한다.

如俱不得好處, 還有一件可取, 或貴或富

만약 얼굴 전체에 좋은 곳이 없어도 어느 한 부위가 잘생겼으면 이를 선택하여 혹시 귀하거나 부유한 상으로 본다.

若有一面好相, 得一件破處, 卽不利也,

만약 얼굴 전체는 잘생겼는데 어느 한 부위가 잘못 생겼으면, 곧 이롭지 못한 상이 된다.

●要人眼力 요인안력

> 相乃仙傳, 要人眼力○解曰, 眼力者, 眼明書熟, 用心用力, 細細看一身上下, 竝處處紅痕斑點, 毛髮痣損, 則萬無一失.

相乃仙傳, 要人眼力

상법은 선가로부터 전해져 오는 것이니, 사람의 안력[안목]이 매우 중요하다. 해왈,

眼力者, 眼明書熟

안목이 있는 자는 관찰력이 뛰어나고, 서책을 탐독하고 숙지하여야 한다.

用心用力, 細細看一身上下

성심성의를 다해서 세세하게 몸의 위아래를 골고루 살펴봐야 한다.

竝處處紅痕斑點, 毛髮痣損, 則萬無一失.

아울러 얼굴과 온몸 곳곳에 있는 붉은 흉터, 반점, 몸에 난 털과 머리카락, 사마귀, 손상된 부위까지도 자세히 관찰하면 만에 하나라도 실수가 없게 된다.

●古相多般 고상다반

> 古相多般, 一時難遍, 今時氣數, 難依古書○解曰, 此二句, 乃言古之希夷相法, 是麻衣老祖, 在石室中授陳翁, 後陳翁以爲積陰德於世, 大則救人性命, 小則救人困苦, 奉善薦賢, 知凶知吉, 豈不是陰功, 後有呂祖達摩鬼谷唐擧諸先賢, 共有七十三家相法, 論各不同, 後宋人

著爲人相編, 總云, 相有萬般, 難逃生剋之中, 理雖各別, 一生相有秘
傳, 今時天道南行, 下元甲子, 非若古人氣壯身強, 生得神餘肉厚, 今
人薄削枯乾者極多, 內中有大富大貴, 今因世弱, 故人稟得薄不厚,
古書柳莊老子深想此等俗士, 空費心神, 不知訣法, 故用黃紙硃筆,
閒中作此心鏡, 立書授婿, 以廣其傳

古相多般, 一時難遍, 今時氣數, 難依古書○解曰

옛날 相書(상서)가 많아서 일시에 다 받아들이기가 어렵다. 요즘 시대에 운수를 고서
에만 의존해서 본다는 것은 더욱더 어려울 것이다.

此二句, 乃言古之希夷相法

이 두 구절은 고전 중에 희이선생의 상법에 있는 말씀이다.

是麻衣老祖, 在石室中授陳翁

이는 마의조사가 화산 석실에서 진희이 선생에게 전수되어진 상법이다.

後陳翁以爲積陰德於世

후에 진희이 선생은 상법 공부에 정통해서 세상에 반포하여 공덕을 쌓았다.

大則救人性命, 小則救人困苦

크게는 성명쌍수를 구하는 자를 돕고, 작게는 곤고한 사람들을 구제하게 되었다.

奉善薦賢, 知凶知吉 豈不是陰功

선한 인재를 등용하고, 어진 사람을 천거하고, 길흉을 알아서 취하게 하였으니 어찌
진희이 선생의 음공이 아니겠는가.

後有呂祖達摩鬼谷唐擧諸先賢, 共有七十三家相法, 論各不同

그 후에 여조·달마·귀곡자·당거 등 모든 선현들, 73인의 관상가가 이뤄놓은 상법
은 각각의 논한 것에 따라 학파가 다릅니다.

後宋人著爲人相編

그 후 송나라 사람이 지은 인상편이 나오게 되었다.

總云, 相有萬般, 難逃生尅之中, 理雖各別, 一生相有秘傳

총운, 상을 보는 방법이 무수히 많지만 생극의 조화를 벗어나지 못하며, 상법의 이치는 모두 각각 다르나 평생을 연구한 상법이 비밀리에 전해졌다.

今時天道南行, 下元甲子, 非若古人氣壯身强, 生得神餘肉厚

요즘 시대에는 천도가 남행하고, 하원갑자가 되어서 옛날 사람들처럼 기골이 장대하고 신체가 건장하여 눈빛이 충만하고 살이 견실한 사람이 많지 않다.

☞ 상원갑자는 1324~1383년, 중원갑자는 1384~1443년, 하원갑자는 1444~1503년이고, 영락황제는 1360~1424년, 재위기간은 1402~1424년이다

今人薄削枯乾者極多, 內中有大富大貴

요즘 사람처럼 몸이 빈약하고 체구가 작으며 야위고 마른 사람이 지극히 많으나 그 중에 대부와 대귀도 있다.

今因世弱, 故人稟得薄不厚

요즘 세상 사람은 세약한 고로 인품이 야박하고 따뜻하지 않다.

古書柳莊老子深想此等俗士

고서에 류장, 노자는 이를 깊이 심사숙고하여 속인과 선비의 차등을 두어 쓰셨다.

空費心神, 不知訣法

다만 심신을 소비만 하고, 상법의 이치를 알지 못하는 자가 있다.

故用黃紙硃筆 閒中作此心鏡

귀한 황지에 붉은 주사의 글씨를 사용하여 여유로운 가운데 마음의 거울로 삼아서 상서를 지었다.

立書授婿, 以廣其傳

수제자에게 물려주어 넓게 펼치라고 전하였다.

◉小兒頂平 소아정평

小兒頂平眉重皮寬, 可言好養○解曰, 凡小兒頭小, 必不成人, 尖頭
大來不成器, 故要頂平爲主, 眉輕無壽, 大人欲眉輕, 小兒欲眉重, 皮
寬者定是好養, 皮急者性亦急, 又主難養, 十無一生.

小兒頂平眉重皮寬, 可言好養○解曰

소아의 정수리가 평평하고, 눈썹이 짙으며, 피부가 두터우면
잘 자란다고 말한다. 해왈,

凡小兒頭小, 必不成人

소아의 두상이 작으면 반드시 자라서 성공하지 못하는 사람이 된다.

尖頭大來不成器, 故要頂平爲主

머리가 뾰족하면 어른이 되어서도 큰 인물이 되지 못하므로
정수리는 평평한 것을 으뜸으로 삼는다.

眉輕無壽, 大人欲眉輕, 小兒欲眉重

눈썹이 옅으면 오래 살지 못한다. 어른의 눈썹은 옅어야 하고, 아이의 눈썹은 짙어
야 한다.

皮寬者定是好養, 皮急者性亦急, 又主難養, 十無一生.

피부가 두터우면 반드시 잘 자라게 되고, 피부가 얇으면 성정이 또한 급하게 되며,
또 잘 자라기 어렵다. 이는 10명 중에 1명이 이에 해당한다.

●少女髮黑소녀발흑

少女髮黑暗長耳正, 可許貴人○解曰, 少女乃十三四之時, 最喜髮黑偏一, 耳正眼秀, 書云, 鳳頸鳳肩兼鳳目, 女人可許配君王, 古人身長而大, 眼一寸, 今人面闊三寸半, 豈有一寸之目, 不過細長藏秀爲妙, 肩圓背厚爲貴, 項長爲貴, 項短髮長, 必有三郎, 耳反額方, 四度成雙, 大槪欲細眉, 長目, 準圓, 額平, 爲妙.

少女髮黑暗長耳正, 可許貴人○解曰

소녀의 머리카락은 검고 길어야 하며 귀가 단정해야 귀인이 될 수 있다. 해왈,

少女乃十三四之時

소녀는 13세, 14세 무렵이다.

最喜髮黑偏一, 耳正眼秀

검은 머리카락이 가장 좋고 귀가 단정하고 눈이 수려하게 길어야 좋은 상이다.

書云, 鳳頸鳳肩兼鳳目, 女人可許配君王

서운, 봉황의 수려하게 긴 목과 봉황의 단아한 어깨와 또한 봉황의 수려하게 긴 눈의 여인은 군왕의 배필이 된다고 하였다.

古人身長而大, 眼一寸, 今人面闊三寸半, 豈有一寸之目

옛날 사람은 키가 장대하고, 눈의 길이가 일촌 이상이었으나 요즘 사람의 얼굴 너비가 3촌 반인데, 1촌 길이의 눈을 가진 자가 어디 있겠는가.

☞ 一寸일촌은 3.03cm이고, 三寸半삼촌 반은 10.61cm이다

不過細長藏秀爲妙

다만 눈이 가늘고 길어서 수려함을 감추는 것이 좋은 상이다.

肩圓背厚爲貴, 項長爲貴

어깨가 둥글고, 등이 두터우며, 목이 수려하게 길면 귀한 여인이 된다.

項短髮長, 必有三郞

목이 짧고 머리카락이 숱이 많고 길면 세 번 시집가게 된다.

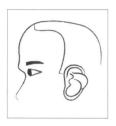

耳反額方, 四度成雙

귀가 뒤집히고 이마가 네모지면 네 번 이상 시집을 가게 된다.

☞ 耳反이반은 귀의 윤곽이 뒤집힌 모양이다

大槪欲細眉, 長目, 準圓, 額平, 爲妙.

눈썹은 가늘어야 하고, 눈은 길어야 하며, 준두는 둥글어야 하고, 이마는 평평해야 좋은 여자의 상이 된다.

◉**男相十六**남상십육

男相十六可成, 女相十四可定○解曰, 凡男人十六, 週身已完, 女人十四, 癸水已至, 皆至此而皮血不潤, 神氣不旺, 必夭必賤, 若面光如油, 又主淫亂, 大槪不意太過不及, 要中和爲妙, 男人十六已成也, 不忌太過不及, 惟忌肉浮光少, 血滯神衰, 不好, 主夭, 若神足氣壯, 肉實骨正, 眞成立之人也.

男相十六可成, 女相十四可定○解曰

남자의 상은 16세가 되어야 성숙해지고, 여자의 상은 14세가 되어서 안정된다. 해왈

凡男人十六, 週身已完

남자는 16세가 되면 몸 전체가 이미 성숙하게 된다.

女人十四, 癸水已至

여아는 14세가 되어 계수가 나오면 안정되는 것이다.

☞ 癸水계수는 초경을 의미한다

皆至此而皮血不潤, 神氣不旺, 必夭必賤

대개 이 시기에 이르러 피부의 혈색이 윤택하지 못하고, 눈빛이 빛나지 않으면 반드시 일찍 죽거나 반드시 천하게 된다.

若面光如油, 又主淫亂

만약 얼굴빛이 기름을 바른 듯하면 또한 음난하게 된다.

大槪不意太過不及, 要中和爲妙

태과하거나 불급한 것이 좋지 않으며, 중화를 이뤄야 좋은 상이다.

☞ 태과는 나이에 맞지 않게 성숙한 것을 의미하고,
불급은 나이에 맞지 않게 미성숙한 것을 의미하며, 중화는 제 나이에 맞게 성숙한 것을 의미한다

男人十六已成也, 不忌太過不及

남자는 16세에 이미 성숙하게 되었으므로 태과와 불급을 꺼리지 않는다.

☞ 성장이 완전히 된 16세가 되기 전에는 태과와 불급은 마땅치 않지만,
완전히 성숙한 16세가 되면 태과와 불급이라도 꺼리지 않는다

惟忌肉浮光少, 血滯神衰, 不好, 主夭

유독 살이 지나치게 많고 얼굴빛이 윤기가 적은 것을 꺼리게 되며, 혈색이 막히고 눈빛이 쇠약한 것은 좋은 상이 아니니 일찍 죽게 된다.

若神足氣壯, 肉實骨正, 眞成立之人也.

만약 눈빛이 풍족하고, 기상이 굳세며, 살이 견실하고, 골격이 단정하면 완전히 성숙하게 잘 자랐다고 볼 수 있다.

五行貴賤, 難逃生旺之中○解曰 五行乃金木水火土爲五行, 不可一大一小, 不配不停, 不週不合, 左耳金星, 右耳木星, 額爲火星, 口爲水星, 鼻爲土星, 額高耳反火克金, 父母家財總是空, 口大額尖水剋火, 一交十五身受苦, 口大睛淸額又高, 定是高賢大貴豪, 鼻大口小土克水, 十三十四離鄕間, 五行但有一剋, 不爲好相, 但得一生者大好, 又名五官, 眉爲保壽官, 眼爲監察官, 鼻爲審辨官, 耳爲採聽官, 口爲出納官, 又名六府, 天倉爲上二府, 顴骨中二府, 地庫下二府, 三停得均, 六府相勻, 五官俱正, 自大富大貴之象也, 如有天倉而無地庫, 初榮暮敗, 有地庫而欠天倉, 初困暮榮, 如有顴骨而無天倉地庫, 亦不好, 主大孤獨之相, 又名六曜, 一紫氣, 二月孛, 三羅, 四計, 五日, 六月也.

五行貴賤, 難逃生旺之中○解曰

오행의 귀천은 생왕을 벗어날 수 없다. 해왈,

五行乃金木水火土爲五行, 不可一大一小 不配不停, 不週不合

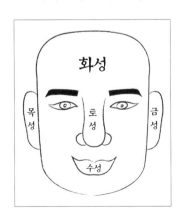

오행의 금목수화토를 오행으로 삼으니 치우치거나 부족하게 되면 좋지 않고, 배합과 균형이 맞지 않거나, 두루 정합이 되지 않는 것은 좋은 상이 아니다.

左耳金星, 右耳木星, 額爲火星, 口爲水星, 鼻爲土星

왼쪽 귀는 금성이라 하고, 오른쪽 귀는 목성이라 하며, 이마는 화성으로 삼고, 입은 수성으로 삼으며, 코는 토성이라 한다.

額高耳反火克金, 父母家財總是空

이마는 높은데, 귀가 뒤집히면 화극금이 되어서 부모와 가정의 재산이 모두 공허하게 된다.

口大額尖水剋火, 一交十五身受苦

입은 큰데, 이마가 뾰족하면 수극화가 되어서 15세의 나이가 되면 몸이 고달프게 된다.

口大睛淸額又高, 定是高賢大貴豪

입이 크고 눈동자가 맑으며 이마 또한 높으면 지위가 높은 현인이 되고, 대귀를 누리는 호걸이 된다.

鼻大口小土克水, 十三十四離鄕間

코는 큰데, 입이 작으면 토극수가 되어서 13~14세에 고향을 떠나 고생하게 된다.

五行但有一剋, 不爲好相

오행 중에서 단 한 가지라도 극을 당하면 좋은 상이 될 수 없게 된다.

但得一生者大好

다만 오행 중에서 상생의 작용이 하나라도 있으면 매우 좋은 상이 된다.

又名五官, 眉爲保壽官, 眼爲監察官, 鼻爲審辨官, 耳爲採聽官, 口爲出納官,

또한 오관이라 하는 것 중에 눈썹을 보수관이라 하며, 눈은 감찰관이라 하고, 코를 심변관으로 삼으며, 귀는 채청관이라 하며, 입은 출납관이라 한다.

又名六府, 天倉爲上二府, 顴骨中二府, 地庫下二府,

또한 육부라 하는 것 중에서 천창을 상이부라 하고, 관골을 중이부, 지고를 하이부라 한다.

三停得均, 六府相勻

삼정의 길이가 균일해야 하며, 육부가 두루 보좌해 주어야 한다.

五官俱正, 自大富大貴之象也.

오관이 모두 바르면 자연히 대부가 되거나 대귀의 형상이 된다.

如有天倉而無地庫, 初榮暮敗

만일 천창은 좋은데, 지고가 없는 듯하면 초년에는 영화롭지만 말년에는 실패하게
된다.

有地庫而欠天倉, 初困暮榮

지고는 좋은데, 천창에 흠결이 있으면 초년에는 곤궁한데 말년에는 영화롭게 된다.

如有顴骨而無天倉地庫, 亦不好, 主大孤獨之相

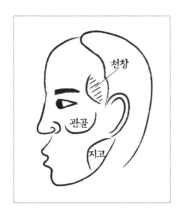

만일 관골은 좋은데, 천창과 지고가 없는 듯하면 역
시 좋은 상은 아니고 매우 고독하게 되는 상이다.

又名六曜, 一紫氣, 二月孛, 三羅, 四計, 五日, 六月也.

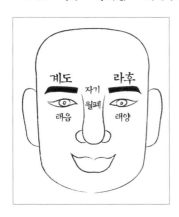

또한 육요는 첫째는 자기성이 되고, 둘째는 월패성이
되며, 셋째는 라후성이 되고, 넷째는 계도성이 되며,
다섯째는 태양성이 되고, 여섯째는 태음성이라 한다.

☞ 자기성은 인당이고, 월패성은 산근이며,
라후성은 왼쪽 눈썹이고, 계도성은 오른쪽 눈썹이며,
태양성은 왼쪽 눈이며, 태음성은 오른쪽 눈을 의미한다

榮枯得失
영 고 득 실

榮枯得失○解曰, 此四者人皆難全, 如天高地翼, 土正顴開, 乃有榮有得之格, 如天停削, 日月明, 眉毛秀, 少年未必全美, 祖父根基小, 在中年三十以外, 一路行來方好, 再無天損, 如下有虧, 還有一失復困苦也, 書云, 天高地薄, 初發達中建難成, 中正顴高, 到中年可成基業, 鼻如懸膽, 白手興隆, 顴削鼻低, 一世窮苦到老.

榮枯得失○解曰

영고득실, 해왈,

此四者人皆難全

이는 사람이 4가지를 모두 갖추기는 매우 어렵다.

如天高地翼, 土正顴開, 乃有榮有得之格

만일 이마가 높고, 턱이 두터우며, 코가 반듯하고, 관골이 열리면 이는 영화로움을 갖춘 격이라 한다.

如天停削, 日月明, 眉毛秀, 少年未必全美, 祖父根基小, 在中年三十以外,
一路行來方好, 再無天損, 如下有虧, 還有一失復困苦也

만일 이마가 뾰족한데, 두 눈이 밝게 빛나고, 눈썹의 숱이 수려하게 길어도 젊어서는 절대 좋은 상이 되지 못한 것이니 조상과 부모의 근기가 약하기 때문이다. 그래도 중년 30대에는 인생의 행로가 좋아지게 되며, 재차 일찍 죽거나 실패할 일이 없게 된다. 만약에 하정이 못생겼다면 또 실패하여 어렵게 고생하게 된다.

書云, 天高地薄, 初發達中建難成, 中正顴高, 到中年可成基業, 鼻如懸膽,
白手興隆, 顴削鼻低, 一世窮苦到老.

서운, 이마는 높은데 턱이 얇으면 초년에는 발달하지만 중년에는 성공하기 어렵다
고 하며, 코가 바르고 관골이 높으면 중년에 이르러서 사업의 기반을 이룰 수 있다
고 하며, 코가 현담비처럼 생기면 빈손에서 융성하게 성공하지만 관골이 깎이고 코
가 낮으면 평생 궁색하게 고생스러운 것이 늙을 때까지 이른다고 하였다.

富貴貧賤
부 귀 빈 천

富貴貧賤○解曰, 此言四者, 凡富須要身發財自發, 神來財自來, 身不發, 財不來, 神不來, 財定難發, 言神相人, 屢取木形之格, 木若有神, 財必發, 木若無神, 財必傷, 上等人發財不發身, 中等人身發財發, 下等人身雖發, 不見財乃一身如土之濁, 肉又不實也. 故肉長財不來, 若肉發宜實, 骨肉兩配方妙, 如肉多骨少, 四九不保, 若體厚肉實, 骨正神强, 大富之相.

富貴貧賤○解曰,
부귀빈천, 해왈,

此言四者, 凡富須要身發財自發
이 4가지를 말하자면 부자는 반드시 몸이 좋아져야 재물이 스스로 들어오게 되는 것이다.

神來財自來
안신이 빛나게 되면 재물이 스스로 들어오게 된다.

身不發 財不來
몸이 좋아지지 않으면 재물이 들어오지 않게 된다.

神不來, 財定難發
안신이 빛나지 않으면 재물이 반드시 들어오기가 어렵다.

言神相人, 屢取木形之格
눈빛이 좋은 상은 목형의 격을 가진 사람에게서 자주 볼 수 있다는 말이다.

木若有神, 財必發, 木若無神, 財必傷

목형인이 만약 안신이 있으면 재물이 반드시 늘어나게 되고, 목형인이 만일 안신이 없으면 재물을 반드시 잃어버리게 된다.

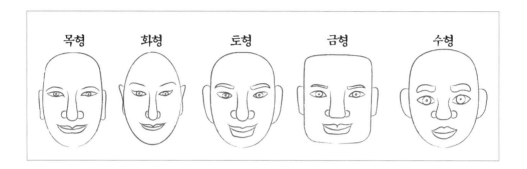

| 목형 | 화형 | 토형 | 금형 | 수형 |

上等人發財不發身, 中等人身發財發, 下等人身雖發

상등인은 재물이 늘어나는 데에 몸이 발달하지 않아도 되지만, 중등인은 몸이 발달해야만 재물이 늘어난다. 하등인은 몸이 발달해도 재물이 늘어나지 않는다.

不見財乃一身如土之濁, 肉又不實也, 故肉長財不來,

하등인이 재물이 들어오지 않는 것은 온 몸이 탁한 진흙과 같기 때문이고, 살이 또한 부실하기 때문이다. 그러므로 살이 늘어나도 재물이 들어오지 않게 된다.

若肉發宜實, 骨肉兩配方妙

만약 살이 견실하면 재물이 늘어나고, 뼈와 살이 모두 배합이 맞으면 반드시 좋은 상이다.

如肉多骨少, 四九不保

만약 살이 지나치게 많은데 뼈가 너무 허약하면 36세에 재물을 지키기 어렵게 된다.

若體厚肉實, 骨正神强, 大富之相.

만일 체형이 두텁고 살이 견실하며, 골격이 단정하고 안신이 강하면 대부의 상이 된다.

◉貴十要 귀십요

> 凡貴與富大不同, 只取清爲妙, 清要到底, 不宜一濁, 此乃槪論形局,
> 還要看五官六府十二官<宮>貴, 一要頭項<頂>平, 二要耳硬, 三要
> 肩高, 四要顴高, 五要睛淸, 六要脣紅, 七要齒厚, 八要腰圓, 九要脂
> 長, 十要髮黑潤, 此十件俱全, 還難得貴.

凡貴與富大不同, 只取淸爲妙

귀상과 부상은 서로 다르게 보지만 모두 맑은 것으로 좋은 상이 된다.

淸要到底, 不宜一濁, 此乃槪論形局

맑아야 하는 것은 결국 일점의 탁기도 마땅치 않으며, 이는 형국의 개론이다.

還要看五官六府十二官<宮>貴

또한 오관, 육부와 십이지궁이 모두 귀해야 한다.

貴十要.

귀한 상의 十要(십요)가 있다.

一要頭項<頂>平

두상의 정수리가 높고 평평해야 一要(일요) 라 한다

二要耳硬

귀가 단단해야 二要(이요)라 한다

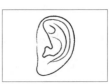

三要肩高

어깨가 높아야 三要(삼요)라 한다

四要顴高

관골이 높아야 四要(사요)라 한다

五要睛淸

눈동자가 맑아야
五要(오요)라 한다

六要脣紅

입술이 붉어야
六要(육요)라 한다

七要齒厚

치아가 두터워야
七要(칠요)라 한다

八要腰圓

허리가 둥글어야
八要(팔요)라 한다

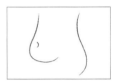

九要脂長

손가락이 길어야
九要(구요)라 한다

十要髮黑潤

머리카락이 검고
윤택해야
十要(십요)라 한다

此十件俱全, 還難得貴.

이러한 10가지의 조건이 모두 갖춰야 하며, 완전한 귀인은 찾아보기가 어렵다.

●**貴十淸**귀십청

更有細看處, 有十淸再有十美, 聲音响, 先小後大爲一淸, 古人云, 貴人聲韻出丹田, 氣實喉寬响又堅, 又云, 木聲高唱火聲焦, 和潤金聲福壽饒, 身上毛宜細軟爲二淸, 髮毛卽如山林, 欲潤而淸, 軟而細, 齒如玉爲三淸, 書云, 欲食貴人祿, 須生貴人齒, 掌紅潤, 紋如絲, 脂長爲四淸, 耳白色兼紅潤爲五淸, 書云, 耳白過面, 朝野聞名, 又云, 耳白脣紅兼眼秀, 何愁金榜不題名, 髮潤眉黑爲六淸, 髮齊過命門爲七淸, 至瘦極血潤不露骨, 爲八淸,(此件極貴), 至瘦乳硬爲九淸, 臍深爲十淸, 此十淸如得一二可取, 有貴之格.

更有細看處, 有十淸再有十美

더 자세히 살펴봐야 할 곳이 있으니 十淸(십청)과 十美(십미)이다.

聲音琦, 先小後大爲一淸

음성이 울리는데 처음에는 작은 듯하지만 나중에는 점점 커지는 것을 一淸일청이라 한다.

古人云, 貴人聲韻出丹田, 氣實喉寬响又堅

고인운, 귀인은 음성의 여운이 단전에서 나온다고 하니 기운이 견실하고 음량이 넓고, 울림이 또한 오래 지속되어야 한다고 하였다.

又云, 木聲高唱火聲焦, 和潤金聲福壽饒

우운, 목형의 음성은 높게 울리고, 화형의 음성은 타는 듯하며, 금형의 음성은 화평하고 윤택하니 福壽(복수)를 풍요롭게 누린다 하였다.

身上毛宜細軟爲二淸,

몸에 난 털이 섬세하고 부드러우면 二淸이청이라 한다.

髮毛卽如山林, 欲潤而淸, 軟而細

머리카락과 온 몸의 털은 곧 산림초목과 같아서 윤택하게 맑아야 하며, 부드럽고 가늘어야 한다.

齒如玉爲三淸,

치아가 백옥과 같으면 三淸삼청이라 한다.

書云, 欲食貴人祿, 須生貴人齒

서운, 귀인의 食祿(식록)은 반드시 귀한 치아에서 나온다고 하였다.

掌紅潤, 紋如絲, 指長爲四淸

손바닥이 붉게 윤택하고, 손금은 실처럼 얽혀 있으며, 손가락이 길면 四淸사청이라 한다.

耳白色兼紅潤爲五淸,

귀가 희거나 또는 붉게 윤택하면 五淸오청이라 한다.

書云, 耳白過面, 朝野聞名, 又云, 耳白脣紅兼眼秀, 何愁金榜不題名

서운, 귀가 얼굴보다 희면 조정과 제야에서 명성이 들리게 되고, 우운, 귀가 희고 입술이 붉으며 또 눈이 수려하게 길면 장원급제를 못할까 어찌 근심하겠는가 하였다.

☞金榜금방 : 과거(科擧)에 급제(及第)한 사람의 이름을 쓴 榜(방)을 붙인다

髮潤眉黑爲六淸

머리카락에 윤기가 나고, 눈썹이 검으면 六淸육청이라 한다.

髮齊過命門爲七淸

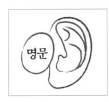

머리카락이 가지런하게 명문을 지나면 七淸칠청이라 한다.

☞命門명문 : 귀의 앞을 명문이라 한다

至瘦極血潤不露骨, 爲八淸, (此件極貴)

지나치게 몸이 말랐어도 혈색이 윤택하고 뼈가 드러나 보이지 않으면 八淸팔청이라 한다(세주 : 이는 극귀의 상이 된다).

至瘦乳硬爲九淸

지나치게 몸이 말랐어도 유두가 단단하면 九淸구청이라 한다.

臍深爲十淸

배꼽이 깊으면 十淸십청이라 한다.

此十淸如得一二可取, 有貴之格.

이 十淸(십청) 중에 만일 한두 가지만 있어도 귀격에 해당된다.

●貴十美귀십미

十美何說, 掌軟如綿兼目秀, 自能將拳入口中, 爲一美, 主二品之格, 一身之肉, 如玉如珠爲二美, 主三品之格, 凡瘦頭圓爲三美, 然不過小貴, 耳後肉起爲四美, 主富貴, 陰囊香, 汗潤色長明爲五美, 主大貴超群, 身面黑而掌心白, 乃陰內生陽爲六美, 文武職大顯, 睛淸脣紅爲七美, 主武職, 人小聲淸爲八美, 目有夜光爲九美, 十八生鬚淸秀者爲十美, 早登科甲

十美何說,

十美(십미)는 어떤 것을 설명하는 것인가.

掌軟如綿兼目秀, 自能將拳入口中, 爲一美, 主二品之格

손바닥이 솜처럼 부드럽고 또 눈이 수려하게 길며, 자신의 주먹이 입에 들어가면 一美(일미)라 하며 二品(이품)의 격의 지위에 이르게 된다.

一身之肉, 如玉如珠爲二美, 主三品之格

온 몸의 살이 마치 옥구슬 같으면 二美(이미)라 하며 三品(삼품)의 격에 오르게 된다.

凡瘦頭圓爲三美, 然不過小貴

몸은 말랐지만 머리가 둥글면 三美(삼미)라 하고, 다만 小貴(소귀)가 될 뿐이다.

耳後肉起爲四美, 主富貴

귀 뒤에 살이 솟으면 四美(사미)라 하며 부귀를 누리게 된다.

陰囊香, 汗潤色長明爲五美, 主大貴超群

음낭에서 향기가 나고, 땀이 윤기로우며, 색이 밝고 좋으면 五美(오미)라 하며, 뛰어난 대귀의 격이 된다.

身面黑而掌心白, 乃陰内生陽爲六美, 文武職大顯

몸과 얼굴은 검은데 손바닥이 희면 이는 음에서 양이 나오는 것이니 六美(육미)라 하고, 문무를 겸비하여 크게 현달하게 된다.

睛清脣紅爲七美, 主武職

눈동자가 맑고 입술이 붉으면 七美(칠미)라 하며 武職(무직)에 종사하게 된다.

人小聲清爲八美

사람은 작은데 음성의 여운이 맑으면 八美(팔미)라 한다.

目有夜光爲九美

눈이 야광처럼 빛나면 九美(구미)라 한다.

十八生鬚清秀者爲十美, 早登科甲

18세가 되어 수염이 맑고 수려하게 자라나면 十美(십미)라 하며, 이른 시기에 장원급제를 하게 된다.

●貧窮相 빈궁상

前言貧者何官何府也, 五六三停, 自然不同, 神衰色暗, 天偏地削, 日月不明, 山岳不朝, 河海不清, 林木不潤, 皮土不瑩, 血氣不華, 俱是貧窮之相, 乃天地不正之氣也○ 夫賤者又與貧相不同, 語言多泛, 頭尖額削, 日月失陷, 星辰不勻, 部位不停, 長短不配, 俱乃賤格也.

前言貧者何官何府也

앞에서 말한 빈궁한 상은 어떤 오관과 어느 육부인가?

五六三停, 自然不同

오관과 육부와 삼정이 마땅히 서로 다르다.

神衰色暗, 天偏地削

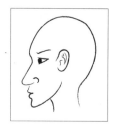

안신이 쇠약하고 혈색이 어두우며, 이마가 기울어지고 턱이 뾰족하게 되면 빈궁한 상이 된다.

日月不明, 山岳不朝

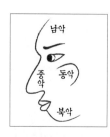

두 눈이 밝지 않고, 오악이 서로 마주보지 않으면 빈궁한 상이 된다.

河海不淸, 林木不潤

하해가 맑지 않고, 임목이 윤택하지 않으면 빈궁한 상이 된다.

☞ 河海하해는 눈과 입을 의미하며, 林木임목은 몸에 난 모든 털을 의미한다

皮土不瑩, 血氣不華

피부가 밝지 않고, 혈기가 화사하지 않으면 빈궁한 상이 된다.

俱是貧窮之相, 乃天地不正之氣也

이를 모두 갖추면 빈궁한 상이 되고, 이는 천지의 바른 기운을 타지 못했기 때문이다.

○夫賤者又與貧相不同

하천한 상과 빈궁한 상은 서로 다르다.

語言多泛

말이 지나치게 많으면 하천한 상이 된다.

頭尖額削

두상이 뾰족하고 이마가 깎인 듯하면 하천한 상이 된다.

日月失陷

두 눈의 빛을 잃고, 눈두덩이가 움푹 꺼지는 듯하면 하천한 상이 된다.

星辰不勻

성신이 불균형하면 하천한 상이 된다.

☞ 星辰성신은 六曜육요를 의미한다

部位不停 長短不配

삼정의 부위가 균일하지 않고 길고 짧아서 배합이 맞지 않으면 하천한 상이 된다.

☞ 三停삼정 : 上停상정 中停중정 下停하정의 길이가 균일해야 한다

俱乃賤格也.

이 모든 것이 갖추게 되면 하천한 격이 된다.

壽夭得失
수요득실

壽夭得失○解曰, 此四者, 各有一說, 夫壽者, 骨正堅實, 肉血自潤,
凡老來最宜眉毫耳毫壽斑, 枕骨陰有紋, 緣硬黑堅, 若老來脣青暗,
主飢死, 耳暗三年內死, 耳乾枯, 二年死, 少年耳乾暗, 主大窮大敗,
中年耳枯, 主無運, 直待明潤, 方得亨通, 老來耳黑主死, 故金木不可
不明, 項皮乾, 主大受窮, 若老來頭皮一乾, 卽死無疑, 黃光生口角,
暗色遶脣青, 卽苦死, 眉毫於四十外生, 有人扶助, 五十外生, 亦好,
如朝下方, 不刑剋, 若朝上, 主孤獨, 面上六十外生斑, 宜黑亮, 方有
大福大壽, 五十內生, 卽死, 老來生髮不宜, 主剋妻喪子, 只主有壽,
還看頭皮爲主

壽夭得失○解曰, 此四者, 各有一說
수요득실. 해왈, 이 4가지로 설명되어진다.

夫壽者, 骨正堅實, 肉血自潤
장수하는 자는 골격이 단정하고 견실하며, 살의 혈색이 자연 윤택해야 한다.

凡老來最宜眉毫耳毫壽斑
늙어서 미호와 이호와 수반이 있으면 가장 마땅한 장수의 상이 된다.

☞ 眉毫미호는 눈썹에서 길게 난 털, 耳毫이호는 귓구멍에서 길게 자란 털,
壽斑수반은 검버섯을 뜻한다

枕骨陰有紋, 緣硬黑堅
침골이 둥글게 솟고, 목 뒤에 주름이 있어야 한다. 주름진 피부가 더욱 검고 견실해
야 한다.

☞ 枕骨침골은 뒷머리의 둥근 뼈를 의미한다

若老來脣靑暗, 主飢死

만일 늙어서 입술이 검푸르면 굶어서 죽게 된다.

耳暗三年内死, 耳乾枯, 二年死

귀에 어두운 색이 띄면 3년 안에 죽게 되고, 귀가 건조해지면 2년 안에 죽게 된다.

少年耳乾暗, 主大窮大敗

젊은 사람의 귀가 메마르고 어두운 색이 띄면 크게 궁색하게 되거나 실패하게 된다.

中年耳枯, 主無運, 直待明潤, 方得亨通

중년에 귀가 메마르게 되면 운이 없게 되고, 귀가 곧바르고 밝게 윤택하면 만사형통하게 된다.

老來耳黑主死, 故金木不可不明

늙어서 귀가 검게 변하면 죽게 된다. 고로 두 귀가 밝지 않으면 안 된다.

項皮乾, 主大受窮

목의 피부가 메마르게 되면 매우 궁색하게 된다.

若老來頭皮一乾, 即死無疑

만약 늙어서 두피가 메마르게 되면 곧 죽게 되는 것을 의심치 말라.

黃光生口角, 暗色遶脣靑, 即苦死

입꼬리가 노란빛이 나거나 어두운 색과 푸른색이 입술을 에워싸면 곧 고통스럽게 죽게 된다.

眉毫於四十外生, 有人扶助, 五十外生, 亦好

미호가 40대에 생기면 사람의 도움을 받게 되고, 50대에 생기면 또한 좋은 상이다.

如朝下方, 不刑剋, 若朝上, 主孤獨

미호가 아래로 처지면 형극을 당하지 않게 되고, 만약에 미호가 위로 향하면 고독하게 된다.

面上六十外生斑, 宜黑亮, 方有大福大壽, 五十内生, 卽死

60대 얼굴에 검버섯이 밝게 검으면 大福(대복)과 大壽(대수)를 누리게 되고, 검버섯이 50세 전에 생기면 곧 죽게 된다.

老來生髮不宜, 主尅妻喪子, 只主有壽, 還看頭皮爲主

늙어서 검은 머리카락이 다시 나면 좋은 것은 아니니 처를 극하게 되고, 아들을 잃게 된다. 다만 장수는 두피를 더욱 주의 깊게 살펴봐야 한다.

●天相 요상

○天者何說, 人生天地, 稟日月精華, 集天地秀氣, 若有一損, 卽成天相, 少者垂首, 爲天柱傾頹, 主死, 日月無光, 卽死, 常時目小無光, 不滿三十之外, 頭大項尖皮又乾, 四九之壽, 書云, 顔回壽短, 皆因神散光浮, 太空八十, 只爲耳如霜雪, 鼻無梁, 三九之後, 雙目如泥, 二十五歸, 眉如鬪鷄, 四九難保, 羅計月孛交加, 三十之年定折, 羅計日月交增, 三十前後, 入寺爲僧, 不然也, 天身大聲不響, 三十外歸, 身肥氣不完, 四十外歸, 眼露鼻無梁, 三十八殺傷, 又云, 髮黃如草氣粗, 又是愚頑配徒, 三十外主凶身死, 因血災, 光明四九定歸陰, 髮長頭眼無神, 四來九内三春, 又云, 頭小髮長踪跡散, 髮長頭窄命難量, 髮生到耳須飢死, 髮捲如螺必有傷

○ 天者何說, 人生天地, 稟日月精華, 集天地秀氣, 若有一損, 卽成天相,

요절이라는 것은 어떤 말인가. 사람은 천지 사이에서 태어나고, 일월의 정화를 품고, 천지의 빼어난 기운를 받아서 태어나게 되었다. 만약 하나라도 부족하게 되면 곧 요절의 상이 된다.

少者垂首, 爲天柱傾頹, 主死

젊은 사람이 고개를 자주 숙이게 되고, 목이 기울고 치우치면 요절하는 상이 된다.

☞ **天柱**천주는 하늘을 받치는 기둥이라는 뜻으로 여기에서는 목을 의미한다

日月無光, 卽死

두 눈에 빛이 없으면 곧 요절하는 상이 된다.

常時目小無光, 不滿三十之外

평상시 눈의 모양이 작고, 눈빛이 없으면 30대를 넘기지 못하게 된다.

頭大項尖皮又乾, 四九之壽

머리는 큰데 목이 가늘고, 목의 살이 또한 메마르면 36세밖에 살지 못한다.

書云, 顔回壽短, 皆因神散光浮, 太空八十, 只爲耳如霜雪

서운, 안회의 수명이 짧은 것은 모두 안신이 흩어지고 눈빛이 들떴기 때문이고, 강태공이 80세를 넘어서 장수한 것은 다만 귀가 서리나 눈처럼 희기 때문이라고 하였다.

鼻無梁, 三九之後

비량이 빈약하게 없으면 27세밖에 살지 못한다.

雙目如泥, 二十五歸

두 눈이 진흙과 같으면 25세에 저 세상으로 돌아가게 된다.

眉如鬪鷄, 四九難保

눈썹이 싸움닭과 같으면 36세를 넘기기 어렵게 된다.

투계눈썹

羅計月孛交加, 三十之年定折

두 눈썹과 산근이 서로 이어져 있으면 30세가 되어서 반드시 꺾이게 된다.

羅計日月交增, 三十前後, 入寺爲僧, 不然也

두 눈썹이 두 눈을 압박하면 30세 전후하여 절에 들어가 승려가 된다면 요절은 하지 않게 된다.

夭身大聲不響, 三十外歸

요절하는 사람은 체격은 큰데 음성의 울림이 없으면 30세가 넘어서 저 세상으로 돌아가게 된다.

身肥氣不完, 四十外歸

몸은 비대한데 기운이 불안정하게 되면 40세가 넘어서 저 세상으로 돌아가게 된다.

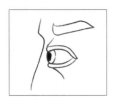

眼露鼻無梁, 三十八殺傷

눈이 튀어나오고, 비량이 없으면 38세에 살상을 당하여 죽게 된다.

又云, 髮黃如草氣粗, 又是愚頑配徒, 三十外主凶身死

우운, 머리카락이 잡초처럼 누렇고 거칠면 또한 어리석어서 완고한 무리들과 어울리게 되고, 30세가 넘어서 비명횡사하게 된다.

因血災, 光明四九定歸陰

혈기가 지나치면 재앙을 입게 되어 밝게 빛나야 하는 나이 36세에 음지로 돌아가게 된다고 하였다.

髮長頭眼無神, 四來九內三春

두발이 너무 길고 두 눈에 빛이 없으면 36세가 넘어서 3년 안에 죽게 된다.

又云, 頭小髮長踪跡散, 髮長頭窄命難量, 髮生到耳須飢死, 髮捲如螺必有傷

우운, 두상은 작은데 머리카락이 너무 길면 자취를 찾을 수 없게 되고, 머리카락은 긴데 두상이 좁으면 자기 수명을 다할 수 없게 되고, 머리카락이 귀를 덮으면 굶어서 죽게 되고, 머리카락이 소라처럼 곱슬거리면 상해를 입게 된다고 하였다.

●**得相**득상

○得者, 言人久困之相, 而得一遇之兆, 如人久困準一明, 印乃命宮, 若一開, 卽得三遇爲得弟<第>也, 若人久困, 雙眼忽然神足, 大遇一貴, 聲音一響, 必有一得, 如人部位原好足, 因色不開, 色若一開, 神若一足, 乃有萬里雲雷之志, 如血色久不開明, 乃多滯, 若得一明, 滯自退矣, 本利得生

得者, 言人久困之相, 而得一遇之兆

得(득)이라는 것은 오랫동안 곤궁한 상이 한 번의 좋은 기회를 만날 징조이다.

如人久困準一明, 印乃命宮, 若一開, 卽得三遇爲得弟<第>也

만일 사람이 오랫동안 곤궁하다가 준두가 한 번 밝아지고, 인당의 명궁이므로 한 번 열리면 곧 세 번의 기회를 얻게 되어 과거급제하게 된다.

若人久困, 雙眼忽然神足, 大遇一貴

만약 사람이 오랫동안 곤궁하다가 두 눈에서 갑자기 빛이 풍족하게 되면 귀인의 도움을 크게 얻게 된다.

聲音一響, 必有一得

음성이 한 번 울리게 되면 반드시 한 번 기회를 얻게 된다.

如人部位原好足, 因色不開, 色若一開, 神若一足, 乃有萬里雲雷之志

만약 사람의 어느 부위가 원래 풍족하게 잘생겼는데, 기색이 닫혀 있다가 만일 기색이 한 번 열리고, 만일 안신이 한 번 충족하게 되면 이는 큰 뜻을 이루게 된다.

如血色久不開明, 乃多滯, 若得一明, 滯自退矣, 本利得生

만약 혈색이 오랫동안 밝게 열리지 않게 되면 체기가 많은 것인데, 만약 밝게 한 번 열리게 되면 체기가 자연히 물러나게 되어 본래의 이로움을 얻게 된다.

◉**失相**실상

○失者, 乃交敗運之說, 豫防可免一半, 如人氣色好也, 發得財, 若到部位不足之處, 必失矣, 眉眼淸而根陷, 須防四十外失, 天停高, 乃父兄之運, 若眉眼不如, 到三旬, 則失位破家, 如其星好, 木星不好, 兼倉庫削, 六九前火心有虧, 一世身榮, 到子穴之時, 轉遭窮困者, 皆因臥蠶黑暗上脣靑, 老運無糧, 只爲舌下根生硬, 乃舌底下橫生一硬也.

失者, 乃交敗運之說, 豫防可免一半

失(실)이라는 것은 패운이 이어지게 된다는 말이다. 예방을 하면 패운을 절반으로 면하게 된다.

如人氣色好也, 發得財, 若到部位不足之處, 必失矣

만일 사람의 기색이 좋으면 재물이 늘어나게 되는데, 만일 부족한 부위에 이르게 되면 반드시 실패하게 된다.

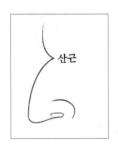
산근

眉眼淸而根陷, 須防四十外失

눈썹과 눈은 맑지만 산근이 꺼지게 되면 반드시 40대에 패운을 예방해야 한다.

天停高, 乃父兄之運, 若眉眼不如, 到三旬, 則失位破家

이마가 높으면 부모와 형제의 운이 좋은데, 만약 눈썹과 눈이 좋지 않으면 30대가 되어서 곧 지위를 잃게 되고 가정이 깨지게 된다.

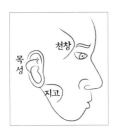

如其星好, 木星不好, 兼倉庫削, 六九前火心有虧

만일 다른 성은 모두 좋은데 목성【오른쪽 귀】이 좋지 않고, 또한 천창과 지고가 깎이면 54세 이전에 심화에 이상이 생긴다.

☞ 심화는 심장의 화기로 건강에 유의해야 한다

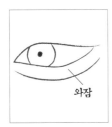

一世身榮, 到子穴之時, 轉遭窮困者, 皆因臥蠶黑暗上脣青

평생을 영화롭게 살다가 자녀궁의 나이가 되어서는 운이 궁곤하게 바뀌는 것은 모두 와잠이 검거나 어둡고, 윗입술이 푸르기 때문이다.

老運無糧, 只爲舌下根生硬, 乃舌底下橫生一硬也.

노년의 운에 먹을 양식이 없는 것은 다만 혀의 아래에 딱딱한 근이 생겼기 때문이다. 이는 혀의 아래에 갑자기 단단한 것이 생겼기 때문이다.

人同天地
인 동 천 지

人同天地, 豈可一事無成, 若有一損, 終身不發○解曰, 此言天乃一大
天, 人乃一小天, 天有日月, 人有雙目, 天有四時, 人有四肢, 天有金
石, 人有筋骨, 天有山嶽, 人有五官, 天有金木水火土, 人有心肝脾肺
腎, 爲五形, 大槪頭圓象天, 足方像地, 週身像山林, 聲音像雷霆, 五嶽
像山川, 天有風雲雷雨, 人有喜怒哀樂, 天有不測風雲, 人有旦夕禍
福, 天欲高, 地欲厚, 山林欲秀, 日月欲明, 雷霆欲響亮, 江湖欲通流,
山嶽欲高聳, 金石欲堅實, 皮土欲厚壯, 此數件内有一件不成者, 則非
富壽之相也.

人同天地, 豈可一事無成, 若有一損, 終身不發

사람은 천지와 같은데 어찌 한 가지의 일도 이루지 못하는가. 만약 어느 한 부위라
도 부족하게 되면 종신토록 발전이 없게 된다.

解曰, 此言天乃一大天, 人乃一小天

해왈, 이 말은 자연은 큰 우주와 같고, 사람은 작은 우주와 같다.

天有日月, 人有雙目, 天有四時, 人有四肢, 天有金石, 人有筋骨, 天有山嶽,
人有五官, 天有金木水火土, 人有心肝脾肺腎, 爲五形

자연에는 해와 달이 있듯이 사람에게는 두 눈이 있고, 자연에 사시가 운행하듯이 사
람에게는 사지가 있으며, 자연에 금석이 있듯이 사람에게는 근골이 있고, 자연에 산
악이 있듯이 사람에게는 오관이 있으며, 자연에 금목수화토가 있듯이 사람은 심간
비폐신이 있어서 5가지 체형이 된다.

大概頭圓象天, 足方像地, 週身像山林, 聲音像雷霆, 五嶽像山川

두상은 둥근 하늘을 형상하고, 발바닥은 네모난 땅을 형상하며, 온 몸은 산림을 형상하고, 음성은 우뢰를 형상하며, 오악은 산천을 형상하고 있다.

天有風雲雷雨, 人有喜怒哀樂

하늘에는 풍운뢰우가 있듯이 사람에게는 희노애락이 있게 된다.

天有不測風雲, 人有旦夕禍福

하늘의 풍운을 예측할 수 없듯이 사람은 아침저녁으로 화복이 있게 된다.

天欲高, 地欲厚, 山林欲秀, 日月欲明, 雷霆欲響亮, 江湖欲通流, 山嶽欲高聳, 金石欲堅實, 皮土欲厚壯

하늘은 높아야 하고, 땅은 두터워야 하며, 산림은 빼어나야 하고, 일월은 밝아야 하며, 우뢰는 맑게 울려야 하고, 강과 호수는 흘러서 소통이 되어야 한다. 산악은 높이 솟아야 하며, 금석은 견실해야 하고, 피토는 두텁고 굳세야 한다.

此數件內有一件不成者, 則非富壽之相也.

이러한 여러 가지 중에 한 가지라도 자연의 조화와 어우러지지 않으면 富壽(부수)하는 상이 아니다.

四季推斷○解曰, 心屬火, 發出氣燥色紅, 多在印堂, 脾屬土, 氣暗色
黃, 多在土星, 肺屬金, 色白而氣青, 多在四庫, 故金行四肢, 腎屬水,
氣濁色黑, 多在兩玄壁, 地庫各有部位, 如印堂屬火之位, 若暗色, 乃
水剋火也, 不可不依五行生剋言之, 如土星屬土, 如青則木剋土也,
卽死, 其外倣此, 以上氣色吉凶, 後有百問詳明.

四季推斷○解曰

사계를 추론하여 판단해야 한다. 해왈,

心屬火, 發出氣燥色紅, 多在印堂

심장은 화에 속하니 화기가 겉으로 나오면 건조하게 되고, 홍색이 인당에 많이 나타
나게 된다.

脾屬土, 氣暗色黃, 多在土星

비장은 토에 속하니 토기는 어두운 것이고, 황색이 코에 많이 나타나게 된다.

肺屬金, 色白而氣青, 多在四庫, 故金行四肢

폐장은 금에 속하니 금의 색은 희고, 금의 기는 푸르며, 천창지고에 많이 나타나므
로 금기는 사지를 움직이게 한다.

腎屬水, 氣濁色黑, 多在兩玄壁, 地庫各有部位

신장은 수에 속하니 수기는 탁하고, 물의 색은 검으며, 양쪽 뺨에 많이 나타나며, 지
고와 각각의 다른 부위에 나타나게 된다.

如印堂屬火之位, 若暗色, 乃水剋火也

인당은 화에 속하는 부위가 되며 만약 어두운 색이 나타나면 이는 수극화가 된다.

不可不依五行生剋言之

오행의 상생상극의 이치에 의탁하여 말한 것이다.

如土星屬土, 如靑則木剋土也, 卽死

코는 토에 속하는데 만약 코가 푸른 기색이 띠면 목극토가 되어 곧 죽게 된다.

其外倣此, 以上氣色吉凶, 後有百問詳明.

그 외에는 이와 같이 기색으로써 길흉을 살펴봐야 한다. 후에 〈영락백문(281페이지 참조)〉에서 자세히 밝히도록 하겠다.

五嶽五官
오악오관

先分五嶽五官, 或成或敗○解曰, 五嶽者, 額爲南嶽, 兩顴爲東西二嶽, 土星中嶽, 地閣北嶽, 若有一嶽不高, 不成格局, 不爲貴相, 若天地不朝, 倉庫陷削, 獨顴高也不爲妙, 書云, 顴高大貴, 要四嶽相顧, 今書言, 獨顴生而田園不守, 子死妻傷, 大不妙之相也, 如獨土星高滿而乙削, 爲孤峰獨聳, 妻子難言, 孤獨之相也.

先分五嶽五官, 或成或敗○解曰

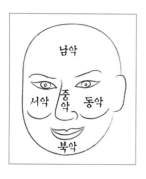

먼저 오악과 오관을 분별함으로써 혹 성공과 실패를 알게 된다. 해왈,

五嶽者, 額爲南嶽, 兩顴爲東西二嶽, 土星中嶽, 地閣北嶽

오악이란 이마는 남악이 되고, 양쪽 관골은 동악과 서악이 되고, 코는 중악이 되며, 지각은 북악이 된다.

若有一嶽不高, 不成格局, 不爲貴相

만약 하나의 산악이라도 높지 못하면 격국을 갖출 수 없게 되고, 귀한 상이 되지 않는다.

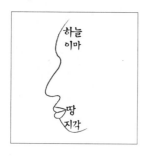

若天地不朝, 倉庫陷削, 獨顴高也不爲妙

만약 이마와 지각이 서로 마주보지 않고, 천창이 꺼지며 지고가 뾰족하게 되고, 유독 관골만 높으면 좋은 상이 되지 않는다.

書云, 顴高大貴, 要四嶽相顧,

서운, 관골이 높아 대귀가 되는 것은 사악이 서로 마주 봐야 한다고 하였다.

今書言, 獨顴生而田園不守, 子死妻傷, 大不妙之相也

금서언, 유독 관골만 웅장하게 생기면 田園(전원)을 지킬 수 없게 되고, 처자를 상해하여 크게 좋은 상은 아니라고 하였다.

如獨土星高滿而俱削, 爲孤峰獨聳, 妻子難言, 孤獨之相也.

유독 코만 풍만하게 높고, 사악이 모두 깎이면 외로운 봉우리처럼 홀로 높이 솟은 모양이라 하여 처자를 말하기 어려운 고독한 상이 된다.

五官說
오 관 설

五官說, 此五官說, 及後五星六曜之詩, 俱高閣老所作○解曰, 一曰耳, 爲採聽官, 二曰眉, 爲保壽官, 三曰眼, 爲監察官, 四曰鼻, 爲審辨官, 五曰口, 爲出納官, 大統廣鑑書云, 一官成十年貴顯, 一府明十載富豐, 五官俱成, 終身富貴○耳須要色明, 高聳過於眉, 輪廓完成, 貼肉敦厚, 命門寬大, 謂之採聽官成○眉須要寬廣淸長, 雙分入鬢, 或如玄犀新月, 首尾豐盈, 高居額中, 乃謂保壽官成, ○眼須要含藏不露, 黑白分明, 瞳子端正, 光彩射人, 或鳳目細長藏秀, 乃爲監察官成, ○鼻須要樑柱明直, 上接山根, 印堂明潤, 下連年壽高隆, 不宜起節, 準頭庫起, 形如懸膽, 鼻如截筒, 黃明色肉, 爲審辨官成, ○口須要角弓, 開大含小, 上下脣配, 齒配四方, 爲出納官成.

五官說, 此五官說, 及後五星六曜之詩, 俱高閣老所作○解曰

오관에 관한 설명이다. 이 오관에 관한 설명은 뒤에 오성과 육요의 시를 모두 고각노(高閣老)라 하는 상가가 지었다. 해왈,

一曰耳, 爲採聽官, 二曰眉, 爲保壽官, 三曰眼, 爲監察官, 四曰鼻, 爲審辨官, 五曰口, 爲出納官

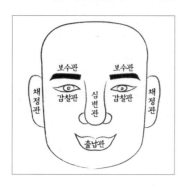

첫번째 귀는 채청관이 되고, 두 번째 눈썹은 보수관이 되며, 세번째 눈은 감찰관이 되고, 네번째 코는 심변관이 되며, 다섯번째 입은 출납관이라 한다.

大統廣鑑書云, 一官成十年貴顯, 一府明十載富豊, 五官俱成, 終身富貴

『大統廣鑑(대통광감)』이라는 상서에서 이르기를, 오관 중에서 하나의 官(관)이 잘생기면 십년을 귀하게 현달하고, 육부 중에서 하나의 府(부)가 밝으면 십년을 부유하고 풍요로우니 오관이 모두 갖춰지면 평생토록 부귀를 누리게 된다.

○ 耳須要色明, 高聳過於眉, 輪廓完成, 貼肉敦厚, 命門寬大, 謂之採聽官成

귀는 본래 색이 밝아야 하고, 눈썹보다 높이 솟아야 하며, 윤곽이 완전하게 갖춰져야 하고, 귓방울의 살이 두텁게 붙어야 하며, 명문이 넓고 커야 채청관으로서 성립이 되는 것이다.

○ 眉須要寬廣淸長, 雙分入鬢, 或如玄犀新月, 首尾豊盈, 高居額中,

　乃謂保壽官成

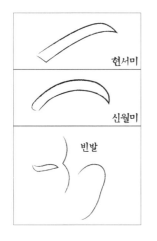

눈썹은 본래 넓고 맑게 길어야 하며, 두 눈썹이 빈발에 들어가야 하고, 혹은 현서미, 신월미와 같으며, 눈썹의 머리와 꼬리가 풍성하게 차야 하고, 눈썹이 이마 가운데에 있으면 이는 보수관으로서 성립이 되는 것이다.

☞ 현서미는 검은 소의 뿔 모양의 눈썹,
　　신월미는 초승달 모양의 눈썹이다
☞ 鬢髮빈발은 귀의 윗 머리카락을 의미한다

○ 眼須要含藏不露, 黑白分明, 瞳子端正, 光彩射人, 或鳳目細長藏秀,

　乃爲監察官成

눈은 본래 빛을 품은 듯 감추어져서 노출되지 않아야 하고, 눈동자의 흑백이 선명해야 하며, 눈동자가 단정해야 하고, 광채가 사람을 쏘아보는 듯해야 한다. 혹은 봉의 눈

처럼 가늘고 길어서 눈빛이 감춰진 듯 수려하면 이는 감찰관으로 성립되는 것이다.

○ 鼻須要樑柱明直 上接山根, 印堂明潤, 下連年壽高隆, 不宜起節, 準頭庫起, 形如懸膽, 鼻如截筒, 黃明色肉, 爲審辨官成

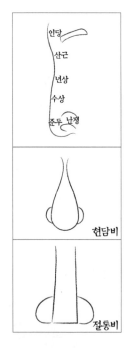

코는 본래 비량이 밝고 곧아야 하고, 위로는 산근과 접해 있으며, 인당이 밝게 윤택해야 하고, 아래로는 년상과 수상이 높고 풍융하게 이어져야 하며, 년상과 수상에 뼈마디가 일어나면 마땅치 않고, 준두와 난대정위가 일어나야 한다. 코의 모양이 현담비·절통비와 같으며, 코의 살색이 노랗게 밝으면 심변관으로서 성립되는 것이다.

☞ 난정은 양쪽의 콧망울이며, 왼쪽은 난대, 오른쪽은 정위라 한다.
현담비는 쓸개를 달아 놓은 모양의 코,
절통비는 대나무 통을 잘라 놓은 모양의 코

○ 口須要角弓, 開大含小, 上下脣配, 齒配四方, 爲出納官成.

입은 본래 활과 같아야 하고, 입을 벌리면 크고 입을 다물면 작아야 하며, 위아래 입술이 배합이 잘 맞아야 하고, 치아가 네모반듯하면 출납관으로 성립이 되는 것이다.

●探聽官 채청관

耳爲探聽官○解曰, 成敗傾欹, 聰明高聳, 色白如玉, 年少作三分<公>, 貼肉垂眉<肩>紅潤, 自然置産, 財祿亨通, 若大小直如箭羽, 安得不孤窮, 命門窄難容指, 壽元短促, 志淺愚蒙, 無輪反薄黑, 室破囊空, 其因毫生竅內, 天年八十方終, 厚大硃紅極貴, 頭壽老龍鐘, 頭垂地, 又背腰弓, 八十壽方終. 老人行路, 頭垂背屈, 逶遜不前, 謂之龍鐘

耳爲採聽官○解曰

귀는 채청관이 된다. 해왈,

成敗傾欹, 聰明高聳, 色白如玉, 年少作三分＜公＞, 貼肉垂眉＜肩＞紅潤,

自然置産, 財祿亨通

성공하다 실패하는 사람의 귀는 기울고 삐뚤어졌으며, 총명한 사람의 귀는 높이 솟아야 하고, 색이 옥처럼 희면 젊은 시절에 삼공벼슬을 하고, 수주【귓볼】에 살이 덧붙어서 어깨에 이르고, 윤택한 홍색이면 자연히 재산이 늘어나고 재록이 형통하게 된다.

☞垂珠수주 : 귓망울을 의미한다

若大小直如箭羽, 安得不孤窮

전우이

만약 좌우 귀의 크기가 서로 다르고, 귀가 곧은 箭羽耳(전우이)와 같으면 어찌 고독하고 궁색하지 않겠는가.

☞ 전우이 : 화살의 깃처럼 뾰족한 귀의 모양을 의미한다

命門窄難容指, 壽元短促, 志淺愚蒙

귀의 구멍이 좁아서 손가락이 들어가기 어려우면 선천적인 수명이 짧아지고, 뜻이 얕아서 어리석고 고집스럽게 된다.

無輪反薄黑, 室破囊空

귀의 윤이 없고 곽이 뒤집어지고, 귀가 얇고 검으면 가정이 깨지고 빈털터리가 된다.

其因毫生竅内, 天年八十方終

귀의 구멍 속에서 가는 털이 나면 타고난 수명이 80세를 넘어 장수하게 된다.

厚大硃紅極貴, 白頭壽老龍鐘

귀가 두텁고 크며 주사처럼 홍색이면 극귀를 누리게 되며, 백발이 되도록 장수하고 용종처럼 늙어가게 된다.

☞ 硃沙주사는 붉은 염료이다

頭垂地, 又背腰弓, 八十壽方終.

머리를 땅으로 숙이고, 또 등과 허리가 활처럼 휘면 80세 이상 장수를 하게 된다.

老人行路, 頭垂背屈, 逶迤不前, 謂之龍鐘

노인이 걷는 모습이 머리를 숙이고 등이 굽으며, 앞을 보지 않고 꾸물꾸물 천천히 걷는 것을 용종이라 한다.

●保壽官보수관

> 眉爲保壽官○解曰, 濃厚淹留, 薄疎孤獨, 短促兄弟非宜, 骨稜高起, 性勇好爲非, 清秀灣如新月, 文章顯耀榮奇, 印堂廣雙分入鬢, 卿相貴何疑, 竪毛多主殺, 神剛性暴少思維, 交連併印促, 背祿奔馳, 橫豎妨妻剋子, 旋螺多執旗, 低壓眼相連不斷, 運至必遭虧, 三十外到此, 不好.

眉爲保壽官○解曰

눈썹이 보수관이 된다. 해왈,

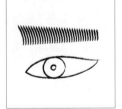

濃厚淹留, 薄疎孤獨, 短促兄弟非宜

눈썹의 숱이 두텁고 짙으면 타향에서 오래 머물고, 눈썹의 숱이 엷어서 드물면 고독하게 되며, 눈썹이 짧으면 형제간의 우애가 좋지 않게 된다.

骨稜高起, 性勇好爲非

미릉골이 높게 일어나면 성정이 용맹하여 시비를 부추겨 분란을 좋아하게 된다.

清秀灣如新月, 文章顯耀榮奇

맑고 수려한 눈썹이 新月眉(신월미)처럼 굽으면 학문으로 현달하게 되고, 기이하게 영화를 누리게 된다.

印堂廣雙分入鬢, 卿相貴何疑

인당이 넓고 두 눈썹이 길어서 빈발에 들어가면 귀함이 재상이 됨을 어찌 의심하겠는가.

竪毛多主殺, 神剛性暴少思維

눈썹 털이 서면 살기가 많고, 안신이 강하면 성정이 포악하고 깊은 생각하지 못하게 된다.

☞ 竪毛수모는 역팔자 모양으로 눈썹털이 서 있는 것이다

交連倂印促, 背祿奔馳

눈썹이 서로 연이어져 인당이 좁아지면 관록을 등지게 되고, 동분서주하며 바쁘기만 하다.

横竪妨妻剋子

눈썹이 옆으로 쭉 뻗치면 처자를 해롭게 한다.

☞ 横竪횡수는 竪眉수미를 뜻한다. 이는 역팔자 모양의 눈썹이다

旋螺多執旗

눈썹이 소라처럼 곱슬거리면 전쟁터에 나가 깃발을 들거나 창을 잡고 싸우러 나가게 된다.

低壓眼相連不斷, 運至必遭虧, 三十外到此, 不好.

눈썹이 낮아서 눈을 압박하거나 눈썹이 연이어져 둘로 나누어지지 않으면 그 운에 이르게 되어 좋지 않게 된다. 30대가 넘어서는 운이 좋지 않게 된다.

●監察官감찰관

> 眼爲監察官○解曰, 兩眼火浮, 雙輪噴火, 殺人賊好奸謀, 睛如點漆,
> 應不是常流, 眼大者多攻藝業, 上視者勿與交遊, 斜視狼自强獨勝,
> 慳吝更貪求, 圓大神光露, 心懷凶狼, 訟獄堪憂, 似雞蛇鼠目, 不淫須
> 偸, 三角深藏, 毒害同倫, 視定無良儔<壽>, 神淸爽, 長如鳳目, 身早
> 作侯王.

眼爲監察官○解曰

눈은 감찰관이 된다. 해왈,

兩眼火浮, 雙輪噴火, 殺人賊好奸謀

두 눈에서 불이 타는 듯하고, 두 눈동자에서 불을 뿜어내듯 하면 살인·도적·사기를 좋아하게 된다.

睛如點漆, 應不是常流

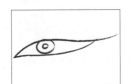

눈동자가 점칠과 같으면 평범한 부류의 사람이 아니다.

☞ 點漆점칠은 검은 옻칠로 점을 찍은 듯한 눈을 뜻한다

眼大者多攻藝業

눈이 큰 사람은 예능적인 방면의 사업에 종사를 많이 하게 된다.

上視者勿與交遊

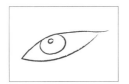

위를 보는 사람과 함께 사귀거나 왕래해서는 안 된다.

☞ 上視상시는 검은동자가 위로 들떠서 아래로 흰동자가 보이는
하백안을 의미한다

斜視狼自强獨勝, 慳吝更貪求

사시는 이리와 같아서 독선적이고, 승부욕이 강하며, 인색하고 더욱 탐욕이 많다.

圓大神光露, 心懷凶狼, 訟獄堪憂

눈동자가 둥글게 크고 눈빛이 겉으로 노출되면 흉악한 이리와 같은 마음을 품게 되고, 송사로 옥에 갇히는 것을 어떻게 감당할지 근심스럽다.

似鷄蛇鼠目, 不淫須偸

닭이나 뱀, 쥐 눈의 모양과 같이 생기면 음탕하지 않으면 도둑의 심보를 가지게 된다.

三角深藏, 毒害同倫

눈의 모양이 삼각형이고, 눈동자가 깊이 숨어서 보이지 않으면 마음이 표독하여 형제에게 해로움을 준다.

視定無良儔<壽>

시선이 불안하면 장수할 수 없게 된다.

神淸爽, 長如鳳目, 身早作侯王.

눈빛이 맑고 기상이 상쾌하여 봉의 눈처럼 길게 되면, 이른 나이에 입신출세하여 제후가 되거나 왕이 된다.

◉審辨官 심변관

> 鼻爲審辨官○解曰, 竅小慳貪, 高聳顯貴, 偏斜曲陷堪蕩, 若還短促,
> 未敢許榮昌, 最怕十分昻露, 若如懸膽, 必作朝郎, 年壽縱橫紋理, 家
> 破苦奔忙, 山根怕折, 田園不守, 妻子先亡, 形如鶯<鷹>嘴, 狡狼難
> 當, 廣大朝呼<高>, 須穩光明主財祿, 殊當, 準頭黑, 蘭台黲黯, 旬日
> 出身亡.

鼻爲審辨官○解曰

코는 심변관이 된다. 해왈,

竅小慳貪

콧구멍이 작으면 인색하고 탐심이 있게 된다.

高聳顯貴

비량이 높게 솟으면 귀한 지위에 오르게 된다.

偏斜曲陷堪蕩

비량이 기울어지고, 삐뚤어지고, 굽어지고, 움푹 꺼지게 되면 방탕한 생활을 어찌
감당하겠는가.

若還短促, 未敢許榮昌

만약 코가 단촉하면 부귀영화를 누리기 어렵게 된다.

最怕十分昻露

콧구멍이 완전히 드러나 보이면 가장 나쁜 상이 된다.

若如懸膽, 必作朝郎

만약 현담비처럼 생기게 되면 반드시 조정에 나아가 벼슬을 받게 된다.

年壽縱橫紋理, 家破苦奔忙

년상과 수상에 세로 가로 주름이 있으면 가정이 깨지고 고달프며 동분서주하게 된다.

山根怕折, 田園不守, 妻子先亡

산근이 끊어지면 재산을 지킬 수 없게 되고, 처자를 먼저 잃게 될까 두려워진다.

形如鶯<鷹>嘴, 狡狼難當

매부리코

코가 매부리처럼 생기면 교활한 이리 같아서 감당하기 어렵게 된다.

廣大朝呼<高>, 須穩光明, 主財祿殊當

준두가 크고 비량이 높이 솟고 은은한 밝은 빛이 나면 재록의 상으로 매우 마땅하다.

準頭黑, 蘭台黲黯, 旬日出身亡.

준두가 검고, 콧방울이 검푸른색을 띄면 10일 안에 죽게 된다.

◉出納官출납관

口爲出納官○解曰, 短促脣掀, 色青齒露, 偏斜骨肉熬煎, 闊而不正, 虛許豈堪言, 尖薄是非, 口有如硃抹, 宰相名傳, 脣裏紫, 食祿千鍾, 衣祿自天然, 覆言上下脣載, 多生紋理, 掩人過惡, 得子孫須賢, 食餐多哽噎, 必定主迍邅, 向睡中不合, 洩元氣, 夭折天年, 親曾見, 低垂兩角, 常被人嫌.

口爲出納官○解曰

입은 출납관이 된다. 해왈,

短促脣揪, 色靑齒露, 偏斜骨肉熬煎

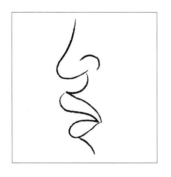

입이 작고, 윗입술이 들리고, 입술색이 푸른색을 띠며, 치아가 보이고, 치아가 삐뚤어지게 되면 가족들이 고달프게 된다.

闊而不正, 虛許豈堪言

입이 너무 커서 반듯하지 않으면 거짓말을 어찌 감당할 수 있겠는가.

尖薄是非

입이 뾰족하거나 얇으면 구설시비가 있게 된다.

口有如硃抹 宰相名傳

입술에 붉은 주사를 바른 듯하면 재상의 명예가 후대에 전해지게 된다.

脣裏紫, 食祿千鍾, 衣祿自天然

입술이 붉은 자주빛이 나면 식록이 천종에 이르는 벼슬을 하게 되고, 의록은 자연히 받게 된다.

☞ 一鍾일종은 3천석이고, 千鍾천종은 300만석이 된다

覆言上下脣載, 多生紋理, 掩人過惡, 得子孫須賢

윗입술은 잘 덮어주고 아랫입술은 잘 실어주어야 한다. 입술의 주름이 많으면 남의 잘못을 덮어주게 되어 반드시 현명한 자손을 얻게 된다.

食餐多哽噎, 必定主迍邅

밥을 먹을 때 목이 메이게 되면 반드시 운이 늦어지게 된다.

向睡中不合, 洩元氣, 夭折天年, 親曾見

입을 벌리고 자면 원기가 새나가게 되어 타고난 수명이 짧아져서 요절하게 되고, 돌아가신 부모님을 일찍 보게 된다.

低垂兩角, 常被人嫌.

입꼬리가 아래로 처지게 되면 항상 남에게 미움을 사게 된다.

五星
오 성

●**金星木星**금성목성

> 耳爲金木二星○解曰, 金木成雙廓有輪, 風門容指主張明, 端聳直朝
> 羅計上, 富貴榮華日日新, 又曰, 金若開花一世貧, 輪飛廓反有辛勤,
> 於中若有爲官者, 終是區區不出塵.

耳爲金木二星○解曰,
귀는 금성과 목성이 된다. 해왈,

☞ 왼쪽 귀는 금성이고, 오른쪽 귀는 목성을 의미한다

金木成雙廓有輪, 風門容指主張明, 端聳直朝羅計上, 富貴榮華日日新,
두 귀의 윤곽이 분명해야 하고, 귓구멍에 손가락이 들어가면 의견이 분명하며, 귀가
단정하게 곧아서 눈썹보다 위로 솟으면 부귀영화가 매일 매일 새롭게 된다.

又曰, 金若開花一世貧, 輪飛廓反有辛勤, 於中若有爲官者, 終是區區不出塵.
우왈, 귀가 개화가 되면 평생 가난하게 되고, 윤비곽반이 되면 고생스럽게 부지런히
힘쓰게 된다 하였다. 윤비곽반이 된 사람 중에서 관료가 있으면 마침내 보잘 것 없
는 신세가 된다고 하였다.

☞ 開花개화는 귀의 윤곽이 뒤집어진 모양이다
☞ 輪飛廓反윤비곽반은 외윤과 내곽으로 나뉘며, 윤이 날아가고 곽은 뒤집힌 것이다

●水星 수성

口爲水星○解曰, 口含四字似硃紅, 兩角生稜同上弓, 定是文章聰俊士, 少年及第老來榮, 又曰, 水星略縱兩頭垂, 尖薄無稜是乞兒, 若是偏斜多亂動, 是非奸詐愛何宜.

口爲水星○解曰

입은 수성이 된다. 해왈,

口含四字似硃紅, 兩角生稜同上弓, 定是文章聰俊士, 少年及第老來榮

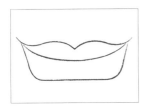

입이 四字[넉 사 자] 모양이고, 입술이 주사처럼 붉으며, 양 입꼬리의 능선이 활의 끝처럼 위로 향하면 학문이 뛰어난 총명하고 준수한 선비가 되고, 젊어서 장원급제하여 노년까지 영화롭게 된다.

又曰, 水星略縱兩頭垂, 尖薄無稜是乞兒

우왈, 입꼬리가 느슨하게 살짝 처지고, 입이 뾰족하고 입술이 얇으며, 입의 능선이 선명하지 않으면 걸인이 된다고 하였다.

若是偏斜多亂動, 是非奸詐愛何宜.

만약 삐뚤어진 입이 난동을 부리듯이 많이 움직이게 되면 시비구설과 간교한 거짓말을 좋아하여 어찌 좋은 상이라 하겠는가.

◉火星 화성

> 額爲火星○解曰, 火星宮中闊方平, 潤澤無紋氣色新, 骨聳三條川字
> 樣, 少年及第作公卿, 又曰, 火星尖窄似常流, 紋亂縱橫主配囚, 赤脈
> 兩條侵日月, 刀兵起法死他州.

額爲火星○解曰

이마는 화성이 된다. 해왈,

火星宮中闊方平, 潤澤無紋氣色新,

이마가 넓고 방정하며, 윤택하여 주름이 없고, 기색이 맑으며 깨끗해야 한다.

骨聳三條川字樣, 少年及第作公卿

이마에 세 개의 川字【내 천 자】 모양의 골이 솟으면 젊어서 장
원급제하여 공경벼슬을 하게 된다.

☞ 三條川字삼조천자는 이마 가운데 천주골, 양쪽에 보골을 의미한다

又曰, 火星尖窄似常流, 紋亂縱橫主配囚

우왈, 이마가 뾰족하거나 좁으면 평범한 사람이고, 어지러운 주름이 종횡으로 있으
면 반드시 죄인이 된다고 하였다.

赤脈兩條侵日月, 刀兵起法死他州.

일각과 월각에 붉은 실핏줄이 침범하게 되면 병난이 일어나 군법에 의해서 타향에
가서 죽게 된다.

●土星토성

鼻爲土星○解曰, 土星端正似截筒, 竈門孔大是三公, 蘭臺廷尉來相應, 必定身名達帝聰, 又曰, 土宿偏斜受苦星, 準頭尖削主孤貧, 傍觀勾曲如鶯嘴, 心裏如邪必害人.

鼻爲土星○解曰

코는 토성이 된다. 해왈,

土星端正似截筒, 竈門孔大是三公,

코가 단정한 절통비와 같고, 콧구멍이 크면 삼공벼슬을 하게 된다.

蘭臺廷尉來相應, 必定身名達帝聰

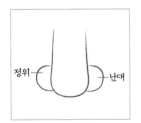

난대정위가 서로 조화롭게 되면 명성이 황제까지 알게 된다.

☞ 蘭臺廷尉난대정위의 난대는 왼쪽 콧망울,
정위는 오른쪽 콧망울을 뜻한다

又曰, 土宿偏斜受苦星, 準頭尖削主孤貧, 傍觀勾曲如鷹嘴, 心裏如邪必害人.

우왈, 토수[코]가 한쪽으로 기울거나 삐뚤면 고난의 별이 되고, 준두가 뾰족하게 깎이면 가난하고 고독하게 되며, 옆에서 봐서 코가 굽어서 매부리와 같으면 속마음이 간사하여 사람을 해롭게 한다.

六曜
육 요

◉紫氣 자기

> 紫氣○解曰, 紫氣宮中潤又方, 拱朝帝主是賢良, 蘭臺廷尉來相應, 末
> 主宮榮日月昌, 又云, 紫氣宮中狹又尖, 小短無顋更少髯, 自小爲人無
> 實學, 一生虛耗不堪言.

紫氣○解曰

자기궁, 해왈,

紫氣宮中潤又方, 拱朝帝主是賢良

인당은 윤택하고 또한 네모난듯 둥글면 조정의 황제를 보좌하는 현명한 신하가 된다.

蘭臺廷尉來相應, 末主宮榮日月昌

인당과 난대정위가 서로 조화로우면 말년의 궁이 영화롭게 되고, 번창하는 삶을 살게 된다.

又云, 紫氣宮中狹又尖, 小短無顋更少髯, 自小爲人無實學, 一生虛耗不堪言.

우운, 인당이 좁거나 또는 뾰족하고, 인당이 작고 짧으며, 뺨이 없는 듯하고 수염이 적으면 사람됨이 작아서 참된 학문을 하지 못하고, 평생을 헛되이 소모하게 되니 말로는 다 감당할 수 없다고 하였다.

●月孛 월패

二月孛曜, 山根又名月孛○解曰, 月孛宜高不宜低, 瑩然光彩似琉璃,
爲官必主忠臣相, 更主賢妻又好兒, 又曰, 月孛宮中狹又尖, 小短破
敗事相連, 爲官豈得榮高祿, 學問無成困少年.

二月孛曜, 山根又名月孛○解曰

두 번째 월패요, 산근을 월패라 부른다. 해왈,

月孛宜高不宜低

산근은 마땅히 높아야 하고, 낮으면 마땅치 않게 된다.

瑩然光彩似琉璃, 爲官必主忠臣相, 更主賢妻又好兒

산근이 유리처럼 맑은 광채가 나면 관료가 되어서 반드시 충신의 상이 되며, 또한
현모양처를 얻어서 좋은 자녀를 두게 된다.

又曰, 月孛宮中狹又尖, 小短破敗事相連, 爲官豈得榮高祿, 學問無成困少年.

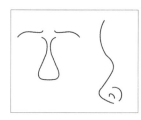

우왈, 산근이 좁거나 뾰족하며 작고 짧으면 가정이 깨지고
사업이 연이어 실패하게 되니, 관료가 되어서 어찌 영화로
운 봉록을 높게 받겠는가. 학문의 뜻을 이루지 못하고 젊
어서 곤란하게 된다고 하였다.

●羅計 라계

三四羅計曜○解曰, 羅計星君秀且長, 分明貼肉應三陽, 不惟此顏居
官正, 言義彰明播四方, 又曰, 羅計稀疎骨聳稜, 爲人性急又兇連, 好
邪狀似垂楊榴, 兄弟如讎有旋紋.

三四羅計曜○解曰

세 번째와 네 번째 라계요. 해왈,

羅計星君秀且長, 分明貼肉應三陽, 不惟此顏居官正, 言義彰明播四方

눈썹이 은하수처럼 빼어나게 길어야 하고, 미릉골에 분명하게 살이 붙어서 두 눈과
조화롭게 되면 이러한 얼굴은 청정한 관료가 되지 않는다면 신의가 밝고 분명하여
명예가 온 사방에 퍼진다는 말이다.

又曰, 羅計稀疎骨聳稜, 爲人性急又兇連, 好邪狀似垂楊榴, 兄弟如讎有旋紋.

우운, 눈썹의 숱이 희미하고 미릉골이 높게 솟으면 사람됨이
성급하여 또한 나쁜 운이 계속 이어지게 된다. 눈썹 모양이
수양버들과 같으면 간사하고, 눈썹을 감싼 주름이 있으면 형
제간에 원수처럼 된다고 하였다.

◉日月 일월

> 五六日月曜○解曰, 眼爲日月似太陽, 精神光彩一般强, 爲官不拜當
> 朝相, 也合才高作棟樑, 又曰, 日月斜短赤貫瞳, 更兼孤露又無神, 陰
> 陽失位多刀死, 枯暗長年必惡終.

五六日月曜○解曰

다섯 번째와 여섯 번째, 일월요. 해왈,

眼爲日月似太陽, 精神光彩一般强, 爲官不拜當朝相, 也合才高作棟樑

눈을 일월이라 하고, 태양과 같다. 정과 신에서 광채가 강하게 나오면 당당히 조정의 재상이 되어 절을 하지 않아도 되며, 재주가 뛰어나서 나라의 동량이 된다.

又曰, 日月斜短赤貫瞳, 更兼孤露又無神, 陰陽失位多刀死, 枯暗長年必惡終.

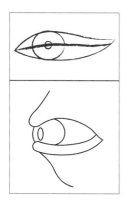

우왈, 두 눈이 사시이거나 짧고, 붉은 실핏줄이 눈동자를 꿰뚫으며 또한 눈동자가 겉으로 돌출하거나 두 눈의 빛이 없으면 음양의 지위를 잃게 되는 것이니 칼날 아래서 죽게 되고, 눈동자가 장년이 되어서 메마르고 흐리면 비명횡사하게 된다.

☞陰陽失位음양실위 : 해와 달의 빛을 상실했다는 의미이다

男以精神富貴, 女以血氣榮華○解曰, 男以精爲主, 女以血爲主, 男
以精生身, 女以血養命, 男子精乾卽死, 女人血枯卽亡, 然雖以精神
爲主, 不知何處可觀, 夫天以日月爲精華, 人以雙目爲精神, 神乃精
之苗, 精壯則神淸, 神淸則目秀, 故男人要漆黑, 光彩射人, 眼云曰如
點漆, 終身家業榮華, 神足氣完, 白手創成家業, 故男子以精神爲主
也, 若女以血爲主, 何處可驗, 血在皮內, 色在皮外, 皮內若血足, 皮
外必光明, 血內色外, 乃爲一根一苗, 有根方有苗, 有血方有色, 凡血
氣兩件俱有者, 爲妙, 如血如色, 不潤亦不妙, 爲有根無苗, 如色明內
無血, 爲有苗無根, 主淫之相, 若血潤不華, 主夭, 色光色浮主淫, 色
暗唇皮乾白, 主夭, 乃爲血不潤, 不出于<子>賤婦也, 又髮乃血之餘,
髮若疎薄黃短, 亦不如也, 青黑爲貴, 長爲賢, 書云, 髮靑之女貴榮高,
長潤生兒定富榮, 若是旋螺幷面薄, 貧賤妨夫殺子苗, 夫男子要目淸,
女人要髮厚, 又曰, 皮目無光血不華, 顴高額削目圓斜, 嘴尖臀<嶠>
兼胸露, 三十年來嫁七家, 又云, 背陷成坑婦不宜, (婦人背爲福德),
胸堂高起好爲非, 睛黃面赤唇掀露, 不孝不賢破敗妻, 又云, 婦女睛
長不露光, 皮香肉潤好賢郞, 色瑩和澤碧蛋面, 生子須當拜聖王, 擇
婦何須擇美容, 肩圓背厚壽如松, 鼻隆鳳目眉勾額, (勾如線紋, 下平
爲妙, 得配爲奇), 養子須當拜聖君, 又云, 封章非<拜>聖明, 蓋因色
如瑩玉, 助夫壻興家, 豈<只>爲聲和氣起, 婦人産女氣粗, 乃不良下
賤之輩.

男以精神富貴, **女**以血氣榮華○解曰

남자는 정신으로써 부귀를 누리고, 여자는 혈기로써 영화롭게 된다. 해왈,

男以精爲主, **女**以血爲主

남자는 정으로써 으뜸으로 삼고, 여자는 혈로써 으뜸을 삼는다.

男以精生身, **女**以血養命,

남자는 정으로써 몸의 근본이 되고, 여자는 혈로써 생명의 원천이 된다.

男子精乾卽死, **女**人血枯卽亡

남자는 정이 마르면 곧 죽게 되고, 여자는 혈이 고갈되면 곧 사망하게 된다.

然雖以精神爲主, 不知何處可觀,

그러나 비록 정과 신으로써 으뜸으로 삼았지만 상의 어디를 봐야 할지 모른다.

夫天以日月爲精華, 人以雙目爲精神

하늘의 일월로써 정화를 삼고, 사람은 두 눈으로써 정과 신을 삼는다.

神乃精之苗, 精壯則神淸, 神淸則目秀, 故男人要漆黑, 光彩射人

신은 정의 싹이 되니 정이 굳세면 신이 맑고, 신이 맑으면 눈이 수려하니 고로 남자는 칠흑 같은 눈의 광채가 사람을 쏘는 듯해야 한다.

眼云曰如點漆, 終身家業榮華

눈에 관해서 이르길, 만약 점칠 같은 눈이면 평생토록 가업이 영화롭게 된다고 하였다.

神足氣完, 白手創成家業, 故男子以精神爲主也

신이 풍족하면 기가 완전하게 되어 빈손으로 가업을 창성하게 하니 고로 남자는 정과 신을 으뜸으로 삼게 된다.

若女以血爲主, 何處可驗,

여자는 혈로써 으뜸으로 삼으니 상의 어느 부위를 봐야 증명할 수 있겠는가.

血在皮内, 色在皮外, 皮内若血足, 皮外必光明

혈은 피부 안에 있고, 색은 피부 밖에 있으니 피부 안의 혈이 풍족하면 피부 밖은 반드시 밝게 빛나게 된다.

血內色外, 乃爲一根一苗, 有根方有苗, 有血方有色,

혈은 안에 있고, 색은 밖에 있으니 이는 혈은 뿌리가 되고, 색은 싹이 되며, 뿌리가 있으면 반드시 싹이 있으니 혈이 있으면 반드시 색이 있게 된다.

凡血氣兩件俱有者, 爲妙

혈기가 모두 조화롭게 갖춘 자는 좋은 상이 된다.

如血如色, 不潤亦不妙, 爲有根無苗,

만일 혈과 색이 윤택하지 않으면 좋은 상이 아니니 뿌리는 있는데 싹이 없는 것과 같은 것이다.

如色明內無血, 爲有苗無根, 主淫之相

만일 피부 밖의 색은 밝은데 피부 안의 혈이 없으면 싹은 있으나 뿌리가 없는 것과 같아서 반드시 음탕한 상이 된다.

若血潤不華, 主夭, 色光色浮主淫,

만약 혈은 윤택하지만 색이 화사하지 않으면 일찍 죽게 되고, 색이 반짝이거나 또는 색이 얇게 들뜨면 음탕하게 된다.

色暗脣皮乾白, 主夭, 乃爲血不潤, 不出于<子>賤婦也

색이 어둡고 입술이 하얗게 마르면 요절하게 된다. 이는 혈이 윤택하지 않으면 천한 부인으로 귀한 아들을 낳기 어렵다.

又髮乃血之餘, 髮若疎薄黃短, 亦不如也,

또한 머리카락은 혈의 여분이 되니 머리카락이 만약 드물거나 얇고 누렇게 짧으면 또한 좋은 상이 아니다.

靑黑爲貴, 長爲賢,

머리카락이 검푸르면 귀하게 되고, 머리카락이 탄력 있게 길면 賢德(현덕)한 부인이 된다.

書云, 髮靑之女貴榮高, 長潤生兒定富榮,

서운, 머리카락이 푸른 여인은 부귀영화를 누리는 상이 되고, 머리카락이 길고 윤택하면 반드시 부귀영화를 누리는 아이를 낳는다고 하였다.

若是旋螺幷面薄, 貧賤妨夫殺子苗

만약 머리카락이 곱슬거리고 또한 얼굴이 고박하게 되면 빈천한 여인으로 남편과 자녀에게 해가 된다.

夫男子要目淸, 女人要髮厚

남자는 눈이 맑아야 하고, 여자는 머리카락이 풍성해야 한다.

又曰, 皮目無光血不華, 顴高額削目圓斜, 嘴尖臀<嶠>兼胸露, 三十年來嫁七家

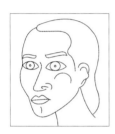

우왈, 피부와 눈에 빛이 없거나 혈색이 화사하지 못하고, 관골이 높은데 이마가 깎이며, 눈이 둥글거나 사시가 되고, 입이 새부리처럼 뾰족하며, 엉덩이가 뾰족하게 들리거나 가슴이 돌출하면 30대가 되기 전에 7번이나 시집을 갔다고 하였다.

☞ 弓+喬(활시위당길 교)는 현대 한자에는 없는 글자이므로 嶠(높을 교)자로 변환합니다

又云, 背陷成坑婦不宜 (婦人背爲福德)

우왈, 등줄기가 구덩이처럼 움푹 꺼지게 되면 좋은 상이 아니라고 하였다(세주 : 부인의 등은 복덕이 된다).

胸堂高起好爲非

가슴이 높이 솟게 되면 시비를 부추겨서 분란을 일으키게 된다.

睛黃面赤脣掀露, 不孝不賢破敗妻

눈동자가 누렇고 얼굴이 붉고 윗입술이 들려 잇몸이 보이면 처는 현명하지 못하고 아들은 불효하며, 가정이 깨지고 사업에 실패하게 된다.

又云, 婦女睛長不露光, 皮香肉潤好賢郎

우운, 부인의 눈의 모양이 길고 눈빛이 드러나 보이지 않으며, 피부에서 향기가 나고 살이 윤기가 나면 현명하고 어진 남편을 만난다고 하였다.

色瑩和澤碧蛋面, 生子須當拜聖王

계란 같은 얼굴의 혈색이 푸른 옥처럼 밝고 윤택하면 귀한 아들이 성왕을 알현하게 된다.

擇婦何須擇美容, 肩圓背厚壽如松,

부인을 선택할 때 어찌 아름다운 용모를 선택하는가. 어깨가 둥글고, 등이 도톰하면 소나무처럼 장수하게 된다.

鼻隆鳳目眉勾額, (勾如線紋, 下平爲妙, 得配爲奇), 養子須當拜聖君

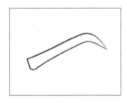 코가 풍융하고, 봉의 눈처럼 길고, 이마에서 눈썹이 굽으면 (세주 : 눈썹이 가는 선처럼 굽은 것과, 아래로 단정하고 평평하게 되면 좋은 눈썹이고, 두 눈썹이 이러하면 기이하다) 아들이 자라서 성군을 반드시 알현하게 된다.

又云, 封章非<拜>聖明, 蓋因色如瑩玉, 助夫壻興家, 豈<只>爲聲和氣起

우운, 높은 지위에 봉해져서 성군을 배알하게 되는 것은 대개 기색이 옥처럼 맑기 때문이다. 남편을 도와 집안을 일으키게 되는 것은 다만 음성이 온화한 기가 일어나기 때문이라 하였다.

婦人産女氣粗, 乃不良下賤之輩.

부인의 기가 거칠어지면 딸을 낳게 되니, 이는 현덕하지 않은 하천한 사람이다.

乾坤賦
건곤부

柳莊進永樂乾坤賦, (專論女人說) ○ 象曰, 乾道成男, 坤道成女, 陰
陽有別, 剛柔有體, 故男相與女相不同, 女相以柔爲本, 以剛爲形, 以
淸爲貴, 以濁爲賤, 印堂一正, 助良人發福興家, 目秀藏神, 得桂子九
秋步月, 鼻如懸膽, 雲髮雙鬢擁金冠, 面顴獨高, 剋子刑夫多性躁, 晴
黃髮赤, 三十成婚, 肩聳肩寒, 幼年貧賤, 堆金積玉, 多因門灶寬舒,
衣錦藏珠, 祇爲面圓方正, 女面, 大概顴高不榮, 額削不貴, 面金面
凹, 蘭房獨守, 色若鮮明, 必産英豪, 印堂血噴, 可産及第之男, 掌若
常紅, 當生尚書之子, 顔淸貌秀, 可爲孀婦守閨門, 血潤色和, 到底難
言通貞節, 鳳目頤圓額正, 可爲極品夫人, 天陷地削顴橫, 下賤不堪
言論, 楊妃好色, 皆因眼露光深, 謝女才高, 只爲血和明潤, 綠珠身墜
樓前, 可恨印堂一陷, 武則尼遇高宗, 實乃面圓脣硃, 御英力破天門
十六, 腰圓四尺, 昭君北番身殞, 口小額暗牙尖, 吳夫人産二英, 臍內
深藏彈子, 買臣妻夫不貴, 闊口身橫細腰, 何故女人爲將, 蓋因目大
眉橫, 出嫁旺夫生子, 準明脣紅印闊, 半世不能婚配, 色暗聲躁神粗,
一生福祿多淫, 光浮色瑩, 雙眼一雙好目, 天然性格聰明, 兩道弓眉,
自有賢良作配, 指如春筍, 皮香肉潤, 王侯也, 若光浮面皮衰薄, 必須
淫賤, 聲如秦樂韻悠揚, 終須富貴容若下嚴多溫雅, 必定夫榮, 窮人
之婦, 何曾血潤光瑩, 富室之妻, 定是臍深腹厚, 臀寬腹大, 何曾無子
無糧, 脣薄皮乾, 朝夕開口開舌, 乳頭黑, 肚臍深, 生子必貴, 乳頭小,
肚臍淺, 子俗無能, 大概總言興益, 印明血色光華, 剋子喪夫, 準暗印

多紋理, 眼大顴高, 夫權必奪自當家, 髮生公角, 喪子刑夫還破敗, 骨粗肉硬, 喪夫淫破定無疑, 內助賢能, 須要脣紅竝眼秀, 搖頭擺手, 身輕脚重下流人, 語言和潤, 治家整内不須, 言觀此可定女相, 何必務外而來.

柳莊進永樂乾坤賦, (專論女人說)○ 象曰

유장선생께서 영락황제의 건곤부에 나가서 (세주 : 여인의 상법에 관한 전문적인 설명을 논하셨다) ○ 상왈

乾道成男, 坤道成女, 陰陽有別, 剛柔有體, 故男相興女相不同

하늘의 도는 남자가 되고, 땅의 도는 여자가 되니 음양이 서로 구별되고, 강과 유의 형체가 있으니 고로 남자와 여인의 상은 서로 다르게 봅니다.

女相以柔爲本, 以剛爲形, 以淸爲貴, 以濁爲賤

여인의 상은 부드러움으로써 근본을 삼고, 강건함으로써 형상이 되며, 맑음으로써 귀가 되고, 탁함으로써 천한 것이 됩니다.

印堂一正, 助良人發福興家

인당이 단정하면 남편을 내조하고, 발복하여 가문을 흥성하게 됩니다.

目秀藏神, 得桂子九秋步月

눈이 수려하게 길고 안신을 감추고 있으면 가을 과거시험에 장원급제를 하는 아들을 낳게 됩니다.

鼻如懸膽, 雲髮雙鬢擁金冠

코가 현담비와 같고, 구름 같은 머릿결이 빈발을 감싸고 있으면 금관을 쓰게 됩니다.

面顴獨高, 尅子刑夫多性躁

얼굴의 관골이 유독 높으면 남편과 아들에게 해를 끼치게 되고, 성정이 매우 조급하게 됩니다.

睛黃髮赤, 三十成婚

눈동자가 누렇고, 머리카락이 붉으면 30대가 넘어서야 결혼을 하게 됩니다.

肩聳肩寒, 幼年貧賤

어깨가 높이 솟거나 어깨가 가냘프게 보이면 어려서부터 빈천하게 됩니다.

堆金積玉, 多因門灶寬舒

금과 옥이 쌓여 부유하게 된 것은 콧망울이 너그럽고 넓기 때문입니다.

衣錦藏珠, 祇爲面圓方正

비단옷 속에 구슬이 감추어진 것은 얼굴이 둥글고 단정하고 반듯하기 때문입니다.

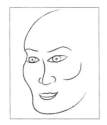

女面, 大槪顴高不榮, 額削不貴, 面金面凹, 蘭房獨守

여자의 얼굴이 관골이 높으면 영화롭지 못하게 되고, 이마가 깎이면 귀하지 않게 되고, 얼굴이 창백하고 오목하면 독수공방을 하게 됩니다.

色若鮮明, 必産英豪

혈색이 선명하면 반드시 영웅호걸이 될 아들을 생산하게 됩니다.

印堂血噀, 可産及第之男

인당의 색이 피를 뿜은 듯하면 장원급제할 아들을 생산하게 됩니다.

掌若常紅, 當生尙書之子

만일 손바닥이 항상 홍색이면 상서의 벼슬을 하는 아들을 낳게 됩니다.

☞ 尙書상서는 이부·병부·호부·형부·예부·공부 등 상서6부라 한다

顔淸貌秀, 可爲孀婦守閨門

얼굴이 맑고 용모가 수려하면 청상과부가 되어도 규문을 지키는 열녀가 됩니다.

血潤色和, 到底難言通貞節

혈이 윤택하고 색이 온화하면 정절을 지키지 못하고 간통한다고 도저히 말할 수 없게 된다.

鳳目頎圓額正, 可爲極品夫人

봉의 눈처럼 길고, 뺨이 둥글고, 이마가 단정하면 극품의 부인이 될 수 있습니다.

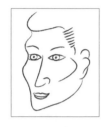

天陷地削顴橫, 下賤不堪言論

이마가 꺼지고, 턱이 뾰족하고, 관골이 횡골이 되면 하천하게 되어 감히 말로 할 수 없습니다.

☞ 顴橫관횡은 관골의 뼈가 옆으로 튀어나온 것을 의미한다

楊妃好色, 皆因眼露光深

양귀비가 호색한 것은 모두 눈이 돌출되었지만 눈빛이 깊이 감춰져 있기 때문입니다.

謝女才高, 只爲血和明潤

사씨의 여인이 재능이 뛰어난 것은 다만 혈색이 온화하고 밝게 윤택하기 때문입니다.

綠珠身墜樓前, 可恨印堂一陷

녹색구슬을 몸에 걸치고 누각 앞으로 추락한 것은 인당이 함몰하여서 한탄스러운 것입니다.

武則尼遇高宗, 實乃面圓脣硃,

측천무후가 비구니가 되었다가 고종을 만난 것은 얼굴이 둥글고 입술이 주사를 바른 듯 붉기 때문입니다.

御英力破天門十六, 腰圓四尺

어영의 능력으로 대궐의 문을 16번 깨뜨린 것은 허리둘레가 4척이기 때문입니다.

☞ 四尺사척은 30.3×4 = 121.2cm (47.71in)

昭君北番身殯, 口小額暗牙尖

왕소군이 북번에서 죽은 것은 입이 작고, 이마가 어둡고, 치아가 뾰족하기 때문입니다.

吳夫人産二英, 臍內深藏彈子

오부인이 두 명의 영웅을 낳은 것은 배꼽이 깊어서 구슬을 감출 수 있기 때문입니다.

買臣妻夫不貴, 闊口身橫細腰

매신의 처가 귀하지 않은 것은 입은 넓고 몸은 큰데, 허리가 가늘기 때문입니다.

何故女人爲將, 蓋因目大眉橫

고로 여인이 어찌 대장부가 되겠습니까. 눈이 크고 눈썹이 옆으로 쭉 뻗어 나가기 때문입니다.

出嫁旺夫生子, 準明脣紅印闊

결혼하고 나서 남편을 왕성하게 하고 귀한 아들을 낳은 것은 준두가 밝고, 입술이 붉으며, 인당이 넓기 때문입니다.

半世不能婚配, 色暗聲躁神粗

반평생 동안 결혼할 배우자가 없는 것은 얼굴의 혈색이 어둡고, 음성이 시끄럽고, 안신이 거칠기 때문입니다.

一生福祿多淫, 光浮色瑩

평생의 복록은 있지만 음탕한 게 많은 것은 눈빛이 들뜨고, 혈색이 밝기 때문입니다.

雙眼一雙好目, 天然性格聰明

두 눈이 한 쌍으로 모두 좋으면 타고난 성품이 귀격이고, 총명합니다.

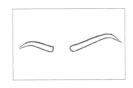

兩道弓眉, 自有賢良作配

두 눈썹이 활과 같으면 자연히 현명한 낭군을 배우자로 맺게 됩니다.

指如春筍, 皮香肉潤, 王侯也

손가락이 봄의 죽순과 같고, 피부에서 향기가 나고, 살이 윤택하면 왕후가 됩니다.

若光浮面皮衰薄, 必須淫賤

만약 눈빛이 들뜨고, 얼굴의 피부가 여위고 얇으면 반드시 음천하게 됩니다.

聲如秦樂韻悠揚, 終須富貴容若下嚴多溫雅, 必定夫榮

음성이 음악을 연주하듯 멀리까지 울려 퍼지면 평생토록 부귀를 누리게 되고, 만약 아랫사람에게 엄숙하면서 따뜻하고 온아하면 반드시 남편을 영화롭게 합니다.

窮人之婦, 何曾血潤光瑩

궁색한 사람의 부인이 언제 혈색이 윤택하고, 광채가 밝은 적이 있겠습니까.

富室之妻, 定是臍深腹厚

부유한 집의 부인은 배꼽이 깊고 배가 두텁습니다.

臀寬腹大 何曾無子無糧

엉덩이가 넓고 배가 너그러우면 어찌 자식이 없고, 양식도 없겠습니까.

脣薄皮乾, 朝夕開口開舌

입술이 얇고, 피부가 메마른 것은 하루 종일 입을 벌리고 혀가 드러나 있기 때문입니다.

乳頭黑, 肚臍深, 生子必貴

유두가 검고, 배꼽이 깊으면 귀한 아들을 생산하게 됩니다.

乳頭小, 肚臍淺, 子俗無能

유두가 작고, 배가 얇으며, 배꼽이 얕으면 아들이 저속하고, 무능력하게 됩니다.

大槪總言興益, 印明血色光華

총론하면 가정이 더욱 흥성하게 되는 것은 인당이 밝고 혈색이 화사하게 빛나는 것을 말한 것입니다.

剋子喪夫, 準暗印多紋理

남편과 아들을 해하고 잃는 것은 준두가 어둡고, 인당에 어지러운 주름이 많기 때문입니다.

眼大顴高, 夫權必奪自當家

여인의 눈이 크고, 관골이 높으면 남편의 가권을 반드시 빼앗게 되고, 자기 스스로 가장이 됩니다.

髮生公角, 喪子刑夫還破敗

발제가 가지런하지 못하면 남편과 아들을 해하거나 잃게 되며, 또 재산을 탕진하게 됩니다.

☞ **髮生公角**발생공각은 머리카락과 이마의 경계선을 발제라 하고, 발제가 이마 쪽으로 뾰족하게 튀어나온 것을 공각이라 한다

骨粗肉硬, 喪夫淫破定無疑

뼈가 거칠고 살이 단단하면 음탕하여 남편을 잃고, 가정을 깨뜨리게 되는 것을 의심치 마십시오.

內助賢能, 須要脣紅竝眼秀

현명한 능력으로 내조를 잘하는 것은 모름지기 입술이 홍색이고, 또 눈이 수려하게 길기 때문입니다.

搖頭擺手, 身輕脚重下流人

머리를 흔들고, 손을 떠는 것과 몸이 가벼운데 다리가 무거우면 하류의 사람이 됩니다.

語言和潤, 治家整內不須

언어가 온화하고 윤기로우면 집안을 잘 다스리고 정돈을 잘 하여서 굳이 말할 필요 없습니다.

言觀此可定女相, 何必務外而來.

이러한 것을 살펴서 여인의 상을 알 수 있으니 굳이 다른 곳에서 찾을 필요가 있겠는가.

頭
두

頭爲六陽魁首, 像合於天○解曰, 天頂爲景陽, 天倉爲太陽, 後腦爲
後陽, 天靈爲靈陽, 女無此骨 左右日角爲華陽, 此乃六陽也, 還有二
十四骨, 各有一名, 爲二十四氣, 故頭爲一身之主, 不可欠缺偏陷, 歪
斜薄削, 此數者, 有一件, 乃破相也, 最要平圓, 骨骨起, 角角有成, 方
爲有用, 六陽之中, 如一陽不成, 亦不取用.

頭爲六陽魁首, 像合於天○解曰,

두상은 육양 중에 으뜸으로 삼고, 두상의 형상은 하늘과 부합한다. 해왈,

天頂爲景陽, 天倉爲太陽, 後腦爲後陽, 天靈爲靈陽, 女無此骨 左右日角爲華陽,
此乃六陽也,

정수리는 경양이 되고, 천창은 태양이 되며, 뒷머리는 후양이 되고, 천영은 영양이
된다. 여자에게는 천영골이 없다. 좌우의 일월각은 화양이 되니 이를 육양이라 한다.

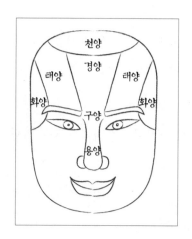
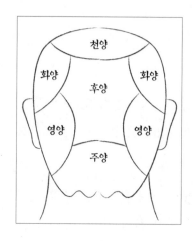

☞ 천영은 귀 뒤에 솟은 뼈이며, 천영이 옆으로 길게 뻗으면 영양이 된다

還有二十四骨, 各有一名, 爲二十四氣,

또한 머리에는 24개의 골로 되어 있고, 각기 다른 이름이 있으며 이를 24기라 한다.

故頭爲一身之主, 不可欠缺

고로 두상은 일신의 주인이 되며, 흠결이 없어야 한다.

偏陷歪斜薄削, 此數者, 有一件, 乃破相也

두상이 치우치고 꺼지며, 삐뚤고 기울며, 얇고 깎인 두상은 이러한 여러 가지 중에 한 가지라도 있으면 파격의 상이 된다.

最要平圓, 骨骨起, 角角有成, 方爲有用

가장 좋은 두상은 평평한 듯 둥글고, 육양골이 풍융하게 일어나고, 육양골이 뿔처럼 잘 갖춰져야 하고, 이마가 모난 듯하면 유용한 사람이 된다.

六陽之中, 如一陽不成, 亦不取用.

육양 중에 하나의 양기라도 잘 갖추어지지 않으면 역시 좋은 상이 아니다.

眼
안

眼爲日月精華, 稟一身秀氣○解曰, 眼爲太陽, 太陽如同天之日月,
要明要秀, 一身之本, 定在雙睛, 黑白分明, 光彩射人, 眸子端正, 不
上不下, 不歪不斜, 不偸, 方爲有用, 書云, 平視平正, 爲人剛介心平,
上視多敗, 下視多奸, 斜視多偸, 浮光多淫, 露神多夭, 此數者若犯一
件, 不爲取用, 卽非貴人也.

眼爲日月精華, 稟一身秀氣○解曰

눈은 일월의 정화가 되고, 일신의 빼어난 기를 품고 있다. 해왈,

眼爲太陽, 太陽如同天之日月, 要明要秀, 一身之本

눈은 태양이 되고, 태양은 하늘의 일월과 같아서 밝고 수려해야 하니 일신의 근본이
된다.

定在雙睛, 黑白分明, 光彩射人, 眸子端正

두 눈동자는 흑백이 분명해야 하고, 광채가 사람을 쏘는 듯해야 하며, 눈동자가 단
정해야 한다.

不上不下, 不歪不斜, 不偸, 方爲有用

눈동자가 위나 아래로 치우지지 않고, 비뚤거나 사시가 되지 않고, 훔쳐보지 않아야
반드시 유용한 사람이 된다.

書云, 平視平正, 爲人剛介心平, 上視多敗, 下視多奸, 斜視多偸, 浮光多淫,
露神多夭,

서운, 평범하게 보는 시선이 평화롭고 단정하면 사람됨이 강개지심이 있으며, 위로

치켜뜨면 실패가 많고, 아래로 깔보면 간교함이 많게 되며, 사시가 되면 투기심이 많고, 눈빛이 들뜨면 음탕함이 많게 되며, 안신이 드러나 보이면 일찍 죽는다고 하였다.

此數者若犯一件, 不爲取用, 卽非貴人也.

이러한 여러 가지 중에서 한 건이라도 범하게 된다면 취용하지 말며 곧 귀인은 아니다.

耳
이

耳爲豊神精采, 助一面威儀〇解曰, 論耳金木二星, 宜明宜白, 故曰
金淸木秀, 方言及第登科, 金暗木枯, 豈得終身福利, 一歲至耳, 十四
歲方止, 又名根基家宜, 不欲低垂反薄, 枯削偏斜, 書云, 金木無成浪
建紅, 宜平宜開宜貼肉爲妙, 又云, 金木開花, 一世虛名虛利, 又云,
輪暗如泥死必知, 小兒赤色病來隨, 若是光明如粉白, 福壽雙全事事
宜, 又云, 對面不見耳, 問是誰家子, 對面不見顋, 斯人何處來.

耳爲豊神精采, 助一面威儀〇解曰

귀는 신과 정의 풍채가 되며, 일면의 위의가 되는데 도움이 된다. 해왈,

論耳金木二星, 宜明宜白, 故曰金淸木秀, 方言及第登科, 金暗木枯,
豈得終身福利

귀는 금성과 목성이 되고, 밝고 희어야 마땅하니 고로 이르되 금성은 맑고 목성이
수려하면 반드시 장원급제하고, 금성이 어둡고 목성이 마르면 어찌 평생 福利(복리)
를 얻겠는가.

一歲至耳, 十四歲方止, 又名根基家宜, 不欲低垂反薄, 枯削偏斜

귀는 1세부터 14세까지이고 또한 이름하여 가정의 근기가 화목함을 보며, 귀가 낮게
처지거나, 뒤집히고, 얇고, 마르며, 깎이고, 기울고, 삐뚤어지지 않아야 한다.

書云, 金木無成浪建紅, 宜平宜開宜貼肉爲妙

서운, 두 귀가 갖추지 못하면 뜻을 세우는데 풍랑을 만나게 된다. 귀는 평평해야 마
땅하고, 귓구멍이 열려야 하며, 수주에 살이 덧붙어야 좋은 상이 된다고 하였다.

又云, 金木開花, 一世虛名虛利

우운, 두 귀가 활짝 핀 꽃과 같으면 평생 명예와 이로움이 헛되이 된다고 하였다.

又云, 輪暗如泥死必知, 小兒赤色病來隨

우운, 귀의 윤곽이 진흙처럼 어두우면 죽음을 알게 되고, 아이의 귀가 붉은 색이면 병에 걸릴 것을 알아야 한다고 하였다.

若是光明如粉白, 福壽雙全事事宜

만약 귀가 하얀 분을 바른 듯 밝게 빛나면 福壽(복수)가 모두 온전하게 되고, 하는 일마다 잘 풀리게 된다.

又云, 對面不見耳, 問是誰家子, 對面不見頤, 斯人何處來.

우운, 정면으로 봐서 귀가 보이지 않으면 어느 집의 자손인가 물어보게 되고, 정면으로 봐서 턱이 안 보이면 어디에서 온 사람인지 묻게 된다고 하였다.

眉
미

眉爲保壽, 不可不察高低○解曰, 眉爲羅計二星, 宜高不宜低, 宜長
不宜短, 宜淸不宜濃, 如眉濃低濁斷, 終身難問親情, 眉散又疎, 手足
如同陌路, 眉長過目, 兄弟五六, 須信有之, 所以最宜, 上面眉秀, 書
云, 登科一雙眼, 及第兩道眉, 又云, 無職無權, 只爲雙眉不秀, 如眉
不好, 三十外可知破敗, 老不生毫, 難許花甲一週.

眉爲保壽, 不可不察高低○解曰

눈썹은 보수관이 된다. 눈썹의 높고 낮음을 살펴봐야 한다. 해왈,

眉爲羅計二星, 宜高不宜低, 宜長不宜短, 宜淸不宜濃

눈썹은 라후성과 계도성이 되며, 높아야 하며 낮으면 마땅치 않고, 길어야 하며 짧
아서는 마땅치 않고, 맑아야 하며 짙어서는 마땅치 않다.

如眉濃低濁斷, 終身難問親情

만일 눈썹이 짙고, 낮고, 탁하고, 끊어지면 평생토록 가족의
애정을 묻기가 어렵게 된다.

眉散又疎, 手足如同陌路

눈썹이 흩어지고 또 눈썹 숱이 드물면 형제간이 낯선 사람과
같다.

眉長過目, 兄弟五六, 須信有之

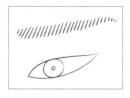

눈썹이 눈보다 길면 대여섯 명의 형제가 있고, 형제간에 신의가 있게 된다.

所以最宜, 上面眉秀

가장 좋은 상은 얼굴에서 눈썹이 수려하게 길어야 한다.

書云, 登科一雙眼, 及第兩道眉

서운, 등과는 두 눈에 있고, 급제는 두 눈썹에 있다고 하였다.

☞ 登科등과는 합격이고, 及第급제는 수석이라는 뜻이다

又云, 無職無權, 只爲雙眉不秀

우운, 직책과 권세가 없는 것은 다만 두 눈썹이 수려하게 길지 않기 때문이라고 하였다.

如眉不好, 三十外可知破敗

만약 눈썹이 좋지 않으면 30대가 넘어서 가정이 깨지고 사업에 실패하는 것을 알 수 있다.

老不生毫, 難許花甲一週.

노인의 눈썹에서 가는 털이 나지 않으면 환갑을 넘기기 어렵게 된다.

鼻
비

鼻同樑柱, 爲一面之根本○解曰, 鼻乃一面之本, 上接天停, 下通海口, 又名土星, 又名中嶽, 又名財帛宮, 最要者乃鼻也, 萬物生於土, 故爲一面之根本, 不可偏斜勾曲不宜山根緘斷, 不宜年壽起節, 不宜灶門不週<通>, 此數件, 若犯一件, 内是貧窮之相, 山根高起, 年壽平明, 準頭豊滿, 金甲齊完, 乃一生財豊祿足, 富貴之相, 書云, 鼻乃財星, 管中年之造化, 四十一至五十一止.

鼻同樑柱, 爲一面之根本○解曰

코는 동량과 같으며, 일면의 근본으로 삼는다. 해왈,

鼻乃一面之本, 上接天停, 下通海口

코는 얼굴의 근본이니 위로는 이마와 접해 있고, 아래로는 입과 통해 있다.

又名土星, 又名中嶽, 又名財帛宮

또한 토성이라 불리고 또는 중악이라 하고 또 재백궁이라 불린다.

最要者乃鼻也, 萬物生於土, 故爲一面之根本

가장 중요한 것은 바로 코이다. 만물은 토에서 생성하게 되므로 일면의 근본이다.

不可偏斜勾曲

코가 한쪽으로 치우치고 기울거나 굽으면 안 된다.

不宜山根緘斷

산근에 주름이 있거나 끊어지게 되면 마땅치 않게 된다.

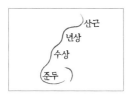

不宜年壽起節

년상과 수상에 뼈마디가 일어나면 마땅치 않게 된다.

不宜灶門不週<通>

콧구멍이 두루 통하지 않으면 마땅치 않게 된다.

此數件, 若犯一件, 乃是貧窮之相

이러한 여러 가지 중에 만일 한 건이라도 범하게 되면 이는 빈궁한 상이 된다.

山根高起, 年壽平明, 準頭豊滿, 金甲齊完, 乃一生財豊祿足, 富貴之相

산근이 높이 일어나고, 년상과 수상이 평평하게 고르고 밝게 빛나며, 준두가 풍만하고, 금갑이 가지런하면 완전하니 이는 평생 재록이 풍족한 부귀의 상이 된다.

☞ 金甲금갑은 왼쪽은 금궤, 오른쪽 갑궤라 한다. 즉 난대정위를 의미한다

書云, 鼻乃財星, 管中年之造化, 四十一至五十一止.

서운, 코는 재성이 되며 중년의 조화를 관장하고, 41세부터 51세까지의 운세를 본다.

☞ 41세 산근부터 50세 정위오른쪽 콧망울까지 코의 유년법이 정해져 있다

口
구

口爲大海, 容納百道之流〇解曰, 口爲水星, 故名海口, 容納百川, 上通四嶽, (額兩顴與鼻爲四嶽)下潤一身, 最宜紅潤大厚, 齒白脣齊, 上下得配, 方爲貴相, 書云, 脣紅齒白人多祿, 薄小尖偏福不宜, 六十至此, 管十年事, 書云, 睛靑<淸>口闊, 文章高人, 若目暗口尖, 多貧之輩, 面大口小, 何足爲奇, 面小口大, 何足以道, 面圓口潤, 方是食祿之人.

口爲大海, 容納百道之流〇解曰

입은 대해가 되며, 많은 강줄기를 받아들인다. 해왈,

口爲水星, 故名海口, 容納百川

입은 수성이 되니 고로 해구라 부르고, 많은 물줄기를 받아 준다.

上通四嶽, (額兩顴與鼻爲四嶽)下潤一身, 最宜紅潤大厚

위로는 사악과 통하고 (세주 : 이마, 양 관골, 코를 사악이라 한다) 아래로는 온몸을 윤택하게 한다. 가장 좋은 입은 붉고 윤택하며 크고 두터워야 한다.

齒白脣齊, 上下得配, 方爲貴相

치아가 희고, 입술이 가지런하며, 위아래 입술이 배합되어야 반드시 귀한 상이 된다.

書云, 脣紅齒白人多祿, 薄小尖偏福不宜, 六十至此, 管十年事

서운, 입술이 붉고 치아가 하얀 사람은 복록이 많고, 입술이 얇고 작으며 입이 뾰족하고 치우치면 마땅치 않다. 입은 60세부터 십년 일을 관장한다고 하였다.

書云, 睛青<淸>口闊, 文章高人

서운, 눈동자가 맑고 입이 넓으면 학문이 뛰어난 사람이 된다고 하였다.

若目暗口尖, 多貧之輩

만약 눈이 흐리고, 입이 뾰족하면 가난한 사람이 많다.

面大口小, 何足爲奇,

얼굴은 큰데 입이 작으면 어찌 재록이 풍족하고 기이한 사람이 될 수 있는가.

面小口大, 何足以道

얼굴은 작은데 입이 크면 어찌 재록이 풍족하고 正道(정도)를 가겠는가.

面圓口潤, 方是食祿之人

얼굴이 둥글고 입술이 윤택하면 반드시 식록이 넉넉한 사람이 된다.

☞ 食祿之人식록지인은 의식주가 풍족한 사람을 뜻한다

項
항

項爲百道, 可觀長短細圓○解曰, 夫項者, 上週六陽, 下通百谷, 不可
不觀, 古人之書, 只有相喉, 未有相項之說, 項者, 乃一身之主, 豈無
相乎, 凡女項圓長爲妙, 男人不同, 瘦人項欲長, 肥人項欲短, 瘦人項
短, 三十前後難逃, 肥人項長, 四九不能保身, 凡項, 一忌結喉, 二忌
浮筋, 三忌露骨, 四忌動氣, 此四者, 俱貧窮之相, 瘦人結喉, 不過困
守, 肥人結喉, 浪死他州, 先生曰, 皮急肉浮又結喉, 平生辛苦到他州,
血枯若露雙全者, 四十之前壽必休, 又曰, 項圓皮厚有重紋, 定是聰
明俊秀人, 兩背兩肩來濟遇, 管教白屋出公卿, 故頭縱圓, 項若細, 難
言有壽, 項有重紋爲項條, 主大壽, 一生不招凶.

項爲百道, 可觀長短細圓○解曰
목은 백도가 되고, 길고 짧으며 가늘고 둥근 것을 살펴야 한다. 해왈,

☞ 百道백도는 음식이 지나가는 길이라는 뜻이다

夫項者, 上週六陽, 下通百谷, 不可不觀
목이라는 것은 위로는 육양골을 두루 받치고, 아래로는 장기와 통하게 되니 잘 살펴
보지 않으면 안 된다.

古人之書, 只有相喉, 未有相項之說
고인지서, 다만 목구멍의 상은 있는데 목의 상에 관한 설명은 아직 없다고 하였다.

項者, 乃一身之主, 豈無相乎
목이라는 것은 일신의 주인이 되니 어찌 상이 없겠는가.

凡女項圓長爲妙, 男人不同

여인의 목은 둥글고 길어야 좋은 상이 되는데 남자와는 다르게 본다.

瘦人項欲長, 肥人項欲短

마른사람의 목은 길어야 하고, 비만인의 목은 짧아야 한다.

瘦人項短, 三十前後難逃, 肥人項長, 四九不能保身

마른사람이 목이 짧으면 30대 전후하여 어려운 조짐이 있게 되고, 비만인이 목이 길면 36세에 몸을 보존하기 어렵게 된다.

凡項, 一忌結喉, 二忌浮筋, 三忌露骨, 四忌動氣, 此四者, 俱貧窮之相

목은 첫 번째로 결후가 보이는 것을 꺼리고, 두 번째로 힘줄이 보이는 것을 꺼리며, 세 번째로 목의 뼈가 드러난 것을 꺼리고, 네 번째로 기가 움직이는 것을 꺼리니 이 네 가지는 모두 빈궁한 상이 된다.

☞ 動氣동기는 목의 인영맥에서 맥박이 뛰는 모습이 보이는 것을 의미한다

瘦人結喉, 不過困守, 肥人結喉, 浪死他州

결후 : 울대뼈

마른사람이 결후가 있으면 다만 곤궁하게 되고, 비만인이 결후가 있으면 타향에서 죽게 된다.

☞ 結喉결후는 목의 울대뼈를 의미한다

先生曰, 皮急肉浮又結喉, 平生辛苦走他州

유장선생왈, 목의 피부가 팽팽하거나 살이 들뜨게 되고, 또는 결후가 있으면 평생 타향에서 고생하며 떠돌게 된다고 하였다.

血枯若露雙全者, 四十之前壽必休

목의 피부가 메마르고 결후가 나온 사람은 40세 전에 반드시 죽게 된다.

又曰, 項圓皮厚有重紋, 定是聰明俊秀人

우운, 목이 둥글고, 피부가 두터우며, 주름 두 줄이 있으면 총명하고 준수한 사람이 된다고 하였다.

兩背兩肩來濟遇, 管教白屋出公卿

양쪽 등과 양쪽 어깨가 목과 조화롭게 되면 반드시 초가집에서 공경벼슬을 하게 될 사람이다.

故頭縱圓, 項若細, 難言有壽

고로 두상이 설령 둥글어도 만약 목이 가늘면 장수를 말하기 어렵게 된다.

項有重紋爲項條, 主大壽, 一生不招凶.

목에 두 개의 주름을 항조라 하고, 대수를 누리게 되며, 평생 흉한 재화가 초래하지 않게 된다.

☞ 大壽대수는 90세 이상 장수를 의미한다

背
배

背合陰陽三道, 不可不定平高○解日, 背陷成坑胸露骨, 家無隔宿之
糧, 大槪背欲高而胸欲平, 肩欲闊而不欲聳, 凡聳爲寒也, 廣鑑集云,
背有三甲(三甲乃音字也), 腹有三壬(三壬乃垂字也), 衣豊食足, 富
貴安榮, 凡胸宜開闊, 不意窄小, 胸上有毫爲忌, 軟者還可, 心之深陷,
爲人心事奸邪, 背若成坑, 到老無糧, 而且壽促, 水形土形背宜高, 木
形背宜平, 俗云, 好面不如好身, 胸背乃一身之主, 書云, 陰<陽>空
陰沒亦同途, 背爲陰, 胸爲陽, 乃陽不可空, 陰不可露(出台鎭)

背合陰陽三道, 不可不定平高○解日

등은 음양과 삼도가 부합해야 하니 평평하고 높지 않으면 안 된다. 해왈,

背陷成坑胸露骨, 家無隔宿之糧

등줄기가 꺼져서 구덩이가 생기고, 가슴뼈가 드러나 보이면 가정에 이틀 먹을 양식
이 없게 된다.

大槪背欲高而胸欲平

등은 높아야 하고 가슴은 평평해야 한다.

肩欲闊而不欲聳 凡聳爲寒也

어깨는 넓어야 하지만 솟으면 안 되니, 어깨가 솟으면 貧寒(빈한)하게 된다.

廣鑑集云, 背有三甲(三甲乃音字也), 腹有三壬(三壬乃垂字也),
衣豊食足, 富貴安榮

광감집운, 등에 세 개의 甲(갑)이 있어야 하니, (세주: 삼갑은 음자이다) 배에 세 개의 壬

(임)이 있어야 하니, (세주 : 삼임은 배가 처져야 한다) 모두 의식이 풍족하고, 부귀로 안락하고 영화롭게 된다.

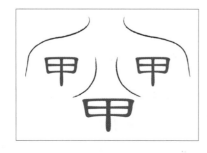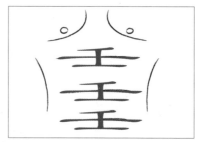

☞ 三甲삼갑은 등이 네모반듯한 모양이고, 三壬삼임은 아랫배가 처진 모양이다

凡胸宜開闊, 不意窄小
가슴은 넓게 열려야 하고, 좁고 작으면 마땅치 않다.

胸上有毫爲忌, 軟者還可, 心之深陷, 爲人心事奸邪,
가슴에 거친 털이 있는 것은 꺼리지만 부드러운 털이 나면 오히려 좋은 것이다. 가슴털이 있으면 마음을 깊이 감추고, 사람됨의 심사가 간사하게 된다.

背若成坑, 到老無糧, 而且壽促
등줄기에 만약 구덩이가 생기면 늙을 때까지 양식이 없고, 또한 수명을 재촉하게 된다.

水形土形背宜高, 木形背宜平
수형인과 토형인의 등은 높아야 하고, 목형인의 등은 평평해야 마땅하다.

俗云, 好面不如好身, 胸背乃一身之主
속운, 좋은 얼굴은 몸이 좋은 것보다 못하고, 가슴과 등은 일신의 주인이라고 하였다.

書云, 陰<陽>空陰沒亦同途, 背爲陰, 胸爲陽, 乃陽不可空, 陰不可露(出台鎭)
서운, 양이 텅 비고 음이 꺼지면 역시 같은 상이 된다. 등은 음이고, 가슴은 양이다. 양은 텅 비어서는 안 되고, 음은 드러나 보이면 안 된다 하였다 (세주 : 출태진).

乳
유

乳爲後裔根苗, 最宜黑大, 方圓堅硬○解曰, 凡乳不意小, 金木水土
四形, 宜皮土厚, 如皮薄, 乳必薄, 皮實, 乳必實, 乳頭朝上, 養子必成,
乳頭朝下, 養子如泥, 乳頭圓硬, 子富, 乳頭方硬, 子貴, 乳破小, 子息
難成, 乳白色不起, 難言子息, 婦人亦宜乳黑, 大爲妙, 小者子少, 大
者子多, 乳方子貴圓高富, 白小低偏子息難, 若黑若堅毫且美, 子貴
孫榮福壽昌.

乳爲後裔根苗, 最宜黑大, 方圓堅硬○解曰

가슴은 자손의 뿌리고 싹이 되며, 유두는 검고 큰 것이 가장 좋은 것이고, 모나고 둥
글며 단단하고 견실해야 한다. 해왈,

凡乳不意小, 金木水土四形, 宜皮土厚

가슴이 작은 것은 좋지 않고, 금·목·수·토의 네 가지 체형인은 피부가 두터워야 좋
은 상이 된다.

如皮薄, 乳必薄, 皮實, 乳必實

만약 몸의 피부가 얇으면 가슴의 피부가 얇게 되고, 몸의 피부가 실실하면 가슴도
실실하게 된다.

乳頭朝上, 養子必成, 乳頭朝下, 養子如泥

유두가 위로 향하면 아들이 자라서 반드시 성공하게 되고, 아래로 향하면 아들이 자
라서 평범하게 된다.

乳頭圓硬, 子富, 乳頭方硬, 子貴

유두가 둥글고 단단하면 아들이 부유하게 되고, 네모지고 단단하면 아들이 귀하게

된다.

乳破小, 子息難成, 乳白色不起, 難言子息

유두의 모양이 깨지고 작으면 자녀가 성공하기 어렵고, 희고 일어나지 않으면 자녀를 말하기 어렵게 된다.

婦人亦宜乳黑, 大爲妙, 小者子少, 大者子多

부인도 역시 유두가 검고 커야 좋으며, 유두가 작으면 아들을 적게 낳고, 크면 아들을 많이 생산하게 된다.

乳方子貴圓高富

유두가 네모나면 아들이 귀하게 되고, 둥글고 높으면 부유하게 된다.

白小低偏子息難

유두가 희고, 작으며, 낮고, 삐뚤어지면 자녀가 성공하기 어렵게 된다.

若黑若堅毫且美, 子貴孫榮福壽昌.

만약 유두가 검고 단단하며 가는 털이 나오면 또한 좋은 상이 되니, 아들이 귀하게 되고 자손이 영화롭게 되고 복수를 누리고 번창하게 된다.

臍
제

臍腹內包五臟, 外通關目○解曰, 太素曰, 臍乃百毛<脈>之隘, 凡臍
宜深, 腹宜厚, 皮宜實, 骨宜正, 臍近上主智人, 近下主下愚, 深者主福
祿, 淺者主貧窮, 寬者容孚<李>, 名播千里, 臍中黑子腹垂, 乃是朝
郎, 臍小又平, 勞苦下賤, 先生曰, 腹垂下, 臍近上, 天然衣祿, 腹近上,
臍朝下, 老主孤窮, 凡腹宜上小下大, 切忌上大下小, 又云, 腹乃五臍
之外表, 最宜寬大嫌窄小, 居上智慧居下愚, 此理人間都不曉, 凡婦人
臍, 乃子之根, 乳乃子之苗, 凡姙, 子在腹必紅黑, 女在腹中三四月必
凸出, 若八九月臍凸, 又許是男, 凡婦人不論肥瘦, 有一分深得一子,
半寸深得五子, 臍必大方好, 小則難間子息, 縱生也不存, 臍赤, 生子
一玉帶, 黑生子一金帶, 臍內生毫, 生子必秀, 腹皮寬大, 必有五子, 凡
臍小腰偏, 腹小皮薄, 皮急, 雖有面相可取, 然亦無子之婦也.

臍腹內包五臟, 外通關目○解曰

배와 배꼽은 안으로는 오장을 감싸고, 밖으로는 통하는 중요한 기관이다. 해왈,

太素曰, 臍乃百毛<脈>之隘

태소왈, 배꼽은 백가지 혈맥의 통로라 하였다.

凡臍宜深, 腹宜厚, 皮宜實, 骨宜正

배꼽은 깊어야 하고, 배는 두터워야 하며, 피부는 실실해야 하고, 뼈는 단정한 것이
좋은 상이 된다.

臍近上主智人, 近下主下愚

배꼽이 위로 가까우면 지혜로운 사람이 되고, 아래로 가까우면 하천하고 어리석은 사람이 된다.

深者主福祿, 淺者主貧窮

배꼽이 깊으면 복록의 상이 되고, 얕으면 빈궁한 상이 된다.

寬者容孚<李>, 名播千里

배꼽이 넓고 커서 오얏 씨가 들어가면 명예가 천 리에 떨치게 된다.

臍中黑子腹垂, 乃是朝郎

배꼽 가운데에 검은 점이 있고, 배가 아래로 처지게 되면 이는 조정의 벼슬을 하게 된다.

臍小又平, 勞苦下賤

배꼽이 작으며 또 평평하면 노고가 많은 하천한 사람이 된다.

先生曰, 腹垂下, 臍近上, 天然衣祿

유장선생왈, 배가 아래로 처지고, 배꼽이 위로 가까우면 의록이 풍족한 부귀한 가정에서 태어난다고 하였다.

腹近上, 臍朝下, 老主孤窮

윗배가 두텁고, 배꼽이 아래로 처지면 늙어 고독하고 궁색하게 된다.

凡腹宜上小下大, 切忌上大下小

윗배는 작고 아랫배는 커야 좋은 상이 된다. 윗배는 크고 아랫배가 작으면 결코 좋은 상은 아니다.

又云, 腹乃五臟之外表, 最宜寬大嫌窄小

우운, 배는 오장육부의 외표가 되니 배가 넓고 커야 가장 마땅하며, 작고 좁은 것을 꺼린다고 하였다.

居上智慧居下愚, 此理人間都不曉

배꼽이 위로 향하면 지혜롭고, 아래로 향하면 어리석다. 이러한 이치는 보통 사람은 모두 알지 못하는 것이다.

凡婦人臍, 乃子之根, 乳乃子之苗

부인의 배꼽은 아들의 뿌리가 되며, 가슴은 아들의 싹이 된다.

凡姙, 子在腹必紅黑, 女在腹中三四月必凸出, 若八九月臍凸, 又許是男,

임산부는 아들을 임신하고 있으면 배가 검붉은 색이 되고, 딸을 임신하고 있으면 3~4개월에 배꼽이 돌출하게 되며, 만약 8~9개월에 배꼽이 돌출하면 또한 아들이 될 수 있다.

凡婦人不論肥瘦, 有一分深得一子, 半寸深得五子

부인은 비만체형과 마른체형을 논하지 말라. 배꼽이 일 푼 정도 깊으면 아들이 한 명 있고, 반촌 정도의 깊이면 아들을 다섯 명을 얻는다.

☞ 일 푼은 0.3cm이고, 일촌은 3.03cm이며, 반촌은 1.52cm이다

臍必大方好, 小則難間子息, 縱生也不存

배꼽은 너그럽게 커야 좋은 상이 되고, 작으면 자녀를 묻기 어렵게 된다. 설령 아들을 생산하여도 오래 살지 못한다.

臍赤, 生子一玉帶, 黑生子一金帶, 臍內生毫, 生子必秀

배꼽이 붉으면 아들을 생산하여 옥대를 두르게 되고, 배꼽이 검으면 아들을 생산하

여 금대를 두르게 된다. 배꼽 안에 가는 털이 있으면 반드시 빼어난 아들을 생산하게 된다.

腹皮寬大, 必有五子

배의 피부가 너그럽게 크면 다섯 명의 아들이 있게 된다.

凡臍小腰偏, 腹小皮薄, 皮急, 雖有面相可取, 然亦無子之婦也.

배꼽이 작고 허리가 기울며, 배가 작고 피부가 메마르며, 피부가 팽팽하면 비록 얼굴의 상이 좋다고 해도 역시 아들이 없는 부인이 된다.

臀 둔

臀乃後成, 可見興廢○解曰, 少年無臀, 凡事不成, 田園難守, 破祖離宗, 老來無臀, 困苦辛勤, 妻亡子喪, 奔走紅塵, 瘦人無臀, 多學小成, 一生無運, 四九歸陰, 肥人無臀, 刷鍋洗盆, 無妻無子, 孤獨賤貧, 故臀宜開闊寬大, 不宜尖矯, 書云, 胸凹, 臀喬, 父子不和, 女人犯此, 凶惡之婦, ○附論, 婦人訣曰, 腰小臀尖臍欠深, 又爲奴婢守孤窮者, 是乳頭如再白, 一生孤獨不須論, 又云, 無臀尖之貴婦, 若端莊婦人, 心胸宜寬, 不宜凸, 腰宜圓, 不宜細, 乳宜黑, 不宜白, 臍宜深, 不宜淺, 髮宜黑, 不宜黃, 肉宜細, 不宜滑, 眉宜圓, 不宜犖, 背宜高, 不宜陷, 面宜圓, 不宜尖, 眼宜細, 不宜圓, 此乃總論, 如犯一件, 卽非良人之婦也.

臀乃後成, 可見興廢○解曰

엉덩이는 몸의 뒤에 형성된 것으로 흥망을 보는 것이다. 해왈,

少年無臀, 凡事不成, 田園難守, 破祖離宗

젊은 사람이 엉덩이가 없으면 모든 일을 이루지 못하고, 전원을 지키기 어려워 조상의 종가를 떠나게 된다.

老來無臀 困苦辛勤 妻亡子喪 奔走紅塵

노인이 되어서도 엉덩이가 없으면 어렵고 고생스러우며 수고롭고 힘들게 살게 되며, 처자가 먼저 죽게 되고, 고된 세상 속에서 분주하게 살아가게 된다.

瘦人無臀 多學小成 一生無運 四九歸陰

마른사람이 엉덩이가 없으면 학문을 많이 해도 적게 이루게 되고, 평생 운이 없으

며, 36세에 음지로 돌아가게 된다.

肥人無臀 刷鍋洗盆 無妻無子孤獨賤貧

비만한 사람이 엉덩이가 없으면 허드렛일을 하며, 처자가 없이 고독하고 빈천하게 된다.

故臀宜開闊寬大 不宜尖嶠

고로 엉덩이가 넓고 관대하게 열려야 좋은 것이며, 엉덩이가 뾰족하게 되면 마땅치 않다.

書云 胸凹 臀嶠 父子不和 女人犯此 凶惡之婦

서운, 가슴이 움푹 꺼지고 엉덩이가 뾰족하면 父子(부자) 사이가 화목하지 못하고, 여인이 이러한 상이면 흉악한 부인이 된다고 하였다.

○ **附論 婦人訣曰 腰小臀尖臍欠深 又爲奴婢守孤窮者 是乳頭如再白 一生孤獨不須論**

부논, 부인결왈, 허리가 가늘고, 엉덩이가 뾰족하며, 배꼽이 좁고 깊으면 또한 노비가 되어 외롭고 궁색한 사람이라고 하였다. 또 유두가 희면 평생 고독함을 말로 다할 수 없게 된다고 하였다.

又云 無臀尖之貴婦 若端莊婦人 心胸宜寬

우운, 엉덩이가 뾰족한 귀부인은 없고, 만약 단정하고 장중한 부인의 가슴은 너그러워야 한다고 하였다.

不宜凸 腰宜圓 不宜細

엉덩이는 뾰족하지 않아야 하고, 허리는 둥글어야 하며 허리가 가늘면 마땅치 않게 된다.

乳宜黑 不宜白

유두가 검어야 하고, 희면 마땅치 않게 된다.

臍宜深 不宜淺

배꼽이 깊어야 하고, 얕으면 마땅치 않게 된다.

髮宜黑 不宜黃

머리카락은 검어야 하고, 누렇게 되면 마땅치 않게 된다.

肉宜細 不宜滑

살은 섬세해야 하고, 매끄러우면 마땅치 않게 된다.

眉宜圓 不宜聳

눈썹이 둥글어야 하고, 솟으면 마땅치 않게 된다.

背宜高 不宜陷

등이 높아야 하고, 꺼지면 마땅치 않게 된다.

面宜圓 不宜尖

얼굴이 둥글어야 하고, 뾰족하면 마땅치 않게 된다.

眼宜細 不宜圓

눈이 가늘어야 하고, 둥글면 마땅치 않게 된다.

此乃總論 如犯一件 卽非良人之婦也

이것을 총론하자면, 만약 하나라도 범하게 된다면 곧 좋은 사람의 부인이 될 수 없다.

股肱
고 굉

> 股肱一身根本 四肢規模○解曰, 腕包脚肚爲股肱, 乃一身根本, 不
> 可無包, 書云, 股肱無包最是凶, 正謂此也, 肥瘦大小之人, 俱有方好,
> 小兒無股, 三六而亡, 大人無股, 貧賤泛常, 女人無股, 定是不良, 瘦
> 人無股, 敗走他鄕, 肥人無股, 後運難量, 凡女人亦不可無根本也.

股肱一身根本 四肢規模○解曰

다리와 팔은 일신의 근본이 되고, 사지의 규모가 된다. 해왈,

腕包脚肚爲股肱 乃一身根本 不可無包

팔과 다리를 고굉이라 하고, 이는 일신의 근본이 되니 팔과 다리에 살이 감싸주지
않으면 안 된다.

書云 股肱無包最是凶 正謂此也

서운, 팔다리에 살이 없으면 가장 흉한 상이라 하였는데, 이는 바른 말이다.

肥瘦大小之人 俱有方好

비만한 사람이나 마른사람, 큰 사람이나 작은 사람 모두 팔다리가 풍요로우면 좋은
상이 된다.

小兒無股 三六而亡 大人無股 貧賤泛常

소아의 다리가 가늘면 18세에 죽게 되고, 어른의 다리가 가늘면 빈천한 보통 사람이
된다.

女人無股 定是不良

여인의 다리가 가늘면 좋은 상이 아니다.

瘦人無股 敗走他鄕

마른사람의 다리가 가늘면 실패하여 타향으로 도망가게 된다.

肥人無股 後運難量

비만한 사람의 다리가 가늘면 말년의 운을 측량하기 어렵게 된다.

凡女人亦不可無根本也

여인 역시 팔다리에 살이 감싸지 않으면 근본이 없게 된다.

手
수

手爲一身之苗, 萬般之說○解曰, 相手之法, 先看五行, 次察八卦, 掌
有厚薄, 指有長短, 紋有淺深, 色有明滯, 務要君臣得位, 五行得配,
八卦有停, 賓主相勻, 只許主去强賓, 不可賓來强主, 凡紋欲細深成
形, 不欲淺亂枯乾, 偏削缺陷歪斜, 又云, 指甲乃筋之餘, 指甲厚, 主
人膽大 指細, 主人聰明, 掌明財興, 緣是暗黑, 家破財空, 掌心有肉,
乃祖父根基, 背有肉, 乃自創根基, 背心俱無肉, 細潤爲妙, 大抵掌欲
軟而長, 膊欲明而厚, 如骨乭筋浮肉削, 甲薄指偏, 非美相也.

手爲一身之苗, 萬般之說○解曰

손은 일신의 싹이라 하며, 여러 가지의 설이 있다. 해왈,

相手之法 先看五行 次察八卦

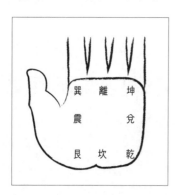

손을 보는 상은 먼저 오행을 살펴보고, 다음에는 팔
괘를 관찰해야 한다.

掌有厚薄 指有長短 紋有淺深 色有明滯

손바닥은 두텁고 얇은 것이 있으며, 손가락은 길고 짧은 것이 있으며, 손금에는 얕
고 깊은 것이 있으며, 손의 색은 밝고 어두운 것이 있다.

務要君臣得位 五行得配 八卦有停 賓主相勻

반드시 군신의 지위가 있게 되니 오행의 배합과 팔괘가 순서가 정해지고, 손과 손가락의 주객이 균형을 잘 이뤄야 한다.

只許主去强賓 不可賓來强主

다만 주인이 손님보다 강해야 하고, 손님이 주인보다 강해서는 안 된다.

☞ 주인은 손바닥이 되고, 손님은 손가락이 된다. 손바닥과 손가락의 길이를 뜻한다

凡紋欲細深成形 不欲淺亂枯乾 偏削缺陷歪斜

손금은 가늘고 깊어야 하고, 손금이 얕고 어지러우며, 건조하고, 손이 치우치고 깎이며, 결함이 되어 비뚤어지면 안 된다.

又云 指甲乃筋之餘

우운, 손톱은 힘줄의 여분이라 하였다.

指甲厚 主人膽大

손톱이 두터우면 담대한 사람이 된다.

指細 主人聰明

손가락이 가늘면 총명한 사람이 된다.

掌明財興 緣是暗黑 家破財空

손바닥이 밝으면 재물이 늘어나고, 가장자리가 어둡고 검으면 가정이 깨지고 재물이 공허하게 된다.

掌心有肉 乃祖父根基

손바닥에 살이 있으면 이는 조상의 근기가 있게 된다.

背有肉 乃自創根基

손등의 살이 있으면 이는 스스로 창립하여 근기를 세우게 된다.

背心俱無肉 細潤爲妙

손등이나 손바닥에 모두 살이 없어도 손의 피부가 섬세하고 윤택해야 좋은 손이 된다.

大抵掌欲軟而長 膊欲明而厚

손바닥은 부드럽고 길어야 하고, 팔은 밝고 두터워야 한다.

如骨丕筋浮肉削 甲薄指偏 非美相也

만약 손의 뼈가 크고 핏줄이 드러나 보이고 살이 적으며, 손톱이 얇고 손가락이 비뚤어지면 좋은 상이 아니다.

◉小巷玉手소항옥수

○先生游於小巷 見一手傾水於窓外 色瑩如玉 光射人目 指如春筍
血若硃紅 先生曰 男若此手 當入翰林 女若此手 當爲母后 後永樂選
此女爲妃 生正統

先生游於小巷 見一手傾水於窓外 色瑩如玉 光射人目 指如春筍 血若筍紅

유장선생께서 작은 항구를 지나다가 창 밖에서 물을 따르는 손의 색이 옥처럼 빛나고, 밝은 빛이 사람의 눈을 부시게 하고, 손가락은 봄날의 죽순과 같고, 혈색은 마치 붉은 주사와 같았다고 보았다.

先生曰 男若此手 當入翰林 女若此手 當爲母后 後永樂選此女爲妃 生正統

유장선생왈, 남자의 손이라면 당연히 한림학자가 될 것이고, 여자의 손이라면 왕후가 된다고 하였는데, 후에 영락황제에게 이 여인이 간택되어 왕비가 되었고, 정통을 잇는 왕자를 낳게 되었다고 하였다.

●**男女之手**남녀지수

○凡男女之手 宜血潤色明 指長紋細 心背有肉爲妙 離宮有井紋 當入翰林 乾宮起紋到離宮 爲冲天紋 白手起萬金 掌心紅潤 數年內可起田園 凡紋若亂 主名下少成 紋淺志亦淺 紋深志亦深 紋亂心多亂 無紋心必干<愚> 有紋爲妙 大凡指掌長厚紋深 色明血明 男爲卿相 女作夫人

凡男女之手 宜血潤色明

남녀의 손은 혈이 윤택하고, 색이 선명해야 한다.

指長紋細 心背有肉爲妙

손가락은 길고 손금은 섬세해야 하며, 손바닥과 손등의 살이 있어야 좋은 상이다.

離宮有井紋 當入翰林

이궁에 井(정)자 모양의 주름이 있으면 마땅히 한림원에 들어가게 된다.

☞ 離宮이궁은 중지 아래를 본다. 156쪽 그림참조

乾宮起紋到離宮 爲冲天紋 白手起萬金

건궁에서 손금이 시작하여 이궁으로 들어가면 이를 충천문이라 하는데, 맨손으로 만금을 일으키게 된다.

☞ 乾宮건궁은 소지 아래의 손바닥 부분이다. 156쪽 그림참조

掌心紅潤 數年內可起田園

손바닥이 붉고 윤택하면 수년 안에 전원이 늘어나게 된다.

凡紋若亂 主名下少成

손금이 만약 어지러우면 반드시 명예가 낮고, 적게 이루게 된다.

紋淺志亦淺 紋深志亦深

손금이 얕으면 지향이 역시 얕고, 깊으면 지향이 또한 깊게 된다.

紋亂心多亂 無紋心必干 <愚> 有紋爲妙

손금이 어지러우면 마음의 번민이 많고, 손금이 없으면 마음이 반드시 어리석게 된다. 손금이 있는 것이 좋은 상이 된다.

大凡指掌長厚紋深 色明血明 男爲卿相 女作夫人

손가락은 길어야 하고 손바닥은 두터워야 하며, 손금이 깊고 혈색이 밝으면 남자는 경상의 벼슬을 하게 되고, 여자는 남편을 성공시키게 된다.

足
족

足載一身, 不可不厚不方○解曰, 頭圓像天, 足方像地, 天欲高, 地欲
厚, 凡足背有肉, 安隱福祿, 足心有肉, 堆金積玉, 足背浮筋, 何曾得聚
半文錢, 凡足中指欲長, 大指欲短, 足背毛宜軟, 主聰明, 指上生毛, 主
一生無足疾, 大人無脚根, 貧賤走紅塵, 小我無脚根, 不過一歲春.

足載一身 不可不厚不方○解曰

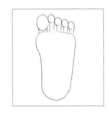

발은 일신을 싣고 있으니 두텁고 네모진듯 해야 한다. 해왈,

頭圓像天 足方像地 天欲高 地欲厚

머리는 둥글어서 하늘을 형상하고, 발은 네모져서 땅을 형상하니 하늘은 높아야 하
고, 땅은 두터워야 한다.

凡足背有肉 安隱福祿

발등에 살이 있으면 평생 안온하고 복록을 누리게 된다.

足心有肉 堆金積玉

발바닥에 살이 있으면 금과 옥을 쌓아 부유하게 된다.

足背浮筋 何曾得聚半文錢

발등의 핏줄이 드러나 보이면 언제 학문과 금전을 절반이라도 취하겠는가.

足足中指欲長 大指欲短

중지발가락이 긴듯 해야 하고, 엄지발가락이 짧은듯 해야 한다.

足背毛宜軟 主聰明

발등에 부드러운 털이 나면 총명하게 된다.

指上生毛 主一生無足疾

발가락에 털이 나면 평생 발병이 없게 된다.

大人無脚根 貧賤走紅塵

어른이 발뒤꿈치가 없으면 빈천하고, 고된 세상 속에 분주하게 바쁘기만 하다.

小我無脚根 不過一歲春

어린아이가 발뒤꿈치가 없으면 한 살을 넘기기 어렵게 된다.

髮
발

髮秉血餘, 乃山林草木○解曰, 髮乃血之餘, 欲潤而秀, 細而長, 軟而
香, 此數件爲妙, 不宜枯黃燥結, 如山林不秀, 非貴人也, 惟木形人,
髮不宜濃長, 宜淸潤, 不宜枯黃, 金水及火土四形, 俱不宜多髮, 凡財
聚髮疎, 不宜髮生日月角, 主人愚頑, 又剋親, 凡女人之髮, 宜長三尺
內外爲妙, 少年落髮, 難言子, 老若頭烏壽似松, 半白半烏終有水, 少
年白髮喪雙親, 左邊多妨父, 右邊多妨母, 不過十五歲, 白髮論人, 十
五歲而生者.

髮秉血餘 乃山林草木 ○解曰

두발은 피의 여분이 되며, 이는 산림초목과 같다. 해왈,

髮乃血之餘 欲潤而秀 細而長 軟而香 此數件爲妙

두발은 혈의 나머지이니 윤택하고 수려해야 한다. 두발이 가늘고 길어야 하며, 부드
럽고 향기가 나면 이러한 것들은 좋은 상이 된다.

不宜枯黃燥結 如山林不秀 非貴人也

두발이 마르고, 누렇고, 거칠고, 엉킨 것은 마땅치 않으니 산림초목처럼 수려하지
않으면 귀인이 아니다.

惟木形人 髮不宜濃長 宜淸潤 不宜枯黃

오직 목형인의 두발이 짙고 긴 것은 마땅치 않고 맑고 윤택해야 마땅하며, 누렇게
건조하게 되면 마땅치 않다.

金水及火土四形 俱不宜多髮

금형, 수형, 화형, 토형 네 가지 체형은 모두 두발의 숱이 많은 것이 마땅치 않다.

凡財聚髮疎

재물이 모이면 두발이 드물어지게 된다.

不宜髮生日月角 主人愚頑 又剋親

두발이 일월각을 덮으면 마땅치 않으니 어리석고 완고한 사람이 되며, 또한 육친을 극하게 된다.

凡女人之髮 宜長三尺内外爲妙

여인의 모발이 삼 척 내외로 수려하게 길면 좋은 상이 된다.

少年落髮 難言子

젊은 사람이 모발이 빠지면 아들을 말하기 어렵게 된다.

老若頭烏壽似松 半白半烏終有壽

노인이 만약 두발이 검으면 소나무처럼 장수하고, 두발의 반은 희고 반은 검어도 마침내 장수하게 된다.

少年白髮喪雙親 左邊多妨父 右邊多妨母 不過十五歲

젊어서 백발이 되면 부모를 잃게 되고, 왼쪽 두발에 백발이 많으면 아버지를 해하고, 오른쪽 두발에 백발이 많으면 어머니를 해하게 된다. 다만 15세 불과할 따름이다.

白髮論人 十五歲而生者

백발을 논한 것은 15세에 난 사람을 말한다.

痣
지

痣若山林峯仞, 不可不高○解曰, 凡高者爲痣, 平者爲點, 青黃者爲
斑, 凡斑點俱不宜生面上, 書云, 面多斑點, 恐非壽考之人, 正謂此也.
在面爲顯痣, 在身爲隱痣, 俱宜有毫, 如山林有草木方妙, 背主衣冠,
胸主智, 肚主衣祿, 腹主帶, 黑如墨, 赤如硃, 硬圓高者方貴, 中平小
貴, 色鮮還未遇, 色暗已過了, 軟者不過些小而已.

痣若山林峯 仞不可不高, 解曰

점은 산림의 봉우리와 같고, 높지 않으면 안 된다. 해왈,

凡高者爲痣 平者爲點 青黃者爲斑

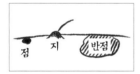
점 지 반점

높은 것을 지라 하고, 평평한 것을 점이라 하며, 푸르거나
누런 것을 반점이라 한다.

☞ 痣지는 살아 있는 점이고, 點점은 죽어 있는 점이다

凡斑點俱不宜生面上

반점과 점은 모두 얼굴에 나타나면 마땅치 않다.

書云 面多斑點 恐非壽考之人 正謂此也

서운, 얼굴에 반점이 많으면 다만 장수할 수 없다고 하였다. 이는 바른 말이다.

在面爲顯痣 在身爲隱痣

얼굴에 있는 것을 현지라 하고, 몸에 있는 것을 은지라 한다.

☞ 현지는 보이는 점이 되고, 은지는 보이지 않는 점을 말한다

俱宜有毫 如山林有草木方妙

점에는 모두 털이 있어야 마땅하고, 마치 산림에 초목이 있는 것과 같으며 좋은 상
이 된다.

背主衣冠 胸主智 肚主衣祿 腹主冠帶

등에 점이 있으면 관복을 입게 되고, 가슴에 점이 있으면 지혜롭고, 윗배에 점이 있
으면 의록이 있게 되며, 아랫배에 점이 있으면 관대를 두르게 된다.

黑如墨 赤如硃 硬圓高者方貴

먹과 같이 검고, 주사와 같이 붉어야 하며, 단단하고 둥글며 높은 것이 매우 귀하게
된다.

中平小貴 色鮮還未遇 色暗已過了 軟者不過些小而已

점의 가운데가 평평하면 소귀를 하게 되고, 점의 색이 선명하면 아직 운이 오지 않은
것이며, 색이 어두우면 운이 이미 지나간 것이고, 부드러우면 사소한 점에 불과한 것
이다.

毛
모

毛毫各別, 另有分別○解曰, 粗硬爲毛, 不拘生何處, 主賤. 細軟爲
毫, 宜生腿足, 爲奇. 臍下穀道俱有毛者, 主一生不招陰病, 不畏神
鬼, 胸上生毫, 主人性操 背上生毫, 一生勞苦. 乳上生毫三根者好,
必生貴子, 若毛如草亂多者, 無子之相也. 手指生毛亦好, 總之毛宜
細軟爲妙.

毛毫各別 另有分別 解曰
모와 호는 각각 다르고 따로 분별되어야 한다. 해왈,

粗硬爲毛 不拘生何處 主賤
거칠고 딱딱한 것을 모라 하며, 몸의 어느 곳이든 구별하지 않고 생기면 하천하게
된다.

細軟爲毫 宜生腿足 爲奇
가늘고 부드러운 것을 호라 하고, 다리에 나는 것이 마땅하고 기이한 상이 된다.

臍下穀道俱有毛者 主一生不招陰病 不畏神鬼
배꼽 아래와 항문에 모가 나면 평생 음병에 걸리지 않게 되고, 귀신을 두려워하지
않게 된다.

胸上生毫, 主人性操
가슴에 호가 나면 사람의 성품이 조급하게 된다.

背上生毫 一生勞苦
등에 호가 나면 평생 수고스럽고 고생스럽게 된다.

乳上生毫三根者好 必生貴子

유두에 호가 세 가닥이 나면 좋은 상이 되고, 반드시 귀한 아들을 낳게 된다.

若毛如草亂多者 無子之相也

만약 유두에 모가 잡초와 같이 어지럽게 많이 난 사람은 아들이 없는 상이 된다.

手指生毛亦好

손가락이나 손등에 모가 나면 역시 좋은 상이 된다.

總之毛宜細軟爲妙

총론하면 모는 가늘고 부드러워야 좋은 상이 된다.

骨
골

骨乃金石, 不可不堅不正〇解曰, 凡骨欲堅, 肉欲實, 骨爲君, 肉爲臣, 骨多肉少, 主貧賤, 肉多骨少, 主壽夭, 骨肉相勻, 方言有壽, 有子, 凡女人骨硬, 必刑夫, 男人骨硬, 必貧賤, 龍骨欲細長, 虎骨欲粗正, 不欲浮筋露骨, 浮肉歪斜, 總言骨欲正直, 肉欲堅實, 方爲福壽之相, 骨正神, 强肉又堅, 君臣德配福綿綿, 若見肉浮多發氣, 四九之刑壽不全.

骨乃金石 不可不堅不正 解曰

뼈는 금석이 되니 단단하고 바르지 않으면 안 된다. 해왈,

凡骨欲堅 肉欲實

뼈는 단단해야 하고, 살은 실실해야 한다.

骨爲君 肉爲臣

뼈는 군주가 되고, 살은 신하가 된다.

骨多肉少 主貧賤

뼈가 많고, 살이 적으면 빈천하게 된다.

肉多骨少 主壽夭

살이 많고, 뼈가 적으면 수명이 짧게 된다.

骨肉相勻 方言有壽 有子

뼈와 살이 서로 균일하면 장수하게 되고, 귀한 아들이 있게 된다.

凡女人骨硬 必刑夫 男人骨硬 必貧賤

여인의 뼈가 억세면 남편의 형상을 겪고, 남자의 뼈가 억세면 빈천하게 된다.

龍骨欲細長 虎骨欲粗正

용골은 섬세하고 길어야 하고, 호골은 거칠어도 곧아야 한다.

☞ 용골은 어깨부터 팔꿈치까지, 호골은 팔꿈치부터 손목까지를 말한다

不欲浮筋露骨 浮肉歪斜

힘줄과 뼈가 드러나지 않아야 하며, 살이 들뜨면 바르지 않게 된다.

總言骨欲正直 肉欲堅實 方爲福壽之相

총언하면 뼈는 단정하고 곧아야 하며, 살은 견실해야 福壽(복수)를 누리는 상이 된다.

骨正神强肉又堅 君臣德配福綿綿

뼈가 단정하고 안신이 강하며, 살 또한 견실하면 군신의 덕이 잘 맞아 복이 끊임없이 이어지게 된다.

若見肉浮多發氣 四九之刑壽不全

만약 살이 들떠 보이면 기가 많이 발산되어서 36세에 형상을 겪고 수명이 온전치 못하다.

肉
육

肉爲皮土, 不可不實不瑩○解曰, 凡皮屬土, 必厚實, 方可滋生萬物 肉必瑩潤, 內有血氣爲榮, 方可運動一身, 且如皮薄 何能包土, 土暴豈能容<榮>生 若皮急壽少, 皮寬壽長, 小兒皮急, 非長壽也, 又云, 皮急皮粗最不宜, 何曾此輩立家基, 下賤愚頑多破耗, 四九之前壽必歸

肉爲皮土 不可不實不瑩 解曰

살은 피토가 되니 실실해야 하며, 빛나지 않으면 안 된다. 해왈,

凡皮屬土 土必厚實 方可滋生萬物

피부는 토에 속하니, 토는 두텁고 실실해야 만물을 잘 자라게 한다.

肉必瑩潤 內有血氣爲榮 方可運動一身

살은 윤택하게 빛나야 하고, 안으로는 혈기가 꽃 피듯 해야 일신의 운이 움직이게 된다.

且如皮薄 何能包土 土暴豈能容<榮>生

또한 피부가 얇으면 어찌 대지를 잘 감쌀 수 있겠는가. 살이 과비만하면 어찌 영화롭게 살 수 있겠는가.

若皮急壽少 皮寬壽長 小兒皮急 非長壽也

만약 피부가 팽팽하면 수명이 짧고, 피부가 너그러우면 수명이 길고, 어린아이의 피부가 팽팽하면 오래 살 수 없게 된다.

又云 皮急皮粗最不宜 何曾此輩立家基 下賤愚頑多破耗 四九之前壽必歸

우운, 피부가 팽팽하고 거친 것이 가장 마땅치 않으니 언제 이러한 사람들이 가업을 일으킨 적이 있었느냐. 하천하고 어리석으며 완고하여 가정이 깨지고 재산이 소모되거나, 36세가 되기 전에 저 세상으로 돌아간다고 하였다.

溝洫又云人中 最要長深○解曰 人中爲溝洫 五十一歲主事 宜深長
爲妙 宜上小下大 曰爲溝洫得通上大下小 爲溝洫阻滯 面上有江淮
河濟爲四瀆, 五嶽俱從 故宜深長寬大 最嫌窄小短偏 江(耳)淮(口)河
(目)濟(鼻)若淺 生子必遲 先生曰 人中平滿 子息難言 人中小髭 下人
無上 又曰 人中平滿者 四九可延年 然人中一處 乃小道也 言雖如此
還宜於週身大處詳之

溝洫又云人中 最要長深 解曰

구혁을 또한 운하되 인중이라 하며, 길고 깊은 것이 가장 중요하다. 해왈,

人中爲溝洫 五十一歲主事

인중을 구혁이라 하니, 51세의 일을 주관한다.

宜深長爲妙 宜上小下大 曰爲溝洫得通

인중은 마땅히 길고 깊어야 좋은 상이고, 위는 좁고 아래가 넓어
야 마땅하니 이르되, 구혁은 소통이 되어야 한다.

上大下小 爲溝洫阻滯

인중의 위는 넓고 아래가 좁으면 구혁이 험하고 막히게 된다.

面上有江淮河濟爲四瀆, 五嶽俱從

얼굴의 강·회·하·제를 사독이라 하니, 오악이 모두 구혁【인중】에 의존하게 된다.

故宜深長寬大 最嫌窄小短偏

고로 인중은 깊고 길며 관대해야 마땅하니, 좁고 작으며 짧고 삐뚫어진 인중은 가장 꺼리게 된다.

江(耳)淮(口)河(目)濟(鼻)若淺 生子必遲

강은 귀가 되고, 회는 입이 되며, 하는 눈이 되고, 제는 코가 된다. 만약 사독이 모두 얕으면 아들을 늦게 두게 된다.

先生曰 人中平滿 子息難言

유장선생왈, 인중이 평평하고 밋밋하면 아들을 말하기 어렵게 된다.

人中小髭 下人無上

인중에 수염이 적으면 하천한 사람이 되고, 귀인이 될 수 없다.

又曰 人中平滿者 四九可延年

우왈, 인중이 평평하고 밋밋한 사람은 36세 이후에 수명이 연장된다고 하였다.

然人中一處 乃小道也

그러므로 인중은 신체의 한 부위이지만 작은 요처가 된다.

言雖如此 還宜於週身大處詳之

비록 이와 같지만 오히려 몸을 전체적으로 두루 자세히 살펴야 하는 것이 마땅함을 말한 것이다.

鬚髯
수 염

鬚髯一面之華表 乃丹田元氣○解曰 上爲祿左右兩邊下爲髯地閣 人
中爲髭 承漿爲鬚 有此五名 邊地上生方爲鬍髭 只可有祿無官 不可
有官無祿 只可有髭無鬚 不可有鬚無髭 乃大槪也 五件俱配爲妙 方
是貴人○凡鬚宜黑如漆 宜赤不意黃 如黑赤黃相雜者 大不好也 金赤
有索 首尾一開爲金鬚 大發萬金 如面白如粉 圓如月 爲銀面金鬚 二
品之職 疎秀爲妙 宜硬不意軟 宜灣不宜直 宜淸不意濁 如連鬢生鬚
與髮知＜之＞相爲妙 如髮少鬚多 亦不發財 貧賤之相也 書云 濃濁焦
黃最不良 羊髯燕尾有刑傷 淸淸＜輕＞出肉稀疎者 取與皇家作棟樑
凡鬚連鬢 老來白粉 直者爲羊髯 尾開爲燕尾 主老來尅子孤相也

鬚髯一面之華表 乃丹田元氣○解曰

수염과 빈발을 일면의 화사한 의표가 되니, 이는 단전의 원기가 된다. 해왈,

上爲祿左右兩邊 下爲髯地閣 人中爲髭 承漿爲鬚 有此五名

윗수염은 인중의 좌우로 나는 수염을 록이라 하고, 아랫수염은 지각에 나는 수염을 염이라 한다. 인중에 난 수염을 자라 하고, 승장에 난 수염을 수라고 한다. 다섯 가지의 수염이 각각의 이름이 있다.

邊地上生方爲鬍髭

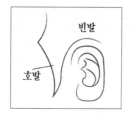

변지 위에 생긴 수염을 호라고 한다.

☞ 귀 앞의 구레나룻을 호발이라 한다

只可有祿無官, 不可有官無祿

다만 록은 있고 관이 없어도 좋게 되지만 관은 있고 록이 없으면 좋지 않게 된다.

只可有髭無鬚, 不可有鬚無髭, 乃大槪也

다만 자가 있고 수가 없어도 좋게 되고, 수가 있고 자가 없으면 좋지 않은 것은 이는 대체로 그렇다는 것이다.

☞ 윗수염은 있고 턱수염이 없어도 좋지만, 턱수염은 있고 윗수염이 없으면 좋지 않다

五件俱配爲妙, 方是貴人

다섯 가지의 수염이 모두 배합이 잘되면 좋은 상이니 귀인이 된다.

○ 凡鬚宜黑如漆, 宜赤不意黃

수염은 옷칠을 한 듯 검어야 좋으며, 붉은 수염은 마땅하지만 누런 수염은 마땅치 않다.

如黑赤黃相雜者, 大不好也

만약 검은색, 붉은색, 누런색 수염이 서로 뒤섞여 있는 것은 매우 좋은 상이 아니다.

金赤有索, 首尾一開爲金鬚, 大發萬金

황금빛 수염이 꼬불꼬불해야 하고, 수염의 뿌리에서 끝까지 일관되게 금빛이 나면 금수라 하여 만금을 일으키게 된다.

如面白如粉, 圓如月, 爲銀面金鬚, 二品之職

마치 얼굴이 하얀 분을 바른 듯하여 둥근 달과 같으면 은면금수라 하고, 이품의 지위에 오르게 된다.

疎秀爲妙, 宜硬不宜軟

수염이 성글고 수려해야 좋은 상이 되고, 굳세면 마땅하며 부드러우면 마땅하지 않게 된다.

宜硬不意軟 宜灣不宜直

수염이 굳세야 마땅하고 부드러우면 마땅치 않으며, 구불구불해야 마땅하고 곧으면 마땅치 않게 된다.

宜清不意濁

수염이 맑아야 마땅하며, 탁하면 마땅치 않게 된다.

如連鬢生鬚與髮知<之>相爲妙

만일 두발과 빈발과 수염이 연이어져 있으면 더 좋은 상이 된다.

如髮少鬚多, 亦不發財, 貧賤之相也

만일 두발의 숱은 적지만 수염의 숱이 많으면 역시 재산이 늘지 않고 빈천한 상이 된다.

書云, 濃濁焦黃最不良

서운, 수염이 짙고 탁하며, 붉고 누런색은 가장 좋지 않는 상이라 하였다.

羊髭燕尾有刑傷

염소의 수염이나 제비꼬리 같은 수염이면 형상이 있게 된다.

清清<輕>出肉稀疎者, 取與皇家作棟樑

수염이 맑고 엷어서 수염 사이로 살이 드문드문 보이는 사람은 황제의 등극과 국가적 동량의 재목이 된다.

凡鬚連鬢, 老來白粉, 直者爲羊鬚, 尾開爲燕尾, 主老來剋子, 孤相也.

수염과 구레나룻이 서로 이어져 나고, 노인이 되어 얼굴이 하얀 분을 바른 듯하며, 수염이 곧게 나면 염소수염이라 하고, 수염의 꼬리가 두 갈래로 갈라지면 연미가 되니 주로 노인이 되어서 아들을 극하고 고독한 상이 된다.

枕骨
침골

枕骨可全福祿壽 但喜雙而不喜單○解曰 腦後爲枕骨 三八卽生 耳
後高骨爲枕 又爲壽根 凡人俱不可無此 小兒若無 能言而亡 此骨在
耳後 但耳生成如有此 爲回紋骨 此爲品字骨 此爲連珠骨 此爲三山
骨 以上俱主封侯之貴 北方人頭大一尺外 常有此骨 若有此 爲小品
字川爲川字 爲雙環 爲仰月 爲覆月 正爲山字以上骨 主三品職 南面
之人 俱有生者 若生此卜爲懸針骨 主有刑傷 爲孤月 左撇成敗 右撇
破耗俱主孤 乃僧道之有 書云 枕骨宜雙不宜單 左右偏生壽不長 若
是高高生腦後 何愁家道不榮昌 若枕骨不過主壽 如回紋仰月 三山
品字 雙環連珠 必主大貴 孤峯獨一 偏小必孤 小品字川字 偃月橫山
乃興家之格 高隆大起 發福綿綿 三十無枕 壽數難量 書云 主案未成
能言而有 正此謂也

枕骨可全福祿壽 但喜雙而不喜單○解曰

침골은 복·록·수를 모두 온전히 누리게 되니, 다만 침골이 쌍으로 이뤄진 것이 좋
고 한 개로 된 것은 좋지 않다. 해왈,

腦後爲枕骨, 三八卽生

뒷머리 있는 것을 침골이라 하며, 24세가 되어야 생기게 된다.

耳後高骨爲枕, 又爲壽根

귀 뒤에 높은 뼈를 침골이라 하며 또한 수근이라고 한다.

凡人俱不可無此, 小兒若無, 能言而亡

사람은 침골이 없어서는 안 되는데, 소아가 침골이 없으면 목숨을 잃는다고 말할 수 있다.

此骨在耳後, 但耳生成如有此

이 침골은 귀의 뒤에 있어야 하며, 다만 침골이 형성된 이후에 귀가 생기게 된다.

爲回紋骨

뼈 하나가 둥글게 있는 것을 회문골이라 한다.

此爲品字骨

삼각형을 이룬 것을 품자골이라 한다.

此爲連珠骨

두 개가 나란히 있는 것을 연주골이라 한다.

此爲三山骨

삼각산의 모양이면 삼산골이라 한다.

以上俱主封侯之貴

이상은 모두 제후에 봉해질 귀인이 된다.

北方人頭大一尺外, 常有此骨,

북방인은 두상이 커서 한 척 이상이 되고, 항상 이러한 골기가 있어야 한다.

若有此

만약 이러한 것이 있다면

爲小品字

삼각형을 이룬 것을 소품자라 한다.

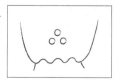

川爲川字

川(천)자 모양의 뼈가 있는 것을 천자라 한다.

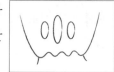

爲雙環

고리 모양의 쌍으로 이뤄져 있는 것을 쌍환이라 한다.

爲仰月

달을 우러러 보는 모양을 한 것을 앙월이라 한다.

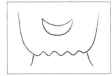

爲覆月

달이 엎어져 있는 것을 복월이라 한다.

正爲山字以上骨 主三品職

바른 山(산)자 모양이면 최상의 골격이 되니 주로 삼품의 지위에 오르게 된다.

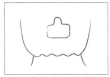

南面之人, 俱有生者

남방인은 모두 이러한 침골이 있어야 한다.

若生此卜爲懸針骨, 主有刑傷

만약 卜자의 뼈가 생기면 현침골이라 하며, 갖은 형상을 겸게 된다.

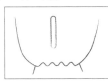

爲孤月

가운데만 뾰족하게 나온 것을 고월이라 한다.

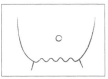

左撇成敗

왼쪽으로 휘어 있으면 성패가 많게 된다.

右撇破耗俱主孤, 乃僧道之有

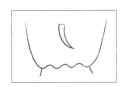

오른쪽으로 휘어 있으면 모든 가정이 깨지고 재산이 흩어져 고독하게 되며, 이는 승려들에게 있는 침골이 된다.

書云, 枕骨宜雙不宜單

서운, 침골은 쌍으로 있어야 마땅하고, 한 개로 되어 있으면 마땅치 않게 된다고 하였다.

左右偏生壽不長

좌우 어느 한 쪽으로 치우쳐 있으면 수명이 길지 않게 된다.

若是高高生腦後, 何愁家道不榮昌

만약 매우 높이 뒷머리가 생겼다면 어찌 가도가 영창하지 않겠느냐.

若枕骨不過主壽, 如回紋仰月, 三山品字, 雙環連珠, 必主大貴

침골은 장수함에 불과하지만 회문·앙월·삼산·품자·쌍환·연주 등은 대귀하게 된다.

孤峯獨一, 偏小必孤

외로운 봉우리처럼 유독 하나가 있거나 작게라도 솟으면 외롭게 된다.

小品字川字, 偃月橫山, 乃興家之格

소품자·천자·언월·횡산의 침골은 집안을 일으키는 귀격이 된다.

高隆大起, 發福綿綿

침골이 풍융하게 높고 크게 일어나면 복이 끊임없이 일어나게 된다.

三十無枕, 壽數難量

30세가 되어서도 침골이 없으면 수명을 측량키 어렵게 된다.

書云, 主案未成, 能言而有, 正此謂也

서운, 침골이 이뤄지지 않았다면 이와 같이 말할 수 있다. 바로 이러함을 말하였다.

齒
치

齒乃骨餘, 主一生衣祿○解曰, 凡齒乃骨之餘, 欲其整齊厚大, 上牙通太陽爲陽經, 下牙通腰爲腎經, 故齒長主壽, 疎希主天, 齒短主愚, 白齊如玉, 可食天祿, 圓小不齊, 貧窮之輩, 中二齒爲大門, 齊大, 主忠孝, 偏小無信行, 女人治宜黃大爲妙, 男齒生三十四個主貴, 三十二亦主福壽, 三十中平, 二十八壽少, 又名內學堂, 最要整齊, 白大厚者, 有學問.

齒乃骨餘, 主一生衣祿○解曰

치아는 뼈의 여분이니 평생의 의록을 본다. 해왈,

凡齒乃骨之餘, 欲其整齊厚大

치아는 뼈의 나머지가 되니, 치아가 바르고 가지런하며 두텁고 커야 한다.

上牙通太陽爲陽經, 下牙通腰爲腎經, 故齒長主壽

윗니는 태양과 통하여 양경이 되고, 아랫니는 허리와 통하여 신경이 되니 고로 치아가 길면 장수하게 된다.

疎希主天, 齒短主愚

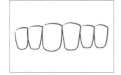

치아의 사이가 벌어지고 드물면 반드시 요절하고, 치아가 짧으면 어리석게 된다.

白齊如玉, 可食天祿

치아가 옥처럼 희고 가지런하면 식록과 천록을 얻게 된다.

圓小不齊, 貧窮之輩

치아가 둥글고 작으며 가지런하지 못하면 빈궁한 사람이 된다.

中二齒爲大門, 齊大, 主忠孝, 偏小無信行

가운데 2개의 치아를 대문치라 하는데, 가지런하고 크면 충효자가 되며 삐뚤고 작으면 언행을 믿을 수 없게 된다.

女人齒宜黃大爲妙, 男齒生三十四個主貴

여인의 치아가 상아빛으로 큰 것이 좋은 상이고, 남자의 치아는 34개면 귀인이 된다.

三十二亦主福壽, 三十中平, 二十八壽少

치아가 32개면 역시 복수를 누리고, 30개가 되면 보통 사람이고, 28개가 되면 수명이 짧아진다.

又名內學堂, 最要整齊, 白大厚者, 有學問

또 다른 이름으로 내학당이 되고, 바르고 가지런한 것이 가장 중요하며, 희고 크며 두터운 치아는 학문을 이루게 된다.

聲
성

聲音合雷霆, 宜响宜清○解曰, 凡貴人之聲淸而長, 响而潤, 和而韻, 頭大尾小, 富貴也. 又云, 木聲宜高長, 金聲宜明潤, 其外俱不足也, 聲韻出丹田, 喉寬响又堅, 乃爲美聲, 又云, 木聲高唱, 火聲焦和潤, 金聲福自饒, 凡富貴之人, 聲自丹田, 故淸長高响, 小人之聲, 出自喉音, 故低而破, 又云, 身小聲宏, 定是豪家富貴子, 聲低身小, 須知自是破家兒, 婦人之聲宜淸, 男人之聲宜响, 堅實爲妙, 聲如吠犬鳴羊破鑼之韻, 如哭如嘶, 眞貧賤之相.

聲音合雷霆, 宜响宜清○解曰

음성은 우레나 천둥소리와 같으니 마땅히 맑은 것이 마땅하다. 해왈,

凡貴人之聲淸而長, 响而潤, 和而韻, 頭大尾小, 富貴也

귀인의 음성은 맑고 길며, 윤택하게 울리고, 온화한 여운이 있다. 첫 음은 크고, 끝 음이 작으면 부귀를 누리게 된다.

又云, 木聲宜高長, 金聲宜明潤, 其外俱不足也

우운, 목형인의 음성은 높고 여운이 길어야 하며, 금형인의 음성은 밝고 윤택해야 하며, 그 외 화·토·수의 체형인은 모두 음성이 부족하다고 하였다.

聲韻出丹田, 喉寬响又堅, 乃爲美聲

음성의 울림은 단전에서 나오니, 목구멍이 넓고 여운이 견실하게 울리면 이는 아름다운 목소리가 된다.

又云, 木聲高唱, 火聲焦和潤, 金聲福自饒

우운, 목형인의 음성은 고음으로 노래 부르는 듯하며, 화형인의 음성은 타는 듯 메마르고, 금형인의 음성은 온화하고 윤택하여 복이 저절로 넉넉해진다고 하였다.

凡富貴之人, 聲自丹田, 故淸長高响

부귀한 사람의 음성은 단전에서 나오니 고로 여운이 맑게 길며 높게 울려 퍼져야 한다.

小人之聲, 出自喉音, 故低而破

소인의 음성은 목구멍에서 소리가 나오니 고로 음성이 낮고 깨지는 소리가 난다.

又云, 身小聲宏, 定是豪家富貴子

우운, 몸은 작은데 음성이 우렁차면 대부호의 아들로 부귀를 누린다 하였다.

聲低身小, 須知自是破家兒

음성이 낮고 신체도 작으면 가정을 깨뜨리는 자손이 되는 것을 알 수가 있다.

婦人之聲宜淸

부인의 음성은 맑아야 마땅하다.

男人之聲宜响, 堅實爲妙

남자의 음성은 울려야 하고, 견실해야 좋은 상이다.

聲如吠犬鳴羊破鑼之韻如哭如嘶, 眞貧賤之相

음성이 개짖는 소리, 염소 울음소리, 징 깨진 소리가 나고, 마치 곡하는 소리나 말울음 소리가 나면 빈천한 상이 된다.

囊莖
낭 경

陰囊玉莖, 乃性命之根本○解曰, 凡囊宜黑, 紋宜細實爲貴, 不宜下墜, 如火煖生貴子, 如氷冷者主子少, 玉莖乃靈龜之說, 皇帝爲玉莖, 常人爲龜頭, 凡龜宜小白堅者貴, 如長大黑弱爲賤, 大者招凶, 人必賤, 小而秀者好賢郎, 凡龜小者妻好子好, 大者不好.

陰囊玉莖, 乃性命之根本○解曰
음낭과 옥경은 성명의 근본이 된다. 해왈,

凡囊宜黑, 紋宜細實爲貴, 不宜下墜
음낭은 검어야 하며, 음낭의 주름은 가늘고 견실하면 귀하게 되며, 음낭이 아래로 처지면 마땅치 않다.

如火煖生貴子, 如氷冷者主子少
만일 음낭이 따뜻하면 귀한 아들을 낳고, 만일 음낭이 냉랭하면 아들을 적게 둔다.

玉莖乃靈龜之說, 皇帝爲玉莖, 常人爲龜頭
옥경은 신령스러운 거북이라는 말이고, 황제는 옥경이라 하며, 보통 사람은 귀두라 한다.

凡龜宜小白堅者貴
귀두는 마땅히 작고 깨끗해야 하며, 단단하면 귀하다.

如長大黑弱爲賤, 大者招凶, 人必賤
만일 귀두가 길고 크며, 검고 약하면 하천하며, 귀두가 큰 자는 흉화를 초래하게 되고, 그 사람이 반드시 하천하다.

小而秀者好賢郎, 凡龜小者妻好子好

귀두가 작고 수려한 자는 현명한 관료가 되며, 작은 자는 처자가 모두 좋다.

大者不好

귀두가 큰 자는 처자가 모두 좋지 않다.

穀道
곡 도

穀道乃五臟之後關○解曰 凡穀道宜兩臀夾而不露 如露十分 貧賤且夭 有毛者好 無毛者賤 屎遲好 快則貧 細長爲貴 方主武職 偏主文貴 屎如疊帶 乃富貴之相也 穀道無毛老定貧 少年露出必遭刑 要知取用爲奇妙 細細深藏是貴人

穀道乃五臟之後關○解曰

곡도는 오장의 뒤의 관문이 된다. 해왈,

凡穀道宜兩臀夾而不露

곡도는 양 엉덩이 사이에 끼어 있어서 드러나지 않아야 한다.

☞ 곡도는 항문을 뜻한다

如露十分, 貧賤且夭

만일 곡도가 완전히 드러나면 빈천하거나 또는 일찍 죽게 된다.

有毛者好, 無毛者賤

곡도에 털이 나면 좋고, 없으면 빈천하다.

屎遲好, 快則貧,

용변을 천천히 보면 좋고, 빠르게 보면 가난하다.

細長爲貴, 方主武職, 偏主文貴

용변이 가늘고 길면 귀하고, 네모나면 무인의 관직에 있게 되고, 납작하면 문인으로 귀한 벼슬을 하게 된다.

屎如疊帶, 乃富貴之相也

용변이 화장실에 첩첩이 쌓여 있으면 부귀의 상이 된다.

☞ 재래식 화장실에 용변이 장작이 쌓여 있는 듯한 것을 의미한다

穀道無毛老定貧

곡도에 털이 없으면 늙어서 가난하게 된다.

少年露出必遭刑

젊은 사람의 곡도가 노출되면 형살을 당하게 된다.

要知取用爲奇妙, 細細深藏是貴人

알고 취용을 하면 기묘할 것이니, 곡도는 세세하여 깊이 숨어야 귀하다.

腰
요

> 腰乃腎命二穴 一身根本〇解曰 古人腰闊四圍 今人焉能而得 只取闊
>
> 直硬爲妙 胖人欲闊 瘦人欲圓 欲硬 兩腰眼爲腎命二穴 宜有肉皮厚
>
> 方爲壽 腎命穴陷皮枯 主死 大槪腰偏細薄折削 俱是貧夭之相 女人
>
> 腰大是福 細偏者少子多賤 書云 腎命皮焦必壽夭 腰生疊肉壽年長

腰乃腎命二穴, 一身根本〇解曰

허리는 신유와 명문의 두 개의 혈이 되니 일신의 근본이 된다. 해왈,

☞ 신유혈자리는 제2요추 좌우에 있으며 그 사이에 명문혈자리가 있다

古人腰闊四圍, 今人焉能而得

옛 사람의 허리는 넓어서 4위의 둘레이지만 지금 사람은 어찌 이를 얻겠는가.

☞ 圍위는 길이의 단위이며, 한 위는 한 자이고, 사 위는 넉 자를 뜻한다

只取闊直硬爲妙

다만 허리가 넓고 곧으며 단단하면 좋은 상이라 할 수 있다.

胖人欲闊, 瘦人欲圓, 欲硬

비만인은 허리가 넓어야 하며, 마른사람은 허리가 둥글고 단단해야 한다.

兩腰眼爲腎命二穴, 宜有肉皮厚, 方爲壽

양 요안혈에서 신유혈과 명문혈에 이르는 부위는 마땅히 살과 피부가 두터워야 하며 반드시 오래 산다.

☞ 요안혈자리는 제4요추 극돌기 아래에서 옆으로 3.5촌처의 꺼진 부위에 있다

腎命穴陷皮枯, 主死

신유와 명문의 혈자리가 꺼지고 피부가 마르면 곧 죽게 된다.

大槪腰偏細薄折削, 俱是貧夭之相

대개 허리가 치우치고 가늘며, 얇고 꺾이며 깎인 듯하면 모두 가난하거나 요절의 상이 된다.

女人腰大是福, 細偏者少子多賤

여인의 허리가 크면 복이 있는 것이고, 가늘고 치우치면 아들이 적고, 대부분 천하게 된다.

書云, 腎命皮焦必壽夭, 腰生疊肉壽年長

서운, 신유와 명문의 피부가 마르면 반드시 수명이 짧게 되고, 허리의 살이 겹겹이 쌓이게 되면 수명이 길어진다고 하였다.

腿膝
되 슬

> 腿膝乃下停, 賢愚可定○解曰, 膝大腿小爲鶴膝, 主下賤, 膝小無骨
> 主壽夭, 小兒膝小者無壽, 膝上生筋, 一生奔走勞碌, 腿上生毫, 一生
> 不犯官刑, 毛硬亦招險刑, 要軟爲妙, 一身相俱好, 如膝大腿小, 亦主
> 下愚, 不爲取用, 書云, 膝大不宜露骨, 腿大最宜膝圓, 又云, 膝圓如
> 斗, 一生不到公庭, 腿大膝尖, 半世常招官盼.

腿膝乃下停, 賢愚可定○解曰

허벅지와 무릎을 하정이라 하며, 현명함과 어리석음을 정한다. 해왈,

膝大腿小爲鶴膝, 主下賤

무릎이 크고, 허벅지가 가늘면 학의 무릎과 같아서 하천한 사람이 된다.

膝小無骨主壽夭 小兒膝小者無壽

무릎이 작아 뼈가 없는 듯하면 수명이 짧고, 소아의 무릎이 작으면 장수할 수 없게
된다.

膝上生筋, 一生奔走勞碌

무릎에 힘줄이 드러나면 평생 분주히 고생스럽고 녹녹하게 된다.

腿上生毫, 一生不犯官刑

허벅지에 털이 나면 평생 관재로 형벌을 범하지 않는다.

毛硬亦招險刑, 要軟爲妙

허벅지의 털이 억세면 또한 험한 형벌을 초래하게 되니 털이 부드러워야 좋은 상
이다.

一身相俱好, 如膝大腿小, 亦主下愚, 不爲取用

일신의 상이 모두 좋아도 만일 무릎은 큰데 허벅지가 가늘면 또한 하천하고 어리석어서 취용할 수 없다.

書云, 膝大不宜露骨, 腿大最宜膝圓

서운, 무릎이 커도 뼈가 드러나 보이면 마땅치 않으며, 허벅지가 두텁고 무릎이 둥근 것을 가장 마땅한 것이라 하였다.

又云, 膝圓如斗, 一生不到公庭

우운, 무릎이 둥글어서 크면 평생 법정에 나갈 일이 없다고 하였다.

☞ 斗두는 말 두, 즉 10되를 담는 큰 그릇. 용량의 단위

腿大膝尖, 半世常招官盼

허벅지가 두꺼운데 무릎이 뾰족하면 반평생 항상 관송을 초래하게 된다.

血
혈

血有滯濁明旺 可定富貴壽年○解曰 血在皮內 要知滯濁明旺 可看
氣色 血乃氣色根本 血足方發氣色 血旺氣色方明 隱隱內應爲明灼
內有色爲旺 男女血明血旺 可許富貴壽年 昏昏在內爲滯 黑赤在外
爲濁 血滯血濁 必主貧窮下賤 血白如粉 爲色不華 書云 血色不華 一
世多蹇

血有滯濁明旺, 可定富貴壽年○解曰

혈에는 체·탁·명·왕이 있으니 부귀와 수명을 정한다. 해왈,

血在皮內, 要知滯濁明旺, 可看氣色

혈은 피부 안에 있지만 체·탁·명·왕으로 기색을 볼 줄 알아야 한다.

血乃氣色根本, 血足方發氣色, 血旺氣色方明

혈은 기색의 근본이 되니 혈이 충만하면 기색이 피어나고, 혈이 왕성하면 기색이 밝
아진다.

隱隱內應爲明灼, 內有色爲旺

혈이 은은하게 피부 안에서 반응하여 밝게 빛나면 피부 안의 색이 왕성하게 된다.

男女血明血旺, 可許富貴壽年

남녀의 혈이 밝고 왕성하면 부귀와 장수를 누리게 된다.

昏昏在內爲滯, 黑赤在外爲濁

피부 안에서 어두운 듯하면 체가 되고, 피부 겉으로 검붉은 색이 있으면 탁이 된다.

血滯血濁, 必主貧窮下賤

혈이 체하고 탁하면 빈궁하고 하천하게 된다.

血白如粉, 爲色不華

혈이 분을 바른 듯 희면 색이 화사한 것이 아니다.

書云, 血色不華, 一世多蹇

서운, 혈색이 화사하지 못하면 평생 순조롭지 않은 일이 많다고 하였다.

斑
반

斑有黑有黃 有大有小○解曰 凡斑點瘦人不宜 人白斑黑主人聰明好
色 人白斑黃 俱主愚賤 瘦人年少生斑 在面上身上 主壽促 肥人有斑
主壽 惟土形人宜斑 金木水火四形人 俱不宜斑 大槪少汗<年>生斑
主夭 老來生斑 主壽 大者爲斑 小者爲點 少年點不妨 最忌斑 老來更
喜斑 點亦無礙

斑有黑有黃, 有大有小○解曰

반점은 검은 것과 노란 것이 있고, 크고 작은 것이 있다. 해왈,

凡斑點瘦人不宜

반점은 마른사람에게는 마땅치 않다.

人白斑黑主人聰明好色

피부가 하얀 사람에게 검은 반점이 있으면 총명하지만 색을 좋아한다.

人白斑黃, 俱主愚賤

피부가 하얀 사람에게 노란 반점이 있으면 모두 어리석고 천하게 된다.

瘦人年少生斑, 在面上身上, 主壽促

마른사람이나 젊은 사람이 얼굴이나 몸에 반점이 생기면 수명을 재촉하게 된다.

肥人有斑, 主壽

비만한 사람이 반점이 있으면 장수하게 된다.

惟土形人宜斑, 金木水火四形人, 俱不宜斑

오직 반점은 토형인에게 있는 것이 마땅하며, 금·목·수·화의 네 가지 체형인은 모

두 반점이 있는 것이 마땅치 않다.

大槪少汗<年>生斑, 主夭, 老來生斑, 主壽

젊은 사람에게 반점이 생기면 단명하고, 노인이 되어 반점이 생기면 장수하게 된다.

大者爲斑, 小者爲點

큰 것을 반이라 하고, 작은 것을 점이라 한다.

少年點不妨, 最忌斑

젊은 사람에게 점은 해가 되지 않지만 반점은 가장 꺼리는 것이 된다.

老來更喜斑, 點亦無礙

노인이 되어서 반점은 더욱 좋고, 점 또한 꺼리지 않는다.

總括詞
총괄사

總括人身連論滿庭芳○詞曰 額廣耳珠 頭圓足厚 瑩然美貌光輝 寬舒

豐厚 形氣類相隨 聲價少年馳 肘龍幷臂虎 山根明朝 地閣方肥 更鼻

垂懸膽 項有餘皮 賦性高明磊落 面方背厚宛如龜 若得好 安全五岳

壽數介齊眉○先生作一身之相 具眼屢驗之法 週身上下 頭髮眉眼耳

鼻脣齒鬚頂<項>腦背乳腹臍腰腿手足豪毛痣骨皮血斑點陰囊玉莖

穀道糞<臀>人中枕骨 而總括之以通身 滿庭芳詞 備極苦心 高先生

閱畢 掩卷嘆曰 哀子不如也 原相三十六法 此止三十有三 何不及小

便鬚舌 得毋遭漏呼 哀子聞而答曰 我觀公有四十三年宰相 相佐六

皇 下掌百職 恐洩天機 故將小便鬚舌 隱而不言也 高公曰 我定相術

已四十年 豈不知鬚有深淺 舌有紅白 便有粗細 但眼力不知是 以求

子一訣 以審賢愚 而知職任之輕重耳 哀子曰 鬚乃一面豐采 可定賢

愚<吝>德 舌乃五吝<谷>之苗 可知腑肺胸襟 凡舌宜大 宜紅 宜紫

忌小 忌青 忌白尖 犯此 乃奸吝之徒 凡髮宜黑 宜清 宜齊 宜厚 宜潤

宜光 忌黃 忌捲 忌亂 忌焦 此乃下賤之輩 大概君子無焦鬚 小人無大

舌 鬚深過命門 主人賢德 惟好色而已 鬚重髮輕 當入翰林 鬚輕髮重

一世辛勤 又云 鬚清眉秀 必有胸襟 鬚少眉豐 何曾始終 凡鬚重有鬢

好 不然 主娼優隸卒 高公然其論而讚曰 舌尖白小是非徒 鬚髮焦枯

學問無 若要有官竝有職 除非舌紫鬚如絲○所小便如珠 官拜三齊之

位 凡小便如濺珠者貴 而有胸襟 大概君子之小便 必細必遲 小人之

小便 必大必散也

總括人身連論滿庭芳〇詞曰

만정방에서 사람의 신체를 총괄하여 이어서 논하시다. 말씀하시길,

☞ 滿庭芳만정방은 향기가 가득한 정원을 뜻하기도 하고, 유장선생의 상법 책을 의미하기도 한다

額廣耳珠, 頭圓足厚, 瑩然美貌光輝,

이마는 넓고, 귀의 수주가 구슬 같으며, 머리가 둥글고, 발이 두터우며, 기색이 밝게 빛나서 용모가 아름답게 광채가 나야 한다.

寬舒豊厚, 形氣類相隨, 聲價少年馳

몸이 웅대하고 풍후하면 체형과 기세가 서로 도움이 되니 젊어서 명성이 널리 퍼지게 된다.

肘龍幷臂虎,

어깨부터 팔꿈치까지는 龍(용)이 되고, 팔꿈치부터 손목까지는 虎(호)가 된다.

山根明朝, 地閣方肥,

산근이 밝고 높아야 하고, 지각이 방정하고 풍만해야 한다.

更鼻垂懸膽, 項有餘皮, 賦性高明磊落

다시 코가 현담비처럼 드리우고, 목의 피부가 여유가 있으면 성정이 공명정대하고 정정당당하다.

面方背厚宛如龜,

얼굴이 네모지고, 등이 두터워서 거북의 등처럼 굽은 듯해야 한다.

若得好, 安全五岳, 壽數介齊眉

만일 좋은 상이 되는 것은 오악이 모두 완전해야 하고, 수명 길이는 눈썹의 가지런함에 있다.

〇先生作一身之相, 具眼屢驗之法

유장선생께서 일신에 대해 상법 책을 지으신 것은 모두 여러 차례 눈으로 징험한 것

이다.

週身上下, 頭髮眉眼耳鼻脣齒, 鬚頂<項>腦背乳腹臍腰腿手足, 豪毛痣骨皮血斑點, 陰囊玉莖穀道糞<臀>, 人中枕骨, 而總括之以通身

몸을 두루 상하, 머리, 두발, 눈썹, 눈, 귀, 코, 입술, 치아, 수염, 목, 뒷머리, 등, 유방, 배, 배꼽, 허리, 허벅지, 손, 발, 호모, 점, 뼈, 피부, 혈, 반점, 음낭, 옥경, 곡도, 엉덩이, 인중, 침골 등을 총괄하여 체득하셨다.

滿庭芳詞, 備極苦心

만정방을 짓는 데는 지극히 고심한 끝에 만들어진 것이다.

高先生閱畢, 掩卷嘆曰, 哀子不如也, 原相三十六法, 此止三十有三

고선생이 만정방을 점검하시고 책을 덮으시며 탄식하여 이르는 말씀이, 원자【유장선생】 그대는 모르는가. 원래 상법에는 36개의 법이 있는데, 이는 33개의 법에만 그치는가.

何不及小便鬢舌, 得毋遭漏呼

어찌 소변·빈발·혀에 대한 상법은 부족하니 누락시키지 않아야 할 것이다.

哀子聞而答曰, 我觀公有四十三年宰相, 相佐六皇, 下掌百職, 恐洩天機, 故將小便鬢舌, 隱而不言也

원자【유장선생】가 이를 듣고 답하기를 제가 보기에【고】공께서는 43세에 재상의 공직에 있으면서 여섯 명의 황제를 모시고, 아래로는 문무백관을 장악했습니다.【유장선생은】 다만 천기가 누설될까 고로 소변·빈발·혀에 관해서는 숨기고 말하지 않은 것이라고 하였다.

高公曰, 我定相術已四十年, 豈不知鬢有深淺, 舌有紅白, 便有粗細

고공이 이르되 내가 상술을 공부한 지 이미 40여 년이 되었는데 어찌 빈발의 짙고 옅음, 혀의 붉음과 백태, 소변의 가늘고 굵은 것을 모르겠느냐.

☞ 고공은 조정의 재상이며, 관상에 능하였을 것이라 생각합니다

但眼力不知是, 以求子一訣, 以審賢愚, 而知職任之輕重耳

다만 안목이 이와 같지 못하여 원자【유장선생】로부터 한 가지 비결을 구하고자 賢愚 (현우)를 살피고, 직책 임무의 경중을 알고자 하였을 따름이라 하였다.

袁子曰, 鬢乃一面豊釆, 可定賢愚臟＜吝＞德, 舌乃五吝＜谷＞之苗, 可知腑肺胸襟

원자【유장선생】가 이르되 빈발은 일면의 풍채요, 賢愚(현우)와 吝德(인덕)을 정하게 됩니다. 혀는 오장의 싹이며, 폐부와 흉금을 알 수 있습니다.

凡舌宜大, 宜紅, 宜紫, 忌小, 忌靑, 忌白尖, 犯此, 乃奸吝之徒

혀는 크고 붉으며 자색빛이 나야 마땅하고, 작고 푸르며 희고 뾰족하면 꺼리니 이를 범하면 이는 간사하고 인색한 사람이 됩니다.

凡髮宜黑, 宜淸, 宜齊, 宜厚, 宜潤, 宜光, 忌黃, 忌捲, 忌亂, 忌焦, 此乃下賤之輩

빈발은 검고 맑으며 가지런하고 풍후하며 윤택한 빛이 나야 마땅하고, 누렇고 고수 머리며 어지럽고 타는 듯하면 꺼리니 이는 하천한 사람이 됩니다.

大槪君子無焦鬢, 小人無大舌

군자는 타는 듯한 빈발이 없고, 소인은 혀가 크지 않습니다.

鬢深過命門, 主人賢德, 惟好色而已

빈발의 숱이 짙어서 명문【귀 앞】을 지나면 현덕한 사람이나 다만 여색을 좋아할 따름 입니다.

鬢重髮輕, 當入翰林, 鬢輕髮重, 一世辛勤

빈발이 짙은데 두발이 드물면 한림에 들어가게 되고, 빈발이 드문데 두발이 짙으면 평생 부지런하지만 고생스럽습니다.

又云, 鬢淸眉秀, 必有胸襟, 鬢少眉豊, 何曾始終

우운, 빈발이 맑고 눈썹이 수려하면 흉금을 터놓을 수 있는 사람이고, 빈발은 적은 데 눈썹이 짙은 사람은 어찌 시작과 끝이 같은 적이 있는가 하였다.

凡鬚重有鬚好, 不然, 主娼優隷卒

빈발이 짙고 수염이 수려해야 하는데, 그렇지 않으면 창기·배우·광대·노예·졸개가 됩니다.

高公然其論而讚曰, 舌尖白小是非徒, 鬚髮焦枯學問無, 若要有官竝有職, 除非舌紫鬚如絲

고공이 그 상서를 칭찬하여 이르되, 혀가 뾰족하고 흰 백태가 끼며 작으면 구설시비를 일으키게 되고, 빈발이 타는 듯 건조하면 학문이 깊지 못하며, 만약 관직에 있어도 직위를 유지하려면 혀의 색이 자색빛이거나 빈발이 실타래와 같지 않으면 안 된다고 하였다.

○所小便如珠, 官拜三齊之位

소변이 구슬을 뿌리는 듯하면 삼정승의 지위에 오를 수 있는 귀한 사람입니다.

凡小便如濺珠者貴, 而有胸襟

소변이 진주를 흩뿌리는 듯이 하면 귀하여 흉금을 터놓을 수 있습니다.

大槪君子之小便, 必細必遲, 小人之小便, 必大必散也

군자의 소변은 가늘고 천천히 나오며, 소인의 소변은 굵고 산만하게 나옵니다.

榮蹇賦
영건부

高學士榮蹇賦○賦曰 人同天地 相合五行 要分南北東西 要定形神格
局 欲知貴賤 先觀眉目次觀脣 要定榮枯 先察形神後察色 神發於形
色壯於肉 可知富壽無疑 血浮於先 色滯於面 是以夭貧可必 氣來粗大
何須苦去求名 聲音急短 不必竈前努力 骨粗指短 終是愚頑 骨少肉浮
須知壽夭 眼若含星 自有成名之日 眉稀眼暗 迤遭困苦之人 入泮登科
四學三陽明潤 書難文滯 台庭邊地昏沈 四竅生毫 必然高壽 三尖神露
必夭且貧 名利無成 獨恨天庭一削 暮年出仕 蓋因地閣豊隆

高學士榮蹇賦○賦曰

고학사께서 영건부에서 이르길,

人同天地, 相合五行

사람은 천지와 같고, 오행과 서로 배합이 되어야 한다.

要分南北東西, 要定形神格局

남·북·동·서로 나누어야 하며, 형상과 안신과 격국이 정확해야 한다.

欲知貴賤, 先觀眉目次觀脣,

귀천을 알려고 하면 먼저 눈썹과 눈을 관찰하고, 다음은 입술을 살펴봐야 한다.

要定榮枯, 先察形神後察色

영화과 실패를 정하는 것은 먼저 형상과 안신을 관찰하고, 다음은 기색을 살펴봐야
한다.

神發於形, 色壯於肉, 可知富壽無疑

형상에서 신【빛】이 나오고 살에서 색이 뻗어 나오면 부귀와 장수하는 사람임을 알 수 있다.

血浮於先, 色滯於面, 是以夭貧可必

먼저 혈이 들뜨고, 얼굴의 색이 체한 듯하면 이로써 요절하거나 가난하게 된다.

氣來粗大, 何須苦去求名

기가 매우 거칠게 나타나면 어찌 명예를 구하여 곤고함을 벗어날 수 있겠는가.

聲音急短, 不必窻前努力

음성이 급하고 짧으면 창 앞에서 노력을 해도 불필요하게 된다.

☞ 창문 앞에서 밤새워 공부를 해도 소용이 없다는 뜻이다

骨粗指短, 終是愚頑

골격이 거칠고 손가락이 짧으면 마침내 어리석고 완고한 사람이 된다.

骨少肉浮, 須知壽夭

뼈는 적은데 살이 들뜨면 수명이 짧아지는 것을 알 수 있다.

眼若含星, 自有成名之日

눈이 마치 별을 품은 듯하면 자연히 명예를 이루는 날이 있다.

眉稀眼暗, 迍遭困苦之人

눈썹이 드물고 눈이 어두우면 곤고하게 어려운 일만 겪는 사람이다.

入泮登科, 四學三陽明潤

과거시험에 합격이 되는 것은 사학당과 두 눈이 밝고 윤택하기 때문이다.

書難文滯, 台庭邊地昏沈

글이 어렵고 문장이 막히는 것은 이마와 변지가 어둡고 꺼졌기 때문이다.

四竅生毫, 必然高壽

네 개의 구멍에서 털이 나면 고수는 당연하다.

☞ 四竅사규는 이목구비의 구멍을 말하고, 高壽고수는 90세 이상 장수를 뜻한다

三尖神露, 必夭且貧

세 곳이 뾰족하고, 안신이 노출되면 요절하거나 또는 가난하게 된다.

☞ 三尖삼첨 : 머리, 준두, 지각이 뾰족한 것을 삼첨이라 한다

名利無成, 獨恨天庭一削

명리를 이루지 못한 것은 유독 이마가 깎여서 한스러운 것이다.

暮年出仕, 蓋因地閣豊隆

말년에 벼슬을 하는 것은 지각이 풍융하기 때문이다.

十二宮 십이궁

●**命宮** 명궁

> 一命宮○解日 命宮兩眉之間 山根之上 光明如鏡 學問開通 山根平
> 滿 必主福壽 土星高聳 必主財源 眼若分明 定保雙全富貴 額如川字
> 命逢驛馬大顯 官星陷浸 心主孤寒 眉接交加成下賤 紋亂離鄕又剋
> 妻 故額窄眉枯 乃一世窮苦之相.
> 詩日 眉眼中間是命宮 光瑩潤澤學須湧<通> 若還紋亂多蹇滯 破盡
> 家財辱祖宗

一命宮○解日

첫 번째는 명궁. 해왈,

命宮兩眉之間, 山根之上

명궁은 두 눈썹 사이에 있으며, 산근 위에 있다.

光明如鏡, 學問皆通

거울과 같이 밝게 빛나면 모든 학문에 능통할 수 있다.

山根平滿, 必主福壽

산근이 평만하면 복수를 누리게 된다.

土星高聳, 必主財原

코가 높이 솟으면 재물의 근원이 있다.

眼若分明, 定保雙全富貴

만약 눈이 흑백이 분명하고 밝게 빛나면 부귀를 모두 갖추고 지키게 된다.

額如川字 命逢驛馬大顯

이마가 川(천)자 모양의 골기가 서면 운명적으로 역마【벼슬길】가 크게 현달하게 된다.

官星陷浸, 必主寒孤

이마가 움푹 꺼지면 춥고 고독하게 된다.

眉接交加 成下賤

눈썹이 서로 붙은 듯 이어지면 하천하게 된다.

紋亂離鄕又剋妻

인당에 어지러운 주름이 있으면 고향을 떠나거나 또는 처를 극하게 된다.

額窄眉枯 乃一世窮苦之相

이마가 좁고 눈썹이 메마르면 이는 평생 궁고한 상이 된다.

詩曰 眉眼中間是命宮

시왈, 눈과 눈썹 사이에 있는 것이 명궁이다.

光瑩潤澤學須湧<通>

윤택하게 빛이 나면 모든 학문에 통달하게 된다.

若還紋亂多蹇滯,

만약 인당에 어지러운 주름이 있으면 고생스럽고 막히는 일이 많다.

破盡家財辱祖宗

가정이 깨지고 재산을 소진하고 조상을 욕보이게 된다.

◉**財帛宮**재백궁

二財帛宮○解曰 鼻乃財帛 位居土宿 截筒懸膽 天倉萬箱 聳直豐隆
一生富貴 中正不偏 須知福祿滔滔 鶯<鷹>尖峯 到老貧寒下賤 莫敎

孔仰 主無隔宿之量 廚灶若空 必定家無所積 凡鼻內生一二根毛 名 金兎 不好 多生者妙

詩曰 鼻乃財帛高且隆 兩邊井灶莫教空 仰露永無財與粟 地閣相朝 穀祿豊

二財帛宮○解曰

두 번째는 재백궁. 해왈,

鼻乃財帛, 爲居土宿

코를 재백이라 하며, 토수가 머무는 자리가 된다.

節筒懸膽, 千倉萬箱

절통비와 현담비가 되면 천 개의 창고와 만 개의 상자가 있게 된다.

聳直豊隆, 一生富貴

비량이 곧게 솟고 준두가 풍융하면 평생 부귀를 누리게 된다.

中正不偏 須知福祿滔滔

비량이 곧고 바르며 삐뚤어지지 않으면 복록이 끊임없이 계속되는 것을 알 수 있다.

鶯<鷹>尖峰 到老貧寒下賤

매부리처럼 뾰족한 봉우리 같으면 늙을 때까지 빈한하고 하천한 사람이다.

莫交孔仰 主無隔宿之量

비공이 앙천하지 마라. 이틀 먹을 양식이 없게 된다.

☞ 孔仰공앙은 콧구멍이 하늘을 우러러 본다는 뜻이다. 들창코를 뜻한다

廚灶若空 必定家無所積

정조가 만약 공활하게 크면 가정에 재산을 쌓아 놓을 곳이 없게 된다.

☞ 廚灶정조는 난대정위라 하며, 콧망울을 뜻한다

(凡鼻內一二根毛 名爲金兎 不好 多生者妙)

(세주 : 코 속에서 한두 개의 털이 나오는 것을 金兎(금토)라고 부르며, 좋은 것이 아니다. 코 속에 털이 많은 것은 좋은 상이 된다).

詩曰 鼻乃財帛高且隆,

시왈, 코는 재백이라 하며 높고 또한 풍융해야 한다.

兩邊井灶莫敎空

양 정조의 구멍이 텅 비지 않아야 한다.

仰露永無財與粟

비공이 드러나게 되면 재산과 양식이 없게 된다.

地閣相朝穀祿豊

준두와 지각이 서로 마주 보아야 곡식과 재록이 풍성하게 된다.

◉兄弟宮형제궁

三兄弟宮〇解曰 兄弟爲居兩眉 屬羅計 眉長過目 兄弟三四無刑 眉秀而清 兄弟還須有貴 形如新月 和睦永遠超群 若是短粗 手足難同定別 兩樣眉毛 必須異姓 交連黃濁 身喪他鄉 頭高尾低 兄弟不如
詩曰 眉爲兄弟軟清屏<揚> 兄弟生成四五强 兩角不齊須異母 交連黃濁喪他鄉

三兄弟宮〇解曰

세 번째는 형제궁. 해왈,

兄弟位居兩眉 屬羅計

형제궁의 위치는 두 눈썹에 있으니 라후와 계도에 속한다.

眉長過目, 兄弟三四無刑

눈보다 눈썹이 길면 서너 명의 형제간에 우애가 깊다.

眉秀而淸, 兄弟還須有貴

눈썹이 수려하고 맑으면 형제들 모두 귀하게 된다.

形如新月, 和睦永遠超群

초승달 모양의 눈썹이면 형제간에 언제나 화목하고, 보통 사람보다 뛰어나게 된다.

若是短粗, 手足難同定別

만약 눈썹이 짧고 거칠면 형제가 함께 살기 어렵고 멀리 떨어져 살게 된다.

兩樣眉毛, 必須異姓

두 눈썹의 모양이 서로 다르면 배 다른 형제가 있게 된다.

交連黃濁, 身喪他鄕

눈썹이 서로 붙은 듯 이어지거나 누렇게 탁하면 타향에서 죽게 된다.

頭高尾低, 兄弟不如

눈썹의 머리는 높고 꼬리가 낮으면 형제간에 편안하지 않다.

詩曰 眉爲兄弟軟淸屛<揚>, 兄弟生成四五强

시왈, 눈썹을 형제라 하니 눈썹 털이 부드럽고 맑고 길으면 네다섯 명 형제가 모두 강성하게 된다.

兩角不齊須異母, 交連黃濁喪他鄕

눈썹의 끝이 가지런하지 않으면 계모가 있으며, 눈썹이 서로 붙은 듯 연이어지고, 누렇게 탁하면 타향에서 죽게 된다.

◉田宅宮전택궁

四田宅宮○解曰 眼爲田宅 最忌赤脈貫睛 初年破盡家園 明陽失陷
到老無糧停業 眼如點漆 終身産業榮華 鳳目高眉 置稅三州五縣 黃
暗神露 財産家傾
詩曰 眼如田宅主其宮 睛<淸>秀分明一樣同 若是陰陽枯再露 父母
家財總是空

四田宅宮○解曰

네 번째는 전택궁. 해왈,

眼爲田宅

눈을 전택궁이라 한다.

最忌赤脈貫睛, 初年破盡家園

가장 꺼리는 것은 붉은 실핏줄이 눈동자를 관통한 것이니, 초년에 재산이 소진되고
가정이 깨지게 된다.

明陽失陷, 到老無糧停業

눈이 밝은 빛을 잃고 꺼지면 늙을 때까지 양식이 없고, 안정된 직업이 없게 된다.

眼如點漆, 終身産業榮華

눈이 옻칠로 점을 찍은 듯하면 평생 산업이 영화롭게 된다.

鳳目高眉, 置稅三州五縣

봉의 눈처럼 길고, 눈썹이 높으면 삼주 오현의 세금을 걷는 벼슬을 하게 된다.

黃暗神露, 財産家傾

눈동자가 누렇게 어둡고 눈빛이 드러나면 재산과 가정이 기울게 된다.

詩曰 眼如田宅主其宮, 睛<淸>秀分明一樣同

시왈, 눈이 전택궁이다. 눈동자는 맑고 수려하며, 흑백이 분명하고, 두 눈이 같은 모양이어야 한다.

若是陰陽枯再露 父母家財總是空

만약 음양[두 눈]이 메마르고 또 눈이 돌출하게 되면 부모·가정·재산이 모두 공허하게 된다.

◉男女宮남녀궁

> 五男女宮○解曰, 男爲左, 女爲右, 俱在眼下, 名洞<淚>堂, 又名臥蠶, 三陽平滿, 男女福祿榮華, 隱隱臥蠶, 子息終須有貴, 漏堂深陷, 男女無緣, 黑痣斜紋, 不得男送女老, 嘴如吹火, 女人獨守蘭房, 人中平滿, 子息難言.
> 詩曰, 男女三陽起臥蠶, 瑩然光彩好兒郎. 若是紋理來侵位, 宿孽平生不可當.

五男女宮○解曰

다섯 번째는 남녀궁. 해왈,

男爲左, 女爲右

아들은 왼쪽 와잠이 되고, 딸은 오른쪽 와잠이 된다.

俱在眼下, 名洞<淚>堂, 又名臥蠶

눈 아래를 루당 또는 와잠이라 부른다.

三陽平滿, 男女福祿榮華

삼양이 평만하게 되면 자녀의 복록이 영화롭게 된다.

☞ 三陽삼양은 와잠을 말하며, 왼쪽은 삼양이고, 오른쪽은 삼음이라 한다

隱隱臥蠶, 子息終須有貴

은은한 와잠은 자녀가 평생토록 귀하게 된다.

漏堂深陷, 男女無緣

루당이 깊게 꺼지면 자녀와 인연이 없게 된다.

黑痣斜紋, 不得男送女老

와잠에 검은 점이 있거나 주름이 있으면 아들은 얻지 못하고, 늙을 때까지 딸만 있다.

嘴如吹火, 女人獨守蘭房

입이 새의 부리처럼 취화구가 되면 여인은 독수공방하게 된다.

☞ 취화구는 불을 끄듯 입이 나온 모양이다

人中平滿, 子息難言

인중이 평평하고 밋밋하면 아들을 말하기 어렵다.

詩曰, 男女三陽起臥蠶, 瑩然光彩好兒郎

시왈, 남녀궁은 삼양이 도톰한 것을 와잠이라 하고, 밝은 빛이 나면 좋은 아들을 둔다.

若是紋理來侵位, 宿擘平生不可當

만약 와잠에 주름이 침범하면 평생 자녀를 얻지 못하게 된다.

◉奴僕宮노복궁

六奴僕宮○解曰, 奴僕, 乃金縷地閣是也, 重接水星, 頦圓豊滿, 侍立成群, 輔弼相共, 一呼百諾, 口如四字, 主呼聚喝散之權, 倉庫偏斜, 施恩反成恨怨, 奴僕宮深, 用人無力.

詩曰, 奴僕還須地閣豊, 水星兩角不相同. 若還三處都無應, 傾陷紋痕奴僕空.

六奴僕宮○解曰

여섯 번째는 노복궁. 해왈,

奴僕, 乃金縷地閣是也

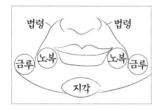

노복은 금루와 지각을 본다.

☞ 금루는 법령의 끝부분이고, 지각은 입 아래 살짝 나온 턱이다

重接水星, 額圓豊滿 侍立成群 輔弼相共 一呼百諾

노복궁은 수성[입]과 접해 있으며, 턱이 둥글고 풍만하면 많은 사람이 모시듯 서 있고, 서로 보필하니 한 번 부르면 백 명이 대답한다.

口如四字, 主呼聚喝散之權

입이 四(녁 사)자 모양이면 명령에 모이고 흩어지는 권력을 쥐게 된다.

倉庫偏斜, 施恩反成恨怨

천창과 지고가 삐뚤고 기울어지면 은혜를 베풀면 오히려 원한으로 갚게 된다.

奴僕宮深, 用人無力

노복궁이 깊으면 사람을 쓰려고 할 때 무능한 사람을 얻게 된다.

詩曰 奴僕還須地閣豊, 水星兩角不相同

시왈, 노복궁은 지각이 풍만해야 하며, 입의 양 끝이 서로 같지 않으면 안 된다.

若還三處都無應, 傾陷紋痕奴僕空

만약 세 곳이 호응하지 않고, 기울고 꺼지며 주름이나 흉터가 있으면 노복궁이 공허하다.

☞ 세 곳은 수성, 지각, 금루를 뜻한다

●妻妾宮처첩궁

七妻妾宮○解曰, 妻妾爲居魚尾, 號曰奸門, 光潤無紋, 必保妻全四德, 豊隆平滿, 娶妻財帛盈箱, 顴骨侵天, 因妻得祿, 奸門深陷, 常作新郎, 魚尾多紋, 妻防惡四, 奸門深陷, 長要生難, 暗滯斜紋, 子多庶出. 詩曰, 奸門光潤保妻宮, 財帛盈箱見始終. 若是奸門生黳黯, 斜紋暗滯子偏生.

七妻妾宮○解曰

일곱 번째는 처첩궁. 해왈,

☞ 처첩궁을 현대에는 배우자궁이나 부부궁으로 불러야 한다

妻妾爲居魚尾, 號曰奸門

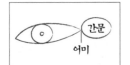

처첩은 어미에 있으며, 간문이라고 부른다.

光潤無紋, 必保妻全四德,

간문에 주름이 없이 윤택하게 빛나면 사덕을 갖춘 처를 만나게 된다.

豊隆平滿, 娶妻財帛盈箱

간문이 풍융하고 평만하면 처를 얻어 재백의 상자가 가득 차게 된다.

顴骨侵天, 因妻得祿

관골이 천창으로 올라가면 처로 인하여 복록을 얻게 된다.

奸門深陷, 常作新郎

간문이 깊이 꺼지면 항상 새롭게 결혼을 하게 된다.

魚尾多紋, 妻防惡死

어미에 주름이 많으면 부인이 비명횡사하는 것을 예방해야 한다.

奸門深陷, 長要生難

간문이 짙은 검푸른 색을 띠면 오랫동안 생이별을 하게 된다.

暗滯斜紋, 子多庶出

간문이 어둡고 막힌 듯하고, 어미에 기울어진 주름이 있으면 서출 아들을 많이 둔다.

詩曰, 奸門光潤保妻宮, 財帛盈箱見始終

시왈, 간문이 밝게 윤이 나면 처첩궁이 좋고, 시종 재물의 상자가 가득 차 있게 된다.

若是奸門生黲黯, 斜紋暗滯子偏生

만약 간문에 검푸른 색이 띠고 기울어진 주름이 많고 어둡게 막힌 듯하면 소실의 아들이 있게 된다.

● **疾厄宮**질액궁

八疾厄宮○解曰, 疾厄宮者, 年壽山根之位, 山根光潤, 無病, 昏暗,
主災疾連綿.
詩曰, 山根疾厄起平平, 一世無災禍不生. 若値紋痕竝枯骨, 平生辛
苦却難成.

八疾厄宮○解曰,

여덟 번째는 질액궁. 해왈,

疾厄宮者, 年壽山根之位, 山根光潤, 無病

질액궁은 년상·수상·산근의 위치를 말하며, 산근이 윤택하게 빛나면 병이 없다.

昏暗, 主災疾連綿

산근이 흐리고 어두우면 질병이 재앙처럼 끊임없이 이어진다.

詩曰, 山根疾厄起平平, 一世無災禍不生

시왈, 산근은 질액궁이니 평평하게 일어나면 평생의 재화가 일어나지 않게 된다.

若値紋痕竝, 平生辛苦却難成

만약 산근에 주름이나 흉터가 있고, 산근의 골기가 메마르면 평생 고생스럽고 뜻을 이루기 어렵게 된다.

◉天移宮천이궁

> 九天移宮○解曰, 位居眉尾, 號曰天倉, 隆滿豊盈, 華彩無憂, 此位潤平到老得人欽羡, 騰騰驛馬, 須知遊宦四方, 額角低陷, 到老住場難覓, 眉毛一缺, 此人破祖難宗, 天地偏陷, 到老九變, 生相如此, 移門改基.
> 詩曰, 遷移宮分在天倉, 深陷生平少住場, 魚尾末年來相應, 定是遊宦不尋常.

九天移宮○解曰,

아홉 번째는 천이궁. 해왈,

位居眉尾, 號曰天倉

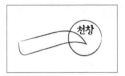

천이궁의 자리는 눈썹 꼬리이며, 천창이라 부른다.

隆滿豊盈, 華彩無憂

천창이 풍용하고 풍만하게 가득 차고 화사한 빛이 나면 근심이 없게 된다.

此位潤平到老得人欽羡

이 자리가 윤택하면 늙도록 사람들의 부러움을 받게 된다.

騰騰驛馬, 須知遊宦四方

역마가 등등하면 사방으로 벼슬하는 길을 유랑하게 되는 것을 알 수 있다.

☞ 역마등등은 천창골부터 변지골까지 풍만하게 꽉 찬 골기를 의미한다

額角低陷, 到老住場難覓

일월각이 낮고 꺼지면 늙을 때까지 머물 곳이 없어 돌아다니게 된다.

眉毛一缺, 此人破祖難宗

눈썹의 중간이 끊어진 사람은 조상의 종묘를 지키기 어렵게 된다.

天地偏陷, 到老九變

천창과 지고가 치우치고 꺼지면 늙을 때까지 아홉 번을 이사하게 된다.

生相如此, 移門改基

이와 같이 생긴 상은 문의 방향을 바꾸고, 조상의 무덤을 옮기면 된다.

詩曰, 遷移宮分在天倉, 深陷生平少住場

시왈, 천이궁은 천창에 있으며, 깊게 꺼지면 평생 머무를 곳이 적게 된다.

魚尾末年來相應, 定是遊宦不尋常.

천창과 눈 꼬리는 말년의 운과 서로 호응해야 벼슬길이 평범하지 않게 된다.

◉**官祿宮**관록궁

十官祿宮○解曰, 位居中正, 上合離宮, 伏犀貫頂, 一生不到訟庭, 驛馬朝歸, 終身官司不優, 光瑩明淨, 顯達超群, 額角堂堂, 犯看官司貴解, 紋痕陷破, 管敎常招橫事, 眼如赤鯉, 決犯刑名. 詩曰, 官祿榮宮仔細觀, 山根倉庫要相當. 忽然明淨無痕點, 定是爲官貴久長.

十官祿宮○解曰

열 번째는 관록궁. 해왈,

位居中正, 上合離宮

관록궁은 중정에 있으니 위로는 이궁과 배합이 되어야
한다.

☞ 이궁은 이마의 윗부분이다

伏犀貫頂, 一生不到訟庭

복서골이 준두부터 정수리까지 뻗어 있으면 평생 법정에 가지 않게 된다.

驛馬朝歸, 終身官司不優

역마가 중정을 마주 바라보면 평생 관송의 일로 근심이 없게 된다.

☞ 역마는 천창골 윗부분으로 중정을 보좌해 주는 역할을 한다

光瑩明淨, 顯達超群

중정이 밝게 빛나며 맑고 깨끗하면 보통 사람보다 뛰어나 높은 지위에 오르게 된다.

額角堂堂, 犯看官司貴解

일월각이 당당하게 솟으면 관송을 범하여도 귀하게 풀려나게 된다.

紋痕陷破, 管敎常招橫事

중정에 주름이나 흉터가 있거나 꺼지고 깨지면, 잘 가르쳐도 항상 뜻밖의 사고를 초
래하게 된다.

眼如赤鯉, 決犯刑名

잉어의 눈처럼 붉으면 범법으로 형벌의 이름이 올라가게 된다.

詩曰, 官祿榮宮仔細觀, 山根倉庫要相當

시왈, 관록궁을 자세히 살펴야 하니 산근과 천창과 지고가 서로 적합해야 한다.

忽然明淨無痕點, 定是爲官貴久長

문득 중정이 맑고 깨끗하여 흉터나 점이 없으면 귀한 관직에 오래도록 머물게 된다.

◉福德宮복덕궁

十一福德宮○解曰, 位居天倉, 接連邊地, 平生福祿滔滔, 天地相朝,
德行須全五福, 頦圓額窄, 應知苦在初年, 頭大額<頦>尖, 困苦還來
晚景, 眉高耳聳, 還可榮身, 眉壓耳枯, 休言福德.
詩曰, 福德天倉地閣圓, 五星光照福綿綿 若還缺陷幷尖破, 衣食平生
更不全.

十一福德宮○解曰,

열한 번째는 복덕궁. 해왈,

位居天倉, 接連邊地, 平生福祿滔滔

복덕궁의 자리는 천창이니 변지와 연결해서 보고, 평생 복록
이 끊이지 않는다.

天地相朝, 德行須全五福

천창과 지고가 서로 마주보게 되면 덕행과 오복을 모두 갖추게 된다.

頦圓額窄, 應知苦在初年

턱은 둥근데 이마가 깎인 듯하면 응당 초년이 고생스럽다는 것을 알 수가 있다.

頭大額<頦>尖, 困苦還來晚景

두상은 큰데 턱이 뾰족하면 말년에 궁색하고 고생하게 된다.

眉高耳聳, 還可榮身

눈썹이 높고 귀가 솟으면 영화로운 신분이 된다.

眉壓耳枯, 休言福德

눈썹이 눈을 압박하고 귀가 메마른 듯하면 복덕을 말할 수 없다.

詩曰, 福德天倉地閣圓 五星光照福綿綿

시왈, 복덕은 천창과 지각이 둥글어야 하고, 오성이 밝게 빛나면 복이 끊임없이 이어지게 된다.

若還缺陷幷尖破, 衣食平生更不全

만약 복덕궁에 결함이 있거나 또는 뾰족하고 깨지게 되면 평생 의식이 온전하지 못하다.

◉父母宮부모궁

十二父母○解曰, 父母宮, 論日月角, 須要高圓. 明淨則父母, 長壽康寧, 低陷, 幼失雙親. 暗昧, 主父母有疾. 左角偏妨父, 右角偏妨母. 或同父異母, 或隨母嫁父, 出祖成家, 重重災異, 只宜假養, 方免刑傷, 又云重羅疊計, 父母重拜, 或父亂母淫, 與外奸通, 又主妨父害母, 頭側額窄, 多是庶出, 或因奸而得, 又云左眉高右眉低, 父在母先歸, 右眉上左眉下, 父亡母去嫁. 額削眉交, 父母早抛. 是爲隆角, 反面無情. 兩角入頂, 父母雙榮, 更受祖廕, 父母聞名, 氣色青, 主父母憂疑. 又有口舌傷刑, 黑白主父母雙亡, 紅黃主雙親喜慶.

十二父母○解曰,

열두 번째 부모궁. 해왈,

☞ 유장상법에 없는 부모궁을 마의상법의 내용 그대로 인용하였습니다

父母宮, 論日月角, 須要高圓.

부모궁은 일각·월각을 논한 바이니, 반드시 높고 둥글어야 한다.

明淨則父母, 長壽康寧, 低陷, 幼失雙親.

일월각이 맑고 깨끗하면 부모가 건강하게 장수하며, 낮고 꺼지면 어려서 부모를 모두 잃게 된다.

暗昧, 主父母有疾.

일월각이 어둡고 컴컴하면 주로 부모에게 질병이 생기게 된다.

左角偏妨父, 右角偏妨母.

좌각【일각】이 기울면 아버지의 건강을 예방해야 하고, 우각【월각】이 기울면 어머니의 건강을 유의해야 한다.

或同父異母, 或隨母嫁父, 出祖成家.

월각이 기울면 같은 아버지에 다른 어머니를 모시고, 혹은 일각이 기울면 어머니를 따라 새 아버지를 얻고, 일월각이 모두 기울면 일찍 고향을 떠나 혼자 가정을 이루게 된다.

重重災異, 只宜假養, 方免刑傷.

일월각이 기울면 거듭 기이한 재화가 따르니, 다만 양자로 보내지면 괜찮아지며 바야흐로 형상을 면할 수 있게 된다.

又云重羅疊計, 父母重拜,

또 운하되, 두 눈썹의 높낮이가 서로 다르면 부모에게 두 번 절을 하게 된다.

☞ 배다른 형제가 있거나, 고아로 자라거나, 부모를 일찍 여의기도 한다

或父亂母淫, 與外奸通, 又主妨父害母.

중라첩계가 되면 혹 아버지가 음난하거나 어머니가 음탕하여 서로 외정으로 간통을 하니, 또한 부모의 건강과 장수를 예비해야 한다.

☞ 중라첩계 : 두 눈썹이 서로 이어진 듯한 모양이다

頭側額窄, 多是庶出, 或因奸而得.

두상이 기울고 이마가 깎이면 대체로 서출이 많으며, 혹은 간통으로 얻은 자식이 있게 된다.

又云 左眉高右眉低, 父在母先歸, 右眉上左眉下, 父亡母去嫁.

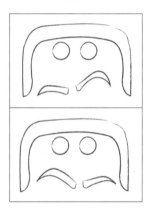

또한 운하되, 왼쪽 눈썹이 높고 오른쪽 눈썹이 낮으면 아버지는 계시는데 어머니가 먼저 돌아가시고, 오른쪽 눈썹이 높고 왼쪽 눈썹이 낮으면 아버지를 잃고 어머니는 재취한다.

額削眉交, 父母早抛.

이마가 깎이고, 눈썹이 서로 붙으면 부모 모두 일찍 잃게 된다.

是爲隆角, 反面無情,

일월각이 높게 융기되었지만 오히려 얼굴이 무정하게 보이면 부모에게 해롭게 된다.

兩角入頂, 父母雙榮,

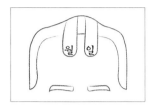

일월각이 정수리로 올라가면 부모 모두 영화로운 귀인이
된다.

更受祖廕, 父母聞名,

다시금 조상의 음덕을 받게 되며, 부모의 덕망을 들을 수 있게 된다.

氣色青, 主父母憂疑, 又有口舌傷刑,

일월각의 기색이 푸르면 반드시 부모에게 근심 걱정이 생기고, 또한 구설로 갖은 형
상을 겪게 된다.

黑白, 主父母雙亡,

일월각이 검기도 하고 희기도 하면 부모 모두 돌아가시게 된다.

紅黃, 主雙親喜慶.

일월각이 홍색이나 밝은 황색이면 주로 쌍친에게 경사스러운 일이 생기게 된다.

◉**相貌宮**상모궁

十二相貌宮, 相貌者, 乃總論也, 先觀五嶽, 次察三停, 若五嶽朝歸, 三停
平等, 行坐威嚴, 爲人尊重, 此人富貴多榮, 如五嶽歪斜, 三停不正, 一世
貧苦, 額主初限, 鼻主中限, 水星地閣, 主末限, 有一不好, 斷爲凶惡.
詩曰, 相貌須敎上下停, 三停平等更相生. 若是一處無勻配, 不是滔滔享
福人

十二相貌宮, 相貌者, 乃總論也,

열두 번째는 상모궁, 용모를 총론한 것이다.

先觀五嶽, 次察三停

먼저 오악을 관찰하고, 다음으로 삼정을 살핀다.

若五嶽朝歸, 三停平等, 行坐威嚴, 爲人尊重, 此人富貴多榮

만약 오악이 서로 마주 보고, 삼정이 균등하며, 행주좌와가 위엄이 당당하면 존중받는 위인이다. 이러한 사람은 부귀와 영화를 모두 누리게 된다.

如五嶽歪斜, 三停不正, 一世貧苦

만약 오악이 기울고 삐뚤어지고, 삼정이 균등하지 않으면 평생 가난하고 고생스럽다.

額主初限, 鼻主中限, 水星地閣, 主末限, 有一不好, 斷爲凶惡

이마는 주로 초년을 보고, 코는 주로 중년을 맡고, 입과 지각은 말년을 보는데, 한 곳이라도 좋지 않으면 흉악한 상이라 판단된다.

詩曰 相貌須敎上下停, 三停平等更相生

시왈, 상모는 상정·중정·하정이 서로 본받아야 하고, 삼정이 균등하여 상생해야 한다.

若是一處無勻配, 不是滔滔享福人

만약 삼정 중에 한 곳이라도 균등하지 않으면 향화를 끊임없이 누리는 사람이 될 수 없다.

以上十二宮雖是如此, 然未有富貴貧賤之分, 福祿壽夭之設, 孤刑獨害之相, 另開於後

이상 십이궁이 이와 같으나 아직 부귀빈천을 나누지 않았고, 복록수요에 대한 설명과 고형독해의 상은 따로 후에 소개할 것이다.

男人貴相
남 인 귀 상

> 凡男人有十八上貴, 十八中貴, 十八下貴, 七十二賤, 三十二刑, 五十一孤, 年有壽有夭, 子有遲有早, 有滯有通, 有得有失, 有病有難, 有困有榮, 此數端, 各有一說, 見得甚明, 後列數論, 可知其詳, 更有五行生剋之理, 必宜貫通, 方可斷人吉凶, 言人貴賤, 若離五行之理, 則屬亂道, 世之術士不察, 是以誤人.

凡男人有十八上貴, 十八中貴, 十八下貴, 七十二賤, 三十二刑, 五十一孤

남자에게 18개의 상귀, 18개의 중귀, 18개의 하귀와 72개의 천상, 32개의 형상, 51개의 고신의 상이 있다.

年有壽有夭, 子有遲有早, 有滯有通, 有得有失, 有病有難, 有困有榮, 此數端, 各有一說

연령에는 장수와 단명이 있고, 아들을 늦거나 일찍 낳는 것이 있으며, 운이 막히고 통하는 게 있으며, 득세와 실세가 있으며, 병을 얻거나 어려움을 겪으며, 곤고하고 영화로움이 있으니 이러한 것들은 각각의 설명이 되어 있다.

見得甚明, 後列數論, 可知其詳

심도 있게 자세히 봐야 하며, 후에 여러 가지 사례에서 상세히 알아야 할 것이다.

更有五行生剋之理, 必宜貫通, 方可斷人吉凶

다시 오행의 생극의 이치를 반드시 능통해야 사람의 길흉을 판단할 수 있게 된다.

言人貴賤, 若離五行之理, 則屬亂道, 世之術士不察, 是以誤人

사람의 귀천을 말하는데, 만약 오행의 이치를 모르면 곧 무례한 잡술에 속하니 세상의 술사들의 불찰로 사람들을 오인하게 만들 수 있다.

●十八上貴相 십팔상귀상

十八上貴, 掛印封侯○解曰, 頭圓一尺面如滿月, 背厚腰圓, 封侯萬里,
行坐威强, 鐵面銀牙, 虎頭背闊, 封侯之相, 聲如巨雷, 肉堅骨壯, 銀圓
虎鬚, 侯爵之貴, 面白亮如銀, 睛黃彩如金, 封侯之品, 長眉鳳目, 龍準
大頦, 出將入相, 三十六齒口能容<拳>, 主宰相之職, 頭頦長五寸祖
上者, 爲龍閣主宰相(嚴閣老合此相), 腰圓生七黑子, 俱有生豪, 主玉
帶(見背厚腰圓解內), 一身肉如玉, 光如琉璃, 紅如火噴, 主國郎宰輔,
步闊三尺, 身大頭圓, 爲龍步虎頭, 王侯, 上身如軸, 四肢如綿, 一品公
侯, 龍睛牛齒, 官至尙書, 馬面鳳睛, 官居一品, 五嶽朝上, 當朝一品,
五官俱正, 位列王侯, 玉<五>露得全, 國師之職, 五反俱全, 極貴之相,
眼有夜光, 一品之職. (以上十八上貴, 內有件破相, 亦不得貴)

十八上貴, 掛印封侯○解曰

18개의 상귀는 제후의 관인을 등록하게 된다. 해왈,

頭圓一尺面如滿月, 背厚腰圓, 封侯萬里

머리 둘레가 1척 이상이 되고 얼굴이 보름달과 같으며, 등이 두텁고 허리가 둥글면
만 리를 다스리는 제후가 된다.

行坐威强, 鐵面銀牙, 虎頭背闊, 封侯之相

걷고 앉는 데에도 위엄이 있으며, 얼굴이 쇠처럼 검고, 치아는 은처럼 희고, 호랑이
두상처럼 크며, 등이 넓으면 봉후의 상이 된다.

聲如巨雷, 肉堅骨壯, 銀圓虎鬚, 侯爵之貴

음성이 큰 천둥소리와 같고, 살이 단단하고 뼈가 굳세며, 얼굴이 은전처럼 둥글며,
수염이 호랑이처럼 강하면 후작의 귀인이 된다.

面白亮如銀, 睛黃彩如金, 封侯之品

얼굴이 은처럼 희고 밝으며, 눈동자가 황금빛으로 광채가 나면 봉후의 지위를 얻게 된다.

長眉鳳目, 龍準大頦, 出將入相

봉의 눈과 눈썹처럼 길고, 용의 준두와 턱처럼 풍대하면 출장입상 하게 된다.

☞ 出將入相출장입상은 전쟁터에 나가서는 장군이 되고, 조정에 들어와서는 재상이 된다는 뜻이다

三十六齒口能容<拳>, 主宰相之職

36개의 치아가 있고, 자신의 주먹이 입에 들어갈 수 있다면 재상의 직위에 오를 수 있다.

頭頦長五寸祖上者, 爲龍閣主宰相, (嚴閣老合此相)

머리부터 턱까지 길이가 5촌이 되고, 이마와 턱이 서로 마주 보는 듯하면 용각이라 하며 재상이 된다(세주 : 엄각은 노인이 되어서 이러한 상에 부합이 되었다).

腰圓生七黑子, 俱有生豪, 主玉帶, (見背厚腰圓解內)

둥근 허리에 일곱 개의 검은 점이 있으면서 각각의 점에 가는 털이 자라나면 옥대를 두르게 된다(세주 : 등이 두텁고 허리가 둥글어야 하며, 점은 옷깃 안에 있어야 한다).

一身肉如玉, 光如琉璃, 紅如火噴, 主國郞宰輔

일신의 살이 옥과 같고, 유리처럼 빛이 나며, 얼굴이 불을 뿜은 듯 붉으면 한 나라의 재상이 된다.

步闊三尺, 身大頭圓, 爲龍步虎頭, 王侯

걸음의 너비가 삼척이 되고 몸이 크며, 두상이 둥글면 용보호두라 하며 왕후가 된다.

上身如軸, 四肢如綿, 一品公侯

상체가 축을 세워 놓은 듯 반듯하며 사지가 솜처럼 부드러우면 일품의 공후가 된다.

龍睛牛齒, 官至尙書, 馬面鳳睛, 官居一品

용의 눈동자에 소의 치아는 관직이 상서에 이르고, 말의 얼굴에 봉의 눈동자는 관직이 일품에 오르게 된다.

五嶽朝上, 當朝一品

오악이 서로 마주 바라보면 당연히 조정의 일품벼슬을 하게 된다.

五官俱正, 位列王侯,

오관이 모두 단정하면 서열이 왕후의 지위에 오르게 된다.

玉<五>露得全, 國師之職,

오로가 완전히 이뤄지면 국사 지위에 오른다.

☞ 오로는 이목구비가 모두 뒤집어지고, 드러나 보이는 것이다

五反俱全, 極貴之相

오반이 온전히 갖추면 극귀의 상이 된다.

☞ 오반은 오로와 같은 내용이다

眼有夜光, 一品之職,

눈이 밤에도 빛이 나면 일품의 관직에 오르게 된다.

(以上十八上貴, 內有件破相, 亦不得貴)

(세주 : 이상 18개의 상귀 중에 한 가지라도 파격의 상이면 역시 귀를 얻지 못한다).

◉十八中貴相 십팔중귀상

十八中貴, 清高要職○解曰, 神清氣足, 可許腰金, 目形貫神, 可入翰林, 頭圓足厚, 身正格正, 二三品職, 音清語實, 舌紫脣硃, 食祿白石, 身香肉滑, 皮潤血明, 清高之職, 睛大有神, 口大有稜, 鼻大有樑, 南面之職, 背高肚大, 聲响眉高, 主琴堂之職, 三停得正, 六府得均, 位到腰金, 耳白過面, 當爲侍臣, 神足於形, 入得翰林, 額高三寸, 可有威權, 一雙秀目兩弓眉, 爲官清貴, 印堂開一寸, 輔骨起門稜, 爲科爲道, 眉直睛圓, 準正口方, 乃是諫官忠臣, 印開口大眉橫, 父有前程, 額有川紋, 耳珠朝海, 白手中年大顯, 臍深一寸, 腰大四圍, 可保三邊掛印, 臂長三尺, 可保位至邊將, (以上十八中貴, 不宜破損, 如有一件不潤, 亦不好也)

十八中貴, 清高要職〇解曰

18개의 중귀는 청고한 상이면 요직의 관료가 된다. 해왈,

神清氣足, 可許腰金

안신이 맑고 기가 풍족하면 허리에 금대를 두르고 벼슬길에 오르게 된다.

目形貫神, 可入翰林

눈의 모양이 수려하고 눈빛이 사람을 꿰뚫어보는 듯하면 한림원에 들어가게 된다.

頭圓足厚, 身正格正, 二三品職

머리가 둥글고 발이 두터우며, 몸과 체격이 단정하면 2품, 3품의 직책을 맡게 된다.

音清語實, 舌紫脣硃, 食祿白石

음성이 맑고 진실된 말을 하며, 혀의 색이 자색이고 입술이 단사를 바른 듯 붉으면 식록이 100석에 이르게 된다.

身香肉滑, 皮潤血明, 清高之職

몸에서 향기가 나고 살이 매끄러우며, 피부가 윤택하고 혈색이 밝으면 청렴한 고위 관리가 된다.

睛大有神, 口大有稜, 鼻大有樑, 南面之職

눈동자가 크고 안신이 빛나며, 입이 크고 입술의 능선이 뚜렷하며, 코가 크고 비량이 반듯하면 남면【제후】직에 오르게 된다.

背高肚大, 聲响眉高, 主琴堂之職

등이 높고 배가 크며, 음성이 울리고 눈썹이 높으면 금당[지방장관]직에 오르게 된다.

三停得正, 六府得均, 位到腰金

삼정이 단정하고, 육부가 균등하면 허리에 금대를 두르는 지위에 오르게 된다.

耳白過面, 當爲侍臣

귀의 색이 얼굴보다 희면 당연히 왕을 모시는 신하가 된다.

神足於形, 入得翰林

얼굴 형상에서 신[빛]이 풍족하게 빛나면 한림에 들어가게 된다.

額高三寸, 可有威權

이마의 높이가 3촌이 되면 위엄이 있는 권세를 누리게 된다.

一雙秀目兩弓眉, 爲官淸貴

한 쌍의 수려한 눈과 활처럼 생긴 눈썹이면 청귀한 관리가 된다.

印堂開一寸, 輔骨起門稜, 爲科爲道

인당이 1촌 정도 넓고, 보골의 능선이 뚜렷하게 서 있으면 과거시험에 합격한다.

眉直睛圓, 準正口方, 乃是諫官忠臣

눈썹이 곧고 눈동자가 둥글며, 준두가 단정하고 입술이 네모난 듯하면 이는 왕에게 간언을 하는 충신이 된다.

印開口大眉橫, 父有前程

인당이 넓고 입이 크며 눈썹이 가로로 길면 아버지의 벼슬자리를 이어받게 된다.

額有川紋, 耳珠朝海, 白手中年大顯

이마에 川(천) 모양의 3개의 기둥이 서고, 귀의 수주가 입을 향하면 맨손으로 중년에 크게 현달하게 된다.

臍深一寸, 腰大四圍, 可保三邊掛印

배꼽이 1촌 정도 깊고, 허리둘레가 사위가 되면 변방을 수호하는 3군의 장군이 된다.

☞ 圍(둘레 위) : 한 자의 길이를 의미하며, 四圍사위는 허리둘레가 넉 자가 된다

臂長三尺, 可保位至邊將
팔의 길이가 3척이면 변방을 지키는 장수가 된다.

(以上十八中貴, 不宜破損, 如有一件不潤, 亦不好也)
(세주 : 이상 18개의 중귀 중에 파격이 있으면 마땅치 않고, 만일 한 건이라도 윤택하지 않으면 역시
　　　좋은 상이 아니다).

◉十八下貴相 십팔하귀상

十八下貴, 維職榮身○解曰, 眉大顴高, 納粟供承之職, 耳厚脣厚, 承
差知印之官, 頭圓不過九品, 腰圓不過提牌, 眉闊印寬, 可爲都史, 脣
紅齒厚, 當有前程, 一身濁肉堅如鐵, 急去求武, 骨肉得配, 可許異路
功名, 眼大睛黃眉散, 不過典史, 頭圓口闊樑低, 首領之人, 頭圓平大
眉壓眼, 僧綱道紀, 手粗足厚腰圓硬, 傳報軍情, 體正身長腰厚, 當爲
巡檢, 色暗生明, 倉官稅課之人, 陂池鵝鴨連金縷, 可爲河泊<簿>,
一面如濛<蒙>, 驛馬遞連, 三陽一潤, 佐貳衙門, 何故官爲獄, 雙目
若生塵. (以上十八下貴, 皆因富而生貴者, 雖破損不忌)

十八下貴, 維職榮身○解曰
18개의 하귀는 관직을 지키고 일신이 영화로워지는 것이다. 해왈,

眉大顴高, 納粟供承之職
눈썹이 큼직하고 관골이 높으면 곡식을 바치고 벼슬자리를 얻는다.

耳厚脣厚, 承差知印之官

귀가 두텁고 입술이 풍요로우면 관청의 도장을 관리하는 벼슬을 한다.

頭圓不過九品, 腰圓不過提牌

머리가 둥글면 다만 9품 벼슬을 하고, 허리만 둥글면 다만 방패를 들고 있는 포졸을 한다.

眉闊印寬, 可爲都史

눈썹이 넓고 인당이 너그러우면 지방관리를 하게 된다.

脣紅齒厚, 當有前程

입술이 붉고 치아가 두터우면 당연히 장래에 관리가 된다.

一身濁肉堅如鐵, 急去求武

일신이 탁하고 살이 쇠처럼 단단하면 급작스럽게 무관직을 구하러 떠나게 된다.

骨肉得配, 可許異路功名

뼈와 살이 배합을 잘 이뤘다면 다른 길로 공명을 얻게 된다.

眼大睛黃眉散, 不過典史

눈이 크며 눈동자가 누렇고 눈썹이 흩어지면 전사[말단관리]에 지나지 않는다.

頭圓口闊樑低, 首領之人

머리가 둥글고 입이 넓으나 비량이 낮으면 한 마을에 두령이 된다.

頭圓平大眉壓眼, 僧綱道紀

머리가 둥글고 이마는 평평하게 큰데 눈썹이 눈을 압박하면 승려가 되어 법도를 입게 된다.

手粗足厚腰圓硬, 傳報軍情

손이 거칠고, 발이 두텁고, 허리가 둥글고 단단하면 군의 전령이 된다.

體正身長腰厚, 當爲巡檢

신체가 단정하고 몸이 장대하며, 허리가 두터우면 당연히 순검이 된다.

色暗生明, 倉官稅課之人

안색이 어두운 가운데 밝은 빛이 나면 창고지기나 조세를 걷는 사람이 된다.

陂池鵝鴨連金縷, 可爲河泊<簿>

파지 아압이 금루와 연결되면 강물을 관리하는 직책을 맡는다.

☞ 파지와 아압은 보조개를 뜻하고, 금루는 법령 끝부분의 여러 개의 주름이다

一面如濛<蒙>, 驛馬遞連

얼굴이 어둡고 흐리면 공문을 전달하는 역관이 된다.

三陽一潤 佐貳衙門

두 눈이 윤택하게 빛나면 관청의 문지기 보조가 된다.

何故官爲獄, 雙目若生塵

어떤 이유로 감옥의 관리가 되는가. 두 눈이 마치 진흙같이 어둡기 때문이다.

(以上十八下貴, 皆因富而生貴者, 雖破損不忌)

(세주 : 이상 18개의 하귀는 모두 부로 인하여 귀가 생긴 것이다. 비록 파손의 상이 되어도 꺼리지 않는다).

女人七十二賤
여인칠십이천

女人有七十二賤, 若犯一件, 必有私淫.

兩眼浮光, 桃花之面, 皮白如粉, 血不華色, 肉軟如綿, 皮滑如油, 面多斑點, 眼角低垂, 未語先笑, 搖手擺頭, 面帶兩削, 面全兩陷, 面肉堆浮, 眼露白光, 口脣自動, 口角生紋, 鵝行鴨步, 側目垂頭, 斜視偸觀, 自言自語, 腹嶠胸高, 腰細肩寒, 臍凸近下, 乳頭白下, 皮縐如紗, 面大鼻小, 額尖脚搖, 齒白如玉, 脣白不厚, 脣青如靛, 一步三搖, 一言三斷, 笑若馬嘶, 言語泛雜, 頭大無髮, 鶴腿蠻腰, 行如雀步, 談笑頻阻, 嶠臀無臋, 見人掩面, 身如風柳, 陰户無毛, 獐頭鼠耳, 縮頭伸舌, 托頤咬指, 陰毛如草, 長面圓睛, 剔齒弄衣, 歎氣伸腰, 陰户生光<下>, 頭先過步, 回頭頻顧, 坐不安穩, 腿上生毛, 舌尖脣掀, 擧止癡迷, 站立偏斜, 額廣鬢深, 鼠齒鬼牙, 性情多變, 如馬換蹄, 長身短項, 鼻仰朝天, 眼閉眉蹙, 蛇行鼠餐, 項細眉寒, 指短腰偏, 飮食無盡, 無事自驚, 頭偏額窄, 背陷腹小, 睡夢長啼.

女人有七十二賤, 若犯一件, 必有私淫

여인의 72가지 천한 상이 있으니, 만약 1건이라도 범하면 사음하게 된다.

兩眼浮光 _ 두 눈의 빛이 들뜨게 보이면 사음하게 된다.

桃花之面 _ 만면에 복숭아꽃이 피어나면 사음하게 된다.

皮白如粉 _ 피부에 분을 바른 듯이 희면 사음하게 된다.

血不華色 _ 혈색이 화사하게 피지 못하면 천한 상이 된다.

肉軟如綿 _ 살이 솜처럼 부드러우면 사음하게 된다.

皮滑如油 _ 피부가 기름을 바른 듯 매끄러우면 사음하게 된다.

面多斑點 _ 얼굴에 주근깨가 많으면 천한 상이 된다.

眼角低垂 _ 눈의 꼬리가 아래로 처지면 천한 상이 된다.

未語先笑 _ 말을 하기 전에 먼저 웃으면 사음하게 된다.

搖手擺頭 _ 손을 흔들고 머리를 움직이면 천한 상이 된다.

面帶兩削 _ 얼굴의 관골이 깎이면 천한 상이 된다.

面全兩陷 _ 얼굴 전체에 양쪽 관골이 움푹 꺼지게 되면 천한 상이 된다.

面肉堆浮 _ 얼굴의 살이 쪄서 쌓인 듯하면 천한 상이 된다.

眼露白光 _ 눈이 돌출하고, 하얀 눈동자에서 빛이 나면 사음하게 된다.

口脣自動 _ 입과 입술이 저절로 움직이면 천한 상이 된다.

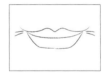

口角生紋 _ 입꼬리에 주름이 있으면 사음하게 된다.

鵝行鴨步 _ 거위나 오리처럼 걸으면 천한 상이 된다.

側目垂頭 _ 고개를 숙이고, 곁눈질을 하면 사음하게 된다.

斜視偸觀 _ 비스듬히 보거나 훔쳐보면 천한 상이 된다.

自言自語 _ 스스로 묻고 스스로 답을 하면 천한 상이 된다.

腹嶠胸高 _ 배가 나오고, 가슴이 높으면 천한 상이 된다.

腰細肩寒 _ 허리가 가늘고 어깨가 추워 보이면 사음하게 된다.

臍凸近下 _ 배꼽이 튀어나오거나 아래로 처지게 되면 천한 상이 된다.

乳頭白下 _ 유두가 희고 아래로 처지면 천한 상이 된다.

皮縐如紗 _ 피부의 주름이 실처럼 많으면 사음하게 된다.

面大鼻小 _ 얼굴은 큰데 코는 작으면 천한 상이 된다.

額尖脚搖 _ 이마가 뾰족하고 다리를 흔들면 천한 상이 된다.

齒白如玉 _ 치아가 옥처럼 희면 사음하게 된다.

脣白不厚 _ 입술이 희고 얇으면 천한 상이 된다.

脣靑如靛 _ 입술 푸르기가 검푸른 색과 같으면 천한 상이 된다.

一步三搖 _ 한 걸음에 엉덩이가 세 번 흔들리면 사음하게 된다.

一言三斷 _ 말 한 마디를 세 번 끊어서 하면 사음하게 된다.

笑若馬嘶 _ 웃음소리가 말 울음소리와 같으면 천한 상이 된다.

言語泛雜 _ 언어가 두서가 없이 번잡스러우면 천한 상이 된다.

頭大無髮 _ 머리는 큰데 머리카락이 없으면 천한 상이 된다.

鶴腿蠻腰 _ 학 다리처럼 가늘고 벌레 허리처럼 가늘면 천한 상이 된다.

行如雀步 _ 참새처럼 걸으면 천한 상이 된다.

談笑頻阻 _ 대화 중에 자주 심하게 웃으면 사음하게 된다.

嶠臀無頤 _ 엉덩이가 뾰족하게 나오고, 턱이 없으면 천한 상이 된다.

見人掩面 _ 사람을 보고 얼굴을 가리면 천한 상이 된다.

身如風柳 _ 몸이 바람에 날리는 버드나무 같으면 사음하게 된다.

陰戶無毛 _ 음문에 털이 없으면 사음하게 된다.

獐頭鼠耳 _ 노루의 머리처럼 작고, 쥐의 귀처럼 뾰족하면 천한 상이 된다.

縮頭伸舌 _ 머리는 작고, 자주 혀를 내밀면 천한 상이 된다.

托顋咬指 _ 턱을 괴고, 손가락을 깨물면 사음하게 된다.

陰毛如草 _ 음문에 털이 잡초 같이 많으면 천한 상이 된다.

長面圓睛 _ 얼굴이 길고, 눈이 둥글면 천한 상이 된다.

剔齒弄衣 _ 옷고름을 치아로 씹으면 사음하게 된다.

歎氣伸腰 _ 허리를 비비 꼬면서 한숨을 자주 내쉬면 사음하게 된다.

陰戶生光<下> _ 음문이 항문에 가까우면 천한 상이 된다.

頭先過步 _ 걸음걸이보다 머리가 먼저 앞서면 천한 상이 된다.

回頭頻顧 _ 머리를 돌려 자꾸 뒤돌아보게 되면 천한 상이 된다.

坐不安穩 _ 불안하게 앉아 있으면 천한 상이 된다.

腿上生毛 _ 넓적다리에 털이 나면 천한 상이 된다.

舌尖脣掀 _ 혀끝이 뾰족하고 윗입술이 들리면 천한 상이 된다.

擧止癡迷 _ 행동거지가 어리석고 미혹한 듯하면 천한 상이 된다.

站立偏斜 _ 우두커니 서 있는 자세가 삐뚤면 천한 상이 된다.

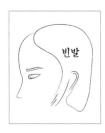

額廣鬢深 _ 이마가 넓고 빈발의 숱이 많으면 사음하게 된다.

빈발

 鼠齒鬼牙 _ 쥐의 이빨이나 귀신의 치아와 같으면 천한 상이 된다.

性情多變 _ 성정이 자주 변하면 사음하게 된다.

如馬換蹄 _ 말처럼 발굽을 자주 바꾸는 듯하면 천한 상이 된다.

長身短項 _ 키는 큰데 목은 짧으면 천한 상이 된다.

 鼻仰朝天 _ 코가 들려 하늘을 향하면 천한 상이 된다.

眼閉眉瘛 _ 눈을 감고 눈썹을 찡긋거리면 사음하게 된다.

蛇行鼠餐 _ 뱀처럼 걷고, 쥐처럼 먹으면 천한 상이 된다.

項細眉寒 _ 목은 가늘고 눈썹이 없는 듯하면 사음하게 된다.

指短腰偏 _ 손가락이 짧고 허리가 가늘면 천한 상이 된다.

飮食無盡 _ 음식을 끝없이 먹으면 천한 상이 된다.

無事自驚 _ 아무 일도 없는데 혼자서 깜짝 놀라면 천한 상이 된다.

 頭偏額窄 _ 두각이 깎이고, 이마가 좁으면 천한 상이 된다.

背陷腹小 _ 등이 꺼지고 배가 작으면 천한 상이 된다.

睡夢長啼 _ 잠을 자면서 길게 흐느끼면 사음하게 된다.

黃髮拳髮, 睛赤睛黃, 獨顴生面, 額有旋螺, 額高面陷, 額有紋痕, 印有懸針, 少年落髮, 骨硬皮急, 面長口大, 面瘦生筋, 面生三角, 耳反無輪, 面尖腰窄, 面滯如泥, 山根低陷, 地閣偏斜, 項露骨節, 聲大如雷, 性急如火, 神濁氣粗, 天大地小, 白氣如紛, 年壽起節, 肉冷如水<氷>, 粗骨大手, 肩背偏斜, 眼大睛圓, 喉結齒大, 髮硬骨硬, 夜睡多呼, 嘴如吹火, 鼻內生毛, 骨起顴高, 命門骨高 如雲母面, (色如粉也)

女人有三十六刑傷

여인에게 36가지의 형상을 당하는 상이 된다.

黃髮拳髮 _ 노란 머리카락이거나 곱슬머리가 되면 형상을 당하게 된다.

睛赤睛黃 _ 눈동자가 붉거나 누렇게 되면 형상을 당하게 된다.

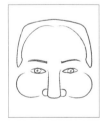

獨顴生面 _ 얼굴에서 관골이 홀로 우뚝 솟게 되면 형상을 당하게 된다.

額有旋螺 _ 이마가 둥글게 튀어나오면 형상을 당하게 된다.

額高面陷 _ 이마는 높고, 얼굴은 꺼지게 되면 형상을 당하게 된다.

額有紋痕 _ 이마에 주름이 있거나 흉터가 있으면 형상을 당하게 된다.

 印有懸針 _ 인당에 현침문이 있으면 형상을 당하게 된다.

少年落髮 _ 젊어서 머리카락이 빠지면 형상을 당하게 된다.

骨硬皮急 _ 뼈는 강철처럼 강하고, 피부가 팽팽하면 형상을 당하게 된다.

面長口大 _ 얼굴이 길고, 입이 크면 형상을 당하게 된다.

面瘦生筋 _ 얼굴이 말라서 힘줄이 나오면 형상을 당하게 된다.

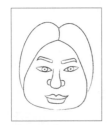 面生三角 _ 얼굴이 삼각형으로 생기면 형상을 당하게 된다.

 耳反無輪 _ 귀가 뒤집히고, 윤곽이 없으면 형상을 당하게 된다.

面尖腰窄 _ 얼굴이 뾰족하고 허리가 가늘면 형상을 당하게 된다.

面滯如泥 _ 얼굴에 진흙을 바른 듯 체기가 있으면 형상을 당하게 된다.

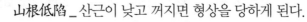 山根低陷 _ 산근이 낮고 꺼지면 형상을 당하게 된다.

地閣偏斜 _ 지각이 치우치고, 기울어지면 형상을 당하게 된다.

項露骨節 _ 목의 근골이 드러나면 형상을 당하게 된다.

聲大如雷 _ 목소리가 천둥과 같이 크면 형상을 당하게 된다.

性急如火 _ 성격이 불처럼 급하면 형상을 당하게 된다.

神濁氣粗 _ 안신이 탁하고, 기가 거칠면 형상을 당하게 된다.

天大地小 _ 이마는 넓은데 턱이 작으면 형상을 당하게 된다.

白氣如紛 _ 하얀 기색이 분을 바른 듯하면 형상을 당하게 된다.

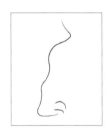

年壽起節 _ 년상과 수상에 뼈마디가 일어나면 형상을 당하게 된다.

肉冷如水<氷> _ 살이 얼음처럼 차가우면 형상을 당하게 된다.

肩背偏斜 _ 어깨와 등이 치우치고 기울면 형상을 당하게 된다.

眼大睛圓 _ 눈이 크고, 눈동자가 둥글면 형상을 당하게 된다.

喉結齒大 _ 울대뼈가 나오고, 치아가 크면 형상을 당하게 된다.

髮硬骨硬 _ 머리카락이 억세고, 뼈가 거칠면 형상을 당하게 된다.

夜睡多呼 _ 밤에 잘 때 잠꼬대가 많으면 형상을 당하게 된다.

嘴如吹火 _ 입이 불을 불어서 끄듯 나오면 형상을 당하게 된다.

鼻内生毛 _ 콧속의 털이 많이 나오면 형상을 당하게 된다.

骨起頤高 _ 턱의 뼈가 높이 일어나면 형상을 당하게 된다.

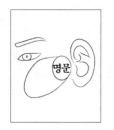

命門骨高 _ 명문【귀 앞】의 뼈가 높이 솟으면 형상을 당하게 된다.

如雲母面, (色如粉也) _ 구름 같은 얼굴색이 (세주 : 분을 바른 듯) 하면 형상을 당하게 된다.

女人二十四孤
여 인 이 십 사 고

女人有二十四孤, 犯者夫星子息難言, 乃貧苦之格.
無眉不立, (不立者, 不生子也) 聲破不立, 三十前發<髮>, 雙目深陷,
鼻陷深低, 雷公吹火, 臍小淺凸, 股肱無包, 髮不滿尺, 腰圓三圍, 乳頭
不起, 肉浮血滯, 肉重如泥, 一面滯色, 皮薄骨細, 肉多骨少, 三陽如
墨, 無腹無臀, 面尖耳小, 有顴無頤, 地大天小, 也類男人, 脣白舌青,
(如犯此色者必有疾), 陰陽混雜, (眼乃子宮不可黑白不明)

女人有二十四孤, 犯者夫星子息難言, 乃貧苦之格
여인의 24가지 고신을 범하면 남편과 자식을 말하기 어려운 빈고의 격이다.

無眉不立, (不立者, 不生子也) _ 눈썹이 없으면 빈고의 격이다(세주 : 불립이란 아들을
　　　　　　　낳지 못한다는 뜻이다).

聲破不立 _ 목소리가 깨진 듯하면 빈고의 격이다.

三十前發<髮> _ 30세가 되기 전에 머리카락이 빠지게 되면 빈고의 격이다.

雙目深陷 _ 두 눈이 깊이 꺼지면 빈고의 격이다.

鼻陷深低 _ 코가 꺼지고 비량이 심하게 낮으면 빈고의 격이다.

雷公吹火 _ 불을 입으로 불어서 끄듯 나오면 빈고의 격이다.

臍小淺凸 _ 배꼽이 작고, 얕고, 나오면 빈고의 격이다.

股肱無包 _ 팔다리에 살이 없으면 빈고의 격이다.

髮不滿尺 _ 모발이 길이가 풍성하지 않으면 빈고의 격이다.

腰圓三圍 _ 허리둘레가 석 자이면 빈고의 격이다.

乳頭不起 _ 유두가 없는 듯하면 빈고의 격이다.

肉浮血滯 _ 살이 들뜨고 혈이 막힌 듯하면 빈고의 격이다.

肉重如泥 _ 무거운 살이 진흙과 같으면 빈고의 격이다.

一面滯色 _ 전면에 체한 기색이 있으면 빈고의 격이다.

皮薄骨細 _ 피부가 얇고, 뼈가 가늘면 빈고의 격이다.

肉多骨少 _ 살은 많은데 뼈가 적은 듯하면 빈고의 격이다.

三陽如墨 _ 두 눈이 먹물을 바른 듯하면 빈고의 격이다.

無腹無臀 _ 배와 엉덩이가 없으면 빈고의 격이다.

面尖耳小 _ 얼굴이 뾰족하고 귀가 작으면 빈고의 격이다.

有顴無頤 _ 관골은 있는데 턱이 없는 듯하면 빈고의 격이다.

地大天小 _ 턱은 넓은데 이마가 좁으면 빈고의 격이다.

也類男人 _ 남자처럼 생기면 빈고의 격이다.

脣白舌靑 (如犯此色者必有疾) _ 입술이 희고 혀가 푸르면 빈고의 격이다(세주 : 이
　　　색은 반드시 질병이 많이 생기는 기색이다).

陰陽混雜 (眼乃子宮不可黑白不明) _ 두 눈이 혼탁하면 빈고의 격이다(세주 : 눈은 자
　　　녀궁이며, 흑백이 분명하지 않으면 안 된다).

女人七賢
여 인 칠 현

女人有七賢, 主夫明子秀.

行步周正, 面圓體厚, 五官俱正, 三停俱配, 容貌嚴整, 不泛言語, 坐眠俱正.

女人有七賢, 主夫明子秀

여인에게는 7가지 현명한 상이 있으며 반드시 현명한 남편과 빼어난 자녀를 낳는다.

行步周正 _ 걸음걸이와 움직임이 반듯하고 단정해야 한다.

面圓體厚 _ 얼굴이 둥글고, 몸이 후덕해야 한다.

五官俱正 _ 오관이 모두 단정해야 한다.

三停俱配 _ 삼정이 모두 균일하게 배합되어야 한다.

容貌嚴整 _ 용모가 엄숙해야 한다.

不泛言語 _ 언어가 번잡스럽지 않아야 한다.

坐眠俱正 _ 앉거나 누울 때도 역시 단정해야 한다.

女人四德
여 인 사 덕

女人有四德, 必生貴子
平素不與人爭競, 苦難中無怨言, 節飮食, 聞事不驚喜能尊敬.

女人有四德, 必生貴子

여인이 4가지 덕이 있는 상이면, 반드시 귀한 자녀를 둔다.

平素不與人爭競 _ 평소 남과 더불어 싸우거나 다투지 않는다.

苦難中無怨言 _ 고난 속에서도 원망의 말을 하지 않는다.

節飮食 _ 음식을 절제할 줄 안다.

聞事不驚喜能尊敬 _ 일을 당하여도 놀라거나 기뻐하지 않으면 존경받게 된다.

女人壽夭
여인수요

女人有壽有夭, 紫煙不同○解曰

男以神爲主, 女以血爲主, 凡男人神衰則病多, 神旺則病少, 凡女相皮薄皮急尖削, 血衰氣短神粗, 豈能長壽, 凡女人神足血足, 皮厚皮寬, 肉實骨正, 自然福壽之婦.

詩曰, 血衰皮急命難全, 皮薄枯乾壽不堅. 若是皮寬竝血旺, 須神松筠福壽添.

女人有壽有夭, 紫煙不同, 解曰
여인에게 장수와 요절하는 상이 있으니 자기의 색과 연기의 색은 같지 않다. 해왈,

☞ 자기는 진귀한 기색이 되고, 연기는 불길한 기색이 된다

男以神爲主, 女以血爲主
남자는 신으로써 위주로 삼고, 여자는 혈로써 위주로 삼는다.

凡男人神衰則病多, 神旺則病少
남자의 신이 쇠약하면 병이 많고, 신이 왕성하면 병이 적다.

凡女相皮薄皮急尖削, 血衰氣短神粗, 豈能長壽
여자의 상은 피부가 얇고 팽팽하며, 뾰족하고 깎인 듯하며, 혈이 쇠약하고 기가 단촉하며, 신이 거칠면 어찌 장수할 수 있겠는가?

凡女人神足血足, 皮厚皮寬, 肉實骨正, 自然福壽之婦
여인이 신이 풍족하고 혈이 충족하며, 피부가 두텁고 너그러우며, 살이 실실하고 뼈가 단정하면 자연히 복수를 누리는 부인이 된다.

詩曰 血衰皮急命難全, 皮薄枯乾壽不堅

시왈 혈이 쇠약하고, 피부가 급하면 수명을 온전하게 지키기 어렵다. 피부가 얇고, 마르고, 건조하면 수명을 굳건히 할 수 없다.

若是皮寬竝血旺, 須神松筠福壽添

만약 피부가 너그럽고 실실하며 또 혈분이 왕성하면 신이 소나무나 영지버섯과 같이 복수를 더하게 된다.

男人五十一孤
남 인 오 십 일 고

男有五十一孤, 犯一件者, 難言子息

水形有髮, 木形無髮, 眼陷成坑, 臥蠶低暗, 判官形, 羅漢形, 回回鼻,

獅子鼻, 蟲肉生, 獨顴生面, 獨鼻孤峯, 眉疎鬢疎, 華蓋額, 華蓋眉, 頭

大面尖, 頭尖額削, 睛黃髮赤, 面大鼻小, 乳頭白小, 乳頭不起, 額上三

紋, 鼻上生紋, 口角紋多, 面色如紛, 陽上無毛, 陽毛逆生, 陽囊無紋,

光華白紛, 肉重如泥, 肉浮又軟, 肉滑如綿, 肉多骨弱, 血不華色, 面似

橘皮, 人中淺短, 一身無毫, 骨冷精寒, 全身肉冷, 皮血枯焦, 內官聲音,

內官形像, 蛇皮蛇眼, 雷公嘴, 馬面龍睛, 鼠目雉睛, 猢猻顋, 鷹顋, 蛇

形, 骨圓<手骨>, 三關無脈, 腎脈不起

男有五十一孤, 犯一件者, 難言子息

남자의 상에는 51가지 고신이 있다. 한 건이라도 범하는 자는 자식을 말하기 어렵다.

水形有髮 _ 수형인이 머리카락이 많으면 고신이다.

木形無髮 _ 목형인이 머리카락이 없으면 고독하다.

眼陷成坑 _ 눈이 구덩이처럼 움푹 꺼지게 되면 고신이다.

臥蠶低暗 _ 와잠이 낮고, 어두우면 자식이 없다.

判官形 _ 염라청 재판관처럼 무섭게 생긴 얼굴은 고신이다.

羅漢形 _ 라한처럼 고독하게 생긴 얼굴은 고신이다.

回回鼻 _ 아랍사람의 코처럼 크면 고독하다.

獅子鼻 _ 사자코처럼 웅장하게 생기면 고독하다.

蟲肉生 _ 와잠이 좀벌레처럼 살이 늘어지면 고신이다.

獨顴生面 _ 유독 얼굴에서 관골만 높으면 고독하다.

獨鼻孤峯 _ 유독 코가 높이 솟은 봉우리 같으면 고독하다.

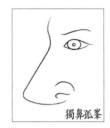

回回鼻　　獅子鼻　　蟲肉生　　獨鼻孤峯

眉疎鬂疎 _ 눈썹과 빈발이 드물면 고독하다.

華蓋額 _ 수도자의 이마처럼 뾰족하게 생기면 고신이다.

華蓋眉 _ 수도자의 눈썹처럼 드물게 나면 고신이다.

頭大面尖 _ 머리는 큰데, 얼굴[턱]이 뾰족하면 고독하다.

頭尖額削 _ 머리는 뾰족하고 이마가 깎인 듯하면 고신이다.

晴黃髮赤 _ 눈동자가 누렇고, 머리카락이 붉으면 외롭다.

面大鼻小 _ 얼굴은 큰데, 코가 작으면 홀로 산다.

乳頭白小 _ 유두가 희고 작으면 아들이 없다.

乳頭不起 _ 유두가 일어나지 않으면 아들이 없다.

額上三紋 _ 이마에 세 개의 주름이 있으면 고독하다.

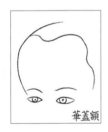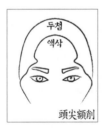

華蓋額　　頭尖額削　　面大鼻小　　額上三紋

鼻上生紋 _ 콧등에 주름이 있으면 고독하다.

口角紋多 _ 입의 끝에 주름이 많으면 고신이다.

面色如紛 _ 얼굴에 분을 바른 듯 희면 고독하다.

陽上無毛 _ 남근 위에 털이 없으면 외롭다.

陽毛逆生 _ 남근에 털이 거슬러서 나면 고독하다.

陽囊無紋 _ 남근의 음낭에 주름이 없으면 고독하다.

光華白紛 _ 화사하게 빛이 나고, 분을 바른 듯 희면 고독하다.

肉重如泥 _ 살이 무거워 진흙 같으면 고독하다.

肉浮又軟 _ 살이 들뜨고, 또는 부드러우면 아들을 두지 못한다.

肉滑如綿 _ 살이 솜처럼 매끄러우면 고독하다.

肉多骨弱 _ 살이 많고, 뼈가 약하면 고독하다.

血不華色 _ 혈색이 화사하지 않으면 고독하다.

面似橘皮 _ 얼굴이 귤피처럼 땀구멍이 크면 고독하다.

人中淺短 _ 인중이 얕고, 짧으면 고독하다.

一身無毫 _ 온 몸에 털이 없으면 고독하다.

骨冷精寒 _ 뼈가 냉랭하고, 정혈이 차가우면 고독하다.

全身肉冷 _ 온 몸이 살이 차가우면 고독하다.

皮血枯焦 _ 피부의 혈색이 말라서 타는 듯하면 고독하다.

內官聲音 _ 내시처럼 음성이 가늘면 아들이 없다.

內官形像 _ 내시처럼 형상이 가냘프면 고독하다.

蛇皮蛇眼 _ 뱀의 눈이나 피부처럼 생기면 고독하다.

雷公嘴 _ 입이 새의 부리처럼 뾰족하게 튀어나오면 고독하다.

馬面龍睛 _ 말의 얼굴처럼 길고, 용의 눈동자처럼 튀어나오면 외롭다.

鼠目雉睛 _ 쥐의 눈이나 꿩의 눈동자처럼 생기면 외롭다.

猢猻頤 _ 원숭이의 턱처럼 웅장하면 외롭다.

鼻上生紋

口角紋多

人中淺短

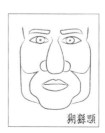

猢猻頤

鷹頤

鷹頤 _ 매의 턱처럼 없으면 외롭다.

蛇形 _ 뱀처럼 형상이 가늘고 호리호리하면 외롭다.

骨圓<手骨> _ 손가락의 뼈마디가 둥글면 외롭다.

三關無脈 _ 촌맥, 관맥, 척맥에서 맥이 약하면 고독하다.

☞ 한의사가 맥을 짚을 때 손가락으로 3곳의 맥을 재는 곳을 의미한다

腎脈不起 _ 신장의 맥이 짚어지지 않으면 고독하다.

男有十剋
남유십극

男有十剋之格, 犯一件者, 一子也不能送終, 乃老困之相.
鬚分燕尾, 鬚直無索, 子鬚, 臥蠶低暗, 乳頭朝下, 牛<蠹>肉朝下, 眉
毫喬上, 鬚多無髮, 一面縐紋, 眼下生毫.

男有十剋之格 犯一件者, 一子也不能送終, 乃老困之相

남자로서 10가지 극의 격이 있다. 한 건이라도 있는 자는 자식이 하나 있어도 끝까지 지키지 못하고, 이는 노인이 되어서 곤고한 상이 된다.

鬚分燕尾 _ 수염이 제비꼬리처럼 둘로 나뉘면 곤고한 상이 된다.

鬚直無索 _ 수염이 직선이라서 곱슬거리지 않으면 곤고한 상이 된다.

子鬚 _ 수염이 턱의 한가운데만 자라나면 곤고한 상이 된다.

臥蠶低暗 _ 와잠이 낮고 어두우면 곤고한 상이 된다.

乳頭朝下 _ 유두가 아래로 향하면 곤고한 상이 된다.

牛<蠹>肉朝下 _ 와잠이 좀벌레처럼 아래로 처지면 곤고한 상이 된다.

眉毫喬上 _ 눈썹이 역팔자 모양으로 높이 솟으면 곤고한 상이 된다.

鬚多無髮 _ 수염은 무성한데, 모발의 숱이 없으면 곤고한 상이 된다.

一面縐紋 _ 얼굴에 쭈글쭈글한 주름이 많이 있으면 곤고한 상이 된다.

眼下生毫 _ 눈 밑에 가는 털이 나면 곤고한 상이 된다.

鬚分燕尾

鬚直無索

子鬚

牛肉朝下

眉毫喬上

鬚多無髮

十二刑妻格
십이형처격

十二件刑妻之相.

天倉生此<紋>, 爲開庫紋, 剋五妻, 鬚多鼻小, 鬚長無索, 顴骨高, 天倉陷, 山根斷, 魚尾低, 羅漢判官, 三尖六削, 奸門深, 魚尾紋深, 魚尾一紋一妻.

十二件刑妻之相

12가지는 처를 형극하는 상이다.

天倉生此<紋> 爲開庫紋 剋五妻 _ 천창에 주름【흉터】이 있으면 開庫紋(개고문)이라 한다. 처를 5번 형극하게 된다.

鬚多鼻小 _ 수염은 많은데 코가 작으면 처를 형극하게 된다.

鬚長無索 _ 수염이 길지만 곱슬거리지 않으면 처를 형극하게 된다.

顴骨高 _ 관골만 너무 높으면 처를 형극하게 된다.

天倉陷 _ 천창이 꺼지면 처를 형극하게 된다.

山根斷 _ 산근이 끊어지면 처를 형극하게 된다.

魚尾低 _ 어미가 낮으면 처를 형극하게 된다.

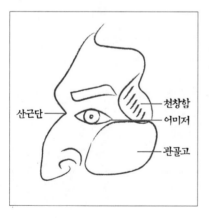

羅漢判官 _ 라한처럼 고독하거나 판관처럼 무섭게 생기면 처를 형극하게 된다.

三尖六削 _ 삼첨과 육삭이면 처를 형극하게 된다.

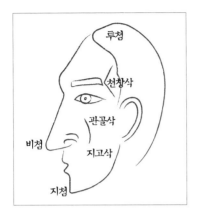

☞ 삼첨은 머리, 준두, 지각이며 세 곳이 뾰족한 것이다
☞ 육삭은 육부가 천창 상이부, 관골 중이부, 지고 하이부가
깎인 것이다

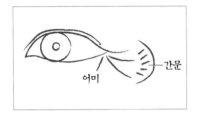

奸門深 _ 간문이 깊으면 처를 형극하게 된다.

魚尾紋深 _ 어미에 깊은 주름이 있으면 처를 형극
하게 된다.

魚尾一紋一妻 _ 어미에 주름이 하나면 한 번 처를 형극하게 된다.

蹇通得失
건 통 득 실

蹇通得失, 天運週流○解曰, 六府三<不>停<正>, 三停不配, 五行不
得, 惟依一局失垣, 星辰失者陷位, 雖有志亦不顯達, 乃一生蹇滯之相
也, 通者可原可取, 因部位不勻, 氣色不配, 連年困苦, 忽得一位, 要取
氣色一開, 天子有靑雲之志, 庶民有德澤綿綿, 得者因上邊部位不好,
下邊却好, 一行到好處, 自然得矣, 失者乃氣色好, 部位不好, 書云, 氣
色定行年休咎, 骨格定一世榮枯, 凡氣色豈能久乎, 此色一去一失, 凡
部不好, 色好亦防有失.

蹇通得失, 天運週流○解曰

건·통·득·실은 천운대로 흐르게 된다. 해왈,

六府三<不>停<正>, 三停不配, 五行不得, 惟依一局失垣,

건이라는 것은 육부가 단정하지 않고, 삼정이 배합이 되지 않으며, 오행【오관】을 얻
지 못하면 다만 얼굴의 윤곽을 의지하는 것을 잃게 된다.

☞ 一局일국은 얼굴을 뜻하고, 垣담은 얼굴의 윤곽이다

星辰失者陷位, 雖有志亦不顯達, 乃一生蹇滯之相也

성신【오성육요】의 자리를 잃은 것은 비록 의지는 있으나 또한 현달하지 못하니 이는
평생이 머뭇거리고 막히는 상이 된다.

通者可原可取, 因部位不勻, 氣色不配, 連年困苦

통한다는 것은 근본을 취하는 것이니 어느 부위가 균형적이지 못하고, 기색이 배합
되지 않으면 매년 곤고하게 된다.

忽得一位, 要取氣色一開, 天子有靑雲之志, 庶民有德澤綿綿

갑자기 어느 한 부위에 기색이 열리게 되면 천자는 청운의 뜻을 이루게 되고, 서민은 덕택이 끊임없이 이어지게 된다.

得者因上邊部位不好, 下邊却好, 一行到好處, 自然得矣

득이란 것은 상정의 부위가 좋지 않은데, 하정의 부위가 좋다면 유년이 좋은 부위에 이르게 되면 자연히 득을 하게 된다.

失者乃氣色好, 部位不好

실이란 것은 기색은 좋지만 얼굴의 부위가 좋지 못한 것이다.

書云, 氣色定行年休咎, 骨格定一世榮枯

서운, 기색은 행년의 휴구장단을 보지만, 골격은 평생의 영고성쇠를 정한다 하였다.

凡氣色豈能久乎, 此色一去一失

기색이 어찌 오래 가겠는가. 기색이란 한 번 가면 한 번 손실이 있게 된다.

凡部不好, 色好亦防有失

부위가 좋지 못하면 기색이 좋더라도 손실을 예방해야 한다.

病難困榮
병난곤영

病難困榮, 一身常有○解曰, 凡病者, 不過災疾也, 要在病厄宮, 看此宮青暗, 不過小疾, 此宮黑赤, 不過有災, 非主死, 此宮黑赤, 不過有災, 非主死, 凡口準命耳, 此四處犯相剋之氣色, 卽死無疑, 剋乃五行相剋之理, 不可不看詳細, 一面可蒙, 必遭大難, 命宮昏暗, 必遭大難, 天庭色滯, 必遭大難, 邊地生暗, 必遭大難.

病難困榮, 一身常有○解曰

병·난·곤·영은 일신에 항상 있다. 해왈,

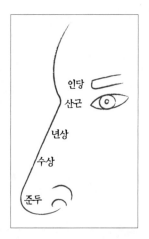

凡病者, 不過災疾也, 要在病厄宮,

병이란 단지 재화의 질병이니 질액궁을 관찰해야 한다.

看此宮青暗, 不過小疾

산근에 청색과 암색이 띠면 다만 작은 질병에 걸릴 뿐이다.

此宮黑赤, 不過有災, 非主死

이 산근에 검붉은 색이 띠면 다만 재화가 있을 뿐이지 죽지는 않는다.

凡口準命耳, 此四處犯相剋之氣色, 卽死無疑

입·준두·명궁【인당】·귀 등 이 네 곳에 상극이 되는 기색이 있으면 곧 죽게 되는 것을 의심치 말라.

剋乃五行相剋之理, 不可不看詳細

극은 오행의 상극의 이치이니 자세히 살펴보지 않으면 안 된다.

一面可蒙, 必遭大難

일면에 어스름한 기색이 있으면 큰 어려움을 겪게 된다.

命宮昏暗, 必遭大難

인당에 흐리고 어두운 색이 띠면 큰 어려움을 겪게 된다.

天庭色滯, 必遭大難

이마에 기색이 응체되면 큰 어려움을 겪게 된다.

邊地生暗, 必遭大難

변지에 어두운 색이 생기면 큰 어려움을 겪게 된다.

●苦難氣色고난기색

古聖人遭難者, 皆有一色○解曰, 邊地起赤雲, 唐太宗有金營百日縲絏, 印堂生黲黯, 關雲長有失馬之驚, 準頭一赤, 孟嘗君夜渡關津, 奸門忽暗, 劉玄德有長坡之危, 雙顴如火, 楊六郎失職困汝州, 赤透三關, 楊文廣困柳州三載, 印堂黯顴骨青, 伍子胥賣劍走范陽, 耳矇額暗, 韓文公風雪貶潮陽, 赤起太陽, 陳巡檢梅嶺尋申陽,(失妻之說), 年壽暗如泥, 齊孝仁遭失子, 以上數端, 不過氣色不好, 故有此難, 色氣一開, 自保安榮, 此乃相貌原好, 因色不如, 故暫守困, 色若鮮明, 氣若和潤, 可保萬里高飛, 俱無阻滯, 此書相週體, 諸事俱完, 尚有行坐臥食語笑, 乃係身外六法, 另詳於左.

古聖人遭難者, 皆有一色○解曰

옛날 성인이 고난을 겪게 된 것은 모두 어떤 기색이 있어서이다. 해왈,

邊地起赤雲, 唐太宗有金營百日縲絏

변지에 붉은 구름이 일어나서 당태종이 금영【감옥】 안에 100일 간 묶여 있었다.

印堂生黟黯, 關雲長有失馬之驚

인당에 검푸른 색이 생기자 관운장이 말을 잃고 놀란 일이 생겼다.

準頭一赤, 孟嘗君夜渡關津

준두에 붉은 기색이 나타나자 맹상군이 한밤중에 관문을 열고 몰래 도망갔다.

奸門忽暗, 劉玄德有長坡之危

간문이 갑자기 어두워지자 유현덕이 장판교 위에서 위험한 일을 겪게 되었다.

雙顴如火, 楊六郎失職困汝州

양 관골에 붉은 화기가 일어나 양육랑이 실직을 하고 여주에서 고난을 겪었다.

赤透三關, 楊文廣困柳州三載

붉은 기운이 삼관【눈, 입, 귀】에서 드러나자 양문광이 유주에서 삼년 동안 고난을 겪었다.

印堂黟黯骨青, 伍子胥賣劍走范陽

인당이 어둡고, 관골이 푸른 기색이 돌자 오자서가 검을 팔고 범양으로 도망갔다.

耳矇額暗, 韓文公風雪貶潮陽

귀가 검고, 이마가 어두우니 한문공이 관직을 잃고 조양에서 고생을 하였다.

赤起太陽, 陳巡檢梅嶺尋申陽, (失妻之說)

눈에 적기가 일어나니 진순검은 매령에서 처【신양】를 찾아 헤맸다(세주 : 처를 잃은 이야기다).

年壽暗如泥, 齊孝仁遭失子

년상과 수상이 진흙처럼 어두우니 제나라 효인이 자식을 잃는 일을 당하였다.

以上數端, 不過氣色不好, 故有此難

이상 여러 가지 이야기는 다만 기색이 좋지 못한 것이다. 고로 이러한 고난을 겪게 되었다고 한다.

色氣一開, 自保安榮, 此乃相貌原好

기색이 한 번 열리면 자연히 편안해지고 영화가 보장되니, 이는 원래 용모의 상이 좋은 것이다.

因色不如, 故暫守困

기색이 좋지 못한 것으로 인하여 위와 같이 잠시 고난을 겪게 된 것이다.

色若鮮明, 氣若和潤, 可保萬里高飛, 俱無阻滯

색이 만약 선명하고, 기가 만약 온화하고 윤택하면 명예가 만 리를 높이 드날리는 것을 보장할 수 있고, 모든 일이 험난하게 막히는 일이 없다.

此書相週體, 諸事俱完, 尚有行坐臥食語笑, 乃係身外六法, 另詳於左

이 상서에서는 몸에 관한 상이고, 모든 일을 완전하게 보려면 행동하고 앉고 누워 있고 먹고 말하고 웃는 상을 봐야 하고, 몸 이외에 여섯 가지 상은 뒤편에 자세히 나온다.

論行
논 행

論行, 富貴貧賤○解曰, 凡行欲正直昻然, 不可偏斜曲屈, 步欲闊, 頭
欲直, 腰欲硬, 胸欲昻, 凡偏體搖頭, 蛇行雀竄<躍>, 腰折項歪, 俱不
好之格. 詩曰, 行如流水步行來, 體直頭昻身項停. 若是搖頭過步者,
田園敗盡老來貧.

論行, 富貴貧賤○解曰
행동에 관하여 논하니, 부귀빈천이 있다. 해왈,

凡行欲正直昻然, 不可偏斜曲屈
행동할 때는 단정하고 곧게 당당함이 있어야 하며, 삐뚤고 기울고 휘고 구부정하면
안 된다.

步欲闊, 頭欲直, 腰欲硬, 胸欲昻
걸음 폭이 넓어야 하고 머리는 반듯해야 하며, 허리는 굳건해야 하고 가슴을 펴야
한다.

凡偏體搖頭, 蛇行雀竄<躍>, 腰折項歪, 俱不好之格
체형이 치우치고 머리를 흔들며, 뱀처럼 행동하고 참새처럼 뛰듯이 걸으며, 허리가
꺾이고 목이 바르지 않은 것은 모두 좋지 못한 격이다.

詩曰, 行如流水步行來, 體直頭昻身項停
시왈, 걷는 모습이 마치 물이 흘러가듯 걸어가고, 몸이 곧고 머리를 들며, 몸과 목이
균형적이어야 한다.

若是搖頭過步者, 田園敗盡老來貧
만약 머리를 흔들거나 머리가 걸음보다 앞서는 자는 실패하여 전원이 모두 없어지
고, 노인이 되어서 가난하게 된다.

論坐
논 좌

論坐, 富貴貧賤○解曰, 凡坐欲端正嚴肅, 男女一同, 不欲體搖身動,
足亂頭垂, 凡此皆不足之相也, 坐若邱山者, 主大貴, 坐欲肩圓, 項正
體平, 起坐舒緩, 此皆貴人之相. 詩曰 坐若邱山穩且平, 爲人忠孝立
功勳. 若是體搖倂足動, 愚頑下賤不須論.

論坐, 富貴貧賤○解曰

앉은 모습에 관하여 논하니, 부귀빈천이 있다. 해왈,

凡坐欲端正嚴肅, 男女一同

앉은 모습이 단정하고 엄숙해야 하니, 남녀 모두 동일하게 본다.

不欲體搖身動, 足亂頭垂, 凡此皆不足之相也

앉았을 때 몸을 흔들거나 움직이지 않아야 하며, 발을 어지럽게 흔들고 머리를 숙이
는 것은 모두 부족한 상이 된다.

坐若邱山者, 主大貴

앉은 모습이 마치 언덕이나 산처럼 보이는 자는 대귀를 누린다.

坐欲肩圓, 項正體平, 起坐舒緩, 此皆貴人之相

앉은 모습의 어깨가 둥글어야 하고, 목이 단정하고 몸이 편안해야 하며, 일어서고 앉
는데 느릿느릿 하면 모두 귀인의 상이 된다.

詩曰 坐若邱山穩且平, 爲人忠孝立功勳

시왈, 앉은 모습이 마치 언덕과 산처럼 평안하고 곧으면 사람됨이 충효를 하고 공훈
을 세운다.

若是體搖倂足動, 愚頑下賤不須論

만약 몸을 흔들고 발을 움직이면 어리석고 완고한 하천지배로, 논할 필요가 없다.

論臥
논 와

論臥, 富貴貧賤○解曰, 臥乃寐之安, 不可不穩, 凡臥如龍之盤, 犬之曲, 乃貴人之相, 凡睡將手抱頭者, 善明詞訟, 長脚長手, 爲停屍睡, 大不好也, 睡中夢多, 自言自語者, 乃狂詐之徒, 書云, 只因夢裏多狂語, 每向人前誑<狂>語多, 凡睡將背朝天者, 主餓死, 睡中搖足者, 乃上等人之相, 睡哲口者, 主天, 不閉眼者惡死, 又云, 睡夢狂言奸詐人, 開眼張口必遭刑, 穩曲呼來還言吼, 管敎白手起千金, 凡呼欲同聲高方妙, 大槪眠欲曲, 行宜直, 方爲妙格.

論臥, 富貴貧賤○解曰

누워 있는 모습에 대해서 논하니, 부귀빈천이 있다. 해왈,

臥乃寐之安, 不可不穩

누워서 잠자는 모습이 편안해야 하고, 평온하지 않으면 안 된다.

凡臥如龍之盤, 犬之曲, 乃貴人之相

자고 있는 모습이 용이 또아리를 틀 듯하고, 개가 웅크리듯 하면 이는 귀인의 상이다.

凡睡將手抱頭者, 善明詞訟

잠을 잘 때 손으로 머리를 감싸고 자면 송사가 명쾌하게 잘 풀리게 된다.

長脚長手, 爲停屍睡, 大不好也

손과 발을 길게 늘어뜨리고 움직이지 않으면 시체가 자는 모습이라 하여 크게 나쁜 상이다.

睡中夢多, 自言自語者, 乃狂詐之徒

자면서 꿈이 많고, 스스로 묻고 스스로 답하는 자는 허황된 사기꾼이 된다.

書云, 只因夢裏多狂語, 每向人前誑<狂>語多

서운, 꿈속에서 잠꼬대를 많이 하는 것은 매번 사람들 앞에서 허황된 말을 많이 하는 것이라 하였다.

凡睡將背朝天者, 主餓死

잠을 잘 때 등을 하늘로 향한 자는 굶어 죽게 된다.

睡中搖足者, 乃上等人之相

자는 동안 다리를 많이 움직이는 자는 상등인의 상이 된다.

睡哲口者, 主夭

입을 벌리고 자면 요절하게 된다.

不閉眼者惡死

눈을 뜨고 자면 악사한다.

又云, 睡夢狂言奸詐人

우운, 자면서 잠꼬대를 하면 허황된 말로 속이는 간사한 사람이라고 하였다.

開眼張口必遭刑

눈을 뜨고 입을 벌리고 자면 죄를 짓고 형벌을 받게 된다.

穩曲呼來還言吼, 管教白手起千金

평온하게 굽어 자다가 누군가 부르면 바로 큰소리로 대답하면 빈손으로 천금을 일으키는 것을 알아야 한다.

凡呼欲同聲高方妙

부르는 소리에 평상시와 같은 음성으로 높이 대답하면 좋은 상이다.

大槪眠欲曲, 行宜直, 方爲妙格

잘 때는 몸을 움크려야 하고, 걸을 때는 몸이 곧아야 좋은 격이라 할 수 있다.

論食
논 식

論食, 富貴貧賤〇解曰, 食乃一生之主, 豈無相法, 凡食欲開大合小,
速進者爲妙, 猴餐鼠餐, 不足道也, 食多哽咽, 必主流徒, 嗒嘴如猪者,
難免凶死, 項伸如馬者, 一世辛勤.
詩曰, 虎食龍餐是貴人, 若還哽咽主災星. 猴食鼠餐並馬食, 一生破
財不能成.

論食, 富貴貧賤〇解曰

먹는 모습에 관하여 논하니, 부귀빈천이 있다. 해왈,

食乃一生之主, 豈無相法

먹는 것은 일생의 주가 되는데, 어찌 상법이 없겠는가.

凡食欲開大合小, 速進者爲妙

먹을 때 입을 벌리면 크고, 입을 다물면 작아야 하고, 빠르게 먹는 것이 좋은 상이
된다.

猴餐鼠餐, 不足道也

원숭이나 쥐처럼 먹으면 부족한 사람이 된다.

食多哽咽, 必主流徒

먹을 때 자주 목이 메이면 떠돌아다니는 방랑객이 된다.

嗒嘴如猪者, 難免凶死

돼지처럼 주둥이로 먹으면 비명횡사를 면하기 어렵다.

項伸如馬者, 一世辛勤

목을 바로 펴고 말처럼 먹는 자는 평생 근심 걱정이 많다.

詩曰 虎食龍餐是貴人

시왈, 호랑이나 용처럼 먹으면 귀인이 된다.

若還哽咽主災星

만약 먹을 때 목이 많이 메이면 재앙의 별이 떠나지 않는다.

猴食鼠餐竝馬食, 一生破財不能成

원숭이·쥐·말처럼 먹으면 평생 재물이 깨지고 성공할 수가 없다.

論語
논어

> 論語, 富貴貧賤○解曰, 凡言語與聲音不同, 聲音出於丹田, 言語出
> 於脣吻, 故不同, 大凡人之語, 脣舌勻停和緩, 不露齒爲妙, 如急焦亂
> 泛者, 乃下賤之相, 一世無成也. 詩曰, 語要勻停氣要和, 貴人語少小
> 人多. 若是泛言脣亂動, 不雜貧賤病多磨.

論語, 富貴貧賤○解曰
말을 하는 모습에 관하여 논하니, 부귀빈천이 있다. 해왈,

凡言語與聲音不同, 聲音出於丹田, 言語出於脣吻, 故不同
언어와 음성은 서로 다르다. 음성은 단전에서 나오는 것이고, 언어는 입술에서 나오니 고로 서로 같지 않다.

大凡人之語, 脣舌勻停和緩, 不露齒爲妙
대부분 사람이 말을 할 때 입술과 혀의 균형이 맞아 온화하고 여유가 있으며, 치아가 드러나지 않아야 좋은 상이 된다.

如急焦亂泛者, 乃下賤之相, 一世無成也
급하게 애태우듯 두서없이 들뜨게 말을 하면 하천한 상이라 평생 성공을 할 수 없게 된다.

詩曰 語要勻停氣要和, 貴人語少小人多
시왈, 언어가 균일해야 하고, 기가 온화해야 하니 귀인은 말이 적고, 소인은 말이 많다.

若是泛言脣亂動, 不雜貧賤病多磨
만약 말이 들뜨고, 입술이 어지럽게 움직이며, 잡스럽게 빈천하지 않거나 병마가 많게 된다.

論笑
논 소

論笑, 富貴貧賤○解曰, 凡笑乃喜之發, 不欲如常, 冷笑者多謀足智, 藏情者一世貧奸, 笑欲開口大响, 不欲閉口, 無音者如馬嘶, 皆不爲美. 詩曰, 開口長聲笑者賢, 聲音喉内定多奸. 若是馬嘶猿猴叫, 又貧又若又無錢.

論笑, 富貴貧賤○解曰
웃는 모습에 대하여 논하니, 부귀빈천이 있다. 해왈,

凡笑乃喜之發, 不欲如常
웃음은 기쁨에서 일어난 것인데, 항상 웃으면 안 된다.

冷笑者多謀足智, 藏情者一世貧奸
차갑게 웃는 자는 계략과 지략이 풍족하며, 감정을 감추는 자는 일생 가난하고 간교하게 된다.

笑欲開口大响, 不欲閉口
웃을 때 입을 벌리고 크게 웃어야 하니, 입을 다물고 웃으면 안 된다.

無音者如馬嘶, 皆不爲美
웃음소리가 없는 자는 말이 울부짖는 듯하니 모두 좋지 못한 거다.

詩曰 開口長聲笑者賢
시왈, 입을 벌리고 오래 웃는 자는 현명하게 된다.

聲音喉内定多奸
음성이 목 안에서 나면 간교함이 많게 된다.

若是馬嘶猿猴叫, 又貧又苦又無錢
만약 말처럼 울고, 원숭이처럼 울부짖으면 가난하고 고생스러우며, 돈이 없게 된다.

 **論形說** 논형설

◉金形금형

> 論形說○解曰, 金木水火土, 一身之體, 不出五行之外, 夫金形人何
> 取, 凡金形, 面方耳正, 眉目清秀, 脣齒得配, 手小腰圓, 白色, 方是金
> 形, 若聲高, 高如金聲, 主大貴, 若雜格, 主小貴, 不宜滯帶赤, 如一帶
> 赤色, 如土埋金, 主困, 若赤在準頭三陽, 主有災難, 輕則破財, 重則主
> 死, 金形不宜帶火, 書云, 部位要週全, 三停又帶方, 金形入了格, 富貴
> 把名揚.

論形說○解曰,

형상에 관하여 설명하니 해왈,

金木水火土, 一身之體, 不出五行之外

금목수화토는 일신의 전부가 되고, 오행을 벗어나지 않는다.

夫金形人何取

금형인은 무엇을 취하는가.

凡金形, 面方耳正, 眉目清秀, 脣齒得配, 手小腰圓, 白色, 方是金形

얼굴이 네모지고 귀가 단정하며, 눈썹과 눈이 맑고 수려하며, 입술과 치아가 배합이
맞고, 손이 작고 허리가 둥글며, 하얀 피부면 금형인이라 한다.

若聲高, 高如金聲, 主大貴

만약 음성이 높고, 높은 음이 쇳소리와 같으면 대귀인이 된다.

若雜格, 主小貴, 不宜滯帶赤,

만약 다른 체형과 섞이면 소귀인가 되고, 체색에 적색이 띠면 마땅치 않게 된다.

如一帶赤色, 如土埋金, 主困

만일 적색이 띠게 되면 금이 땅 속에 묻히는 것과 같으니 곤란함을 겪게 된다.

若赤在準頭三陽, 主有災難

만약 준두와 두 눈에 적색이 있으면 재난이 있게 된다.

輕則破財, 重則主死, 金形不宜帶火

적색이 옅으면 재물이 깨지게 되고, 짙으면 죽게 된다. 금형인은 붉은 화기를 띠는 것이 마땅치 않다.

書云, 部位要週全, 三停又帶方, 金形入了格, 富貴把名揚

서운, 모든 부위가 두루 완전해야 하고, 삼정 또한 네모난듯 하면 금형으로 적격에 드니 부귀를 누리고, 명예를 크게 드날리게 된다.

◉木形목형

凡木形宜疊<聳>直脩長, 睛清九闊, 神足, 不宜偏削歪斜, 枯陷聲破, 如腰圓體正, 方可棟樑, 偏薄虧削, 小人之相, 浮筋露骨, 何須苦問功名, 些須帶火, 乃作木火通明, 若是土赤金紅, 不宜取用, 有宜帶些金, 還是求名之客, 木削金重, 一生成敗之人, 書云, 稜稜形瘦格, 凜凜更脩長, 秀氣生眉眼, 方言作棟樑.

凡木形宜疊<聳>直脩長, 睛清口闊, 神足,

 목형인은 키가 곧게 높아서 커야 마땅하고, 눈이 맑고 입이 크며, 안신이 풍족해야 한다.

不宜偏削歪斜, 枯陷聲破

치우치고 깎이며, 삐뚤고 기울며, 마르고 꺼지며, 음성이 깨지면 마땅치 않다.

如腰圓體正, 方可棟樑

만일 허리가 둥글고, 체형이 단정하면 동량으로 쓰인다.

偏薄虧削, 小人之相

치우치고 얇으며, 이지러지고 깎이면 소인의 상이다.

浮筋露骨, 何須苦問功名

힘줄이 드러나고 뼈가 보이면 모름지기 고생하게 되는데, 어찌 공명을 묻겠는가.

些須帶火, 乃作木火通明

목형인이 약간의 화기를 띠게 되면 이는 목화통명이 이뤄지게 된다.

若是土赤金紅, 不宜取用

만약 토형인이 적색을 띠고, 금형인이 홍색을 띠면 취용하는데 마땅치 않다.

有宜帶些金, 還是求名之客

목형인이 약간의 백기를 띠는 것이 마땅한 것이니, 명예를 구하는 사람이다.

木削金重, 一生成敗之人

금기가 많으면 목형인이 깎이게 되니, 평생 성패를 거듭하게 된다.

書云, 稜稜形瘦格, 凜凜更脩長, 秀氣生眉眼, 方言作棟樑

서운, 능릉형【목형】은 마른 체격이니 늠름하고 수장해야 하고, 수려한 기가 눈썹과 눈에 나타나면 동량이 된다 하였다.

◉水形수형

凡水形要骨正肉實, 色白帶潤, 體發面凹, 紋看如伏, 面觀如仰, 復大臀大, 方是水形, 不宜氣粗色黑, 皮白如粉, 面兼肉浮, 凡水形人骨少肉多, 浮者主夭, 無鬚皮闊者無子, 肉冷者亦無子, 書云, 眼大竝眉粗, 城郭要團圓, 此相名眞水, 平生福自然.

凡水形要骨正肉實, 色白帶潤, 體發面凹, 紋看如伏,
面觀如仰, 復大臀大, 方是水形

수형인은 골격이 단정하고 살이 실실해야 하며, 피부색이 희고 윤택해야 하며, 체형이 크고 얼굴은 오목하며, 주름이 숨어 있고 얼굴을 들어 우러러보는 듯하며, 배와 엉덩이가 크면 수형인이 된다.

不宜氣粗色黑, 皮白如粉, 面兼肉浮

기가 거칠고 피부색이 검으며, 피부가 분을 바른 듯 희고 얼굴의 살이 들뜨면 마땅치 않다.

凡水形人骨少肉多, 浮者主夭, 無鬚皮闊者無子, 肉冷者亦無子

수형인은 뼈가 적고 살이 많지만 들뜨면 요절하게 되며, 수염이 없고 피부가 매끄러우면 아들이 없게 되고, 피부가 차가워도 또한 아들이 없게 된다.

書云, 眼大竝眉粗, 城郭要團圓

서운, 눈이 크고 눈썹이 거칠며, 얼굴의 윤곽이 둥근 덩어리 같다고 하였다.

此相名眞水, 平生福自然.

이러한 상을 진실로 수형이라 부르며, 평생 복이 자연히 생겨난다.

◉火形 화형

凡火形人上尖下闊, 形<行>動躁, 鬚少面紅, 鼻喬, 不帶滯色, 宜明潤而紅, 又宜髮少, 不宜腹大, 不宜口大, 凡火形, 貴不過武職, 富不過百金, 非大富大貴之相也, 凡火形又宜頭高, 方有子, 不然, 子亦難招, 書云, 欲職火形貌, 三停又帶尖, 身體全無淨<靜>, 頤邊更少髯.

凡火形人上尖下闊, 形<行>動躁, 鬚少面紅, 鼻嶠

화형인은 위는 뾰족하고 아래가 넓으며, 행동이 산만하며, 수염이 적고, 얼굴이 홍색이며, 코가 높다.

不帶滯色, 宜明潤而紅, 又宜髮少, 不宜腹大, 不宜口大

체색이 띠지 않고 맑고 윤택한 홍색이면 마땅하며, 또한 모발의 숱이 적어야 마땅하고, 배가 크고 입이 크면 마땅치 않다.

凡火形, 貴不過武職, 富不過百金, 非大富大貴之相也

화형인은 귀해도 무직에 불과하며, 부자라도 백금에 불과하고, 대부 대귀의 상은 아니다.

凡火形又宜頭高, 方有子, 不然, 子亦難招

화형인은 마땅히 두상이 높아야 아들이 있으며, 그렇지 않으면 아들 역시 낳기 어렵다.

書云, 欲職火形貌, 三停又帶尖, 身體全無淨<靜>, 頤邊更少髯

서운, 화형인의 모습을 알려면 삼정이 모두 뾰족하고, 신체가 완전히 고요하지 못하고, 구레나룻의 수염이 적다고 하였다.

●土形토형

凡土形, 肥大敦厚, 面重實, 背高, 皮黑, 聲大如雷, 項短頭圓, 乃眞土
也, 書云, 端厚仍深重, 安詳若太山, 心謀難測度, 信義重人間

凡土形, 肥大敦厚, 面重實, 背高, 皮黑, 聲大如雷, 項短頭圓,
乃眞土也

토형은 몸은 비대하고 두텁고 후중하며, 얼굴이 두껍고 실실하며,
등이 높고 피부가 검으며, 음성이 천둥처럼 크고 목이 짧으며, 머
리가 둥근 것이 진정한 토형이다.

書云, 端厚仍深重, 安詳若太山, 心謀難測度, 信義重人間

서운, 토형인은 단정하고 두터우며, 매우 무겁고, 태산과 같이 침착하고, 심중의 책
략을 헤아리기 어려우며, 신의를 중히 여기는 사람이라 하였다.

●總論총론

總論歌○歌曰, 木瘦金方水主肥, 土形敦厚背如龜, 上尖下闊明如火,
五樣人形仔細推, 木色靑分火色紅, 土黃水黑是眞容, 只有金形宜帶
白, 五般顏色不相同.○夫人受精於水, 稟氣於火, 故坎離爲交媾, 方
得成身, 先精合而後神生, 先神生而後形全, 自知全於內外, 不出乎五
行生剋之中, 富貴貧賤, 盡在衰强旺弱之配, 故取爲金木水火<土>之
說, 還有飛禽走獸之形, 金不嫌方, 木不嫌瘦, 火不嫌尖, 土不嫌重, 水
不嫌黑, 似金得金才智深, 似木得木資才足, 似水得水文學高, 似火得
火見機深, 似土得土財祿足, 如得其生扶爲妙, 得其剝削爲忌也.

總論歌○歌曰

총론가. 가왈,

木瘦金方水主肥, 土形敦厚背如龜, 上尖下闊明如火

목형은 마르고, 금형은 네모지고, 수형은 비대하며, 토형은 두텁고 후중하며 등이 거북과 같으며, 화형은 위는 좁고 아래가 넓으며 맑다.

五樣人形仔細推, 木色靑兮火色紅, 土黃水黑是眞容, 只有金形宜帶白, 五般顏色不相同

다섯 체형인의 형상을 자세히 추론하면 목색은 청색이고, 화색은 홍색이며, 토색은 황색이고, 수색은 흑색이 참된 용모이다. 다만 금형인은 흰색을 띄는 것이 마땅하다. 다섯 체형 얼굴은 모두 피부색이 같지 않다.

○ 夫人受精於水, 稟氣於火, 故坎離爲交媾, 方得成身

사람은 수에서 정을 받고, 화에서 기를 품으니 고로 坎離(감리)가 서로 얽히게 되면 사람의 몸을 이루게 되는 것이다.

先精合而後神生, 先神生而後形全, 自知全於內外

먼저는 정이 합해진 연후에 신이 생기고, 신이 생긴 이후에 형상이 온전해지니 이로부터 내외가 완전해지는 것을 알게 된다.

不出乎五行生剋之中, 富貴貧賤, 盡在衰強旺弱之配

오행의 생극의 속에서 부귀빈천과 쇠강왕약의 배합을 모두 벗어나지 못하게 된다.

故取爲金木水火<土>之說, 還有飛禽走獸之形

고로 금목수화토의 체형에 관해 설명을 하니 또한 날짐승 들짐승의 형상이 있다.

金不嫌方 _ 금형은 모가 진 것을 꺼리지 않는다.

木不嫌瘦 _ 목형은 파리하게 마른 것을 꺼리지 않는다.

火不嫌尖 _ 화형은 뾰족한 것을 꺼리지 않는다.

土不嫌重 _ 토형은 무거운 것을 꺼리지 않는다.

水不嫌黑 _ 수형은 검은 것을 꺼리지 않는다.

似金得金才智深 _ 금형 같은데 금기를 얻으면 재주와 지혜가 깊다.

似木得木資才足 _ 목형 같은데 목기를 얻으면 자질과 재주가 풍부하다.

似水得水文學高 _ 수형 같은데 수기를 얻으면 학문이 높다.

似火得火見機深 _ 화형 같은데 화기를 얻으면 기틀이 깊다.

似土得土財祿足 _ 토형 같은데 토기를 얻으면 재록이 풍족하다.

如得其生扶爲妙, 得其剝削爲忌也

만일 체형이 상생되어 서로 도움을 얻게 되면 좋은 상이 되며, 서로 깎이는 걸 얻게
되면 꺼리게 된다.

五行賦
오 행 부

五行賦〇賦曰, 大哉五行, 生物之理, 萬象宗焉, 故木須微火高明, 秋
闈獨步, 澄淸金木, 春榜魁名, 火剋金豈能得用, 金剋木不得成名, 木
少金多, 還須進<閑>氣, 木多金少, 一世身榮, 金人火局, 必成器用,
水人土局, 愚頑之人, 木弱金多, 只好三旬之壽, 金堅秀實, 方爲柱國
之人, 土制水庄田之客, 水生木出仕求名, 梁棟材還須水潤, 國家珍金
木榮明, 金得木方爲有用, 木逢金一世辛勤, 形體理還從生剋, 面上理
要看相生, 必須詳衰旺勝弱, 五行配方許得眞, 木形人還須本色, 犯生
色還須得利, 犯剋色夭折須明, 五行理化生千萬, 一概論大悟終身.

五行賦〇賦曰,

오행에 관한 글이니 부왈,

大哉五行, 生物之理, 萬象宗焉, 故木須微火高明, 秋闈獨步

오행은 크도다. 생물의 이치가 되고, 만상의 근원이니 고로 목형
이 미미한 화기를 만나면 고명하여 가을 과거시험에 급제하고 홀
로 군주와 알현하게 된다.

澄淸金木, 春榜魁名

맑고 깨끗한 금형과 목형은 봄 과거시험에 급제하여 장원으로 이름이 올라간다.

火剋金豈能得用

화기가 금형을 극하면 어찌 능히 등용하여 쓰이겠는가.

金剋木不得成名

금기가 목형을 극하면 성공과 명예를 얻을 수가 없다.

木少金多, 還須進<閑>氣, 木多金少, 一世身榮

목기가 적고 금기가 많으면 운이 막히게 되고, 목기가 많고 금기가 적으면 평생 영화를 얻게 된다.

金人火局, 必成器用

금형인이 화국이 되면 큰 인물이 된다.

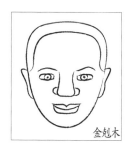
金剋木

木多金少

水人土局, 愚頑之人

수형인이 토국이 되면 어리석고 완고한 사람이다.

木弱金多, 只好三旬之壽

목기는 약하고 금기가 많으면 다만 30년의 수명이 좋게 된다.

金堅秀實, 方爲柱國之人

금형이 수려하고 견실하면 나라의 일등공신이 된다.

土制水庄田之客

토기가 수형을 억제하면 장전[대지주]의 사람이 된다.

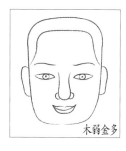
木弱金多

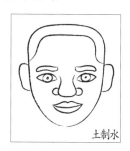
土制水

水生木出仕求名
수기가 목형을 생하면 출세하여 명예를 날린다.

梁棟材還須水潤
동량이 되는 재목은 수기의 윤택함이 있어야 한다.

國家珍金木榮明
국가의 보배 같은 존재는 금형이 목기를 띄면 영화롭고 밝게 빛난다.

金得木方爲有用
금형이 목기를 얻으면 유용한 사람이 된다.

木逢金一世辛勤
목형이 금기를 만나면 평생 고통스럽고 근심이 많다.

水生木

國家珍金

形體理還從生剋
체형의 이치는 오행의 상생상극을 따르게 된다.

面上理要看相生, 必須詳衰旺勝弱, 五行配方許得眞
얼굴의 상생상극의 이치가 중요하니, 쇠왕과 강약을 살펴봐야 한다. 오행의 배합이 맞아야 좋은 상이 되는 것이다.

木形人還須本色, 犯生色還須得利, 犯剋色夭折須明
목형인이 본색【청색】이면서 상생이 되는 색【홍색】을 얻으면 이로움을 얻게 되고, 상극이 되는 색【백색】을 범하게 되면 요절하게 되는 것이 분명하게 된다.

五行理化生千萬, 一槪論大媾終身
오행의 이치가 천변만화하는데, 한 가지 개론이라도 큰 착오가 있으면 상법의 이치가 마치게 된다.

永樂百問 영락백문

◉朕居王位 짐거왕위

朕居王位, 出於何相, 而得爲萬民之主○對曰, 主乃龍生鳳長, 身長
六尺, 面大腰圓, 能步開三尺, 少年所困, 因未出鬚之故, 今已鬚長一
尺八寸, 以合龍相當年之壽.

朕居王位, 出於何相, 而得爲萬民之主

짐이 왕위에 있는 것은 어떠한 상이기 때문이며, 어찌 만백성의 주인이 될 수 있는가.

○對曰, 主乃龍生鳳長, 身長六尺, 面大腰圓, 能步開三尺

유장선생께서 대답하여 이르길, 주상께서는 용으로 태어나 봉으로 자라서 신장이
육척이 되고, 얼굴이 크고, 허리가 둥글며, 보폭이 3척으로 걸음을 걷습니다.

少年所困, 因未出鬚之故, 今已鬚長一尺八寸, 以合龍相當年之壽.

젊어서 곤란했던 것은 수염이 자라기 전이기 때문이고, 지금은 이미 수염이 자라 한
자 여덟 치가 됩니다. 이로써 용상에 부합되었고, 당년이 해당되는 해입니다.

◉庶民生下 서민생하

凡庶民生下小孩, 其父見子得爵者何說, 莫非是小兒之福乎○對曰,
凡小兒生下, 瑞香滿室, 必主大貴, 書云, 生下身香, 定主父爵身後榮,
昔劉阿斗, 宋太祖, 生下, 俱異香百日.

凡庶民生下小孩, 其父見子得爵者何說, 莫非是小兒之福乎

서민이 남자아이를 낳는데, 그 아버지가 아들을 낳자마자 벼슬을 얻은 것은 무엇 때문인가. 이것이 아이의 복이 아닐 수 없잖은가.

〇對曰, 凡小兒生下, 瑞香滿室, 必主大貴

대왈, 어린아이가 태어날 때 상서로운 향이 방안 가득 차면 대귀의 상이 됩니다.

書云, 生下身香, 定主父爵身後榮

서운, 태어날 때 몸에서 향이 나면 아버지가 벼슬을 받고, 성장한 후에 영화롭다 하였습니다.

昔劉阿斗, 宋太祖, 生下, 俱異香百日.

옛날 유비의 아들과 송태조가 태어났을 때 모두 신비한 향이 백일을 갔다고 합니다.

◉朕昨見－짐작견일

朕昨見－尚書天庭低, 何故又得爲官〇對曰, 天庭雖低, 日月角開輔, 弼骨朝歸, 頭平面圓, 此乃五行相配, 故不忌低, 是以得爲黨尚書.

朕昨見－尚書天停低, 何故又得爲官

짐이 어제 상서 한 사람을 보니 이마가 낮은데, 어떤 이유로 관직을 얻게 되었는가?

〇對曰, 天停雖低, 日月角開, 輔弼骨朝, 頭平面圓, 此乃五行相配, 故不忌低, 是以得爲尚書.

대왈, 이마가 비록 낮아도 일월각이 열려 있고 보각이 보필하며, 머리가 평평하고 얼굴이 둥글면 이것이 오행이 서로 배합이 된 것이니 고로 낮다고 꺼리는 것이 아니니 이로써 상서의 직위를 얻을 수 있게 된 것입니다.

●宮中方面 궁중방면

> 朕宮中無方面之妃, 朕之面方欲得一面爲配, 再無何說○對曰, 婦人
> 貴在目肩背, 子在肚腹乳臍, 凡面方者爲虎面, 必犯殺星, 豈能入宮
> 爲貴人. 凡女形如鳳者方爲大貴. 鳳形面圓, 長上下眉配已高目細秀
> 項圓長眉背平, 此乃眞貴, 縱不入宮, 亦不失爲夫人.

朕宮中無方面之妃, 朕之面方, 欲得一方面爲配, 再無, 何說

짐이 궁중에서 얼굴이 네모난 비를 보지 못했는데 짐의 얼굴이 네모지니, 얼굴이 네모난 여인을 얻어 배필로 삼으려 하는데, 다시 보아도 없으니 어찌된 일이냐?

○對曰, 婦人貴在眉目肩背, 子在肚腹乳臍

대왈, 귀한 부인은 눈썹·눈·어깨·등을 보고, 태자는 윗배·아랫배·가슴·배꼽을 봅니다.

凡面方者爲虎面, 必犯殺星, 豈能入宮爲貴人

얼굴이 네모진 부인은 호면이라 하며 살성을 범하게 되니, 어찌 입궁시켜 귀인으로 삼겠습니까.

凡女形如鳳者, 方爲大貴, 鳳形面圓長, 上下配, 眉已高, 目細秀, 項圓長, 肩背平

여인의 상은 봉황과 같아야 대귀의 상이 되며, 봉황의 형상은 얼굴이 둥근 듯 길어야 하며, 상정과 하정의 배합이 맞아야 하며, 눈썹이 높고 눈이 세장하게 수려해야 하며, 목이 둥글고 길어야 하며, 어깨와 등은 평평해야 합니다.

此乃眞貴, 縱不入宮, 亦不失爲夫人

이는 진정한 귀인이니, 설령 입궁을 하지 않아도 또한 귀부인이 되지 않을 수 없습니다.

●寵王公女 총왕공녀

> 朕向日寵王公女, 相他必爲後母, 朕今不喜他, 何能得爲後母○對曰,
> 非國母福薄, 但聖上子星未現, 故此不寵, 後生成, 國後命壽延長, 若
> 要出得太子, 必定是他. 永樂三年後果生太子.

朕向日寵王公女, 相他必爲后母, 朕今不喜他, 何能得爲后母

짐이 얼마 전에 왕공녀를 총애했었는데, 왕공녀의 상이 태자의 어머니가 된다고 했지만 짐은 지금 그녀를 좋아하지 않는다. 어찌 태자의 어머니가 될 수 있겠는가?

○對曰, 非國母福薄, 但聖上子星未現, 故此不寵

대왈, 국모가 아니면 복이 없는데, 다만 성상께서 자성이 아직 나타나지 않았습니다. 고로 총애를 받지 못한 것입니다.

被生成國后, 命壽延長, 若要出得太子, 必定是他

총애를 받고 아이를 낳아 국후가 되면 수명이 연장될 것이니 만약 태자를 얻게 된다면 그 왕공녀에게서 얻게 될 것입니다.

永樂未信, 後三年復寵, 果生太子.

영락황제가 믿지 않으나 3년 후에 다시 총애를 입으니 과연 태자를 생산하였다.

●選妃綿衣 선비면의

> 選妃用綿衣厚窮, 令女走出汗來, 此是何說○對曰, 非令女走出汗來,
> 乃知其體香, 若何知女人體香, 這樣方得大吉.

選妃用綿衣厚穿, 令女走出汗來, 此是何說

비를 간택하는데, 솜옷을 두텁게 입히고 구멍을 낸 다음 그 여인으로 하여금 뛰게

하여 땀을 내게 한다는데, 이는 무슨 뜻인가?

○對曰, 非令女出汗, 乃知其體香若何, 凡女人體香, 方得大吉.

대왈, 여인으로 하여금 땀이 나도록 하지 않으면 이는 그 몸에서 향이 어떠한가를 알겠습니까. 무릇 여인의 몸에서 향이 나면 대길한 비를 간택하는 방법인 것입니다.

◉爲官貴人위관귀인

> 爲官者, 乃貴人, 常有遭刀劊刑者, 爲何○對曰, 皆因項上有紅絲, 耳輔<輪>多赤色, 犯此者, 難逃刀斧亡身.

爲官者, 乃貴人, 常有遭刀劊刑者, 爲何

벼슬하는 사람이라면 귀인일 텐데, 늘 형벌로 목을 잘리는 일이 있는 것은 어찌 된 일인가?

○對曰, 皆因項上有紅絲, 耳輔<輪>多赤色, 犯此者, 難逃刀斧亡身

대왈, 목에 붉은 실핏줄이 감겨 있고, 귀의 윤곽에 붉은 색이 짙게 나타나게 되니 이를 범한 자는 칼이나 도끼에 의하여 죽는 것을 면하기 어렵습니다.

◉日月交鋒일월교봉

> 日月交鋒, 反得善終, 爲何○對曰, 凡武將在邊地, 眼眉上生殺氣正高, 現於兩顴, 所以當得爭戰, 眼不露光, 項無紅絲, 非猪食鼠滄, 乃善人之相, 能戰之人也.

日月交鋒, 反得善終, 爲何,

두 눈이 날카롭게 맞서는 듯하면 선종을 할 수 없다 하였는데, 무슨 일인가?

○**對**曰, 凡武將在邊地

대왈, 무장이 되는 것은 변지에 나타납니다.

眼眉上生殺氣正高, 現於兩顴, 所以當得爭戰

눈과 눈썹 위에 살기가 곧바로 높게 나타나며, 양 관골에 드러나게 됩니다. 이로써 당당히 전쟁을 치루는 것입니다.

眼不露光, 項無紅絲, 非猪食鼠滄, 乃善人之相, 能戰之人也

안광이 노출되지 않고, 목에 붉은 실핏줄이 없거나, 돼지나 쥐처럼 먹지 않으면 이는 선인의 상이 되고, 승전할 수 있는 무장입니다.

◉**吳尙書母**오상서모

> 吳尙書之母極陋, 生二子, 如梓童, 是出何相○對曰 面雖陋, 眼若星, 脣若硃, 子乃臍腹所載, 何在面目, 必是臍厚腹厚, 腰正體直, 人若見之, 俱有懼色, 凡婦人威嚴者多生貴子, 非面之福, 乃五臟六腑寬宏秀麗也, 後永樂封爲錦腸夫人, 又云, 眼秀脣紅, 當得二國之封, 詩云, 面陋脣硃眼若星, 威嚴沈重世人驚, 雖然未得爲君后, 二國褒封拜聖明.

吳尙書之母極陋, 生二子, 如梓童, 是出何相

오상서의 어머니는 매우 누추한데 아들 둘을 낳았다. 군주의 심복이 되는 것은 상의 어느 부위에서 나타나는 것인가?

○**對**曰, 面雖陋, 眼若星, 脣若硃

대왈, 얼굴은 비록 누추하나 눈이 별처럼 빛나고, 입술은 주사를 바른 듯 붉습니다.

子乃臍腹所載, 何在面目, 必是臍厚腹厚, 腰正體直

아들을 낳는 것은 배와 배꼽에 실려 있으니 어찌하여 얼굴과 눈만 있겠습니까. 배꼽이 깊고 배가 풍요로워야 하며, 허리가 단정하고 체격이 곧아야 합니다.

人若見之, 俱有懼色

사람이 만약 이와 같이 보인다면 사람들이 두려워하는 마음을 가질 것입니다.

凡婦人威嚴者多生貴子

부인에게 위엄이 있다는 것은 귀한 아들을 많이 낳을 수 있다는 겁니다.

非面之福, 乃五臟六腑寬宏秀麗也

얼굴의 복이 아니라 오장육부가 너그럽고 굳세고 수려해서입니다.

後永樂封爲錦腸夫人

후에 영락황제가 오상서의 모친에게 금장부인이라는 작위를 봉하였다.

又云, 眼秀脣紅, 當得二國之封

우운, 눈이 수려하게 길고 입술이 붉으면 당당히 두 나라에서 벼슬을 맡게 된다고 하였다.

詩云, 面陋脣硃眼若星, 威嚴沈重世人驚, 雖然未得爲君后, 二國褒封拜聖明

시운, 비록 얼굴이 누추하나 입술이 주사를 바른 듯 붉고, 눈이 별처럼 빛나며, 위엄과 평온과 후중함이 세상 사람들이 놀랄 정도라면, 비록 군주의 왕후가 되지는 않아도 두 나라의 성군을 알현하여 벼슬을 임명 받들게 된다 하였다.

●宮中之女 궁중지녀

宮中之女, 多不出子, 何也○對曰, 古人言美女無肩, 將軍無項, 肩太垂而身太弱, 腰太細而體太輕, 犯此四者, 極多, 乃非厚福之相, 何得有子.

宮中之女, 多不出子, 何也

궁중의 여인은 아들을 많이 낳지 못하는데, 어찌 된 일인가?

○**對**曰, 人言美女無肩, 將軍無項

대왈, 사람들이 말하길 미녀는 어깨가 없고, 장군은 목이 없다고 하였습니다.

肩太垂而身太弱, 腰太細而體太輕

어깨가 심하게 낮게 기울어지고 몸이 지나치게 약하며, 허리가 너무 가늘고 체중이 매우 가벼운 여인이 미녀라고 합니다.

犯此四者, 極多, 乃非厚福之相, 何得有子

이런 네 가지를 갖춘 여인은 궁중에서는 극히 많으니 복이 많은 상이 아닙니다. 어찌 태자를 생산할 수 있겠습니까?

◉**朝中大臣**조중대신

> 朝中大臣不能飮食, 旣爲官, 何又祿少○對曰, 官高雖是印堂寬, 富貴還須手過膝, 官高因印開眉秀, 耳正目淸, 因此大貴, 食祿在口, 若脣薄口㾣, 食自少也.

朝中大臣不能飮食, 旣爲官, 何又祿少

조정의 대신들은 잘 먹지도 마시지도 못하는데 이미 관직에 올랐다면, 어찌 봉록이 적은가?

○**對**曰, 官高雖是印堂寬, 富貴還須手過膝

대왈, 고위관직자는 인당이 넓어야 하고, 부귀를 누리는 자는 손이 무릎을 지나야 합니다.

官高因印開眉秀, 耳正目清, 因此大貴

고위관직은 인당이 넓게 열리고 눈썹이 수려하게 길며, 귀가 단정하고 눈이 맑아야 하니, 이로써 대귀를 하는 것입니다.

食祿在口, 若脣薄口慼, 食自少也

식록은 입에 있는데, 만약 입술이 얇고 입이 작다면 먹는 것이 자연 적을 수밖에 없는 것입니다.

◉**眉長不長**미장부장

> 眉長壽不長, 何說○對曰, 書云, 眉毫不如鼻毫, 鼻毫不如耳毫, 耳毫
> 不如枕骨高, 故此眉長難以保壽, 凡壽在頭皮項皮血色爲主.

眉長壽不長, 何說

눈썹이 수려하게 긴데, 수명이 길지 못한 것은 무슨 뜻인가?

○對曰, 書云, 眉毫不如鼻毫, 鼻毫不如耳毫, 耳毫不如枕骨高,

故此眉長難以保壽

대왈, 서운, 눈썹의 긴 털은 콧속의 긴 털보다 못하고, 콧속의 긴 털은 귓속의 긴 털보다 못하며, 귓속의 긴 털은 뒷머리의 뼈가 높이 솟은 것보다 못하다 하였습니다. 고로 눈썹이 길다고 해서 수명을 보장받기는 어렵다고 하였습니다.

凡壽在頭皮項皮血色爲主

수명은 두피와 목의 피부와 혈색을 위주로 봐야 하는 것입니다.

●耳反官大이반관대

> 耳反爲官大, 何說○對曰, 相有可忌有不可忌之說, 豈可一例而推,
> 書云, 睛雖黃, 有神光, 梁<樑>雖折, 準頭豊, 身雖瘦, 不露骨, 此俱
> 不作破敗, 還作貴相推之.

耳反爲官大, 何說

이반이 된 자가 높은 벼슬을 하는 것은 무슨 뜻인가?

○對曰, 相有可忌有不可忌之說, 豈可一例而推

대왈, 상에는 꺼리는 것이 있고 꺼리지 않는 것이 있습니다. 어찌 한 가지 예만 들어서 보겠습니까?

**書云, 睛雖黃, 有神光, 梁<樑>雖折, 準頭豊, 身雖瘦, 不露骨, 此俱不作破敗,
還作貴相推之**

서운, 눈동자가 비록 누렇다 해도 안신이 빛나고, 비량이 비록 낮고 끊어져도 준두가 풍융하고, 몸이 비록 말랐어도 뼈가 드러나지 않으니 이는 다 실패의 상으로만 봐서는 안 됩니다. 오히려 귀한 상으로 추론할 수 있다 하였습니다.

●舜目重瞳순목중동

> 舜目重瞳, 項羽亦重瞳, 何說○對曰, 舜目細而長, 乃鳳目也, 項目圓
> 而露, 眼邊起皮紋, 如鷄眼, 乃凶相也.

舜目重瞳, 項羽亦重瞳, 何說

순임금의 눈동자가 중동이고 항우 또한 중동이었다고 하는데, 무슨 뜻인가.

☞ 중동은 검은 눈동자가 이중으로 되어 있는 것을 뜻한다

○ 對曰, 舜目細而長, 乃鳳目也

대왈, 순임금의 눈은 가늘고 길어서 봉의 눈이라 합니다.

項目圓而露, 眼邊起皮紋, 如鷄眼, 乃凶相也

항우의 눈은 둥글고 눈동자가 돌출되어 있으며, 눈가에 주름이 겹겹이 있어서 마치 닭의 눈과 같아서 가장 흉한 상이라 하였습니다.

◉甘羅十二 감라십이

> 甘羅十二, 太公八十, 一遲一早, 何說○對曰, 此兩位前賢, 雙耳俱有 珠齊口角, 爲明珠出海, 甘羅紅如火, 十二到此卽遇, 太公白如雪, 故 主老來方遇.

甘羅十二, 太公八十, 一遲一早, 何說○對曰

감라는 12세에 운이 들어왔고, 태공은 80세에 운이 왔는데, 누구는 일찍 출세하고, 누구는 늦게 출세하는 무슨 뜻인가.

☞ 감라는 12세 진나라 장군이 되었고, 강태공은 80세에 제나라 제후가 되었다

此兩位前賢, 雙耳俱有珠齊口角, 爲明珠出海

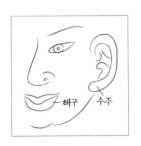

두 분은 옛날 현인의 지위에 오르신 분입니다. 양쪽 귀의 수주와 구각이 가지런하면 명주출해라고 합니다.

☞ 명주는 수주이며 태양을 뜻하고, 출해는 입이며 바다를 뜻한다

甘羅紅如火, 十二到此卽遇, 太公白如雪, 故主老來方遇.

감라는 귀가 불처럼 붉어서 12세에 귀인[진시황제]을 만나 출세를 하였고, 강태공은 귀가 눈처럼 희어서 80세 귀인[주문왕]을 만나 출세를 하게 되었습니다.

●一生無疾 일생무질

> 凡人一生無疾病, 何說○對曰, 人生在世, 相合乾坤, 驛馬高明邊地
> 靜, 印堂平正六陽光, 疾厄再無暗滯, 一生福壽永綿長.

凡人一生無疾病, 何說

사람이 평생 질병이 없다는 것은 무슨 뜻인가?

○對曰, 人生在世, 相合乾坤

대왈, 사람이 사는 세상은 하늘과 땅의 합에 의해 사는 것입니다.

驛馬高明邊地靜, 印堂平正六陽光

역마가 높고 밝으며, 변지가 안정되어야 하고, 인당이 평평하고 단정하며, 육양골이 빛나야 합니다.

疾厄再無暗滯, 一生福壽永綿長

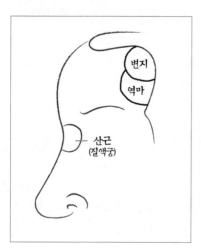

질액궁이 다시 어둡게 체하지 않아야 평생 복수를 영원히 이어갈 수 있습니다.

☞ 질액궁은 산근을 의미한다

◉一生多疾 일생다질

凡人一生多疾病, 何說○對曰, 山根常暗準頭靑, 兩目生塵目又昏,
邊地如泥髮如草, 一生何日得安寧.

凡人一生多疾病, 何說

사람이 평생 질병이 많다는 것은 무슨 뜻인가?

○**對曰, 山根常暗準頭靑, 兩目生塵目又昏, 邊地如泥髮如草, 一生何日得安寧**

대왈, 산근이 항상 어둡고 준두가 푸른색을 띠며, 두 눈이 먼지가 낀 것 같고 또 눈이
혼탁하며, 변지에 진흙이 묻은 듯하고 머리카락이 잡초 같으면 평생 동안 어찌 단
하루도 편안하게 건강하겠습니까?

◉朕君憂心 짐군우심

朕自爲君以來, 不脫憂心何說○對曰, 山根倉庫長靑靑, 準赤頤黃氣不
勻, 從此爲君也愁悶, 庶人得此百無成, 必待此色一開, 聲<聖>心自安矣.

朕自爲君以來, 不脫憂心何說

짐이 왕이 된 이래로 근심과 걱정을 벗어나지 못하는 것은 어찌된 일인가?

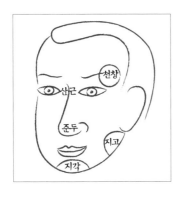

○**對曰, 山根倉庫長靑靑, 準赤頤黃氣不勻**

대왈, 산근·천창·지고에 오랫동안 짙푸른 색이 있
으며, 준두가 붉고 턱의 누런 기색이 고루지 못하기
때문입니다.

從此爲君也愁悶, 庶人得此百無成, 必待此色一開, 聲<聖>心自安矣

이에 따라서 군주께서는 근심과 번민이 있는 것이며, 보통 사람이라면 백사가 불성하게 됩니다. 반드시 기색이 열리기를 기다리시면 성군의 심사가 저절로 편안하게 될 것입니다.

●朕君幸國짐군행국

朕爲君以來, 幸國已平, 民已富, 士已裕, 何說○對曰, 血足神舒眼愈光, 印堂平潤是榮昌, 爲士爲官多獲福, 庶人得此亦安康.

朕爲君以來, 幸國已平, 民已富, 士已裕, 何說

짐이 왕이 된 이래 나라가 태평해지고, 백성은 부유하게 되며, 선비는 여유가 있으니 무슨 뜻인가?

○ 對曰, 血足神舒眼愈光, 印堂平潤是榮昌, 爲士爲官多獲福, 庶人得此亦安康

대왈, 성군의 혈색이 충족하고 안신이 펼쳐져 나오고 안광이 더욱 빛나며, 인당이 평평하고 윤택하면 영화롭고 번창하니 선비는 관직을 받아 많은 복을 얻게 되고, 서민은 또한 안정되고 건강하게 됩니다.

●女人多貴여인다귀

女人多貴中生賤, 賤中生貴, 何說, 人言女人無相, 又何說○對曰, 凡女相與男相同, 女豈無相, 頭尖髮少, 必是賤人之女, 面圓目正, 可配良人之妻, 血足氣和, 可生好子, 土正顴平, 可推家業, 體正面正, 目秀脣紅, 再得肩圓, 可許大貴, 凡富室之女, 頭平額闊, 目若流星, 脣薄身輕, 貌美倉削, 齒白肉光, 乃賤婦也.

女人多貴中生賤, 賤中生貴, 何說, 人言女人無相, 又何說

여인이 귀한 가운데에 천함이 있고, 천한 가운데 귀함이 있으니 무슨 뜻인가? 어떤 사람의 말에 의하면, 여인의 상은 없다고 하는데 또한 무슨 말인가?

○ **對曰, 凡女相與男相同, 女豈無相**

대왈, 무릇 여인의 상은 남자의 상과 같으니, 어찌 여인의 상이 없다고 하겠습니까?

頭尖髮少, 必是賤人之女

두상이 뾰족하고, 모발의 숱이 적으면 천한 여인입니다.

面圓目正, 可配良人之妻

얼굴이 둥글고, 눈이 단정하면 좋은 사람의 처로 배필이 될 수 있습니다.

血足氣和, 可生好子

혈색이 풍족하고, 기가 온화하면 좋은 아들을 낳을 수 있습니다.

土正顴平, 可推家業

코가 단정하고, 관골이 평평하면 가업을 이어나갈 수 있습니다.

體正面正, 目秀脣紅, 再得肩圓, 可許大貴

체형이 단정하고 얼굴이 반듯하며, 눈이 수려하게 길고 입술이 붉으며, 또한 어깨가 둥글면 대귀부인이 됩니다.

凡富室之女, 頭平額闊, 目若流星

부유한 집안의 여인이 되는 것은 두상이 평평하고 이마가 넓으며, 눈이 마치 유성과 같습니다.

脣薄身輕, 貌美倉削, 齒白肉光, 乃賤婦也

입술이 얇고 체중이 가벼우며, 용모가 아름다우나 천창이 깎이며, 치아가 희고 살이 빛나고 매끄러우면 이는 천한 부인이 됩니다.

●五露五反 오로오반

五露五反, 何說○凡一露二露, 家無隔宿, 三露四露, 命常短促, 五露
俱全, 大貴之格, 眼露睛不露光, 鼻露竅不偏梁, 脣露齒不露掀, 耳露
廓不欠珠, 此乃金木水火土, 五露俱犯, 露梁<樑>露光, 露掀欠珠,
此還是十分下賤之相, 五反, 非善相也, 乃凶惡之徒, 書云, 五反之中
奧妙多, 術人何以得知之, 若還一件俱無反, 方許朝中掛紫衣.

五露五反, 何說
오로와 오반이 무슨 뜻인가?

☞ 로는 드러난 형상을 뜻하고, 반은 뒤집혔다는 뜻이다

凡一露二露, 家無隔宿, 三露四露, 命常短促, 五露俱全, 大貴之格

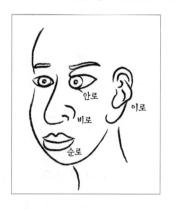

한두 곳이 노출되면 이틀 잠을 잘 집이 없고, 서너 곳
이 노출되면 수명이 단촉되며, 다섯 곳이 모두 완전히
노출되면 대귀의 격이 됩니다.

眼露睛不露光
안로는 눈이 돌출되었지만 눈동자의 빛이 노출되지 않아야 합니다.

鼻露竅不偏梁
비로는 들창코가 되었지만 콧대가 삐뚤지 않아야 합니다.

脣露齒不露掀

순로는 입술이 들렸지만 치아가 드러나 보이지 않아야 합니다.

耳露廓不欠珠

이로는 윤곽이 뒤집혀도 수주에 흠결이 없어야 합니다.

此乃金木水火土, 五露俱犯

이는 금목수화토의 오행이 모두 오로를 범한 것입니다.

露梁〈樑〉露光, 露掀欠珠, 此還是十分下賤之相

비량 뼈가 들어나고 눈의 빛이 노출되며, 입술이 들리고 수주에 흠결이 있으면 이는 온전히 하천한 상이 됩니다.

五反, 非善相也, 乃凶惡之徒

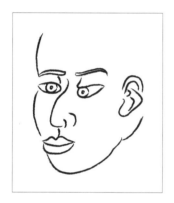

오반은 좋은 상이 아닙니다. 이는 흉악한 사람입니다.

書云, 五反之中奧妙多, 術人何以得知之, 若還一件俱無反, 方許朝中掛紫衣

서운, 오반 중에는 오묘한 것이 많은데, 술가들이 이것을 어찌 알겠습니까? 만약 오반 중에 한 건도 뒤집힌 것이 없으면 중앙 조정의 자의[의관]를 걸치게 된다고 하였습니다.

◉五小五極 오소오극

五小五極, 何以辨明○對曰, 凡五小者, 一小頭, 二小身, 三小手, 四
小足, 五小面, 此乃五件, 一身還要五官六府爲主, 此乃身體五小, 非
五官五小也, 若五官俱小爲五極, 乃小賤之相也, 凡五小聲大, 五官
三停六府爲配, 方妙, 如有一件不配, 卽不如也, 五極, 乃額耳眼鼻口
是也, 卽五星金木水火土, 書曰, 五小身頭共四肢, 莫言耳鼻口如眉,
若是五官俱得小, 一生下賤是癡愚.

五小五極, 何以辨明

오소와 오극은 어떻게 분별하는가?

○對曰, 凡五小者, 一小頭, 二小身, 三小手, 四小足, 五小面, 此乃五件

대왈, 오소라는 것은 첫째는 머리가 작고, 둘째는 몸이 작으며, 셋째는 손이 작고, 넷
째는 발이 작으며, 다섯째는 얼굴이 작은 것이다. 이 다섯 건을 말합니다.

一身還要五官六府爲主, 此乃身體五小, 非五官五小也

일신의 오관과 육부를 위주로 살펴봐야 합니다. 이는 신체의 5가지가 작은 것이지
오관의 5가지가 작은 것은 아닙니다.

若五官俱小爲五極, 乃小賤之相也

만약 오관이 모두 작은 것을 오극이라 하며, 이는 소천의 상이 됩니다.

凡五小聲大, 五官三停六府爲配, 方妙

오소는 음성이 크고, 오관·삼정·육부가 배합이 맞으면 좋은 상이 됩니다.

如有一件不配, 卽不如也

만약 한 건이라도 배합이 맞지 않으면 좋은 상이 아닙니다.

五極, 乃額耳眼鼻口是也, 卽五星金木水火土

오극은 이마·귀·눈·코·입을 말하고, 오성의 금목수화토를 뜻합니다.

書曰, 五小身頭共四肢, 莫言耳鼻口如眉

서왈, 오소는 몸과 머리, 팔다리 사지를 말하고, 이목비구미를 말하는 것이 아니라 하였습니다.

若是五官俱得小, 一生下賤是癡愚

만약 오관이 모두 작으면 평생 하천하고 어리석은 사람이 됩니다.

◉相分南北상분남북

相分南北, 何以爲說○對曰, 此論南北二京十三省之說(古書無此, 乃 先生心法也), 分十二宮言之, 南方屬火, 故相天停, 宜火旺, 方爲有 用, 北方屬水, 相地閣, 宜水旺, 爲妙, 浙人屬金, 故金宜淸, 方許榮身, 閩人相脣口齒, 閩地近海, 乃脣齒之關, 太原, 乃陝西西方也, 爲中國 屬土, 河南相穩重, 淮南相厚實, 淮北相軒昂, 江南相輕淸, 江北不嫌 重濁, 徽州乃山嶽峻地, 故獨相眉, 江西越尾, 相氣色, 不以骨格爲念, 但各處相若得局方妙, 不合, 難許榮身.

相分南北, 何以爲說

상을 남북으로 나뉘는 것은 무슨 뜻인가.

○ 對曰, 此論南北二京十三省之說(古書無此, 乃先生心法也)

대왈, 이 이론은 남북의 2경과 13성을 말하는 것입니다(세주 : 옛날 상서에는 없었고, 유장 선생님의 심법입니다).

分十二宮言之, 南方屬火, 故相天停, 宜火旺, 方爲有用

십이궁으로 나누어서 말하자면 남방은 화에 속하니 고로 이마를 봐야 하고, 화기가 왕성해야 마땅하니 유용하게 쓰이게 됩니다.

北方屬水, 相地閣, 宜水旺, 爲妙

북방은 수에 속하니 지각을 봐야 하고, 마땅히 수기가 왕성해야 좋은 상이 됩니다.

浙人屬金, 故金宜清, 方許榮身

절강성 사람은 금에 속하니 고로 마땅히 금기가 맑아야 일신이 영화롭게 됩니다.

閩人相脣口齒, 閩地近海, 乃脣齒之關

복건성 사람은 입술·입·치아를 봐야 하고, 복건성은 바다에 근접해 있으니 이는 입술과 치아에 관련되어 있습니다.

太原, 乃陝西西方也, 爲中國屬土

태원은 섬서의 서쪽 지방이지만 나라 가운데 있어서 토에 속합니다.

河南相穩重, 淮南相厚實, 淮北相軒昂

하남성은 은은하게 후중한 것을 보고, 회남성은 두텁고 견실한 것을 보며, 회북성은 훤칠하고 당당한 것을 봅니다.

江南相輕清, 江北不嫌重濁, 徽州乃山嶽峻地, 故獨相眉

강남성은 가볍고 맑은 것을 보며, 강북성은 무겁고 탁한 것을 꺼리지 않고, 휘주는 산악이 준험한 땅이니 고로 유독 눈썹을 봐야 합니다.

江西越尾, 相氣色, 不以骨格爲念

강서성과 월인은 상의 기색을 봐야 하고, 골격만으로 생각해서는 안 됩니다.

但各處相若得局方妙, 不合, 難許榮身.

다만 각 지방의 상을 살펴봐서 격국을 얻으면 좋은 상이지만, 합당하지 않으면 일신이 영화롭기 어렵습니다.

三尖六削何如○對曰, 頭尖, 面尖, 嘴尖, 不良之相, 六府俱削, 奸狡
之徒, 犯此焉得富貴.

三尖六削何如

삼첨과 육삭은 무슨 뜻인가?

○對曰, 頭尖, 面尖, 嘴尖, 不良之相

대왈, 두상이 뾰족하고, 얼굴이 뾰족하고, 입이 뾰족한 것은 좋지 못한 상입니다.

六府俱削, 奸狡之徒, 犯此焉得富貴

육부가 모두 깎인 사람은 간교한 사람입니다. 이를 범하고서 어찌 부귀를 얻겠습니
까?

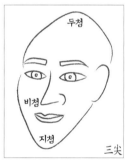

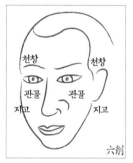

●鶴形龜息학형구식

人言鶴形龜息, 何說○對曰, 凡鶴形, 起步離地三尺, 肩偏項長, 頭先
過步, 今人鶴形不過步, 離地高者爲是, 肩項要同前, 官到尙書, 可學
神仙, 龜息乃安睡之說, 凡睡氣從口出, 亦不聚財, 亦不長壽, 氣從鼻
出, 則財福祿俱好, 凡口鼻俱無, 氣從耳出, 方爲龜息, 易睡易醒, 乃
大貴之相, 神仙之體, 世人鮮矣, 今人亂言二形俱少, 得此者難.

人言鶴形龜息, 何說

사람들이 말하는 학의 형상과 거북의 호흡은 무슨 뜻인가?

○ 對曰, 凡鶴形, 起步離地三尺, 肩偏項長, 頭先過步

대왈, 학의 형상은 3척 높이로 뛰듯이 걷고, 어깨가 기울어져 있고, 목이 길며, 걸음보다 머리가 앞서서 걸어갑니다.

今人鶴形不過步, 離地高者爲是, 肩項要同前, 官到尚書, 可學神仙

요즘 사람은 학의 형상이라 해도 걸음보다 머리가 앞서지는 않지만 땅에서 높이 뛰듯 걸으며, 어깨와 목은 예전과 같습니다. 관직으로는 상서에 이르고, 신선술을 익히고 있습니다.

龜息乃安睡之說

거북의 호흡은 편안히 잠자는 것을 말합니다.

凡睡氣從口出, 亦不聚財, 亦不長壽

잠잘 때 입으로 호흡을 하면 재물이 모이지 않거나 또한 수명이 길지 못합니다.

氣從鼻出, 則財福祿俱好

잠잘 때 코로 호흡을 하면 재물과 복록이 모두 좋습니다.

凡口鼻俱無, 氣從耳出, 方爲龜息, 易睡易醒, 乃大貴之相, 神仙之體, 世人鮮矣

입과 코로 호흡을 하지 않고 귀로 호흡을 하면 구식이라 하며, 쉽게 자고 쉽게 깨는 사람으로 대귀의 상이 되며 신선의 체질이며, 보통 사람은 드뭅니다.

今人亂言二形俱少, 得此者難

요즘 사람은 학형과 구식을 모두 드물다고 함부로 말하는데, 이런 자를 보기가 매우 어렵습니다.

●朕上陳交 짐상진교

> 朕上陳交鋒, 竝無懼色, 今來宮内御室又<不>强, 何說○對曰, 人非
> 懼内, 表壯如不裏壯, 宋太祖左目小, 右目大, 故懼内, 長尚書鬚拂於
> 左, 一生多畏夫人, 聖上眼皮多黑子, 故得賢能國母, 此論眼皮黑子,
> 鬚拂於左, 雙目雌雄, 此三者, 多懼内也.

朕上陳交鋒, 竝無懼色, 今來宮内御室又<不>强, 何說

짐은 전쟁터에서 칼날을 맞대고 싸울 때도 두려운 기색이 없었는데, 요즘에 궁궐 안 어실에서는 강하지 못하니 무슨 뜻인가?

○對曰, 人非懼内, 表壯如不裏壯

대왈, 사람들이 부인을 두려워하지 않는 것은 겉으로는 굳세게 보이나 속으로는 굳세지 못한 것과 같은 것입니다.

宋太祖左目小, 右目大, 故懼内

송태조는 왼쪽 눈이 작고 오른쪽 눈이 커서 황후를 두려워했다고 합니다.

長尚書鬚拂於左, 一生多畏婦人

장상서는 수염이 왼쪽으로 치켜 올라가서 평생 부인을 매우 두려워했습니다.

聖上眼皮多黑子, 故得賢能國母

성상께서는 눈꺼풀에 검은 점이 많아서 현명한 국모를 얻으셨습니다.

此論眼皮黑子, 鬚拂於左, 雙目雌雄, 此三者, 多懼内也

이것은 눈꺼풀의 검은 점이 많고, 수염이 왼쪽으로 치우쳐 올라가며, 두 눈이 크기가 다른, 이 세 가지는 부인을 매우 두려워하는 상법의 이치입니다.

●女人陰毛여인음모

女人陰毛長, 主貴賤何如○對曰, 當時漢國母呂太后, 陰毛長一尺八寸, 根根黃如金色, 拳於陰上, 用手扯開過膝, 放手復拳, 名爲金線纏陰, 故主極品, 亦多主淫, 若直, 若長, 若黑, 乃奸殺之婦, 雖貴不久, 凡陰毛宜黃宜軟, 亦成貴人, 如草者賤, 硬者賤, 生早者夭, 生遲者淫, 三七之内生方妙.

女人陰毛長, 主貴賤何如

여인의 음모의 길이로 귀천이 있다는데, 어떠한가.

○ 對曰, 當時漢國母呂太后, 陰毛長一尺八寸

대왈, 한나라 여태후의 음모의 길이가 1자 8치가 되었다고 합니다.

根根黃如金色, 拳於陰上, 用手扯開過膝, 放手復拳, 名爲金線纏陰

음모 뿌리 하나하나는 황금빛이 나고, 음부 위에 돌돌 말려 있고, 손으로 잡아 늘리면 무릎을 지났으며, 손을 놓으면 다시 말려 올라가니 이를 금선전음이라 이름 붙였습니다.

故主極品, 亦多主淫

고로 극품의 지위에 올랐으나 음탕함이 많았다 합니다.

若直, 若長, 若黑, 乃奸殺之婦

만약 음모가 직선이고, 길고, 검으면 간악한 살성의 부인이라 합니다.

雖貴不久, 凡陰毛宜黃宜軟, 亦成貴人

비록 귀함은 오래가지 못하지만 음모가 황금빛이 나고, 부드러운 것이 좋은 것이니 또한 귀인이라 할 수 있습니다.

如草者賤, 硬者賤, 生早者夭, 生遲者淫, 三七之内生方妙

잡초 같은 음모는 하천하고, 억센 음모도 하천하며, 음모가 이른 나이에 나면 일찍 죽고 늦은 나이에 나면 음탕합니다. 21세 이내에 음모가 나면 매우 좋습니다.

◉相法五行상법오행

> 相法本取五行爲主, 又取爲禽獸之形, 莫非將人比畜麼○對曰, 郭林宗相法, 有三百六十爲外形, 相理多端, 一時難遍, 類獸者多富, 類禽者多貴, 龍形隱隱, 虎形步闊頭藏, 猴相睛圓黃, 耳鼻俱小, 頭小性快, 不定一時, 福生財祿壽好, 難言老後之兒, 兎形性癡多自怯, 眼正鼻露, 合此形, 鳳形項長, 肩圓身直, 女得此亦貴, 舌長唇齊, 鼻大, 面長, 身闊, 爲牛形, 主一生安逸有錢, 萬金賦云, 鳳形要眼秀, 牛形要睛圓, 此乃一陰一陽之大貴格也, 雀步蛇行, 男女大忌, 鷄睛鼠目, 必犯刑名, 馬立蹄換, 一生多主辛勤, 猪形目赤, 憂遭羅網之非, 鴨步身偏多厚實, 鴈行生<性>竅<敦>子昂頭

相法本取五行爲主, 又取爲禽獸之形, 莫非將人比畜麼

상법의 근본은 오행을 위주로 취하고 또한 날짐승과 들짐승의 형상을 의거한다고 하는데, 사람을 짐승과 비교할 수는 없지 않은가?

○對曰, 郭林宗相法, 有三百六十爲外形

대왈, 곽림종의 상법은 360가지의 외형으로 보는 상법이 있습니다.

相理多端, 一時難遍

상법의 이치는 많은데, 일시에 두루 살펴보기는 어렵습니다.

類獸者多富, 類禽者多貴

들짐승의 유형은 부자가 많고, 날짐승의 유형은 귀인이 많습니다.

龍形隱隱, 虎形步闊頭藏

용의 형상은 은은하고, 호랑이의 형상은 보폭이 넓고 머리를 숙이고 있습니다.

猴相睛圓黃, 耳鼻俱小, 頭小性快, 不定一時, 福生財祿壽好, 難言老後之兒

원숭이 상은 눈동자가 둥글고 누렇고, 귀와 코가 모두 작으며, 머리가 작아서 성정이 쾌활하고, 잠시도 가만히 있지 못하며, 재록과 수복은 좋지만 노인이 된 후에 자손을 말하기 어렵습니다.

兎形性癡多自怯, 眼正鼻露, 合此形

토끼의 형상은 성정이 어리석고 겁이 많으며, 눈이 단정하고 비공【콧구멍】이 드러나면 이는 합당한 형상이 됩니다.

鳳形項長, 肩圓身直, 女得此亦貴

봉의 형상은 목이 길고 어깨가 둥글며 몸이 곧으니, 여인이 봉의 형상이면 역시 귀부인이 됩니다.

舌長脣齊, 鼻大, 面長, 身闊, 爲牛形, 主一生安逸有錢

혀가 길고 입술이 가지런하며, 코가 크고 얼굴이 길며, 체형이 활대하면 소의 형상이 되니 평생 안일하며 금전적으로 여유가 있습니다.

萬金賦云, 鳳形要眼秀, 牛形要睛圓, 此乃一陰一陽之大貴格也

만금부에 운하되, 봉의 형상은 눈이 수려해야 하고, 소의 형상은 눈동자가 둥글어야 하니 이는 일음일양의 대귀의 격이 됩니다.

雀步蛇行, 男女大忌

참새의 걸음과 뱀의 행동은 남녀 모두 크게 꺼리는 것입니다.

鷄睛鼠目, 必犯刑名

닭의 눈동자와 쥐의 눈은 죄를 짓고 형벌을 받게 됩니다.

馬立長將蹄換, 一生多主辛勤

말처럼 오래 서서 발굽을 바꾸면 평생 근심과 고생이 많습니다.

猪形目赤, 憂遭羅網之非

돼지처럼 눈이 붉으면 천라지망의 살기이니 근심을 만나게 됩니다.

鴨步身偏多厚實, 鴈行生<性>竅<敦>子昂頭

오리걸음처럼 뒤뚱거려도 언행이 두텁고 너그러우며, 기러기가 날아가듯 고개를 들어서 비공이 보여도 성정이 두텁고 견실하게 됩니다.

◉三停有身 삼정유신

三停有面有身, 何說○對曰, 面上三停, 髮際到山根, 爲上停, 爲初限, 山根到準頭, 爲中停, 爲中限, 人中到地閣, 爲下停, 主末限, 如上停短削, 少年不利, 中停低陷, 一世不榮, 下停若長, 一生寒滯, 大槪上停中停俱長, 下停宜短, 身上三停頭腰足, 此三停俱要得配, 故云, 三停平等, 一生衣祿無虧, 五岳朝歸, 今世錢財自旺, 又名三才, 乃天地人也.

三停有面有身, 何說

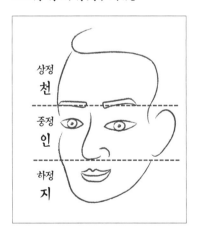

삼정은 얼굴에도 있고 몸에도 있다는데, 무슨 뜻인가?

○ 對曰, 面上三停, 髮際到山根, 爲上停, 爲初限

대왈, 얼굴의 삼정은 발제부터 산근까지를 상정이라 하고, 초년의 운을 봅니다.

山根到準頭, 爲中停, 爲中限

산근부터 준두까지를 중정이라 하며, 중년의 운을 봅니다.

人中到地閣, 爲下停, 主末限

인중부터 지각까지를 하정이라 하며 말년의 운을 주장합니다.

如上停短削, 少年不利

만약 상정이 짧고 깎이면 어려서부터 불리하게 됩니다.

中停低陷, 一世不榮

중정이 낮고 꺼지면 평생 영화롭지 못하게 됩니다.

下停若長, 一生蹇滯

하정이 만약 길면 평생 운이 막히게 됩니다.

大槪上停中停俱長, 下停宜短

상정과 중정이 모두 길고 하정이 짧아도 마땅합니다.

身上三停頭腰足, 此三停俱要得配

몸의 삼정은 머리·허리·다리를 보고, 이는 삼정이 모두 배합이 맞아야 합니다.

故云, 三停平等, 一生衣祿無虧

고운, 삼정이 균등하면 평생 의록이 손실이 없다고 하였습니다.

五岳朝歸, 今世錢財自旺

오악이 서로 마주 바라보면 현세에 재물의 금전이 저절로 왕성하게 됩니다.

又名三才, 乃天地人也

또한 삼정을 삼재라 부르며, 이는 천지인을 뜻합니다.

> 凡人一體無鬚, 何說○對曰, 鬚乃腎經之苗, 丹田元神, 水形人多有
> 腎虛, 土形人丹田不足, 此二形人無鬚極多, 凡木形土形, 有鬚必有
> 好子, 濁者富, 清者貴, 若無鬚, 乃腎水不足, 元氣虛弱, 豈能有子乎,
> 木形人火旺, 故此無鬚, 還須有子, 不可以鬚言人子息, 恐誤其大事,
> 書云, 木形相髮爲嗣, 水土看髮爲後.

凡人一體無鬚, 何說○ 對曰,

사람에게서 수염이 없다는 것은 무슨 뜻인가?

○ 對曰, 鬚乃腎經之苗, 丹田元神

대왈, 수염은 신장 경락의 싹이 되며, 단전의 원신이 됩니다.

水形人多有腎虛, 土形人丹田不足, 此二形人無鬚極多

수형인은 신장이 많이 허하고, 토형인은 단전의 기운이 부족하니 이 두 가지 체형은
수염이 없는 사람이 지극히 많습니다.

凡木形土形, 有鬚必有好子, 濁者富, 清者貴

목형인과 토형인 중에 수염이 있는 사람은 좋은 아들이 있고, 수염이 탁하면 부유하
게 되며, 수염이 맑으면 귀인이 됩니다.

若無鬚, 乃腎水不足, 元氣虛弱, 豈能有子乎

만약 수염이 없으면 신장의 수가 부족한 것이고, 원기가 허약한 것이니 어찌 아들을
둘 수 있겠습니까.

木形人火旺, 故此無鬚, 還須有子

목형인이 화기가 왕성하니 고로 수염이 없어도 아들이 있을 수 있습니다.

不可以鬚言人子息, 恐誤其大事

수염으로 어떤 사람의 아들을 말하는 것은 옳지 않으니 다만 큰일을 그르칠까 두렵습니다.

書云, 木形相髮爲嗣, 水土看髮爲後

서운, 목형인은 모발로 후손을 잇게 되고, 수토형인은 모발이 후사가 있게 됩니다.

●身發髮落신발발락

> 身發髮落, 何說○對曰, 凡肉隨財長, 髮遂神淸, 髮乃血之餘, 髮濁血亦枯, 髮秀血亦榮, 凡髮落財遂生, 肉長髮亦落, 木形落髮, 卽死無疑, 書云, 肉長財豐髮自疎, 血枯神濁亂如絲, 若是木形鬚鬢落, 再加髮落壽元歸.

身發髮落, 何說

몸이 좋아지면 모발이 빠진다는 것은 무슨 뜻인가?

○對曰, 凡肉隨財長, 髮遂神淸, 髮乃血之餘,

대왈, 살은 재물에 따라 늘어나고, 모발은 눈빛의 맑기에 따르게 되니 모발은 혈분의 나머지가 됩니다.

髮濁血亦枯, 髮秀血亦榮

모발이 탁하면 혈기가 역시 메마르고, 모발이 수려하면 혈기 역시 좋습니다.

凡髮落財遂生, 肉長髮亦落

모발이 빠지면 재물이 따라 늘어나고, 살이 불어나면 모발이 역시 빠지게 됩니다.

木形落髮, 卽死無疑

목형인이 모발이 빠지면 곧 죽는다는 것을 의심할 수 없습니다.

書云, 肉長財豊髮自疎, 血枯神濁亂如絲, 若是木形鬚鬢落, 再加髮落壽元歸

서운, 살이 불어나고 나서 재물이 풍요로워지면 자연히 모발이 빠지게 됩니다. 혈분이 메마르고, 안신이 탁해지면 모발이 실처럼 엉키게 됩니다. 만약 목형인이 수염과 빈발이 빠지고, 또 모발마저 빠지면 수명이 다하여 근원으로 돌아간다 하였습니다.

◉三陽明旺삼양명왕

三陽明旺, 何爲三陽○對曰, 三陽三陰, 乃雙目下, 又名臥蠶, 又名男女宮, 又名福德宮, 乃是眼下三陽, 面上三陽印顴準, 乃一面之要處, 故宜明旺, 不宜暗滯.

三陽明旺, 何爲三陽

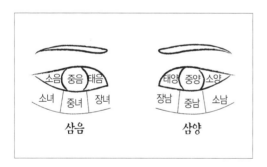

삼양은 밝고 세력이 왕성해야 하는데, 어느 곳을 삼양이라 하는가?

○對曰, 三陽三陰, 乃雙目下, 又名臥蠶, 又名男女宮, 又名福德宮, 乃是眼下三陽

대왈, 삼양삼음은 두 눈 아래이니, 또는 와잠이라 부르며 또한 남녀궁이라 이름하고 또 복덕궁이라 합니다. 이는 눈 아래를 삼양이라 합니다.

面上三陽印顴準, 乃一面之要處, 故宜明旺, 不宜暗滯

얼굴에는 삼양이 있으니 인당·관골·준두이며, 또한 얼굴의 중요한 곳이니 고로 밝고 왕성해야 마땅하며, 어둡고 체한 듯하면 마땅치 않습니다.

●**額上紋見**액상문견

額上紋見, 大臣常有, 何爲不好, 此係何說○對曰, 凡額上紋, 一條爲
華蓋, 二條爲偃月, 三條爲伏犀, 多者不妙, 凡紋欲從輔骨邊起, 橫深
爲妙, 華蓋主孤獨, 偃月主中貴, 伏犀者大貴, 如短如亂, 大不好, 一
生辛苦, 下賤刑傷.

額上紋見, 大臣常有, 何爲不好, 此係何說

이마에 주름이 보이는 대신들이 항상 있는데, 어찌 좋지 않겠는가. 이는 모두 무슨
뜻인가.

○ **對曰**, 凡額上紋, 一條爲華蓋, 二條爲偃月, 三條爲伏犀, 多者不妙

대왈, 이마의 주름이 1개면 화개라 하고, 주름이 2개면 언
월이라 하며, 주름이 3개면 복서라 하니 주름이 많은 자
는 좋은 상이 아닙니다.

凡紋欲從輔骨邊起, 橫深爲妙

주름이 보골의 가장자리를 따라 일어나야 하며, 가로로 깊어야 좋은 상이 됩니다.

☞ 주름이 한 줄로 이어져야 하고, 주름의 양끝이 위로 살짝 올라가야 좋은 주름이라 한다

華蓋主孤獨, 偃月主中貴, 伏犀者大貴

화개는 고독하고, 언월은 중귀가 되며, 복서는 대귀인이 됩니다.

如短如亂, 大不好, 一生辛苦, 下賤刑傷.

만약 주름이 짧거나 어지러우면 매우 좋은 상이 아니니 평생 괴롭고 고생하는 하천
한 사람으로 형극과 상해를 겪게 됩니다.

◉人相氣色인상기색

凡人之相何有氣色二字○對曰, 書云, 骨格定一世榮枯, 氣色定行年休咎, 凡氣色, 乃五臟六腑之餘光, 故有金木水火土之詳說, 在外<內>爲氣, 在內<外>爲色, 色爲苗, 氣爲根, 凡看根, 先看苗, 在內者還未遇, 在外者已遇, 鮮明者正旺, 淡色者已散, 凡欲求謀, 卽在此宮看氣色, 有鬼神不測之機, 乃奪天地之秀氣, 世間各樣異術, 惟氣色最驗, 但恐耳聾目盲, 妄言衰旺, 則不驗矣.

凡人之相何有氣色二字

사람의 상에서 어찌 기와 색이라는 두 글자가 있는가?

○對曰, 書云, 骨格定一世榮枯, 氣色定行年休咎

대왈, 서운, 골격으로 평생의 영고성쇠를 정하고, 기색으로는 행년의 휴구장단을 정한다고 하였습니다.

凡氣色, 乃五臟六腑之餘光, 故有金木水火土之詳說

기색은 오장육부의 여분의 광채이니 고로 금목수화토에 관한 자세한 설명이 되어 있습니다.

在外<內>爲氣, 在內<外>爲色, 色爲苗, 氣爲根

피부 밖은 기가 되고, 피부 안은 색이 되니 색은 싹이 되고, 기는 뿌리가 됩니다.

凡看根, 先看苗. 在內者還未遇, 在外者已遇.

그 뿌리를 보려면 먼저 싹을 살펴봐야 하니 피부 안에 있는 것은 아직 때가 오지 않은 것이고, 피부 밖에 나타난 것은 이미 때가 지나간 것이니

鮮明者正旺, 淡色者已散

기색이 선명하면 운세가 왕성하게 되고, 엷으면 이미 운세가 지나간 것입니다.

凡欲求謀, 卽在此宮看氣色, 有鬼神不測之機, 乃奪天地之秀氣

계획을 세우고자 한다면 곧 해당하는 자리의 기색을 살펴봐야 하니, 귀신도 헤아릴 수 없는 조짐이 있으니 이는 천지의 빼어난 기를 빼앗는 것입니다.

世間各樣異術, 惟氣色最驗, 但恐耳聾目盲, 妄言衰旺, 則不驗矣

세간에는 각양각색의 기이한 술수가 있지만 오직 기색만이 가장 영험한 것이니 다만 귀와 눈을 멀게 하는 것은 왕쇠의 망언으로 인하여 영험하지 않게 될까 두렵습니다.

●女看血氣여간혈기

女看血氣, 出於何處○對曰, 凡女人以血爲主, 皮乃血之處, 血乃皮之本, 看皮可知血之衰旺矣, 皮血明則潤, 皮血紅則枯, 皮血黃則濁, 皮血赤則衰, 皮血白則滯, 凡濁則賤, 衰則淫, 滯則夭, 故此血宜鮮明, 表裏明潤, 則爲貴矣.

女看血氣, 出於何處

여인은 혈기를 본다고 하는데, 어디에 나타나는가.

○對曰, 凡女人以血爲主, 皮乃血之處

대왈, 여인은 혈기가 으뜸이 되니, 피부는 혈기가 머무는 곳입니다.

血乃皮之本, 看皮可知血之衰旺矣

혈기는 피부의 근본이 되고, 피부를 보면 혈기의 왕쇠를 알 수 있습니다.

皮血明則潤, 皮血紅則枯, 皮血黃則濁, 皮血赤則衰, 皮血白則滯

피부가 밝으면 혈기는 윤택하고, 피부가 발홍색이면 혈기가 마르며, 피부가 부황색이면 혈기가 탁하고, 피부가 적색이면 혈기가 쇠약하며, 피부가 백색이면 혈기가 체한 것입니다.

凡濁則賤, 衰則淫, 滯則夭, 故此血宜鮮明, 表裏明潤, 則爲貴矣

탁하면 천하고, 쇠하면 음탕하며, 체하면 요절하니 고로 혈기가 선명해야 좋은 것이고, 피부 안팎으로 밝고 윤택해야 귀하게 됩니다.

●男精爲主남정위주

男以精爲主, 出於何處○對曰, 一身之本, 不過精神, 神一散豈能有命, 目爲五形<行>之領, 故看眼上卽知, 凡養精神發在雙目, 目秀神必秀, 目淸神必淸, 目枯濁, 神必枯濁, 目散光, 神必散光, 故目要神爲主, 太素曰, 眼乃一身精華, 不宜不秀, 日月若流星, 必是身榮之客, 眼若盲昧, 多因困苦之人, 不露不偏, 不陷不浮光, 方爲美相, 此數件若犯一件, 決然不好, 書曰, 一體精神二目中, 睛明點漆必身榮, 若是焦黃竝亂濁, 爲人下賤且貧窮.

男以精爲主, 出於何處

남자는 정을 으뜸으로 삼는데, 어디에 나타나는가.

○對曰, 一身之本, 不過精神, 神一散豈能有命,

대왈, 일신의 근본은 다만 정신입니다. 신이 한 번 흩어지면 어찌 수명이 길다고 할 수 있겠습니까.

目爲五形<行>之領, 故看眼上卽知

눈은 오행이 모이는 곳이니 고로 눈을 보면 곧 정신을 알 수 있습니다.

凡養精神發在雙目, 目秀神必秀, 目淸神必淸, 目枯濁, 神必枯濁, 目散光, 神必散光, 故目要神爲主

정신을 기르면 두 눈에 나타나며, 눈이 수려하면 신도 수려하며, 눈이 맑으면 신도 맑고, 눈이 마르고 탁하면 신도 마르고 탁하며, 눈빛이 흩어지면 신도 빛이 흩어지니 고로 눈은 신을 으뜸으로 삼습니다.

太素曰, 眼乃一身精華, 不宜不秀, 日月若流星, 必是身榮之客

태소왈, 눈은 일신의 정화가 되니 수려하지 않으면 마땅치 않고, 두 눈이 유성과 같으면 영화로운 사람이라 하였습니다.

眼若盲昧, 多因困苦之人, 不露不偏, 不陷不浮光, 方爲美相

눈이 만약 어둡고 흐리면 곤고한 사람이 많으며, 눈은 나오지 않고 삐뚤지 않고 꺼지지 않고 빛이 들뜨지 않아야 좋은 상이 됩니다.

此數件若犯一件, 決然不好

이상 여러 가지 중에 만약 한 가지라도 범하게 되면 분명히 좋은 상이 아닙니다.

書曰, 一體精神二目中, 睛明點漆必身榮, 若是焦黃垃亂濁, 爲人下賤且貧窮.

서왈, 일신의 정신은 두 눈 속에 있으며. 눈동자가 검은 점처럼 밝게 빛나면 점칠이라 하며 영화로운 사람이 되고, 만약 눈동자가 타는 듯 누렇고 혼탁하면 사람됨이 하천하고 또 빈궁하다고 하였습니다.

●得妻發福득처발복

得妻發福者何說○對曰, 書言奸門是鏡, 因妻致富成家. 鼻準豊隆, 招妻多能賢德, 得妻發福者, 準頭魚尾明潤. 多得妻財, 印堂紫氣如蠶. 又云, 龜頭小白, 妻妾賢能. 又云, 女人印潤眉清, 出嫁旺夫益子. 面平脣紫, 生成福祿滔滔. 此說非惟男相而能因妻致富, 亦因女相旺夫方爲兩合.

得妻發福者何說

부인을 얻고 나서 발복한다는 것은 무슨 뜻인가.

○ 對曰, 書言奸門是鏡, 因妻致富成家,

대왈, 글에서 말하기를 간문이 거울처럼 깨끗하면 부인으로 인하여 부유해지고 가문을 일으키게 됩니다.

鼻準豊隆, 招妻多能賢德

준두가 풍융하면 다재다능하고 현덕한 부인을 얻게 됩니다.

得妻發福者, 準頭魚尾明潤

부인으로 인하여 발복한다는 것은 준두와 어미가 밝고 윤택해야 합니다.

多得妻財, 印堂紫氣如蠶

부인을 얻어 재물이 늘어난다는 것은 인당이 자기의 색으로 빛나고, 와잠이 누에와 같다면 귀한 아들이 있습니다.

又云, 龜頭小白, 妻妾賢能

우운, 귀두가 작고 희면 처와 첩이 현명하고 재능이 있다고 하였습니다.

又云, 女人印潤眉清, 出嫁旺夫益子

우운, 여인의 인당이 윤택하고 눈썹이 맑으면, 결혼하여 남편을 왕성하게 하고 아들에게 도움이 된다고 했습니다.

面平脣紫, 生成福祿滔滔

얼굴이 평온하고 입술이 자색으로 붉으면 복록이 끊임없이 생성됩니다.

此說非惟男相而能因妻致富, 亦因女相旺夫方爲兩合

이는 오직 남자의 상에서 부인으로 인하여 치부하는 것만 아니라 여인의 상으로 인하여 남편이 왕성하게 되니, 부부가 모두 배합되어야 하는 것입니다.

●**得妻反窮**득처반궁

> 得妻財而反窮困何說○對曰, 招妻破財, 只因廚竈廚竈兩空. 取妻破
> 家, 多爲奸門客<容>一指(陷也). 形局若惡, 招妻之後亡家. 魚尾多
> 紋, 一世窮苦到老, 骨多肉落, 一生長得妻賢, 女若鼻低, 出嫁夫家大
> 敗. 男生斑点, 招妻喪命亡家. 男若不犯, 女不犯刑, 可得全其性命.
> 又云, 物之不齊, 物之情也, 信須有之短命. 男兒自有防夫之妻, 女相
> 不良自有剋夫之相. 書云, 鼻若樑低神氣小, 定有刑夫之婦. 又云, 神
> 少樑低豈能長壽, 顴高額廣, 口如吹火, 必招短壽之夫. 又云, 顴高額
> 廣, 必定刑夫.

得妻財而反窮困何說○ 對曰

부인을 얻고 나서 재물이 오히려 궁색해지고, 곤란을 겪게
되는 것은 무슨 뜻인가?

○對曰, 招妻破財, 只因廚竈廚竈兩空

대왈, 부인을 얻고 나서 재물이 깨지는 것은 다만 콧구멍의 양쪽이 공허하기 때문입
니다.

取婦破家, 多爲奸門客<容>一指(陷也)

부인을 얻고 나서 가정이 깨지는 것은 간문이 손가락으로 누른 자국이 있기 때문입
니다(세주 : 간문이 움푹 꺼진 모양이다).

形局若惡, 招妻之後亡家

배우자궁인 간문이 만약 못생기면 부인을 얻은 후에 가정이 깨지게 됩니다.

魚尾多紋, 一世窮苦到老

어미에 주름이 많으면 평생 궁색하고 고생스러움이 노인이 될 때까지 있습니다.

骨多肉落, 一生長得妻賢

뼈가 많고 군살이 빠지면 평생 장수를 하며 현명하고 귀한 아내를 얻습니다.

女若鼻低, 出嫁夫家大敗

여인이 만약 코가 낮으면 출가한 이후에 남편의 가정이 크게 실패하게 됩니다.

男生斑点, 招妻喪命亡家

남자 얼굴에 반점이 생기면 부인을 얻고 나서 목숨을 잃거나 가정이 망합니다.

男若該死, 女不犯刑, 可得全其性命

만약 남편이 죽을 상이었는데, 여인이 형극을 가하지 않았으면 성명을 보전할 수 있습니다.

又云, 物之不齊, 物之情也, 信須有之

우운, 만물이 가지런하지 않은 것은 만물의 성정이니 확실히 믿을 수 있습니다.

短命男兒自有防夫之妻

명이 짧은 남자는 스스로 남편에게 해를 가는 처를 얻게 되어 있습니다.

女相不良自有剋夫之相

여인의 상이 좋지 못하면 자연히 남편을 극하는 상이 됩니다.

書云, 鼻若樑低神氣小, 定有刑夫之婦

서운, 코가 만약 콧대가 낮고, 신기가 약하면 남편을 형극하는 부인이 된다 하였습니다.

又云, 神少樑低豈能長壽

우운, 안신이 약하고 비량이 낮으면 어찌 장수할 수 있겠는가 하였습니다.

顴高額廣, 口如吹火, 必招短壽之夫

관골이 높고, 이마가 넓으며, 취화구가 되면 단명하는 남편을 만나게 됩니다.

又云, 顴高額廣, 必定刑夫

우운, 관골이 높고, 이마가 넓으면 남편을 형극하는 상이라 하였습니다.

◉父起子敗부기자패

> 父相起家子相敗, 可得破家否○對曰, 欲知暮年破敗, 須觀地閣頭皮, 要知子息榮華, 還看乳頭臍腹. 此數件可定運矣. 地閣削陷, 頭皮枯乾, 老景難言子孝, 乳朝下, 肚皮薄, 臍者淺, 老年定有破敗之兒. 一面好相, 獨此數件不好, 雖得過日, 自是消乏, 身亡之後, 子必敗矣, 此言父相老來不好也.

父相起家子相敗, 可得破家否

아버지는 가문을 일으키는 상이고, 아들은 실패하는 상이면 가정이 깨지는 것이 아닌가.

○對曰, 欲知暮年破敗, 須觀地閣頭皮, 要知子息榮華, 還看乳頭臍腹,
此數件可定運矣

대왈, 노년에 가정이 깨지고 실패하는 것을 알려면 지각과 두피를 봐야 하며, 자식의 영화를 알려면 유두·배꼽·배를 살펴봐야 합니다. 이러한 것으로 말년의 운수를 정하게 됩니다.

地閣削陷, 頭皮枯乾, 老景難言子孝, 乳朝下, 肚皮薄, 臍者淺, 老年定有破敗之兒,

지각이 깎이고 꺼지며 두피가 메마르면 노인이 되어 아들의 효를 말하기 어려우며,

유두가 아래로 향하고 배의 피부가 얇고 배꼽이 얕으면 노년에는 실패하는 자식이

있습니다.

一面好相, 獨此數件不如, 雖得過日, 自是消乏, 身亡之後, 子必敗矣

얼굴은 좋은 상이지만 유독 이러한 몇 가지의 좋지 않은 상으로 비록 시일이 지나 노

인이 되어 재산이 소모되고, 궁핍하다가 돌아가신 이후에 가정이 깨지게 됩니다.

此言父相, 老運不如也

이것은 아버지의 상에서 노년의 운이 좋지 못한 상을 말한 것입니다.

◉人受子封인수자봉

> 凡人受子之封, 何說○對曰, 乳頭圓硬耳如霜, 當受子爵, 項皮寬厚
> 臥蠶高, 子立朝綱, 又云, 要生貴子, 還須枕骨雙峰, 欲産俊秀, 還看
> 臍深腹垂, 老來封贈, 須觀背厚腰豊, 食子天恩, 定是皮和血潤, 觀封
> 君不獨一處, 此數者俱許誥榮, 書云, 項寬皮厚血光明, 腹厚臍深腰
> 背平, 隱隱臥蠶脣若紫, 地閣朝天父子封.

凡人受子之封, 何說

아들이 벼슬을 받는 것은 무슨 뜻인가.

○對曰, 乳頭圓硬耳如霜, 當受子爵, 項皮寬厚臥蠶高, 子立朝綱

대왈, 유두가 둥글고 단단하며 귀가 서리처럼 희면 자연히 아들이 벼슬을 받으며, 목

의 피부가 너그럽고 두터우며, 와잠이 두터우면 아들이 조정에서 고위직에 벼슬을

합니다.

又云, 要生貴子, 還須枕骨雙峰, 欲産俊秀, 還看臍深腹垂

우운, 귀한 자식을 생산하려면 침골의 두 개의 골기가 높이 솟아야 하며, 준수한 아들을 출산하려면 배꼽이 깊고 배가 늘어져야 한다 하였습니다.

老來封贈, 須觀背厚腰豊,

노인이 되어 작위를 하사받는 것은 등이 두텁고 허리가 풍요로운 것을 봐야 합니다.

食子天恩, 定是皮和血潤

아들이 천자의 은혜를 받으려면 피부가 온화하고 혈색이 윤택해야 합니다.

觀封君不獨一處, 此數者俱許詰榮

벼슬을 받는 것은 유독 어느 한 곳만 봐서는 안 되고, 이러한 것을 갖추어야만 영화를 하사받을 수 있습니다.

書云, 項寬皮厚血光明, 腹厚臍深腰背平, 隱隱臥蠶脣若紫, 地閣朝天父子封

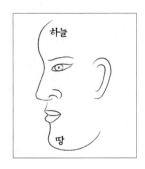

서운, 목의 피부가 너그럽고 두터우며, 혈색이 밝게 빛나고, 배가 두텁고 배꼽이 깊으며, 등이 평평하고, 와잠이 은은하며, 입술이 자색을 띄고, 지각이 이마와 서로 마주 보는 듯하면 父子(부자)가 모두 벼슬을 받는다고 하였습니다.

●男女犯孤남녀범고

凡男女犯孤, 莫非全犯, 不然, 二人豈俱無子息○對曰, 書云, 男相有兒女相無, 除非娶妾紹宗技, 女相有生男不立, 雙雙偕老自嗟孤

凡男女犯孤, 莫非全犯, 不然, 二人豈俱無子息

남녀가 고독하다는 것은 완전히 고독한 것이 아닐 수 없다. 그렇지 않으면 두 사람이 어찌 모두 자식이 없다고 하겠는가?

○ 對曰, 書云, 男相有兒女相無, 除非娶妾紹宗技, 女相有生男不立, 雙雙偕老自嗟孤.

대왈, 서운, 남자의 상에서는 자식이 있는데 여자의 상에서 자식이 없다면 첩을 얻어서라도 대를 이을 수 있고, 여인의 상에서 자식이 있는데 남자의 상에서 자식이 없다면 부부가 늙을 때까지 해로하면서 스스로 고독함을 탄식한다고 하였습니다.

◉夫窮妻富부궁처부

> 夫相窮, 妻相富, 不知可能身榮, 妻相不如夫相貴, 不知可能得配○對曰, 書云, 夫從妻貴, 妻從夫貴, 此一理也. 如夫不如妻相富, 可賴全身, 常言道一家之福, 在於一人, 所以世人擇夫者多, 擇妻者更多. 夫壽乃先天生定, 而富貴實有可以托賴之理矣.

夫相窮, 妻相富, 不知可能身榮, 妻相不如夫相貴, 不知可能得配
남편은 궁색한 상인데 부인이 부유한 상이라면 일신이 영화로운지 알 수 없고, 부인의 상은 부족한데 남편의 상이 귀격이라면 좋은 배필인지 알 수 없다.

○ 對曰, 書云, 夫從妻貴, 妻從夫貴, 此一理也
대왈, 서운, 남편을 따라서 부인이 귀하게 되고, 부인을 따라서 남편도 귀하게 된다는 것은 모두 같은 이치라 하였습니다.

如夫不如妻相富, 可賴全身
만일 남편은 부족한데 부인이 부유하면 일신을 부인에게 온전히 의지하게 됩니다.

常言道一家之福, 在於一人
일반적인 말로는 한 집안의 복은 한 사람에게 있다고 하였습니다.

所以世人擇夫者多, 擇妻者更多

세상 사람들은 남편이 선택할 수 있는 경우가 많다고 하지만, 부인이 선택할 수 있는
경우가 더욱 많습니다.

夫壽乃先天生定, 而富貴實有可以托賴之理矣

수명은 선천적으로 타고나야 하지만, 부귀는 확실히 의탁해야 하는 이치입니다.

◉父不子富부불자부

父相不如子相富, 不知可能興家○對曰, 若得末年家成, 自有成家之
子, 若一面格局不如, 獨臥蠶老潤, 乳頭高, 末年可立成家之子, 邊地
豊隆下頦嶠, 末年必有成立之男, 又云 印堂廣, 雙眉成彩, 興家助國
之人, 四庫豊, 耳輪正, 榮公顯父之男, 卓立興家必是頭圓額廣, 自來
發積, 皆因土厚顴高.

父相不如子相富, 不知可能興家

아버지는 부족한 상인데, 아들이 부유한 상이라면 흥가하는 것을 알 수 없다.

○對曰, 若得末年家成, 自有成家之子,

대왈, 만약 말년에 가문이 흥성한다는 것은 자연히 성공하는 아들이 있기 때문입
니다.

若一面格局不如, 獨臥蠶老潤, 乳頭高, 末年可立成家之子

만약 얼굴의 격국이 부족한데, 유독 노인이 되어서도 와잠이 윤택하고 유두가 높으
면 말년에 성공하여 가문을 일으키는 아들이 있습니다.

邊地豊隆下頦嶠, 末年必有成立之男

변지가 풍융하고 턱(지각)이 높으면 말년에 성공하여 입신하는 아들이 있습니다.

又云 印堂廣, 雙眉成彩, 興家助國之人

우운, 인당이 넓고, 두 눈썹에서 광채가 나면 흥가하고 나라를 구하는 인재라 하였습니다.

四庫豊, 耳輪正, 榮公顯父之男

천창과 지고가 풍요롭고, 귀의 윤곽이 단정하면 아들이 영화롭게 삼공벼슬을 하는 아버지입니다.

卓立興家必是頭圓額廣, 自來發積, 皆因顴高

성공하여 흥가하는 사람은 머리가 둥글고, 이마가 넓으면 자연히 재물이 늘어나 축적이 되니 모두 살이 두텁고, 관골이 높기 때문입니다.

●相好心壞상호심괴

面相好而心田壞, 是看何處○對曰, 書云, 眼乃心之苗, 眼善心善, 眼惡心惡, 眼秀心秀, 此不過見人賢愚善惡, 難辨德行心田, 要看心田, 除是陰騭宮, 臥蠶下三分爲陰騭宮, 爲人心好, 此處平, 爲人心善, 此處滿, 心壞, 此處深, 陰毒害人, 此處靑, 若起靑筋紅筋, 非良人也, 女人若深陷靑暗, 不敬公婆, 不和隣里, 多亂多貪, 不出好子, 不得成家, 若此處豊滿, 主有貴子, 大益家道, 壽命延長, 男人若滿, 書云, 陰騭肉滿, 福重心靈, 爲人有智慧, 曾行陰騭救人, 上起蠶紋爲陰德, 永保子孫, 福壽綿長.

面相好而心田壞, 是看何處

얼굴의 상은 좋은데, 심성이 괴팍한 것은 어떤 곳을 봐야 하는가.

○對曰, 書云, 眼乃心之苗, 眼善心善, 眼惡心惡, 眼秀心秀, 此不過見人賢愚善惡

대왈, 서운, 눈은 곧 마음의 싹이니 눈이 착하면 마음이 착하고, 눈이 악하면 마음이

악하며, 눈이 수려하면 마음이 청수하니 이는 다만 사람을 보고 현명하고, 어리석고, 착하고, 악한 것을 분별하는 것입니다.

難辨德行心田, 要看心田, 除是陰騭宮

덕행을 하는 심성은 분별하기가 어려우니, 심성을 보려면 음즐궁을 빼놓을 수가 없습니다.

臥蠶下三分爲陰騭宮, 爲人心好, 此處平, 爲人心善, 此處滿

와잠 아래 3푼 정도에 음즐궁이 있으며, 사람의 마음이 좋으면 음즐궁이 평평하고, 사람의 마음이 착하면 음즐궁이 풍만합니다.

☞ 1푼은 0.3㎝, 3푼은 0.9㎝이므로 약 1㎝ 정도이다

心壞, 此處深, 陰毒害人, 此處靑

마음이 괴팍하면 이 음즐궁이 깊으며, 음독하여 사람을 해치는 것은 이 음즐궁에 청색이 나타납니다.

若起靑筋紅筋, 非良人也

만약 【음즐궁에】 푸른 힘줄과 붉은 힘줄이 일어나면 비양심적인 사람입니다.

女人若深陷靑暗, 不敬公婆, 不和隣里, 多亂多貪, 不出好子, 不得成家

여인이 만약 음즐궁이 깊게 꺼지고 검푸르면 시부모를 공경하지 않으며, 이웃과 불화하고 심사가 다변하며, 탐심이 많아서 좋은 아들을 낳지 못하고, 혹 아들이 있어도 가문을 일으킬 수가 없습니다.

若此處豊滿, 主有貴子, 大益家道, 壽命延長, 男人若滿

만약 이곳이 풍만하면 귀한 아들이 있고 가문이 크게 유익하게 되며, 수명이 연장이 되는 것은 남자가 음즐궁이 풍만하기 때문입니다.

書云, 陰騭肉滿, 福重心靈, 爲人有智慧, 曾行陰騭救人,

서운, 음즐궁의 살이 풍만하면 복이 많고 마음씨가 좋으니 사람됨이 지혜로우며, 또한 음즐궁을 보고 사람을 구한다고 하였습니다.

上起蠶紋爲陰德, 永保子孫, 福壽綿長

음즐궁 위에 와잠의 주름이 있으면 음덕이 되고, 자손이 영원히 보존하게 되며, 복수가 끊임없이 길어진다 하였습니다.

◉爲子不孝위자불효

爲子不孝, 在何處看○對曰, 胸高臀嶠, 休言父子親情, 髮赤鬚黃, 莫言孝名遠播, 脣齊脣厚, 孝義之人, 脣動齒疎, 豈能孝道 鷄睛蛇眼, 陰毒難言, 蜂項兔頭, 狐眼獨食, 咬牙切齒, 努目搖頭, 壞倫之子, 又是下愚

爲子不孝, 在何處看

아들이 불효하는 것은 어떤 곳을 봐야 하는가.

○對曰, 胸高臀嶠, 休言父子親情

대왈, 가슴이 높고 엉덩이가 뾰족하면 父子(부자)가 서로 공경하고 다정하다고 말을 할 수가 없습니다.

髮赤鬚黃, 莫言孝名遠播

두발이 붉고 수염이 누런색이면 효자의 이름이 멀리까지 소문이 난다는 말할 수가 없습니다.

脣齊脣厚, 孝義之人

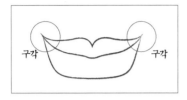

【위아래】 입술이 가지런하고 입술이 두터우면 효심과 의리가 두터운 사람입니다.

脣動齒疎, 豈能孝道

입술이 저절로 움직이고, 치아 사이가 벌어지면 어찌 효도를 하겠습니까.

鷄睛蛇眼, 陰毒難言

닭의 눈동자, 뱀의 눈을 가진 자는 음흉하고 독하여 효도를 말하기 어렵습니다.

蜂項兎頭, 狐眼獨食

벌의 목과 토끼의 머리, 여우의 눈인 사람은 홀로 먹고 살게 됩니다.

咬牙切齒, 努目搖頭, 壞倫之子, 又是下愚

잠을 잘 때 이를 가는 소리를 내며, 화난 눈을 하고, 머리를 흔드는 사람은 패륜의 아들이 되므로 하천하고 어리석습니다.

◉爲臣不忠위신불충

> 爲臣不忠, 在何處看○對曰, 顴高準大, 忠直之臣, 睛陷眉高, 好貪之輩, 眼圓光正, 可代君王之難, 鬚白脣紅, 致死陰靈報國, 耳聳顋, 一世爲人奸吝, 若要不忠不孝, 只因水陷土偏, 面方鬚正, 直性多忠, 面陷頭陷, 奸邪陰毒.

爲臣不忠, 在何處看

신하로서 충성하지 않은 것은 어떤 곳을 봐야 하는가.

○對曰, 顴高準大, 忠直之臣

대왈, 관골이 높고, 준두가 크면, 충성스럽고 정직한 신하입니다.

睛陷眉高, 好貪之輩

눈이 꺼지고, 미릉골이 높으면 간교하고 탐욕스러운 간신배입니다.

眼圓光正, 可代君王之難

눈이 둥글고, 빛이 바르면 군왕의 고난을 대신하는 신하입니다.

鬚白脣紅, 致死陰靈報國

수염이 희고, 입술이 붉으면 죽음을 불사하고 나라를 지켜내는 호국 영령이 됩니다.

耳聳頤尖, 一世爲人奸吝

귀가 높이 솟고, 턱이 뾰족하면 평생 간악하고 인색한 신하입니다.

若要不忠不孝, 只因水陷土偏

만약 불충하고 불효하는 자는 다만 입이 작고 코가 비뚤어졌기 때문입니다.

面方鬚正, 直性多忠

얼굴이 네모지고, 수염이 단정하면 성정이 곧고 충성심이 많은 신하입니다.

面陷頭陷, 奸邪陰毒

얼굴이 꺼지고 두상이 꺼지면, 간악하고, 사특하며, 음흉하고, 표독한 간신배가 됩니다.

◉一世財多일세재다

> 一世財多祿不足, 何說○對曰, 土星齊, 井竈正, 竅門小, 一生長有餘錢, 脣若薄, 色若青, 只好隨緣度日, 縱有萬貫, 不能衣食.

一世財多祿不足, 何說

평생 동안 재물은 많은데, 복록이 부족한 것은 무슨 뜻인가?

○ 對曰, 土星齊, 井竈正, 竅門小, 一生長有餘錢

대왈, 코가 가지런하고, 정조【콧구멍】가 단정하며, 콧구멍이 작아도 평생토록 금전적으로 여유롭게 오래 갑니다.

脣若薄, 色若青, 只好隨緣度日, 縱有萬貫, 不能衣食

입술이 만약 얇고 푸른색이면 다만 인연에 따라 세월 좋게 지나갈 뿐이고, 설령 재물이 만석이 넘는다 하여도 먹고 입는 것은 부족하게 됩니다.

◉一世祿好일세록호

> 一世祿好財不如, 何說○對曰, 書云, 欲食貴人祿, 須生貴人齒, 欲穿貴人衣, 須生貴人體, 凡人脣紅又潤, 上下得配, 一生酒食無虧, 若是準露庫偏, 豈得資財有分.

一世祿好財不如, 何說

평생 복록은 좋지만 재산이 쌓이지 않는 것은 무슨 뜻인가.

○對曰, 書云, 欲食貴人祿, 須生貴人齒, 欲穿貴人衣, 須生貴人體

대왈, 서운, 귀인의 식록을 알고자 한다면 귀한 사람의 치아를 타고나야 하며, 귀인의 의록을 알고자 한다면 귀한 사람의 풍채를 타고나야 한다 하였습니다.

凡人脣紅又潤, 上下得配, 一生酒食無虧

입술이 홍색으로 윤택하며, 위아래 입술의 배합이 되면 평생 술과 음식이 끊이지 않습니다.

若是準露庫偏, 豈得資財有分

만약 준두의 뼈가 드러나고, 지고가 치우치면 어찌 재산의 여유가 있겠습니까?

◉相好夭亡상호요망

相好夭亡者, 何說○對曰, 莫以貌美而言善, 夭者多是神短色浮, 皮急骨弱, 肉血不勻, 五官不配, 雙目無神, 聲音不響, 韻不應喉, 一面俱好神不足, 難言長壽, 精神太壯氣不勻, 不得長生, 神短壽夭, 氣短壽促, 凡壽以神氣爲主.

相好夭亡者, 何說

상은 좋은데 요절하는 것은 어떻게 된 것인가?

○對曰, 莫以貌美而言善

대왈, 모습이 아름답다고 좋은 상이라고 말하지 않습니다.

夭者多是神短色浮

요라는 것은 안신이 매우 짧고, 안색이 많이 들뜨면 요절하게 됩니다.

皮急骨弱, 肉血不勻

피부가 팽팽하고, 골격이 약하며, 살의 혈색이 균등하지 않으면 요절하게 됩니다.

五官不配, 雙目無神

오관의 배합이 맞지 않고, 두 눈의 빛이 없으면 요절하게 됩니다.

聲音不響, 韻不應喉

음성이 울리지 않고, 목소리에 여운이 길지 않으면 요절하게 됩니다.

一面俱好神不足, 難言長壽,

얼굴이 모두 좋아 보이는데 안신이 부족하면 장수한다고 말하기 어렵습니다.

精神太壯氣不勻, 不得長生

정신이 지나치게 굳세도 기운이 불균형하게 되어 오래 살 수 없습니다.

神短壽夭, 氣短壽促

안신이 짧으면 수명이 짧아지고, 기운이 짧아도 수명이 단축하게 됩니다.

凡壽以神氣爲主

수명이란 신과 기가 으뜸이 되어야 합니다.

◉貌陋聰慧 모루총혜

貌陋者心多聰慧, 何說○對曰, 車乃濁中有清之說, 人常說濁中清, 清中濁, 未曾辨明, 凡人一身濁色, 五岳偏陷歪斜, 止取印堂平爲福德學堂, 耳有潤廓爲外學堂, 睛秀爲聰明學堂, 齒白爲内學堂, 此四學堂成, 不論貌醜, 乃濁中清, 甚是聰明, 可爲卿相, 書云, 耳正睛清似碧波, 齒齊潔白氣來和, 雖是形容多醜陋, 胸中高策萬人無.

貌陋者心多聰慧, 何說

용모가 누추한 자가 마음이 총명하고 지혜가 많은 것은 무슨 뜻인가.

○對曰, 此乃濁中有清之說, 人常說濁中清, 清中濁, 未曾辨明

대왈, 이는 탁한 가운데 맑음이 있다는 말입니다. 사람들이 일반적으로 얘기하는 탁
중청과 청중탁은 아직 분명하게 분별되지 않았습니다.

凡人一身濁色, 五岳偏陷歪斜, 止取印堂平爲福德學堂

사람의 일신의 색이 탁하고, 오악이 치우치며, 꺼지고, 삐뚤어지며, 기울어져도 다만
인당이 평평하면 복덕학당을 따르게 됩니다.

耳有潤廓爲外學堂, 睛秀爲聰明學堂, 齒白爲内學堂, 此四學堂成, 不論貌醜, 乃濁中清, 甚是聰明, 可爲卿相

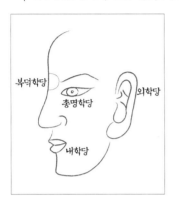

귀의 윤곽이 윤택하면 외학당이 되며, 눈이 수려하면
총명학당이 되고, 치아가 희면 내학당이 되니 이처럼
사학당이 모두 갖춰지면 용모가 누추해도 논란이 되
지 않고, 이는 탁중청이 되어 심히 총명하여 재상의
지위에 오를 수 있습니다.

書云, 耳正睛清似碧波, 齒齊潔白氣來和, 雖是形容多醜陋, 胸中高策萬人無

서운, 귀가 단정하고, 눈동자가 맑아 푸른 파도와 같으며, 치아가 가지런하며 희고
기가 온화하면 비록 용모는 누추하고 남루하여도 만인에게 없는 가슴 속 책략이 높
다고 하였습니다.

●貌俊心朦 모준심몽

> 貌俊心朦, 何說○對曰, 此乃清中濁之相, 凡人貌俊, 耳雖正, 睛欠神,
> 齒欠齊, 氣不和, 神多亂, 此乃萬事無成之相.

貌俊心朦, 何說

용모는 준수하지만 마음이 어리석은 것은 무슨 뜻인가?

○ 對曰, 此乃淸中濁之相

대왈, 이는 맑은 가운데 탁한 것이 있는 상입니다.

凡人貌俊, 耳雖正, 睛欠神, 齒欠齊, 氣不和, 神多亂, 此乃萬事無成之相

사람의 용모가 준수하고, 귀가 비록 단정해도 눈빛이 부족하고, 치아가 가지런하지 않고, 기가 온화하지 못하고, 정신이 매우 어지러우면 이는 만사를 이룰 수 없는 상입니다.

●武相文官무상문관

武相作文官, 文相作武職, 何說○對曰, 包公之面, 七陷三顴, 楊郞之身, 瑩如白玉, 六郞銀面金睛, 故有封侯之職, 包公鐵面銀牙, 故掌宰相之權, 伍子胥顏如美婦, 獨爲眉分八字, 黨太尉靑面赤鬚, 只因目秀, 反作文臣, 此四古人俱爲文武全才, 出將入相之貌, 莫以淸濁言之.

武相作文官, 文相作武職, 何說

무관의 상인데 문관을 하고, 문관의 상인데 무관을 하는 것은 무슨 뜻인가?

○ 對曰, 包公之面, 七陷三顴

대왈, 포공의 얼굴은 일곱 곳이 꺼지고, 두상과 양 관골이 솟았습니다.

☞ 삼관은 두상과 양 관골을 말합니다

楊郞之身, 瑩如白玉

양낭의 몸은 백옥처럼 희고 빛났다고 합니다.

六郞銀面金睛, 故有封侯之職

육낭은 은빛 얼굴과 금빛 눈동자이므로 제후의 직위에 봉해졌다고 합니다.

包公鐵面銀牙, 故掌宰相之權

포공은 얼굴이 쇠처럼 검고 은처럼 흰 치아이므로 재상의 권세를 장악하였다 합니다.

伍子胥顏如美婦, 獨爲眉分八字

오자서의 얼굴은 아름다운 부인의 모습인데, 오직 팔자 모양의 눈썹으로 나뉘었다고 합니다.

黨太尉青面赤鬚, 只因目秀, 反作文臣

당태위는 푸른 얼굴에 수염이 붉었는데, 다만 눈이 수려하기 때문에 오히려 문신이 되었다고 합니다.

此四古人俱爲文武全才, 出將入相之貌, 莫以清濁言之

이상 고인 네 분은 모두 문무의 재능을 온전히 갖추어서 출장입상의 면모가 있으니 청탁만으로 말할 수 없었습니다.

●病沈反生 병침반생

病沈反生, 無病反死, 何說○對曰, 此二者, 獨言氣色, 不在相上, 凡病人氣色, 所忌五件, 俱主死, 山根枯, 耳輪黑, 命門暗, 口角青, 口角黃, 書云, 黑遶太陽, 盧醫莫救, 青遮口角, 扁鵲難醫, 外有雜色, 暗滯青黃, 不過病色, 若準頭一明, 死者復生, 命門一亮, 不日身安, 年壽開, 災厄卽遠, 又云, 三陽如靛, 死必無疑, 年壽光明, 還須有救, 此五處, 一處開, 不死, 凡人氣色常暗, 忽一日光明, 死期至矣, 常明忽暗, 死亦至矣, 病必死者, 年壽三陽一赤, 旬日身亡, 白發印堂黃發口, 一七殞命, 四壁如烟起赤光, 須防二七, 老人滿面黃光現, 一七難逃, 小者青來口角邊, 一月之數, 有病人雖看準頭不潤, 好人則只看年壽如泥耳生塵, 還須有疾病, 耳輪赤, 萬事無憂, 印堂黑, 非死也, 中顴骨青, 大難來臨. 一身血色有光華, 一年之內, 皮血滯如泥不亮, 半載之間.

病沈反生, 無病反死, 何說

병이 깊은데 오히려 살아나고, 병이 없는데 오히려 죽는 것은 무슨 뜻인가.

○對曰, 此二者, 獨言氣色, 不在相上

대왈, 이 두 가지는 오직 기색을 말하는 것이고, 상에는 없는 것입니다.

凡病人氣色, 所忌五件, 俱主死

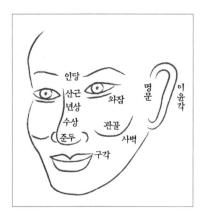

병자의 기색에서 다섯 가지를 모두 꺼리는 것이니 모두 죽을 수 있습니다.

山根枯, 耳輪黑, 命門暗, 口角青, 口角黃

산근이 메마르고, 귀의 윤곽이 검으며, 명문이 어둡고, 구각이 푸르고, 구각이 누런 것입니다.

☞ 명문은 귀의 앞부분을 의미한다

書云, 黑遶太陽, 盧醫莫救, 青遮口角, 扁鵲難醫, 外有雜色, 暗滯青黃, 不過病色

서운, 검은 구름이 눈 주위를 둘러싸면 신선같은 의원도 구할 수 없으며, 푸른색이 구각을 가리면 편작의 의술로도 고치기 어렵고, 그 외 잡색이 있거나, 암색·체색·청색·황색이 띄면 병색에 불과하다고 하였습니다.

若準頭一明, 死者復生, 命門一亮, 不日身安, 年壽開, 災厄卽遠

만약 준두가 다시 밝아지면 죽을 사람도 다시 살아나며, 명문이 다시 밝아지면 하루가 가기 전에 몸이 안정되고, 년상과 수상이 열리면 재액이 곧 멀어집니다.

又云, 三陽如靛, 死必無疑, 年壽光明, 還須有救, 此五處, 一處開, 不死

우운, 눈 주위가 푸르게 되면 죽음을 의심하지 말며, 년상과 수상이 밝게 빛나면 또한 살아날 것이고, 이 다섯 곳 중에 한 곳이 열리면 죽지 않는다 하였습니다.

凡人氣色常暗, 忽一日光明, 死期至矣

사람의 기색이 항상 어둡다가 어느 날 갑자기 밝게 빛나면 죽을 때가 된 것입니다.

常明忽暗, 死亦至矣

항상 밝다가 갑자기 어두워지면 또한 죽을 때가 다다른 것입니다.

病必死者, 年壽三陽一赤, 旬日身亡

병으로 죽을 사람이 년상·수상·와잠이 붉어지면 10일 안에 죽습니다.

白發印堂黃發口, 一七殞命

인당에 백색이 나타나고, 입이 누렇게 발하면 7일 안에 죽을 운명입니다.

四壁如烟起赤光, 須防二七

사벽【옆 얼굴】이 연기처럼 붉은 빛이 일어나면 14일 안에 죽음을 예방해야 합니다.

老人滿面黃光現, 一七難逃

노인의 만면에 누런빛이 가득하면 7일 안에 죽을 징조입니다.

小者青來口角邊, 一月之數

젊은 사람의 구각의 주변이 청색이 띄면 한 달 안에 죽을 수 있습니다.

有病人雖看準頭不潤, 好人則只看年壽如泥耳生塵, 還須有疾病

병이 있는 사람이 비록 준두가 윤택하지 않은지를 살펴봐야 하고, 건강한 사람이 년상·수상이 진흙 같고, 귀에 때가 낀 것 같으면 오히려 질병이 생깁니다.

耳輪赤, 萬事無憂, 印堂黑, 非死也

귀의 윤곽이 붉으면 만사를 근심할 것이 없고, 인당이 검어도 죽지는 않습니다.

重顴骨青, 大難來臨

관골에 짙푸른 색이 있으면 큰 재난이 일어나게 됩니다.

一身血色有光華, 一年之內

병자의 일신에 혈색이 화사한 빛이 있으면 일 년 안에 회복이 됩니다.

皮血滯如泥不亮, 半載之間

피부의 혈색이 체하여 진흙과 같이 밝지 않으면 반년 안에 어려운 일이 생겨납니다.

●官居極品관거극품

> 官居極品, 臨終衣食俱無, 何說○對曰, 凡人老運, 不拘富貴, 俱要皮
> 土爲主, 老來皮土潤, 血色足, 日後還有晚景, 必富大旺, 老來皮土乾,
> 血色衰. 爲官退位致窮, 爲民致困苦, 死後結果俱難.

官居極品, 臨終衣食俱無, 何說

관직이 극품에 있었는데, 임종 때는 衣食(의식)이 모두 없는 것은 무슨 뜻인가?

○對曰, 凡人老運, 不拘富貴, 俱要皮土爲主

대왈, 노년의 운은 부귀에 구별하지 않고, 모두 피부를 위주로 중요하게 봅니다.

老來皮土潤, 血色足, 日後還有晚景, 必富大旺

노인이 되어서는 피부가 윤택하고 혈색이 풍족하면 세월이 흐른 후 말년에 오히려 영화로움이 있고, 부유함이 크게 왕성하게 됩니다.

老來皮土乾, 血色衰. 爲官退位致窮, 爲民致困苦, 死後結果俱難

노인이 되어서 피부가 건조하고 혈색이 쇠약해지면 관직자는 자리에서 물러나 궁핍하게 되고, 백성이 이러한 기색이면 곤고하게 되며, 사후의 결과가 모두 곤란하게 됩니다.

●老來臥蠶노래와잠

> 人老來, 臥蠶低, 乳朝下, 不得子, 反主老窮, 何說○對曰, 皆因皮土弱, 血
> 不旺, 臥蠶方低, 乳方朝下, 若血色潤好, 豈有臥蠶反低, 乳方朝下之理

人老來, 臥蠶低, 乳朝下, 不得子, 反主老窮, 何說

사람이 노년이 되어서 와잠이 낮고 유두가 아래로 처지면 아들을 얻지 못하고, 오히려 노년에 궁핍하게 된 것은 무슨 뜻인가?

○ 對曰, 皆因皮土弱, 血不旺, 臥蠶方低, 乳方朝下

대왈, 모두 피부가 약하고, 혈색이 왕성하지 못하여 와잠이 낮아지고, 유두가 아래로 처지게 됩니다.

若血色潤好, 豈有臥蠶反低, 乳方朝下之理

만약 혈색이 윤택하고 좋다면 어찌 와잠이 오히려 낮아지고, 유두가 아래로 처지겠습니까?

◉老來安逸노래안일

一生無運, 老來反得安逸, 何說○對曰, 一生無運, 因一面失局, 星辰不勻, 部位不停, 以致一生勞苦, 無半日安閒, 老來苦神定血旺, 不在相上, 凡老運只看皮色氣血, 若神血氣俱好, 雖無運亦好, 若皮色一枯, 則死期至矣, 書云, 老看皮毛血共神, 四肢俱好主身榮, 若是皮苦竝血弱, 一年之內必歸冥.

一生無運, 老來反得安逸, 何說

평생 운이 없다가 노인이 되어서 오히려 안일하게 사는 것은 무슨 뜻인가?

○ 對曰, 一生無運, 因一面失局, 星辰不勻, 部位不停, 以致一生勞苦

대왈, 평생 운이 없는 것은 얼굴의 격국을 잃었기 때문이며, 성신의 균형을 이루지 못하고 부위가 바르지 않기 때문에 평생 노고가 있었던 것입니다.

無半日安閒, 老來苦

반나절도 편안하거나 한가롭지 못하고 노인이 되어서까지 고생만 하게 됩니다.

神定血旺, 不在相上

정신이 안정되고, 혈기가 왕성한 것으로는 좋은 상이 될 수 없습니다.

凡老運只看皮色氣血

노년의 운수는 다만 피부의 색과 기혈을 살펴봐야 합니다.

若神血氣俱好, 雖無運亦好

만약 정신과 혈색과 기운이 모두 좋다면 비록 운이 없다고 해도 편안합니다.

若皮色一枯, 則死期至矣

만약 피부와 혈색이 메마르게 되면 곧 죽을 날이 머지 않습니다.

書云, 老看皮毛血共神, 四肢俱好主身榮,

서운, 노인의 피부·모발·혈분이 모두 빛나고, 사지가 모두 건강하다면 일신이 영화롭다 하였습니다.

若是皮枯竝血弱, 一年之內必歸冥

만약 피부가 메마르고, 혈색이 약하면 일 년 안에 아득한 곳으로 돌아가게 됩니다.

◉五官俱好오관구호

> 五官俱好, 一體無嫌, 久困窮途何說○對曰 此乃運好相好, 獨氣色不好, 天不得晴, 日月不得明, 人不得氣色, 則運不通, 骨格外貌部位俱好, 惟氣色不好, 亦難得顯, 直待氣明色潤, 方得通時, 氣滯九年, 色滯三年, 神昏一世, 若神氣色三件俱暗, 窮苦到老, 卽部位好而終不顯達, 故人以氣色爲主, 骨格定一世貧賤.

五官俱好, 一體無嫌, 久困窮途何說

오관이 모두 좋고 몸에는 흠결이 없는데, 오래도록 곤궁한 것은 무엇 때문인가?

○對曰, 此乃運好相好, 獨氣色不好

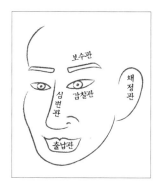

대왈, 이는 운도 좋고 상도 좋은데, 유독 기색만 좋지 못한 것입니다.

天不得晴, 日月不得明

하늘이 청명하지 않은 것은 일월이 밝지 못한 것입니다.

人不得氣色, 則運不通

사람이 기색을 얻지 못하면 곧 운이 소통되지 못하는 것입니다.

骨格外貌部位俱好, 惟氣色不好, 亦難得顯

골격과 외모와 부위가 모두 좋아도 오직 기색이 좋지 못하면 역시 현달하기 어렵습니다.

直待氣明色潤, 方得通時

기가 밝고 색이 윤택할 때까지 기다려야 하며, 바야흐로 운이 소통하는 때를 얻게 됩니다.

氣滯九年, 色滯三年, 神昏一世

기가 체하면 9년 동안 운이 없고, 색이 체하면 3년 동안 운이 없으며, 신이 어두우면 평생 운이 없습니다.

若神氣色三件俱暗, 窮苦到老

만약 신·기·색 3가지가 모두 어두우면 궁핍하고 고생스럽게 늙어 갑니다.

卽部位好而終不顯達, 故人以氣色爲主, 骨格定一世貧賤

즉 부위가 좋아도 마침내 현달하지 못하게 되는 고로 사람은 기색으로써 으뜸을 삼고, 골격은 평생의 빈천을 정하게 됩니다.

◉格局不如 격국불여

格局不如而又大發財, 何說○對曰, 此縱發財, 還須有失, 此言部位不好氣色好之說, 須應氣色, 無人不發, 部位均停, 運至必興家道, 色鮮明潤, 其年可遂心懷, 部位以爲年休咎, 氣色定當月吉凶, 萬言諸事不如氣色, 美玉不出山, 待自埋山, 破船遇順風, 亦能航海, 書曰, 部位偏斜氣色明, 萬船營運遂君心, 若還氣色仍前暗, 依舊新勤困苦人.

格局不如而又大發財, 何說

격국은 좋지 않은데, 재물이 크게 늘어나는 것은 무엇 때문인가.

○對曰, 此縱發財, 還須有失, 此言部位不好氣色好之說

대왈, 이는 설령 재물이 늘어나도 오히려 재물을 잃게 되니, 이는 부위가 좋지 않은데 기색만 좋다는 것을 설명한 것입니다.

須應氣色, 無人不發, 部位均停, 運至必興家道

기색이 좋으면 재물이 늘어나지 않는 사람이 없으며, 부위가 균형이 맞으면 운이 이르게 되어 가정이 흥성하게 됩니다.

色鮮明潤, 其年可遂心懷, 部位以爲年休咎, 氣色定當月吉凶

기색이 선명하고 윤택하면 그 해에는 뜻하는 대로 됩니다. 부위로써 당년의 휴구를 삼고, 기색으로써 그 달의 길흉을 정하게 됩니다.

萬言諸事不如氣色, 美玉不出山, 待自埋山, 破船遇順風, 亦能航海

여러 말들이나 모든 일들이 기색보다 못하니 아름다운 옥을 산에서 캐지 않으면 단지 산 속에 묻혀서 기다려야 하는 것이며, 파손된 배라도 순풍을 만나면 역시 바다를 건널 수 있습니다.

書曰, 部位偏斜氣色明, 萬船營運遂君心

서왈, 부위가 치우치고 기울어져도 기색이 선명하면, 만선의 기쁨과 경영의 운이 순탄하여 군주의 마음에 이르게 된다고 하였습니다.

若還氣色仍前暗, 依舊辛勤困苦人

만약 기색이 전과 같이 어두워지면, 예전처럼 근심스럽고 곤고한 사람이 됩니다.

◉骨格部位골격부위

> 一骨格, 二部位, 三形神, 四氣色, 此四件何一件更準○對曰, 骨格定一世貧富, 部位定一世消長, 形神定更改, 氣色定當年吉凶, 此四件俱準, 各有一用, 依前三十六法, 一一世<細>看, 無不應驗, 氣色逐時有變, 可依後逐年生剋, 逐月宮份<分>, 逐日氣節, 求其事應於某宮, 當用某月某日可得, 何方可求, 何方可避, 倚法用心, 鬼神莫測, 可奪天機也.

一骨格, 二部位, 三形神, 四氣色, 此四件何一件更準

첫째는 골격, 둘째는 부위, 셋째는 형신, 넷째는 기색이라 하니 이 네 가지 중에서 어떤 것이 기준이 되느냐.

○對曰, 骨格定一世貧富, 部位定一世消長

대왈, 골격은 평생의 빈궁과 부귀를 정하고, 부위는 평생 득세와 실세를 정합니다.

形神定更改, 氣色定當年吉凶

형신은 장수와 단명을 정하고, 기색은 당년의 길흉을 정합니다.

此四件俱準, 各有一用

이 4가지는 모두 기준이 되고, 각각의 쓰임이 있습니다.

依前三十六法, 一一世<細>看, 無不應驗

36가지의 법에 의거하여 하나하나 자세히 살펴보면 응험하지 않음이 없습니다.

氣色逐時有變, 可依後逐年生剋, 逐月宮份<分>, 逐日氣節

기색은 수시로 변화가 있으니 기색에 의해서 해마다 생극을 따르고, 매달 나뉘고,
매일 기운을 따르게 됩니다.

求其事應於某宮, 當用某月某日可得, 何方可求, 何方可避, 倚法用心,

鬼神莫測, 可奪天機也

기색이 어느 궁에서 응하게 되면 그 일을 구할 수 있게 되고, 모월 모일에 기세를 얻
어서 쓸 수 있는지, 어느 방향에서 구하고, 어느 방향으로 피해야 하는지 이 법에 의
지하여 마음을 쓴다면 귀신도 예측하지 못하고 천기를 빼앗을 수 있습니다.

●**相還氣色**상환기색

相還好看氣色, 或者難看, 何以辨之○對曰, 相有萬千之變, 豈能用
易, 氣色不過一理, 豈爲難乎, 屢屢看相, 欠眞傳實學, 故此毫釐有千
里之差, 不知宮分, 不識生剋, 不明道理, 不得眼力, 不知何爲氣, 何
爲色, 何爲吉, 何爲凶, 以何方可脫, 何日可見, 總然不得訣法, 難以
盡明, 若明白, 當詳玩後載玄玄賦.

相還好看氣色, 或者難看, 何以辨之

상은 보는 것보다 기색을 보는 것이 쉽다고 하고 혹자는 어렵다고 하니, 어떻게 분
별하는가?

○對曰, 相有萬千之變, 豈能用易

대왈, 상은 천변만화하니, 어찌 쉽겠습니까.

氣色不過一理, 豈爲難乎

기색은 한 가지 이치에 불과하니, 어찌 어렵겠습니까.

屢屢看相, 欠眞傳實學, 故此毫釐有千里之差

누누이 상을 보는데, 진실된 학문의 진리를 전수함에 흠결이 있게 되면, 고로 이는 털 끝 만큼의 차이가 천리의 차이로 나게 됩니다.

不知宮分, 不識生剋, 不明道理, 不得眼力, 不知何爲氣, 何爲色, 何爲吉,

何爲凶, 以何方可脫, 何日可見

각각 궁들을 분별할 줄 모르고, 오행의 생극조화를 인식하지 못하고, 천지의 도리에 밝지 못하고, 안목을 얻지 못하며, 무엇이 기가 되고, 무엇이 색이 되는지, 무엇이 길하고, 무엇이 흉한 것인지, 어느 방향으로 가야 벗어날 수 있고, 어느 날에 볼 수 있는지 알지 못합니다.

總然不得訣法, 難以盡明, 若明白, 當詳玩後載玄玄賦

마침내 비법을 얻지 못하고 완전히 밝히기 어려우니, 만약 명백히 밝혀지게 되면 마땅히 상세히 찾아낸 다음 현현부에 싣겠습니다.

◉旺夫敗夫왕부패부

女人旺夫敗夫, 可有此說○對曰, 旺夫之女, 背厚肩圓, 剋夫之妻, 顴
高鼻小, 凡女相, 雖部位十二宮, 五官, 六府, 三停, 只取四件爲用, 額
爲父母, 鼻爲夫星, 口爲子星, 眼乃貴賤, 凡觀女相, 先看鼻準爲夫星,
若要收成, 子貴還須脣配, 多紋子息成名, 必定眼如鳳目, 旺夫起創,
還須一面無虧, 六削三尖, 豈能興家立事, 面如瑩玉, 何愁不産麒麟,
興家之婦, 定是三停得配, 享福之人, 必然額正眉清, 豈有準圓孀婦,
那見嬌嘴貴人, 要配貴夫, 身香體正, 多淫多亂, 面斑鼻小, 身輕脚重,
多爲侍妾, 體動頭搖, 屛風之後裙釵, 鎭日閨門整肅, 面圓嚴重, 神强
權奪, 夫婿經營, 眼大睛高, 鼻正, 總是旺夫之女, 土正神清, 發福之人,

血利光彩, 眼中藏秀, 必産佳兒, 面大無顋, 休言福德, 肉白如雪, 下賤
多淫, 肉軟如綿, 一生淫賤, 睛圓額削皮多滑, 不爲娼妓作尼姑, 脣白
嘴尖髮又黃, 不是媒婆爲侍妾, 準圓血潤, 必主興家, 準小樑低, 出嫁
破敗.

女人旺夫敗夫, 可有此說

여인이 남편을 왕성하게 하거나 남편을 실패하게 한다는 이러한 말이 있을 수 있는가.

○ 對曰, 旺夫之女, 背厚肩圓, 剋夫之妻, 顴高鼻小

대왈, 남편을 왕성하게 하는 여인은 등이 두텁고 어깨가 둥글며, 남편을 극하는 부인
은 관골이 높고 코가 작습니다.

凡女相, 雖部位十二宮, 五官, 六府, 三停, 只取四件爲用

여인의 상은 비록 십이궁·오관·육부·삼정의 부위가 있지만, 다만 네 가지만을 취하
여 쓰게 됩니다.

額爲父母, 鼻爲夫星, 口爲子星, 眼乃貴賤

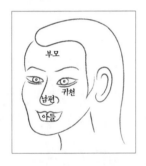

이마는 부모가 되고, 코는 남편이 되며, 입은 아들이 되고,
눈은 귀천을 보게 됩니다.

凡觀女相, 先看鼻準爲夫星, 若要收成

여인의 상을 볼 때는 먼저 코와 준두로 남편을 삼으니, 성공을 거두는 데 필요합니다.

子貴還須脣配, 多紋子息成名

아들이 귀하게 되려면 위아래 입술의 배합이 잘 맞아야 하고, 입술의 주름이 많으면
자식의 명예를 이루게 됩니다.

必定眼如鳳目, 旺夫起創, 還須一面無虧

정녕코 봉의 눈과 같으면 남편의 창업을 왕성하게 일으키고, 또한 얼굴 전면에 모자람이 없어야 합니다.

六削三尖, 豈能興家立事

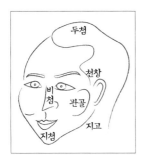

육삭과 삼첨이면 어찌 흥가를 하고 일을 성립시킬 수 있겠습니까.

面如瑩玉, 何愁不産麒麟

얼굴이 마치 관옥처럼 빛나면 어찌 기린같은 자녀를 출산하지 못할까 근심을 하겠습니까.

興家之婦, 定是三停得配

가정을 흥하게 하는 부인은 삼정이 균일하게 배합이 맞습니다.

享福之人, 必然額正眉清

향복을 누리는 사람은 이마가 단정하고 눈썹이 맑습니다.

豈有準圓孀婦, 那見嶠嘴貴人

준두가 둥근데 어찌 청상과부가 있겠습니까. 어찌 뾰족한 입을 가진 귀인을 볼 수 있겠습니까.

要配貴夫, 身香體正

귀한 남편과 배필이 되는 여인은 몸에서 향기가 나고 신체가 단정합니다.

多淫多亂, 面斑鼻小

음난한 여인은 얼굴에 주근깨가 많고 코가 작습니다.

身輕脚重, 多爲侍妾

몸은 가벼운데 다리가 무거우면 시중을 드는 첩이 됩니다.

體動頭搖, 屛風之後裙釵

몸을 부산스럽게 움직이고 머리를 흔들면 병풍 뒤에서 치마와 비녀를 고쳐 입습니다.

鎭日閨門整肅, 面圓嚴重

하루 종일 규방 문이 정숙한 여인은 얼굴이 둥글고 엄중함이 있습니다.

神强權奪, 夫婿經營

안신이 강하면 가권을 빼앗고, 남편과 사위를 여인 마음대로 경영합니다.

眼大睛高, 鼻正, 總是旺夫之女

눈이 크고 눈동자가 고상하며, 코가 단정하면 모두 남편을 왕성하게 하는 여인입니다.

土正神淸, 發福之人

코가 단정하고 안신이 맑으면 발복하는 여인입니다.

血利光彩, 眼中藏秀, 必産佳兒

혈기가 화사하고 밝게 빛나며, 안신의 수려함을 감추고 있으면 훌륭한 아이를 출산

하게 됩니다.

面大無頤, 休言福德

얼굴은 큰데 턱이 없는 듯하면 복덕을 말할 수 없습니다.

肉白如雪, 下賤多淫

살이 눈처럼 희면 하천하며 음란한 여인입니다.

肉軟如綿, 一生淫賤

살이 솜처럼 부드러우면 평생 음란하고 천합니다.

睛圓額削皮多滑, 不爲娼妓作尼姑

눈동자가 둥글고 이마가 깎이며, 피부가 매끄러우면 창기가 되거나 비구니가 됩니다.

脣白嘴尖髮又黃, 不是媒婆爲侍妾

입술이 희고 뾰족하게 나오며, 두발이 누렇게 되면 매파가 되지 않으면 시중을 드는 첩이 됩니다.

準圓血潤, 必主興家

준두가 둥글고 혈기가 윤택하면 가문을 일으킵니다.

準小樑低, 出嫁破敗

준두가 작고 비량이 낮으면 결혼하여 패가망신합니다.

◉小兒骨格소아골격

凡小兒骨格未成, 可看得貴賤否○對曰, 骨格未成, 五官六府三停已定, 還看聲音與神爲主, 聲音响喨貌溫和, 成家之子, 五官俱正眼如星, 大貴之兒, 皮肉寬厚, 有福有壽, 皮急皮浮, 且貧且夭, 聲淸音喨, 多利雙親, 聲殘氣粗, 難言有壽, 眉高耳正, 必是聰俊之兒, 眉低耳低, 多是爲僧爲道, 受父之福, 額廣印寬, 見成家業, 鼻柱樑高, 書云, 眉高耳厚兒多福, 額廣頤圓貴必宜, 大槪未十歲, 宜身輕體正, 氣足神壯, 方言成器, 如削如薄如偏, 俱是不成之格, 頭圓者決無短壽, 口闊者必不貧寒, 皮厚者還須有壽, 骨弱者不得安樂, 天停削, 耳輪暗, 少年多困, 山根陷, 羅計低, 難守家財, 耳若反, 眉若低, 不須問讀, 耳若正, 睛若淸, 可言功名, 聲若破, 色若暗, 破財之子, 聲若淸, 色若明, 興旺之人

凡小兒骨格未成, 可看得貴賤否

소아의 골격은 아직 성숙되지 않았는데, 어떻게 귀천을 알아보는가?

○ 對曰, 骨格未成, 五官六府三停已定

대왈, 골격은 아직 성숙하지 않지만 오관·육부·삼정은 이미 정해져 있습니다.

還看聲音與神爲主

음성과 더불어 안신을 으뜸으로 봐야 합니다.

聲音响喨貌溫和, 成家之子

음성이 맑게 울리고, 용모가 온화하면 가문을 일으키는 아들이 됩니다.

五官俱正眼如星, 大貴之兒

오관이 모두 단정하고, 눈이 별처럼 빛나면 대귀를 할 아이가 됩니다.

皮肉寬厚, 有福有壽

피부와 살이 너그럽고 두터우면 복수를 모두 누리게 됩니다.

皮急皮浮, 且貧且夭

피부가 팽팽하거나, 살이 들뜨면 가난하거나 오래 살지 못합니다.

聲淸音喨, 多利雙親

음성이 맑고, 여운의 울림이 있으면 부모에게 이로움이 많습니다.

聲慼氣粗, 難言有壽

음성이 움츠러 들고, 기가 거칠면 수명을 말할 수 없습니다.

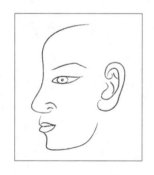

眉高耳正, 必是聰俊之兒

눈썹이 높고, 귀가 단정하면 총명하고 준수한 아이가 됩니다.

眉低耳低, 多是爲僧爲道

눈썹이 낮고, 귀가 낮으면 승려가 되거나 수도자가 됩니다.

受父之福, 額廣印寬

아버지의 복을 이어 받는 것은 이마가 넓고 인당이 너그러워야 합니다.

見成家業, 鼻柱樑高

가업을 성공시키는 것을 보려면 비량이 높아야 합니다.

書云, 眉高耳厚兒多福, 額廣腮圓貴必宜

서운, 눈썹이 높고 귀가 두터운 아이는 복이 많고, 이마가 넓고 턱이 둥근 아이는 귀하게 되는 것이 마땅하다 하였습니다.

大槪未十歲, 宜身輕體正, 氣足神壯, 方言成器

10세 미만의 아이가 몸이 가볍고 신체가 단정하며, 기가 충족되고 신이 굳세면 성공하는 인재가 될 수 있습니다.

如削如薄如偏, 俱是不成之格

만약 깎이고, 얇고, 치우치면 모두 성공할 수 없는 격입니다.

頭圓者決無短壽, 口闊者必不貧寒, 皮厚者還須有壽

머리가 둥근 아이는 결코 수명이 짧지 않고, 입이 큰 아이는 빈한하지 않으며, 피부가 두터운 아이는 오래 살 수 있습니다.

骨弱者不得安樂, 天停削, 耳輪暗, 少年多困

뼈가 약한 아이는 안락하게 살지 못하고, 이마가 깎이고 귀의 윤곽이 어두우면 어린 시절에 곤궁함을 많이 겪게 됩니다.

山根陷, 羅計低, 難守家財

산근이 꺼지고 눈썹이 낮으면 가정의 재산을 지키기 어렵습니다.

耳若反, 眉若低, 不須問讀

귀가 뒤집히고, 눈썹이 낮으면 물어도 답할 수가 없습니다.

耳若正, 睛若清, 可言功名

귀가 단정하고, 눈동자가 맑으면 공명을 말할 수 있습니다.

聲若破, 色若暗, 破財之子

음성이 깨지고, 기색이 어두우면 재산을 깨뜨리는 아들입니다.

聲若清, 色若明, 興旺之人

음성이 맑고, 기색이 밝으면 가문을 왕성하게 일으키는 아이입니다.

◉**五官之中**오관지중

> 五官之中, 所忌何一官大, 何一處小○對曰, 凡五官俱宜正直平勻, 不
> 宜偏陷小削, 所宜者口闊脣紅, 所忌者鼻樑起節, 眼大不可露神, 耳大
> 最要正厚, 鼻小者資財難聚, 口小者一世無糧, 眉宜高, 不可低墮, 眼
> 忌小, 又忌偏斜, 口忌尖, 又嫌脣薄, 眼小者不忌眉輕, 眼大者不嫌眉
> 重, 無顴者不宜鼻大, 面大者切忌樑低, 口闊不宜露齒, 眼大不可浮
> 光, 眉蹙不宜眼大, 耳小最怕眉蹙,

五官之中, 所忌何一官大, 何一處小

오관 중에 한곳만 커서 꺼리는 것과 한곳만 작아서 꺼리는 것은 무엇인가.

○對曰, 凡五官俱宜正直平勻, 不宜偏陷小削

대왈, 오관은 모두 단정하고 곧으며, 균형이 맞아야 마땅하며, 기울고 꺼지며, 작고
깎인 것은 마땅치 않습니다.

所宜者口闊脣紅, 所忌者鼻樑起節

마땅한 것은 입이 넓고 입술이 붉은 것이며, 꺼리는 것은 비량에 뼈마디가 일어난 것입니다.

眼大不可露神, 耳大最要正厚

눈이 크되 신이 노출되지 않아야 하며, 귀가 크되 단정하고 두터운 것이 가장 중요합니다.

鼻小者資財難聚, 口小者一世無糧

코가 작은 자는 재물과 재산을 모으기 어렵고, 입이 작은 자는 평생 양식이 없습니다.

眉宜高, 不可低墮

눈썹이 높은 것은 마땅하고, 눈썹이 낮게 떨어진 것은 좋지 않은 것입니다.

眼忌小, 又忌偏斜

눈이 작은 것은 꺼리고, 또 눈이 치우치고 사시가 된 것은 꺼립니다.

口忌尖, 又嫌脣薄

입이 뾰족한 것을 꺼리고, 또한 입술이 얇은 것은 나쁜 것이 됩니다.

眼小者不忌眉輕, 眼大者不嫌眉重

눈이 작으면 눈썹이 옅은 것을 꺼리지 않고, 눈이 크면 눈썹이 짙은 것을 나쁘게 보지 않습니다.

無顴者不宜鼻大, 面大者切忌樑低

관골이 없는 자는 코가 큰 것이 좋지 않고, 얼굴이 큰 자는 비량이 낮은 것을 절대로 꺼리게 봅니다.

口闊不宜露齒, 眼大不可浮光

입이 넓은 자가 치아가 드러나면 마땅치 않고, 눈이 커도 빛이 들뜨면 좋지 않습니다.

眉蹙不宜眼大, 耳小最怕眉蹙

눈썹이 짧은데 눈이 큰 것이 마땅치 않고, 귀가 작은데 눈썹이 짧은 것을 가장 두려워하는 것입니다.

●五行生剋오행생극

五行何爲生剋○對曰, 木形人故宜水局, 土形人得金爲奇, 火形人宜得木局, 木形身發必富, 金形人紅潤身榮, 水若西方必貴, 木遇金則貧賤, 土形一瘦卽死, 金形一胖難生, 壽形忌嫌土剋, 金形準紅多迍, 似木不木難貴, 似金不金難榮, 似水不水反好, 似土不土安榮, 五行切忌犯剋, 生扶可以爲榮.

五行何爲生剋

오행의 생극은 어찌 되는가.

○對曰, 木形人故宜水局

대왈, 목형인은 고로 수국이 마땅합니다.

土形人得金爲奇

토형인은 금국을 얻어야 기이합니다.

火形人宜得木局

화형인은 목국을 얻어야 마땅합니다.

木形身發必富

목형인이 몸이 불어나면 부유하게 됩니다.

金形人紅潤身榮

금형인이 홍색으로 윤택하면 신분이 높아져서 영화롭게 됩니다.

水若西方必貴

수형인이 만약 서방으로 가면 귀인의 도움을 받습니다.

木遇金則貧賤

목형인이 금국를 만나면 빈천한 사람이 됩니다.

土形一瘦卽死

토형인이 일시에 마르면 곧 죽게 됩니다.

金形一胖難生

금형인이 일시에 살이 찌면 살기 어렵습니다.

水形忌嫌土剋

수형인이 토국의 상극을 받으면 꺼리고 싫어합니다.

金形準紅多迍

금형인의 준두가 홍색이면 일이 많이 막히게 됩니다.

似木不木難貴

목형 같은데 목형이 아니면 귀인이 되기가 어렵습니다.

似金不金難榮

금형 같은데 금형이 아니면 영화롭게 되기가 어렵습니다.

似水不水反好

수형 같은데 수형이 아니면 오히려 좋습니다.

似土不土安榮

토형 같은데 토형이 아니면 안락하고 영화롭게 됩니다.

五行切忌犯剋

오행에서 절대적으로 꺼리는 것은 상극작용입니다.

生扶可以爲榮

오행에서 상생의 도움을 받음으로써 영화롭게 됩니다.

●見子傷夫 견자상부

有見子傷夫, 有見子傷妻者, 何說○對曰, 書云, 見子傷妻, 魚尾紋通天庫, 兒成妻喪, 奸門所見有黃光, 紋通天庫, 主見子刑妻, 奸門紋生主剋妻, 有黃光, 主有好子, 書云, 見子傷妻, 顴高睛陷, 印堂平扶子守節, 鼻弱樑低脣似火, 凡婦人顴高眼凹, 豈不傷夫, 印堂平者, 主有子, 鼻乃夫星, 一陷定刑, 脣紅必主有子, 又云, 婦人睛赤, 見子刑夫, 男子睛黃, 刑妻剋子, 又云, 剋妻生子, 臥蠶血潤魚尾靑, 剋子存妻, 奸門明潤臥蠶弱.

有見子傷夫, 有見子傷妻者, 何說

아들을 낳자마자 남편에게 해를 입히거나, 부인에게 해를 입히는 것은 무슨 뜻인가?

○對曰, 書云, 見子傷妻, 魚尾紋通天庫

대왈, 서운, 아들을 낳자마자 부인에게 해를 입히는 것은 남편의 어미에 주름이 천창으로 관통하였기 때문이라 하였습니다.

兒成妻喪, 奸門所見有黃光

아이가 성장하면서 상처하는 것은 남편의 간문에 누런 빛이 보이기 때문입니다.

紋通天庫, 主見子刑妻

어미의 주름이 천창으로 관통하게 되면 아들을 낳자마자 부인을 형극하게 됩니다.

奸門紋生主剋妻, 有黃光, 主有好子

간문의 주름이 생기면 부인을 극하게 되지만 간문에 누런빛이 있어서 좋은 아들을 낳게 됩니다.

書云, 見子傷妻, 顴高睛陷, 印堂平扶子守節, 鼻弱樑低脣似火

서운, 아들을 낳자마자 부인에게 해를 입히는 것은 관골이 높고 눈동자가 꺼져서이며, 인당이 평평하면 아들을 잘 키우고 절개를 지키게 되며, 코가 약하고 비량이 낮으며, 입술이 불처럼 붉은 자는 아들을 얻고 나서 부인에게 해를 입힌다 하였습니다.

凡婦人顴高眼凹, 豈不傷夫

부인의 관골이 높고 눈이 꺼지면 어찌 남편에게 해를 입히지 않겠습니까.

印堂平者, 主有子

인당이 평만한 자는 아들이 있습니다.

鼻乃夫星, 一陷定刑

코는 남편궁이 되고, 비량의 한 곳이라도 꺼지면 남편을 형극하게 됩니다.

脣紅必主有子

입술이 붉으면 귀한 아들이 있습니다.

又云, 婦人睛赤, 見子刑夫, 男子睛黃, 刑妻剋子

우운, 부인의 눈동자가 붉으면 아들을 낳자마자 남편을 형극하며, 남자의 눈동자가 누런 색이면 처자를 형극한다고 하였습니다.

又云, 剋妻生子, 臥蠶血潤魚尾靑, 剋子存妻, 奸門明潤臥蠶弱

우운, 아들을 낳자마자 부인을 극하는 것은 와잠의 혈색이 윤택하지만 어미가 푸른 색을 띄게 된 것이고, 아들을 극하고 부인을 보존하는 것은 간문이 밝게 윤택하지만 와잠이 빈약하기 때문이라고 하였습니다.

◉出胎傷父출태상부

出胎傷父, 又主刑娘, 何說○對曰, 小兒髮低必傷父, 日月旋螺定傷
母, 又云, 寒毛生角, 幼失雙親, 眉毛螺旋, 必主刑母, 刑父者頭偏額

削, 妨母者眼陷眉交, 胎毛黃恐防難養, 胎毛黑恐有刑傷, 詩云, 額削
頭偏日月垂, 又刑父母又災危, 眉交眼陷山根斷, 乃是人間破敗兒.

出胎傷父, 又主刑娘, 何說

태어나자마자 아버지에게 상해가 되거나 또는 어머니에게 형극이 되는 것은 무슨
뜻인가?

○對曰, 小兒髮低必傷父, 日月旋螺定傷母

대왈, 소아의 발제가 낮으면 아버지에게 상해가 되고, 일월각에 곱슬머리가 나면 어
머니에게 상해를 입히게 됩니다.

又云, 寒毛生角, 幼失雙親, 眉毛螺旋, 必主刑母

우운, 일월각에 잔 머리카락이 나면 어려서 부모를 모두 잃게 되며, 눈썹의 털이 곱
슬거리면 어머니를 형극을 입힌다고 하였습니다.

刑父者頭偏額削, 妨母者眼陷眉交

아버지에게 형극을 하는 것은 두상이 삐뚤어져 있고 이마
가 깎였기 때문이고, 어머니에게 해가 되는 것은 눈이 꺼
지고 눈썹이 서로 붙었기 때문입니다.

胎毛黃恐防難養, 胎毛黑恐有刑傷

갓난아기의 털이 누런색이면 다만 기르기가 어렵고, 갓난아기의 털이 검은색이면
다만 형상이 있을까 두렵습니다.

詩云, 額削頭偏日月垂, 又刑父母又災危, 眉交眼陷山根斷, 乃是人間破敗兒

시운, 이마가 깎이고 두상이 삐뚤고 일월각이 낮으면 부모를 형극하게 되고, 또한
재앙으로 위태롭게 됩니다. 눈썹이 서로 붙고 눈이 깊으며, 산근이 끊어진 아이는
파패아가 됩니다.

●相好破敗 상호파패

面相好有一處破敗, 可有忌否○對曰, 週身上下十二宮, 三十六法, 若有一處失陷, 難以言其全福, 有十二件美中生惡之法, 頭雖圓無腦, 一世不能成立, 天停高, 髮如草, 一世下賤愚頑, 眼雖淸, 雙眉壓, 一世不能成立, 耳雖正, 軟如綿, 一世愚頑志劣, 樑雖高, 山根陷, 準雖圓, 井竈大, 一生難望聚財, 顴雖高, 左右不配, 主一生孤獨, 脣雖紅潤齒疎少, 凡事無成, 項雖圓, 雙眉縱, 主一生貧寒, 腹雖厚, 上大下小, 一生不發, 臀雖大, 尖嶠不平, 一生勞苦, 掌雖厚, 上無紋, 一生愚賤, 此十二件, 若犯一件, 縱有陳平之貌, 張良之才, 亦不能發積, 故此莫以美惡而言, 好相中秘訣, 有折除之法, 人莫知之, 詩云, 一面昂然好五官, 身平體正氣神寬, 局中若有些須破, 一世無成百事難.

面相好有一處破敗, 可有忌否

얼굴의 상은 좋은데 한 곳이 깨졌다면 꺼리지 않겠는가.

○對曰, 週身上下十二宮, 三十六法, 若有一處失陷, 難以言其全福

대왈, 온몸에 십이궁과 36법이 있으니, 만약 한 곳을 잃거나 꺼지게 되면 온전한 복을 말하기는 어렵습니다.

有十二件美中生惡之法

12건의 좋은 상 가운데 나쁜 상을 보는 방법은 다음과 같습니다.

頭雖圓無腦, 一世不能成立

두상은 비록 둥글지만 뒷머리가 없으면 평생 성공하여 뜻을 세울 수 없습니다.

天停高, 髮如草, 一世下賤愚頑

이마는 높은데 두발이 잡초와 같으면 평생 하천하고 어리석고 완고하게 됩니다.

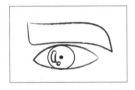

眼雖淸, 雙眉壓, 一世不能成立

눈은 비록 맑지만 두 눈썹이 눈을 압박하는 듯 낮으면 평생 성공할 수 없습니다.

耳雖正, 軟如綿, 一世愚頑志劣

귀가 비록 단정하지만 솜처럼 부드러우면, 평생 어리석고 완고하며 뜻이 졸렬합니다.

樑雖高, 山根陷, 準雖圓, 井竈大, 一生難望聚財

비량이 비록 높아도 산근이 꺼지거나, 준두가 비록 둥글어도 콧구멍이 크면 평생 재물이 쌓이는 것을 바라기 어렵습니다.

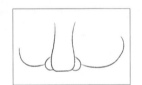

顴雖高, 左右不配, 主一生孤獨

관골이 비록 높아도 좌우가 서로 배합이 맞지 않으면 평생 고독하게 됩니다.

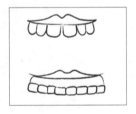

脣雖紅潤齒疎少, 凡事無成

입술이 비록 홍색으로 윤택하여도 치아의 사이가 벌어지거나 작으면 모든 일이 뜻대로 되지 않습니다.

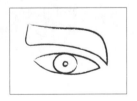

項雖圓, 雙眉縱, 主一生貧寒

목이 비록 둥글어도 두 눈썹이 처지면 반드시 평생 춥고 가난하게 됩니다.

腹雖厚, 上大下小, 一生不發

배가 비록 두터워도 윗배는 큰데 아랫배가 작으면 평생 발전이 없습니다.

臀雖大, 尖嶠不平, 一生勞苦

엉덩이가 비록 커도 뾰족하게 높거나 평평하지 않으면 평생 수고로움이 많습니다.

掌雖厚, 上無紋, 一生愚賤

손이 비록 두터워도 손바닥에 손금이 없으면 평생 어리석고 하천하게 됩니다.

此十二件, 若犯一件, 縱有陳平之貌, 張良之才, 亦不能發積,

이상 12건 중에서 하나라도 범하게 되면 설령 진평의 아름다운 용모이거나, 장량의 재능이 있다 할지라도 발복하거나 재산을 축적할 수 없게 됩니다.

故此莫以美惡而言, 好相中秘訣, 有折除之法, 人莫知之

고로 이러한 좋고 나쁜 상에 관한 말은 하지 말아야 합니다. 좋은 상 가운데는 비결이 있지만 가감승제하는 법이 있어도 사람들은 알지 못합니다.

詩云, 一面昂然好五官, 身平體正氣神寬, 局中若有些須破, 一世無成百事難

시운, 얼굴이 당당하고 오관이 좋으며, 신체가 평온하고 단정하며, 기와 신이 너그러워야 합니다. 격국 중에 만약 조금이라도 부족한 곳이 있으면 파패하고 평생 성공할 수 없으며, 만사가 어렵게 됩니다.

◉婦人殺星 부인살성

婦人面戴殺星, 傷夫剋子, 不知何如是殺○對曰, 女人相有七殺, 此乃洞賓所傳, 屢屢有驗, 美婦黃睛, 爲一殺, 面大口小, 爲二殺, 鼻上生紋, 爲三殺, 耳反無輪, 爲四殺, 極美面如銀色, 爲五殺, 髮黑無眉, 爲六殺, 睛大眉粗, 爲七殺, 如五官俱好, 一面無虧, 犯此亦主刑夫, 詩曰, 色若桃花面如銀, 誰知美相反生嗔, 刑夫害子無成日, 只好花街柳巷行.

婦人面戴殺星, 傷夫尅子, 不知何如是殺

부인의 얼굴에 살성이 있으면 남편과 자녀를 상해하는데, 어찌 이와 같은 살성을 알지 못하는가?

○ 對曰, 女人相有七殺, 此乃洞賓所傳, 屢屢有驗

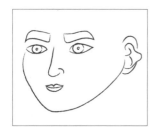

대왈, 여인의 상에는 일곱 가지 살성이 있으며, 이는 여동빈이 전하는 것으로 누누이 징험이 있는 것입니다.

美婦黃睛, 爲一殺 _ 아름다운 부인의 눈동자가 누런색이면 첫 번째 살성이 됩니다.

面大口小, 爲二殺 _ 얼굴이 큰데 입이 작으면 두 번째 살성이 됩니다.

鼻上生紋, 爲三殺 _ 콧등 위에 주름이 있는 것이 세 번째 살성이 됩니다.

耳反無輪, 爲四殺 _ 귀가 뒤집히고, 윤곽이 없으면 네 번째 살성이 됩니다.

極美面如銀色, 爲五殺 _ 지극히 아름다운 얼굴이 은색이면 다섯 번째 살성이 됩니다.

髮黑無眉, 爲六殺 _ 두발은 검은데 눈썹이 없으면 여섯 번째 살성이 됩니다.

睛大眉粗, 爲七殺 _ 눈동자가 큰데, 눈썹이 거친 것이 일곱 번째 살성이 됩니다.

如五官俱好, 一面無虧, 犯此亦主刑夫

만약 오관이 모두 좋고, 얼굴에 부족한 점이 없어도 일곱 개의 살성을 범하게 되면 남편을 형극하게 됩니다.

詩曰, 色若桃花面如銀, 誰知美相反生嗔, 刑夫害子無成日, 只好花街柳巷行

시왈, 얼굴색이 만약 도화빛이 나거나 은처럼 희면 좋은 상이 오히려 화를 낼지 누가 알 것이며, 남편과 아들에게 언제 刑害(형해)를 입힐지 모릅니다. 다만 화류계로 가는 것을 좋아할지 누가 알겠습니까.

●**婦人嚴主**부인엄주

> 婦人以嚴爲主, 何以爲嚴○對曰, 凡婦人安莊恭敬爲嚴, 形體端正爲威,
> 作事周正, 令人一見, 皆有懼色, 坐立不偏, 言語不泛, 寬大胸襟, 溫和
> 顔貌, 聞樂不喜, 聞難不憂, 乃塵中之貴婦, 可以受子之封, 詩曰, 體正
> 身端坐立平, 威嚴一見世人驚, 行藏擧止胸襟大, 養子須當拜聖明.

婦人以嚴爲主, 何以爲嚴

부인은 위엄으로써 으뜸으로 삼는데, 무엇을 위엄이라 하는가.

○ **對曰, 凡婦人安莊恭敬爲嚴, 形體端正爲威**

대왈, 부인은 편안하고 굳세며 공경스러운 것으로 엄이 되고, 체형이 단정한 것으로
위라고 합니다.

作事周正, 令人一見, 皆有懼色

일을 하는데 반듯하게 하면 사람이 한 번 봐도 모두 두려워하는 기색이 있습니다.

坐立不偏, 言語不泛, 寬大胸襟

앉거나 서 있어도 치우치지 않고, 언어가 많지 않으면 흉금이 크고 너그럽습니다.

溫和顔貌, 聞樂不喜, 聞難不憂, 乃塵中之貴婦, 可以受子之封

온화한 얼굴 모양을 하여 즐거운 소식을 들어도 기뻐하지 않고, 어려운 소식을 들어
도 근심하지 않으면 세속의 귀한 부인으로서 아들에게 벼슬을 받게 합니다.

詩曰, 體正身端坐立平, 威嚴一見世人驚, 行藏擧止胸襟大, 養子須當拜聖明

시왈, 체형이 바르고 몸이 단정하며, 앉으나 서나 편안하고 위엄이 있어서 사람이 한
번 보면 놀라게 되고, 행동거지와 마음씀이 크며, 아들을 잘 길러 성군을 알현하게 됩
니다.

●才學在人재학재인

才學在人腹内, 何能得知○對曰, 書云, 眉聚山川之秀, 胸藏天地之
機, 目如電灼流星, 自有安邦高策, 面如白玉, 出世之才, 齒白脣紅,
塵中隱士, 見人不懼, 胸中自有長策, 作事虛驚, 胸内決然無物.○漢
高祖榜一隱士, 到其門首, 其人坐而不起, 高祖問曰, 欲一士安邦, 來
求賢列, 其人向陽, 覓風而應, 一一對答如流, 高祖曰, 此乃上才之士,
○夫形容醜怪, 石中有美玉之藏, 只看其眉目, 胸襟行動, 可知其才
學耳, 印開一寸, 非爲田舍之翁, 面起三顴, 必作邊庭勇士, 眉分八
字, 可作軍官, 庫若斗圓, 當爲武將, 肩高背厚, 必然不是常流, 異貌
驚人, 可以爲師爲傳<將>.

才學在人腹内, 何能得知

학문적인 재능은 사람의 내부에 있는데, 이를 어찌 알 수 있는가.

○對曰, 書云, 眉聚山川之秀, 胸藏天地之機, 目如電灼流星, 自有安邦高策

대왈, 서운, 눈썹에는 산천의 수려함이 모여 있고, 가슴에는 천지의 기틀을 감추고
있으며, 눈이 번개와 밝은 유성과 같으면 자연히 나라를 평안케 하는 지략이 뛰어난
사람이라 하였습니다.

面如白玉, 出世之才

얼굴이 백옥과 같으면 출세하는 인재입니다.

齒白脣紅, 塵中隱士

치아가 희고 입술이 붉으면 세속에 숨어 있는 은사입니다.

見人不懼, 胸中自有長策

사람을 보고도 두려워하지 않는다면 가슴속에 뛰어난 책략이 있습니다.

作事虛驚, 胸內決然無物

어떤 일을 하면서 잘 놀라면 절대로 가슴속에 아무런 계책이 없습니다.

> 漢高祖榜一隱士, 到其門首, 其人坐而不起, 高祖問曰, 欲一士安邦, 來求賢列, 其人
> 向陽, 覓風而應, 一一對答如流, 高祖曰, 此乃上才之士

한고조 유방이 한 은사를 찾아갔을 때, 그 문 앞에 이르렀는 데도 그 사람은 앉아서 일어서지 않자, 한고조가 이르되, 나라를 편안하게 할 선비의 현명함을 구하고자 하여 와서 서 있습니다. 그 사람은 남쪽을 향하고, 바람을 맞으며 응하여 하나하나 대답하는 것이 마치 물이 흐르는 듯하니, 한고조가 이르길 이 사람은 재능이 높은 선비로구나 하였습니다.

夫形容醜怪, 石中有美玉之藏, 只看其眉目, 胸襟行動, 可知其才學耳

체형과 용모가 추하고 괴이하여도 돌 속에 아름다운 옥이 감춰져 있는 것이니, 다만 그 눈썹과 눈에서 흉금의 품은 뜻과 행동을 보아서 그 재능과 학문을 알 수 있습니다.

印開一寸, 非爲田舍之翁, 面起三顴, 必作邊庭勇士

인당이 1촌이 열려 있다면 농가의 노인이 아닙니다. 얼굴의 준두와 양 관골이 일어났다면 병방의 용사가 됩니다.

眉分八字, 可作軍官

눈썹이 팔자 모양이면 군관이 될 사람입니다.

☞ 팔(八)자 모양의 눈썹은 마치 날카로운 창칼을 맞대고 싸우는 형상을 의미한다

庫若斗圓, 當爲武將, 庫若斗圓, 當爲武將

지고가 만약 됫박처럼 둥글면 당당히 장군이 될 것이며, 어깨가 높고 등이 두터우면 평범한 사람은 아닙니다.

異貌驚人, 可以爲師爲傅<將>

용모가 기이한 사람은 스승이 되거나 대장군이 됩니다.

●**過於酒色**과어주색

> 過於酒色, 則氣色難辨, 何以能定禍福○對曰, 凡人過於酒, 不過皮上
> 燥滯, 過於色, 不過三陽三陰燥滯, 不可看爲災禍, 凡男子有色, 三陽
> 靑, 女人有色, 鎖陽骨靑, 不在別處, 惟此爲驗, 所以不關禍福, 凡未用
> 酒色在裏, 已用酒色在表, 還依書法, 一一各宮細査, 無不應驗, 豈可
> 以酒色誤人大事.

過於酒色, 則氣色難辨, 何以能定禍福

주색이 지나치면 기색을 분별하기 어렵다고 하는데, 어찌 화복을 정할 수 있는가.

○對曰, 凡人過於酒, 不過皮上燥滯, 過於色, 不過三陽三陰燥滯, 不可看爲災禍

대왈, 사람이 술을 지나치게 마시면 다만 피부가 건조해지고 체하게 되며, 지나치게 여색을 하게 되면 다만 와잠이 메마르고 체하게 되어 재화를 볼 수 없습니다.

凡男子有色, 三陽靑, 女人有色, 鎖陽骨靑

남자가 여색을 하면 와잠이 푸른색이 띄고, 여인이 남색을 하면 쇄양골에 푸른색이 띄게 됩니다.

不在別處, 惟此爲驗, 所以不關禍福

다른 부위에는 나타나지 않으니 오직 이것을 징험하여 화복과는 관계가 없습니다.

凡未用酒色在裏, 已用酒色在表

아직 주색을 하지 않았으면 기색이 피부 속에 있으며, 이미 주색을 했다면 기색이 겉으로 나타나게 됩니다.

還依書法, 一一各宮細査, 無不應驗, 豈可以酒色誤人大事

또한 서법에 의하면, 하나하나 각궁을 자세히 살피면 응험하지 않음이 없으며, 어찌 주색으로 오인하는 큰일이 있겠는가 하였습니다.

◉人心善惡인심선악

凡人心善惡, 怎看得出○對曰, 書云, 心善三陽必光彩, 心藏惡毒淚
堂深, 陰陽失陷人多毒, 心内奸邪口角靑, 眸子若邪心豈正, 應顋鼠
耳是奸雄, 目赤睛黃全惡害, 靑筋面白莫同居, 以上數件, 最是可忌,
又云, 口正脣齊準又豊, 三陽潤色印堂紅, 顔和語軟神暢舒, 德重名
高世所宗, 此乃奇福上格, 世人不知此法.

凡人心善惡, 怎看得出

사람들의 마음에 선악은 어디를 살펴보아야 하는가.

○對曰, 書云, 心善三陽必光彩

대왈, 서운, 마음이 선하면 삼양【와잠】에서 광채가 나타납니다.

心藏惡毒淚堂深

마음속에 악독함이 있는 사람은 루당이 깊습니다.

陰陽失陷人多毒

눈빛을 잃거나 눈이 꺼진 사람은 악독한 마음이 많습니다.

心内奸邪口角靑

마음 안에 간사한 것은 구각에 푸른색이 나타납니다.

眸子若邪心豈正

눈동자에 만약 사악한 마음이 있으면 어찌 정의롭겠습니까.

鷹顋鼠耳是奸雄

매의 턱, 쥐의 귀는 간교한 영웅이 됩니다.

目赤睛黃全惡害

눈이 붉거나 눈동자가 누렇다면 모두 악독하여 해를 끼치게 됩니다.

青筋面白莫同居

하얀 얼굴에 푸른 힘줄이 있는 사람과 함께 있으면 안 됩니다.

以上數件, 最是可忌

이상의 여러 가지들은 가장 꺼리는 것입니다.

又云, 口正脣齊準又豊, 三陽潤色印堂紅, 顔和語軟神暢舒, 德重名高世所宗

우운, 입이 단정하고 입술이 가지런하며, 준두가 풍대해야 하고 와잠이 윤택하며, 인당에 홍색이 띠며, 안색이 온화하고 언어가 부드럽고 안신이 뻗어 나오면 후덕하여 명예가 높아 세상 사람의 본보기가 된다고 하였습니다.

此乃奇福上格, 世人不知此法

이것은 상격의 기이한 복이 되니 세상 사람들은 이 상법을 알지 못합니다.

●吉凶之事길흉지사

> 吉凶之事, 何以免脫○對曰, 地有東西南北, 人有五行, 色有五樣, 如水多遭難, 宜往東方可脫, 火多金難, 宜往北地方安, 水弱土多, 還可西方, 助其根本, 如火來剋金, 宜旺北地, 金來剋木, 宜往南方, 一面木色, 宜行火地, 一面水色, 急去東方, 大槪氣開色潤可求謀行動, 色閉氣昏宜守, 發在某宮, 定在某月, 現在某位, 某事可知, 知者豫防, 一生堅守, 可免凶危.

吉凶之事, 何以免脫

길흉한 일에서 어떻게 벗어날 수 있겠는가?

○對曰, 地有東西南北, 人有五行, 色有五樣

대왈, 땅에는 동서남북이 있고, 사람에게는 오행이 있으며, 색에는 다섯 가지가 있습니다.

如水多遭難, 宜往東方可脫

만약 수기가 많으면 어려움을 겪게 되니 마땅히 동방으로 가야 벗어날 수 있습니다.

火多金難, 宜往北地方安

화기가 많으면 금형인은 어려움을 겪게 되니 마땅히 북쪽 땅으로 가야 안전하게 됩니다.

水弱土多, 還可西方, 助其根本

수기가 약하고 토기가 많으면 서방으로 가야 하니, 그 근본을 도와줍니다.

如火來剋金, 宜旺北地

만약 화기가 와서 금형인을 극하면 마땅히 북쪽 땅으로 가서 왕성하게 됩니다.

金來剋木, 宜往南方

금기가 와서 목형인을 극하면 마땅히 남방으로 가야 합니다.

一面木色, 宜行火地

얼굴 전체가 목색이면 마땅히 남쪽 땅으로 가야 합니다.

一面水色, 急去東方

얼굴 전체가 수색이면 급히 동방으로 가야 합니다.

大概氣開色潤可求謀行動, 色閉氣昏宜守

기가 열리고 색이 윤택해지면 행동을 도모할 수 있으며, 색이 닫히고 기가 어두워지면 현재 상황을 마땅히 지켜야 합니다.

發在某宮, 定在某月

어느 궁에서 기색이 발생하게 되면 어느 달이 정해집니다.

現在某位, 某事可知

어느 위치에 기색이 나타남에 따라 어떤 일이 생길지를 알 수 있습니다.

知者豫防, 一生堅守, 可免凶危

기색을 알면 예방할 수 있고, 평생 굳게 지키면 흉험한 일에서 면할 수 있습니다.

先生曰, 予初遊浙省, 復到江南, 後來都下, 見過異相異色數十萬矣,
未嘗誤人之事, 在窓下幾年, 作此一冊三本, 分爲天地人, 上本, 可知
人貴賤窮通, 中本, 可知人當年吉凶禍福, 下本, 可知未來休咎, 子孫
之盛衰, 凡相盡此四十二訣之中矣, 又附百問在外, 自高先生來, 看此
百問之後, 心生慧法, 察理推情, 屢屢見人, 不及柳莊相法神異, 後高
公將此書與泰動士張野<賢>狂<莊>, 後野<賢>狂<莊>歸湖<潮>,
再不傳世, 原本刊板, 故柳莊相法不得於世, 高公後來歎曰, 吾自學相
十數年以來, 異集異書見過, 未嘗見此, 朗然明白, 頓悟玄機, 作梅窓
一篇賦以紀之.

先生曰, 予初遊浙省, 復到江南, 後來都下, 見過異相異色數十萬矣,
未嘗誤人之事

선생왈, 내가 처음 절강성에서 유랑하고 다시 강남에 갔다가 나중에 도시로 돌아와
서 기이한 상과 특이한 기색을 수십만 건을 살펴봐서 아직 잘못 보는 일이 없었다.

在窓下幾年, 作此一冊三本, 分爲天地人

오랫동안 고생스럽게 전권 삼본을 천지인 삼재로 나누어서 저술하였다.

上本, 可知人貴賤窮通, 中本, 可知人當年吉凶禍福, 下本, 可知未來休咎,
子孫之盛衰

상본은 사람의 귀천과 궁통을 알 수 있고, 중본은 사람의 당년 길흉화복을 알 수 있
으며, 하본은 미래의 왕상휴구와 자손의 성쇠를 알 수 있다.

凡相盡此四十二訣之中矣, 又附百問在外

상에는 42개의 비결 중에 다 있고, 또 영락백문을 외결로 덧붙였다고 하였다.

自高先生來, 看此百問之後, 心生慧法, 察理推情, 屢屢見人, 不及柳莊相法神異

고선생께서 오셔서 이 영락백문을 나중에 보고 나서 마음의 혜법이 생기고, 이치를 살피고, 뜻을 추론하여 누누이 사람을 보았으나 유장상법의 심묘한 이치에는 미치지 못하였다.

後高公將此書與泰動士張野<賢>狂<莊>, 後野<賢>狂<莊>歸湖<潮>, 再不傳世

후에 고공이 장차 이 글과 더불어 태동사 장현장에게 보냈는데, 후에 장현장은 광동 성으로 돌아갔고, 다시는 세상에 전해지지 않았다.

原本刊板, 故柳莊相法不得於世

원본은 절판되었고, 고로 유장상법은 세상에 전해지지 않았다.

高公後來歎曰, 吾自學相十數年以來, 異集異書見過, 未嘗見此

고공이 훗날 탄식하며 이르길, 내가 스스로 상을 배운 지 수십 년 이래로 다른 문집에 다른 글은 만난 적은 있어도 아직 이 글을 보지는 못했다.

朗然明白, 頓悟玄機, 作梅窓一篇賦以紀之

밝게 알아 현묘한 이치를 조금 깨달아 매화꽃이 피는 창가에서 일편을 지어 기록하여 만들었다.

大哉人身生物之體, 合乎天地一氣, 而先生觀格局, 規模五行強弱, 不可不察十二宮中, 不可不知一百部位, 大槪只須看格局, 細究還宜察看五官形神, 要配格局, 要強官府, 要停氣色, 要潤部位, 要高三停, 要平宮, 宮不宜缺陷, 部不可紋低, 木滯梁金造作棟渠之器, 水厚得土方爲福壽之人, 火克金形到底難言有壽, 水生木格必須還要成名. 五行得生旺可得一身顯達. 一局失其垣, 難問一世榮名. 頭圓髮秀, 必是淸高之士. 休下腹垂, 守爲安樂之人. 眉高耳聳, 到老得人欽敬. 印潤梁高, 一生新近高人. 準大心懷德行, 梁低破祖離宗. 眼大若無光彩, 爲人決犯刑名. 耳大口如一撮, 天年四九歸陰. 鼻大者獨嫌孔露, 口大者要有稜角. 眼黃者男女切忌. 脣紅者男女偏宜. 面陷多傷骨肉, 顴高及好爲非. 倉庫配, 當爲宰相, 輪弼明, 一品隨朝, 邊地起, 何愁不富, 四壁暗, 羅細之非. 鼻小面大, 何須求利. 眉低眼陷, 一世辛勤. 夫灶空倉庫陷, 何年髮福. 頭皮枯, 血不潤, 一載歸陰. 滿面色放光華, 爲人下賤且是愚蒙. 鬢眉齊淸生過目, 爲人正大, 兼有賢妻. 上停長一生富足, 中停長財祿豐盈, 若是下停一潤, 爲官必至尙書. 無殺女人之面, 有顴還作夫人. 鼻陷兒童無腦, 有壽宜不昌. 日日榮神, 只爲浮筋露骨. 時時費力, 皆因血暗皮粗. 臀尖股小, 豈得安身之處. 神昏目暗, 中年破敗傾家. 眼若浮光, 女犯浮, 多奸事. 鼻梁露節, 女刑男破一身貧. 頭尖額削, 一世奔走. 腰偏皮薄, 到老孤單. 脣掀齒露, 且且夭. 目斜根斷, 曰賤曰奸. 顴骨高, 上下要配, 準額大, 井灶要齊. 成家子頤圓肉厚,

敗家子反耳聳眉. 當家婦背平腰闊, 亂家婦體細身輕. 偏斜何須問福. 觜尖脣白三十早刑. 一面好相而腰尖, 必淫亂. 印平脣厚貌醜必產奇英. 小兒神旺, 何愁關殺. 婦女聲淸可配良人. 一品二品異相一時難辨, 三品四品印平氣足神淸, 五六七八品, 頭圓腹垂背厚豊, 五長五短須配, 五大五小要勻. 相雖一體, 有萬分, 一時難辨, 再論分明.

大哉人身生物之體, 合乎天地, 一氣而生

크도다, 사람이여. 몸은 만물의 체가 되고, 천지와 합쳐져 하나의 기로 태어났다.

先觀格局, 規模五行强弱, 不可不察十二宮中, 不可不知一百部位

먼저 격국을 살펴보고, 오행 강약의 규모를 살핀다. 십이궁을 살피지 않으면 안 되며, 백삼십 부위를 모르면 안 된다.

大槪只須看格局, 細究還宜察看五官

다만 격국을 살피고, 오관을 자세히 연구하여 살펴보는 것이 마땅하다.

形神要配, 格局要强, 官府要停

형상과 안신이 배합이 맞아야 하며, 격국은 강해야 하고, 오관과 육부와 삼정이 중요하다.

氣色要潤, 部位要高, 三停要平

기색은 윤택해야 하고, 각 부위는 높아야 하며, 삼정은 평균해야 한다.

宮宮不宜缺陷, 部部不可紋痕

각각 궁마다 결함은 마땅치 않으며, 각 부위는 주름이나 상처가 있어서는 안 된다.

木帶微金, 造作棟樑之器

목형이 약간의 금기를 띠면 동량의 인재가 만들어지게 된다.

水厚得土, 方爲福壽之人

수형인이 토기를 얻으면 복수를 누리는 사람이 된다.

火剋金形, 到底難言有壽

화기가 금형을 극하면 도저히 수명을 말하기 어렵게 된다.

水生木格, 必須還要成名

수기가 목형의 격국을 생하면 성공하여 명예가 있게 된다.

五行得生旺, 可得一身顯達

오행이 왕기의 상생을 얻으면 일신의 현달을 얻게 된다.

一局失其垣, 難問一世榮名

격국의 담【얼굴】이 무너지면 평생의 영화로운 명예를 묻기 어렵게 된다.

頭圓髮秀, 必是淸高之士

두상이 둥글고 두발이 수려하면 맑고 고결한 사람이 된다.

體正腹垂, 守爲安樂之人

체형이 단정하고 아랫배가 처지면 안락을 지키는 사람이 된다.

眉高耳聳, 到老得人欽敬

눈썹이 높고 귀가 솟으면 노인이 될 때까지 사람들의 존경과 부러움을 얻게 된다.

印潤樑高, 一生親近高人

인당이 윤택하고 비량이 높으면 평생 고귀한 사람과 친하고 가깝게 지내게 된다.

準大心懷德行, 梁低破祖離宗

준두가 크면 덕행을 베푸는 심량이고, 비량이 낮으면 조업을 깨뜨리고 종묘를 떠난다.

眼大若無光彩, 爲人促天年決犯刑名

눈이 큰데 만약 광채가 없다면 이런 사람은 수명을 재촉하고, 범법으로 형살 아래 죽는다.

耳大口如一, 四九歸陰

귀는 큰데 입이 일자형이면 36세에 음지로 돌아간다.

鼻大者獨嫌孔露, 口大者要有稜

코가 크면 유독 콧구멍이 드러나는 것이 좋지 않고, 입이 크면 능선이 분명해야 한다.

眼黃者男女切忌. 脣紅者男女偏宜

눈이 누렇다면 남녀가 절대적으로 꺼리는 것이고, 입술이 붉다면 남녀가 반드시 마땅하다.

面陷多傷骨肉, 顴高反好爲非

얼굴이 움푹 꺼지면 육친 간에 상해를 많이 입고, 관골이 높으면 오히려 시비를 부추겨 분란을 일으킨다.

倉庫配當爲宰相, 輪弼向一品隨朝

천창과 지고가 배합이 되면 당연히 재상이 되며, 천창지고가 보필하면 일품의 지위에 올라 임금을 따른다.

邊地起何愁不富, 四壁暗羅網之非

변지가 일어나면 어찌 부자가 되지 않을까 슬퍼하는가. 얼굴 둘레가 어두우면 천라지망을 벗어나지 못한다.

鼻小面大, 何須求利, 眉低眼陷, 一世辛勤

코는 작은데 얼굴이 크면 어찌 이로움을 구할까. 눈썹이 낮고 눈이 움푹 꺼지면 평생 고생하고 수고롭다.

兩灶空倉庫陷, 何年發福

양쪽 콧구멍이 보이고 천창지고가 꺼지면 언제 발복할 수 있겠는가.

頭皮枯, 血不潤, 一載歸陰

두피가 메마르고 혈색이 윤택하지 않으면 1년 안에 음지로 돌아간다.

滿面色放光油滑, 爲人下賤. 且是愚蒙

만면의 색이 빛이 나고 기름을 바른 듯 매끄러우면 사람됨이 하천하고, 또 어리석은 자다.

鬚眉齊淸生過目, 爲人正大, 兼有賢妻

눈썹이 빈발에 이르고 맑게 눈을 지나면, 사람됨이 정대하며 겸하여 현명한 처를 얻는다.

上停長, 一生豊足, 中停長, 財祿豊盈

상정이 길면 평생 부유하게 넉넉하며, 중정이 길면 재록이 풍성하게 가득 찬다.

若是下停一闊, 爲官必至尙書

만약 하정이 넓으면 관직이 상서에 이른다.

女無殺人之面, 有顴還作夫人

살기가 없는 여인【덕성스러운 여인】의 얼굴에 관골이 둥글게 나오면 사대부의 남편을 얻는다.

鼻陷兒童無腦, 有壽宜不昌

비량이 꺼지면 저능아이며, 수명이 마땅히 길지 않다.

日日勞神, 只因浮筋露骨

매일 근심스러운 낯빛은 다만 근골이 튀어나오고, 드러나기 때문이다.

時時費力, 皆因血暗皮粗

때때로 힘이 빠지는 것은 혈색이 어둡고, 피부가 건조하기 때문이다.

臀尖股小, 豈得安身之處

엉덩이가 뾰족하고 허벅지가 가늘면 어찌 몸을 편히 쉴 곳이 있겠는가.

神昏目暗, 中年破敗傾家

정신이 흐리고 눈이 어두우면 중년에 사업이 깨지고 실패하며, 가정이 기운다.

眼若浮光, 男女犯淫多奸事

눈이 만약 빛이 번들거리면 남녀 모두 음란하고, 간악한 일을 많이 한다.

鼻梁露節, 女刑男破一身貧

비량의 마디가 드러나면 여자는 형극을 겪고, 남자는 파패하여 일신이 가난하다.

頭尖額削, 一世奔走

두상이 뾰족하고 이마가 깎인 듯하면 평생 동분서주한다.

腰偏皮薄, 到老孤單

허리가 기울고 피부가 얇으면 노인이 될 때까지 고독하게 홀로 산다.

脣掀齒露, 且貧且夭

입술이 들리고 치아가 보이면 가난하고 또 요절한다.

目斜根斷, 曰賤曰奸

눈이 사시이고 산근이 끊어진 듯하면 천하고 간사하다.

顴骨高上下要配, 準額大, 井灶要齊

관골이 높되 위아래가 서로 배합이 맞아야 하며, 준두가 크되 콧구멍이 가지런해야
한다.

成家子顋圓肉厚, 敗家子反耳蹙眉

성공한 가정의 아들은 뺨이 둥글며 살이 두텁고, 실패한 가정의 아들은 귀가 뒤집히
고 눈썹을 찡그린다.

當家婦背平腰闊, 亂家婦體細身輕

당당한 가정의 부인은 등이 평평하며 허리가 넓고, 분란한 가정의 부인은 체형이 가
늘고 몸이 가볍다.

腰細偏斜, 何須問福, 觜尖脣白, 三十早刑

허리가 가늘어 치우치고 기울면 어찌 복을 묻겠는가. 입이 뾰족하고 입술이 희면 30
세에 일찍이 형벌을 받는다.

一面好相, 腰偏必須淫亂

얼굴은 좋은 상인데, 허리가 기울면 음란하다.

印平脣厚, 貌醜必産奇英

인당이 평만하고 입술이 도톰한데 모습이 추하면 특이한 영웅을 낳는다.

小兒神旺, 何愁關隘, 婦女聲淸, 可配良人

어린아이의 눈빛이 왕성하면 어찌 출세 관문이 좁을까 걱정하느냐. 부녀의 음성이 맑으면 좋은 사람을 배필로 얻는다.

一品二品異相, 一時難辨, 三品四品, 印平氣足神淸

일품벼슬과 이품벼슬은 특이한 상이므로 한눈에 판단하기 어렵고, 삼품벼슬이나 사품벼슬은 인당이 평만하고 기운이 충족되어 있으며 눈빛이 맑다.

五六七八品, 頭圓腹垂背厚豊

오품·육품·칠품·팔품벼슬은 두상이 둥글고 배가 처지며 등이 두텁고 풍성하다.

五長五短須配, 五大五小要勻

오장이나 오단은 배합이 맞아야 하며, 오대와 오소는 균형이 맞아야 한다.

相雖一體, 理有萬分, 一時難辨, 再論分明

상은 비록 일체를 만분으로 나눈 이치이니 일시에 판단하기 어렵지만 재차 자세히 논해야 한다.

先生田里
선생전리

先生欲歸田里, 不受爵祿金帛. 永樂賜以綠柳百株, 腴田百畝, 隱歸浙越, 賜號柳莊先生. 後高公思慕, 請旨宣九次, 不至朝闕, 高公親往浙越, 但見仙莊, 閒臨綠水, 戶遶腴田, 花紅柳綠, 翠竹盤松, 感憶不盡, 又見門懸金字, 戶列紅碑, 高公嘆曰, 吾雖及第, 百不及一矣, 住數月而歸, 後作古風一道, 以諷<志>佃<仙>莊之景.

先生欲歸田里, 不受爵祿金帛

유장선생이 고향으로 돌아갈 때 금백의 벼슬의 관록을 받으려 하지 않았다.

永樂賜以綠柳百株, 腴田百畝, 隱歸浙越, 賜號柳莊先生

영락황제가 푸른 버들나무 백 그루와 비옥한 밭 백 묘를 하사하고, 절강성으로 은둔하러 갈 때 유장선생에게 호를 하사하였다.

後高公思慕, 請旨宣九次, 不至朝闕, 高公親往浙越

후에 고공선생이 흠모하여 아홉 차례나 모시려 했지만 조정 궁궐에 오지 않았고, 고공께서 친히 절강성으로 갔다.

但見仙莊, 閒臨綠水, 戶遶腴田, 花紅柳綠, 翠竹盤松, 感憶不盡

다만 유장선사를 뵈니 한가로이 연수에 임하고, 문 밖에 기름진 땅을 둘러보며, 붉은 꽃과 푸른 버들, 비취색 대나무, 반석 위 소나무의 감상에 다함이 없더라.

又見門懸金字, 戶列紅碑

또한 유장선사를 뵈니 대문에는 금으로 된 글씨를 매달아 놓고, 작은 문에는 붉은 비문이 늘어서 있더라.

高公嘆曰, 吾雖及第, 百不及一矣

고공선생이 탄식하며 이르길, 내가 비록 급제는 하였지만 백 가지 중에 한 가지도 미치지 못하였다.

住數月而歸, 後作古風一道, 以諷(志)佃(仙)莊之景

수개월이 지나서 고향으로 돌아가 나중에 고전 학문에 심취하여 문집을 지으니, 이로써 심성이 신선의 경지에 이르게 되었다.

湛然淸靜, 禍福難侵, 或氣和離, 一事不逐. 黑氣若穿五竅, 身陷幽冥. 旺氣如犯三台, 祿從天降. 居官見在逢赤色, 與同任交爭. 士庶雙顴見紅色, 兄弟競爭. 是故天停白氣, 春愁口舌刑傷. 地閣黑雲, 秋怕交爭詞訟. 神門黃氣, 因奸而尙然成婚. 妻部黑雲, 故舊而間變被盜. 赤色忌侵酒令, 酒色亡身. 炎光怕見陰宮, 防妻産厄. 靑色生於眼下, 必是妻妾子女之憂. 白氣長於鼻頭, 須有父母昆仲(弟)之服. 中央土色, 逢紅而終見災殃. 靑黃神色, 縱紅而必無多憂. 天中黑霧, 退官失職. 印堂黑色, 移徙之愁. 年上色黃, 卽封官爵. 壽上色紅, 妻必爭競. 年上橫紋赤黑, 或憂父母或憂身. 壽上黃色紅雲, 一喜子孫一喜祿. 白爲死喪, 赤乃官災, 黑爲病患之憂, 靑爲驚辱之事. 眼下黑色而爭訟, 眉上黃明而受福. 黑如油抹, 人命多傷. 黃似土硃, 財帛廣聚. 紅黃入於面上, 多因勅賜金帛. 年上黑霧映天獄, 定見官中而招責. 魚尾靑奸事敗, 準頭黃明祿位成. 黑連年上, 女定招災, 靑入人中, 男須敗業. 禍喪起於白頭, 憂病長在眉山. 髮際黃明, 求官易得, 鼻孔暗黑, 幹事難成. 懸壁眞紅, 因奴馬以爭强. 淚堂黃色, 主淹留而莫得. 龍宮黑子, 左害子而右害女. 眉上白光, 右損母而左損父. 山根赤貫雙目, 防火燭血光之厄. 黑雲氣應天嶽, 酒食色慾之憂. 求官進職, 三台上必光明. 財退官災, 五嶽中而黑暗. 小求大得, 蓋天庭兩角分明. 不勞而成, 因蘭台四方明淨. 印堂黃色如柳葉朝邊地, 九十日三品登壇. 高廣紫氣, 色光明於天中. 一年間兵符拜相. 驛馬紫氣, 四十日內有小人百事. 若僧道之人, 至半年內應. 後有氣色一冊, 十分斷盡, 宜詳察之也.

湛然清靜, 禍福難侵, 或氣和離, 一事不逐

욕심 없이 청정하면 화복이 침범하기 어렵고, 혹 기색이 온화함이 없으면 하는 일마다 운이 따르지 않게 된다.

黑氣若穿五竅, 身陷幽冥

흑기가 만약 다섯 구멍【두 눈, 두 콧구멍, 입】에서 나오면 몸이 유령이 될 수 있다.

旺氣如犯三台, 祿從天降

왕성한 기운이 만약 삼태【준두와 양 관골】에 띄면 복록이 뜻하지 않게 갑자기 찾아온다.

居官見逢赤色, 與同任交爭

벼슬하는 관리가 적색이 띄면 동료와 더불어 서로 싸우게 된다.

士庶雙顴見紅色, 兄弟競爭

보통 사람이 양 관골에 홍색이 띄면 형제간에 앞다투게 된다.

是故天停白氣, 春愁口舌刑傷

이런 고로 이마에 백기가 띄면 봄에 구설과 형상이 있을까 근심스럽다.

地閣黑雲, 秋怕交爭詞訟

지각에 검은 구름이 일어나면 가을에 서로 다투고 관송이 일어날까 두렵다.

神門黃氣, 因奸而尙然成婚

신문【간문 옆 부분】 간문에 항상 황기가 띄면 결혼할 수 있다.

妻部黑雲, 故舊而間變被盜

배우자 궁에 검은 구름이 일어난 것이 오래되면 변난의 틈을 타서 도둑을 맞는다.

赤色忌侵酒令, 酒色亡身

적색이 간문에 침범하게 되면 주령【술내기】에 지게 된다. 주색으로 망신살이 뻗친다.

炎光怕見陰宮, 防妻産厄

불타는 듯한 빛이 음궁【간문】에 보이는 것을 두려워한다. 부인의 산액을 방비해야 한다.

靑色生於眼下, 必是妻妾子女之憂

청색이 눈 밑에 생기면 처첩과 자녀에게 우환이 생긴다.

白氣長於鼻頭, 須有父母昆仲(弟)之服

준두에 백기가 오래되면 부모와 형제의 상복을 입는다.

中央土色, 逢紅而終見災殃

코는 황토색인데, 홍색을 만나게 되면 마침내 재앙을 보게 된다.

靑黃神色, 縱紅而必無多憂

얼굴색이 청색·황색·홍색을 띠면 많은 근심이 없어진다.

天中黑霧, 退官失職

이마의 상부에 검은 안개가 피어나면 관직에서 물러나고 직책을 잃게 된다.

印堂黑色, 移徙之愁

인당에 흑색이 띠면 이동할 것을 근심해야 한다.

年上色黃, 卽封官爵

년상에 황색이 띠면 곧 높은 관직 벼슬에 봉해진다.

壽上色紅, 妻必爭競

수상에 홍색이 나타나면 처와 다투게 된다.

年上橫紋赤黑, 或憂父母或憂身

년상에 검붉은색의 가로주름이 있으면, 혹 부모의 우환이나 일신상에 근심이 있다.

壽上黃色紅雲, 一喜子孫一喜祿

수상에 황색·홍색의 구름이 일어나면 첫 번째로 기쁜 것은 자손을 얻게 되고, 두 번째 기쁜 일은 복록의 늘어나는 것이다.

白爲死喪, 赤乃官災, 黑爲病患之憂, 靑爲驚辱之事

백색은 죽어서 상을 당하는 것이고, 적색은 관송의 재앙이 있으며, 흑색은 병환의 근심이 일어나고, 청색은 놀랄 일이나 욕된 일을 겪게 된다.

眼下黑色而爭訟, 眉上黃明而受福

눈 아래에 흑색이 있으면 쟁송이 일어나고, 눈썹에 황색이 밝으면 복을 받는다.

黑如油抹, 人命多傷

검은 기름을 바른 듯하면 사람 목숨이 매우 위험해진다.

黃似土砟, 財帛廣聚

황토를 매끄럽게 바른 듯하면 재백을 많이 모으게 된다.

紅黃入於面上, 多因勅賜金帛

홍색과 황색이 얼굴 전체에 들어오면 군주의 칙서를 받아 금백을 하사받는다.

年上黑霧映天獄, 定見官中而招責

년상에 검은 구름이 일어나 천옥【이마】에 비치면 관직 내에 책문을 초래한다.

魚尾靑奸事敗, 準頭黃明祿位成

어미에 청색이 띠면 간교한 술책으로 인해 사업을 실패하고, 준두가 황색으로 밝게 빛나면 관록의 지위가 높게 이루어진다.

黑連年上, 女定招災, 靑入人中, 男須敗業

흑색이 년상으로 이어지면 여자는 재화를 초래한다. 청색이 인중에 들어가면 남자는 사업을 실패하게 된다.

禍喪起於白頭, 憂病常在眉山

백발이 되면 재화와 상복을 입게 되고, 눈썹이 산근까지 나면 질병의 우환이 있게 된다.

髮際黃明, 求官易得, 鼻孔暗黑, 幹事難成

발제가 황색으로 밝으면 관직을 쉽게 구하고, 콧구멍이 암색·흑색이 띠면 하는 일마다 이루기 어렵다.

懸壁眞紅, 因奴馬而爭强

현벽【뺨】에 진홍색이 띠면 노복이나 우마로 인해 심한 싸움을 한다.

淚堂黃色, 主淹留而莫得

루당에 황색이 띄면 오래도록 기다려도 이익을 얻기 어렵다.

龍宮黑子, 左害子而右害女

용궁【눈두덩】에 검은 점이 왼쪽에 있으면 아들을 해하고, 오른쪽에 있으면 딸을 해한다.

眉上白光, 右損母而左損父

눈썹에 하얀 빛이 왼쪽에 있으면 아버지를 잃고, 오른쪽에 있으면 어머니를 잃는다.

山根赤貫雙目, 防火燭血光之厄

산근의 적색이 두 눈을 관통하면 화재를 방비해야 하고, 이를 혈광지액이라 한다.

黑雲氣應天嶽, 酒食色慾之憂

검은 구름의 기운이 천악【이마】에 반응하면 술, 음식과 여색의 욕망으로 인해 근심이 있다.

求官進職, 三台上必光明

관록을 구하고 취업하고자 하면 삼태【준두, 양 관골】이 밝게 빛나야 한다.

財退官災, 五嶽中而黑暗

재물을 잃고 관직에서 물러나는 재화는 오악이 모두 흑색·암색이 띄었기 때문이다.

小求大得, 蓋天庭兩角分明

적게 구하고자 했지만 크게 얻어지는 것은 이마와 일월각이 분명하게 일어났기 때문이다.

不勞而成, 因蘭台四方明淨

고생을 하지 않아도 성공하는 것은 콧망울과 천창지고가 밝고 윤택하기 때문이다.

印堂黃色如柳葉朝邊地, 九十日三品登壇

인당에 황색이 마치 버드나무 잎사귀가 변지에 마주 반응하는 듯하면 90일 안에 삼품의 벼슬에 등단한다.

高廣紫氣, 色光明於天中. 一年間兵符拜相

고광에 자기가 나타나고, 천중의 색이 밝은 빛이 나면 일년 간 병부의 조례를 받는다.

驛馬紫氣, 四十日内有小人百事

역마에 자기가 나타나면 40일 내에 소인은 100가지 일이 성사된다.

若僧道之人, 至半年内應

만약 승도를 닦은 사람이 역마성에 자기가 나타나면 반년 안에 깨달음을 얻게 된다.

後有氣色一冊, 十分斷盡, 宜詳察之也

후에 기색에 관한 한 권이 있으니, 10가지로 나뉘어 모두 분별해 놓았다. 자세히 관찰하는 것이 마땅하다.

下篇

五行象說
오 행 상 설

夫人生天地之間, 不出五形<行>之外, 氣秉陰陽, 難逃生剋之中. 天
有五行, 金木水火土, 人有五形之根本. 耳目眉口鼻, 乃五行之苗, 氣
色乃五行之變化. 欲知禍福, 須知變化之機, 欲識吉凶, 盡在五行生
剋, 紅赤紫色屬火, 乃心之苗, 靑屬木, 肝之苗, 黃屬土, 脾之苗, 白屬
金, 肺之苗, 黑屬水, 腎之苗. 色從喜怒哀樂所發, 還有酒食所發, 還有
本經强弱所發, 何色發於某宮, 卽應某事, 或在內外表裏, 大小斜正,
如何之形, 事事物物, 有萬端之異, 斷吉凶全憑五色爲主, 言禍福一面
之內, 若不得法, 空費力矣.

夫人生天地之間, 不出五形<行>之外, 氣秉陰陽, 難逃生剋之中.

사람은 천지의 사이에서 태어나고, 오행을 벗어나지 못하며, 음양의 기운을 타고나
서 상생상극의 조화를 벗어나기 어렵다.

天有五行, 金木水火土, 人形之根本.

하늘에는 오행이 있으니 금목수화토라 하고, 사람 체형의 근본으로 삼게 된다.

耳目眉口鼻乃五行之苗, 氣色乃五行之變化.

이목미구비는 오행의 싹이 되며, 기색은 오행의 변화에 의해 나타난다.

欲知禍福, 須知變化之機, 欲識吉凶, 盡在五行生剋.

禍福(화복)을 알려면 기색변화의 기틀을 알아야 하고, 길흉을 알려면 오행의 상생상
극을 모두 보아야 한다.

**紅赤紫色屬火, 乃心之苗, 靑屬木, 肝之苗, 黃屬土, 脾之苗, 白屬金, 肺之苗,
黑屬水, 腎之苗**

홍색·적색·자색은 화기에 속하니 심장의 싹이 되며, 청색은 목기에 속하니 간장의 싹이 되고, 황색은 토기에 속하니 비장의 싹이 되며, 백색은 금기에 속하니 폐장의 싹이 되고, 흑색은 수기에 속하니 신장의 싹이 된다.

色從喜怒哀樂所發, 還有酒食所發, 還有本經强弱所發

기색에 따라서 희로애락이 발생하게 되며, 또는 술과 음식에 따라서 기색이 발생하기도 하고, 또는 경락의 강약에 의해서도 기색이 발생하게 된다.

何色發於某宮, 卽應某事

어떠한 색이 얼굴의 어느 부위에 띄느냐에 따라 곧 무슨 일에 반응하게 된다.

或在內外表裏, 大小斜正如何之形, 事事物物有萬端之

혹은 안과 밖, 겉과 속에서 나타나며, 크고 작으며, 기울고 단정한 것들은 어떤 모양에 따라서 사물마다 다양하게 달리 나타나게 된다.

斷吉凶全憑五色爲主, 言禍福一面之內, 若不得法, 空費力矣

길흉은 온전히 오색에 의해서 판단해야 하고, 화복은 얼굴 안에서 말할 수 있다. 만약 상법에 맞지 않으면 헛되이 수고롭게 낭비하는 것이 된다.

◉氣色二分기색이분

夫氣色之事有二分, 一曰氣, 二曰色. 氣在裏, 色在外, 浮亮者爲光, 不爲氣, 色滑者爲艶, 不爲浮光. 凡人只宜氣色, 不宜浮光滑艶四者. 後有四首萬金解說, 月<另>有一百部位小說, 外有看四時十二宮所在地名. 又有一盤人面交宮過限, 吉凶星宿部位. 還加一百二十大小部位, 共有二百四十四法. 宮宮有論, 法法有訣. 觀者非細心之士, 毋得侵之, 此非俗愚所用, 亦非貪名圖利之人所學, 乃上通天文, 下合陰陽者, 方能語此, 後得之士, 甚毋忽諸.

夫氣色之事有二分, 一曰氣, 二曰色, 氣在裏, 色在外

기색은 두 가지로 나눠서 보게 되니 첫째는 기가 되고, 둘째는 색이 된다. 기는 피부 속에 있고, 색은 피부 밖에 나타나게 된다.

浮亮者爲光, 不爲氣, 色滑者爲艶, 不爲浮光

밝게 들뜬 것은 빛이 되지만 기는 아니다. 색이 매끄러운 것을 염이라 하며, 빛이 들뜬 것은 아니다.

凡人只宜氣色, 不宜浮光滑艶四者

사람은 다만 기와 색이 좋아야 하며, 들뜨거나 빛나고 매끄럽고 고운 것 네 가지는 마땅치 않게 된다.

後有四首萬金解說, 月<另>有一百部位小說, 外有看四時十二宮所在地名

뒤에 네 가지를 〈만금부〉에서 해설하여 놓았다. 100가지 부위에 관해 자세히 설명하고 있으며, 그 외는 사시[사독]와 십이지궁의 부위를 살펴보아야 한다.

又有一盤人面交宮過限, 吉凶星宿部位

또한 일반적으로는 얼굴의 각각 부위마다 歲運(세운)이 있고, 각 부위마다 길흉수가 있게 된다.

還加一百二十大小部位, 共有二百四十四法

또한 120부위의 크고 작은 부위가 더해져서 모두 244가지 법이 있게 된다.

宮宮有論, 法法有訣

각각의 부위마다 이론이 있고, 상법마다 비결이 있다.

觀者非細心之士, 毋得侵之

관상가가 세심한 사람이 아니라면 〈기색편〉을 훔쳐보아도 얻을 것이 없게 된다.

非俗愚所用, 亦非貪圖名利之人所學這, 乃上通天文, 下合陰陽者方能語此,
後得之士不能認錯.

속되고 어리석은 자는 상법을 익혀도 소용이 없고, 또한 명예와 이익을 도모하거나 탐하지 않는 자가 상학을 익히면 이는 위로는 천문에 통달하고 아래로는 음양에 화합하여 이와 같이 말하게 되니, 후에 상법에 능통한 자는 오해하거나 착오가 없기를 바란다.

四時氣色
사 시 기 색

歌曰, 春青定向三陽取, 夏季還當印內求, 秋天只觀年壽上, 冬來地閣
白光浮, 此乃古法, 春天萬物發生, 宜青, 在三陽之上, 夏日火旺, 宜紅
紫, 在山根印堂, 秋天金旺宜黃白, 發於土星, 冬日水旺, 故觀地閣水
星, 宜白宜明. 此乃大概, 亦或不驗, 還得十二月四庫四偏四正爲主,
辰戌丑未爲四庫, 子午卯酉爲四正, 寅申巳亥爲四偏, 外欲求看某事,
卽在某宮上看, 後有細法宜玩之.

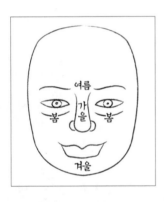

歌曰, 春青定向三陽取, 夏季還當印內求,
秋天只觀年壽上, 冬來地閣白光浮.

가왈, 봄의 청색은 삼양【와잠】을 취하게 되고, 여름은
당연히 인당 안에서 구해야 하며, 가을에는 다만 년상
과 수상을 보고, 겨울은 지각이 희고 밝게 빛이 들떠야
한다.

此乃古法, 春天萬物發生, 宜靑, 在三陽之上

이는 고법으로, 봄날에 만물이 소생하니 청색이 마땅하고, 삼양【와잠】에 띄어야
한다.

夏日火旺, 宜紅紫, 在山根印堂

여름날에는 화기가 왕성하여 홍색과 자색이 마땅하고, 산근과 인당에 띄어야 한다.

秋天金旺, 宜黃白, 發於土星

가을날에는 금기가 왕성하니 황색과 백색이 마땅하고, 코에서 발생하게 된다.

冬日水旺, 故觀地閣水星, 宜白宜明

겨울날에는 수기가 왕성하니 고로 지각과 수성【입】을 살피고, 백색과 밝은 색이 마땅하다.

此乃大槪, 亦或不驗, 還得十二月四庫四偏四正爲主

대개 이와 같으니 역시 경험하지 않으면 12달의 사고·사편·사정을 위주로 살펴야 한다.

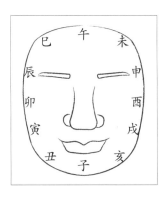

辰戌丑未爲四庫, 子午卯酉爲四正,
寅申巳亥爲四偏

진술축미는 사고가 되고, 자오묘유는 사정이 되며, 인신사해는 사편이라 한다.

外欲求看某事, 卽在某宮上看, 後有細法宜玩之

그 외에 어떤 일을 구하고자 한다면 곧 어느 궁을 살펴봐야 할지 후에 자세하게 기색법이 설명되어 있으며, 완전히 습득해야 마땅하다.

●五臟六腑오장육부

夫氣色乃五臟六腑之苗, 有靑黃黑紫赤白之分. 靑色乃肝經發, 多在三陽臥蠶魚尾, 此數處在靑色之宮, 如發在春天, 反得些小利, 如發在天庭印堂, 七日主死, 發在鼻頭, 主一年內死, 發在年壽, 主暗疾, 發在雙耳, 主困苦破家, 發在口角地閣, 一月壽終, 發在邊地, 主牽連官獄. 但在本宮, 不過主多憂, 此靑不拘何處, 只宜明亮還不妨, 如暗滯卽凶.

夫氣色乃五臟六腑之苗, 有靑黃黑紫赤白之分

기색은 오장육부의 싹이 되며, 청색·황색·흑색·자색·적색·백색으로 나뉘게 된다.

靑色乃肝經發, 多在三陽臥蠶魚尾, 此數處在靑色之宮

청색은 간경에서 발생하며 삼양【눈】·와잠·어미에 많이 띄게 되며, 여러 곳에 청색의 궁이 있게 된다.

如發在春天, 反和些小利

만일 봄에 청색이 발생하면 오히려 작은 이득을 얻게 된다.

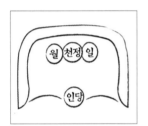

如發在天庭印堂, 七日主死

만일 청색이 천정【이마 상부】과 인당에 띄면 7일 이내에 죽게 된다.

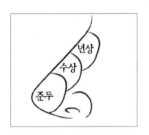

發在鼻頭, 主一年內死

준두에 청색이 발생하면 1년 안에 죽게 된다.

發在年壽, 主暗疾

년상과 수상에 청색이 발생하면 무서운 질병에 걸리게 된다.

發在雙耳, 主困苦破家

두 귀에 청색이 발생하면 곤고하거나 가정이 깨지게 된다.

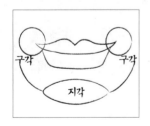

發在口角地閣, 一月壽終

구각과 지각에 청색이 발생하면 한 달 만에 수명을 마치게 된다.

發在邊地, 主牽連官獄

변지에 청색이 발생하면 관송으로 감옥에 갇히게 된다.

但在本宮, 不過主多憂, 此青不拘何處

다만 본궁에 청색이 있으면 근심이 일어날 뿐만 아니라, 이 청색은 어떤 곳이든 구별하지 않고 나타나게 된다.

☞ 본궁은 삼양〔눈〕, 와잠, 어미를 의미한다

只宜明亮, 不宜暗滯, 如暗滯**即凶**

다만 밝고 맑으면 마땅하며, 암색과 체색이면 마땅치 않다. 만약 암색과 체색이면 흉화가 일어나게 된다.

◉**氣色本位**기색본위

黃色乃土星印堂本位. 凡黃色, 乃脾土之壯氣, 多發在印堂土星. 書云, 紅黃滿面發, 家財自安康, 青黃發鼻, 必得橫財妙發, 不誤大事. 紅黃色濁喜土星, 其外俱不宜發. 印堂黃還有宜有紅, 方妙, 若紅不應, 也不利. 若三十前後金木形人, 印堂紅黃, 方得發財, 四九之外, 水土形人, 得此反主大敗. 黃發邊城, 難言有壽, 黃發日角, 即死無生, 此色發於其外, 連命有虧, 豈可言求謀得成, 黃色若在三六九十二月, 發在本宮, 方許財利, 故辰戌丑未乃土之宮分, 辰月宜青黃, 戌月宜白黃, 未月宜紅黃, 丑醜月宜白暗黃色方好.

黃色乃土星印堂本位.

황색은 코와 인당이 본위가 된다.

凡黃色, 乃脾土之壯氣, 多發在印堂土星

황색은 비장의 토기는 굳센 기운이며, 인당과 코에서 많이 발생하게 된다.

書云, 紅黃滿面發, 家財自安康, 青黃發鼻, 必得橫財妙發, 不誤大事

서운, 홍색과 황색이 만면에 발생하면 가정과 재물로 자연히 안정되고, 청색과 황색이 코에 발생하면 횡재가 묘하게 일어나며 큰일이 어긋나지 않는다고 하였다.

紅黃色濁喜土星, 其外俱不宜發

홍색과 황색이 탁해도 토성[코]에는 좋으며, 그 외 다른 곳에 발생하면 마땅치 않게 된다.

印堂黃還有宜有紅, 方妙, 若紅不應也, 不利

인당에 황색이 있으면 마땅하고, 홍색이 있으면 마땅하게 되니 만약 홍색이 나타나지 않으면 불리하게 된다.

若三十前後金木形人, 印堂紅黃, 方得發財, 四九之外, 水土形人, 得此反主大敗

만약 30세를 전후하여 금형인과 목형인의 인당에 홍색과 황색이 나타나면 재물이 발생하고, 36세 이후의 수형인과 토형인에 이와 같은 색이 발생하면 오히려 대패하게 된다.

黃發邊城, 難言有壽, 黃發日角, 卽死無生

황색이 변지에 발생하면 수명을 말하기 어렵게 되고, 황색이 일각에 발생하면 곧 죽게 되어 살아날 수 없게 된다.

此色發於其外, 連命有虧, 豈可言求謀得成

이 색이 그 외에 발생하면 연명하기 어려우니 어찌 계책을 구하고 성공할 수 있겠는가.

黃色若在三六九十二月, 發在本宮, 方許財利, 故辰戌丑未乃土之宮分

황색이 만약 3월·6월·9월·12월에 본당에 발생하면 재물의 이익을 얻게 된다. 고로 진월·술월·축월·미월에는 토의 궁으로 나뉘게 된다.

辰月宜靑黃, 戌月宜白黃, 未月宜紅黃, 丑月宜白暗黃色方好

진월은 청색과 황색이 마땅하며, 술월에는 백색과 황색이 마땅하고, 미월에는 홍색과 황색이 마땅하며, 축월에는 백색·암색·황색이 좋게 된다.

◉**赤色** 적색

> 凡赤色乃紅色所變, 因燥烈而得, 多在準頭年壽, 其外色少, 夏月只
> 忌年壽, 赤主災, 竝口舌. 夏月人多發赤色, 獨忌年壽, 亦主有口舌災
> 病, 在外準頭俱不忌, 若春秋冬三季赤色, 不拘何宮, 亦主凶災. 故赤
> 色俱在皮外, 紅紫色必在皮內, 輕主口舌, 重主身亡. 火土二形人, 還
> 免一半, 金木形人大忌, 水形人雖不忌紅, 亦忌赤色爲災.

凡赤色乃紅色所變, 因燥烈而得, 多在準頭年壽, 其外色少

적색은 홍색이 변한 것이니 매우 조열하기 때문이다. 준두·년상·수상에 많이 나타나며, 그 외에는 색이 적게 나타나게 된다.

夏月只忌年壽, 赤主災, 竝口舌

여름에 다만 년상과 수상에서 꺼리는 것은 적색이 주로 재앙과 더불어 구설이 따르기 때문이다.

夏月人多發赤色, 獨忌年壽, 亦主有口舌災病, 在外準頭俱不忌

여름에 사람들에게 적색이 많이 발생하는데 유독 년상과 수상에만 꺼리게 되며, 또한 구설수가 있게 되고 질병의 재화가 발생하게 된다. 준두 이외에는 모두 꺼리지 않는다.

若春秋冬三季, 赤色不拘何宮, 亦主凶災

만약 봄·가을·겨울의 3계절에 적색이 어느 궁이든 구별하지 않고 발생하면 또한 흉한 재화가 일어나게 된다.

故赤色俱在皮外, 紅紫色必在皮內, 發輕主口舌, 重主身亡

고로 적색은 모두 피부 밖으로 드러나게 되고, 홍색과 자색은 피부 안에 있게 된다. 적색이 옅으면 구설시비가 일어나고, 적색이 짙으면 주로 망신살이 뻗치게 된다.

火土二形人, 還免一半, 金木形人大忌, 水形人雖不忌紅, 亦忌赤色爲災

화형인과 토형인은 오히려 재화를 반으로 면하게 되지만 금형인과 목형인은 크게 꺼리며, 수형인은 비록 홍색만을 꺼리지 않고, 또한 적색의 재앙이 되므로 꺼리게 된다.

● 紫色 자색

> 紫色與赤色大不相同, 是心經發紅色所變化. 凡紫色多發生在印堂, 三陰, 三陽, 天庭. 凡紫色俱是財喜之色, 娶妻生子, 獨宜紫色, 方得成事. 紫色不現, 難許成妻生子. 發於某處應某事大利, 只不宜發生於水星上下, 則主大驚是非.

紫色與赤色大不相同, 是心經發紅色所變化

자색과 적색은 크게 서로 다르며, 자색은 심경에서 발생하며, 홍색이 변화한 것이다.

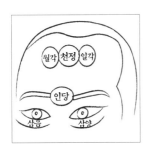

凡紫色多發生在印堂, 三陰, 三陽, 天庭

자색은 인당·삼음·삼양·천정에서 발생하게 된다.

凡紫色俱是財喜之色, 娶妻生子, 獨宜紫色, 方得成事

자색은 재물의 기쁨을 주는 색이 되며, 결혼을 하거나 아들을 얻는 것은 유독 자색이 나타나야 마땅하며, 모든 일이 성사를 하게 해 준다.

紫色不現, 難許成妻生子

자색이 나타나지 않으면 결혼을 하거나 아들을 얻지 못하게 된다.

發於某處應其事大利, 只不宜發生於水星上下, 則主大驚是非

어느 곳에 발생하든 하는 일에 큰 이익을 주게 되며, 다만 수성【입】의 위아래로 발생하는 것은 마땅치 않으니 즉 시비로 크게 놀라게 된다.

●紅色 홍색

> 紅色乃心經正色, 故主財喜. 紅色多發在印堂, 顴, 準三處, 其外紅色少. 凡紅色宜明潤, 或一糁, 一粒, 一絲爲妙. 如豆如米, 欲成三四五七爲妙, 不宜滯一大片. 內外俱應, 乃發財之色, 春夏最宜, 秋冬不宜.

紅色乃心經正色, 故主財

홍색은 심경의 정색이며, 고로 재물이 된다.

喜紅色多發生在印堂, 顴, 準三處, 其外紅色少

홍색이 인당·관골·준두 세 곳에 발생하면 가장 기쁘며, 그 외 홍색은 적게 나타난다.

凡紅色宜明潤, 或一糁, 一粒, 一絲爲妙

홍색은 밝고 윤택해야 마땅하며, 혹은 밥알·좁쌀·실타래 같은 형상으로 나타나면 좋은 기색이 된다.

如豆如米, 欲成三四五七爲妙, 不宜滯一大片

만약 콩·쌀알 같이 점을 이뤄서 3, 4, 5, 7군데에 이루게 되면 좋은 기색이 되고, 홍색이 큰 덩어리로 나타나면 막힌 듯하여 마땅치 않다.

內外俱應色, 乃發財之色, 春夏最宜, 秋冬不宜

피부 안팎으로 모두 홍색이 반응을 하면 재물이 늘어나는 색이 되며, 봄과 여름은 가장 마땅하고, 가을과 겨울에는 마땅치 않다.

◉**黑色**흑색

> 黑乃水色, 腎經所發, 不拘何處災禍. 如火形人得之, 若明亮主發. 黑
> 成點者, 乃膀胱之色, 主三七日內死. 病人發白主生, 若黑色一開, 黃
> 色一至卽死. 凡老年人病, 大忌黃生口角, 不忌黑色.

黑乃水色, 腎經所發, 不拘何處災禍

흑색은 물의 색이니 신장경에서 발생하며, 어느 곳이든 구별하지 않고 재화가 일어나게 된다.

如火形人得之, 若明亮主發

만약 화형인에게 흑색이 발생하면 밝고 맑아야 발전하게 된다.

黑成點者, 乃膀胱之色, 主三七日內死

흑색이 점처럼 이뤄지면 이는 방광의 색으로 21일 안에 죽게 된다.

病人發白主生, 若黑色一開, 黃色一至卽死

병자가 백색이 발생하면 살아나게 되고, 만약 흑색이 한 번 열렸다가 황색이 한 번 이르게 되면 곧 죽게 된다.

凡老年人病, 大忌黃生口角, 不忌黑色

노년의 환자가 구각에 황색이 발생하는 것을 크게 꺼리게 되며, 흑색은 꺼리지 않는다.

◉白色 백색

白色一發主死. 木形土形面多白光, 主大不祥. 白色發各部位, 俱不
宜, 獨喜地閣. 冬月爲妙, 其餘別月不宜. 又發在某部位上, 如成點成
絲, 主有孝服. 散者還不妨, 點若豆大, 絲若新蠶, 散卽不忌.

白色一發主死
백색이 한 번 발생하면 가족이 죽게 된다.

木形土形面多白光, 主大不祥
목형인과 토형인의 얼굴에 백색의 빛이 많이 발생하면 크게 상서롭지 않게 된다.

白色發各部位, 俱不宜, 獨喜地閣
백색은 각각의 부위에 발생하면 모두 마땅하지 않으며, 유독 지각에만 좋게 된다.

冬月爲妙, 其餘別月不宜
백색이 겨울에는 좋은 색이 되며, 그 나머지 달에는 마땅치 않게 된다.

又發在某部位上, 如成點成絲, 主有孝服
또한 어느 부위든 백색이 발생한 것이 점처럼, 또는 실타래처럼 나타나면 상복을 입
게 된다.

散者還不妨, 點若豆大, 絲若新蠶, 散卽不忌
백색이 흩어져 보이면 오히려 좋고, 점이 큰 콩만 하거나 누에가 새로 뽑은 실타래처
럼 흩어지면 꺼리지 않는다.

●暗色 암색

暗色乃濁色, 上升不分五藏, 横生滿面, 表裏不明, 不分宮位, 故曰暗色. 書雲, 色暗九年, 主大困, 所事不遂, 多困多磨. 赤多爲暗, 青黃多亦爲暗, 三年外方開.

暗色乃濁色, 上升不分五藏

암색은 탁한 색으로 상승한 것이나 오장에서 분류되지 않는다.

横生滿面, 表裏不明, 不分宮位, 故曰暗色

황색이 만면에 가득하고, 피부의 겉과 속이 밝지 않고, 부위를 분별하지 못하고 나타나니 고로 암색이라 한다.

書云, 色暗九年主大困, 所事不遂, 多困多磨

서운, 암색이면 9년 동안 크게 곤궁하게 되니 하는 일마다 운이 따르지 않게 되고, 매우 곤궁하고, 마가 많이 낀다 하였다.

赤多爲暗, 青黃多亦爲暗, 三年外方開

적색이 짙으면 암색이 되며, 청색과 황색이 짙어도 역시 암색이 되니 3년이 지나야 운이 열리게 된다.

●滯色 체색

滯色乃下元濁氣, 皮土不和, 五藏不調, 故此色滯, 土形人難不忌, 然
亦要滯得潤, 若暗亦不妙, 一滯要九年方開. 滿面滯色, 一生貧賤. 古
人云, 神昏氣濁, 貧窮之漢, 正此謂也. 又有一法, 老不宜明, 少不宜
暗, 色滯不妨.

滯色乃下元濁氣, 皮土不和, 五藏不調, 故此色滯

체색은 하원[신장]의 탁한 기운이니 피부가 조화롭지 못하고, 오장이 불균형하게 되어 고로 이런 색을 체라 한다.

土形人雖不忌, 然亦要滯得潤, 若暗亦不妙, 一滯要九年方開

토형인은 비록 꺼리지 않지만 그러나 체색이 윤택해야 한다. 만일 체색이 어두우면 역시 좋지 않으니 한 번 체색이 나타나면 9년 동안 운이 막히게 된다.

滿面滯色, 一生貧賤

만면에 체색이 나타나면 평생 가난하고 빈천하게 된다.

古人云, 神昏氣濁, 貧窮之漢, 正此謂也

고인운, 신이 어둡고 기가 탁하면 빈궁한 사람이라 했으니 바로 이러함을 말하였다.

又有一法, 老不宜明, 少不宜暗, 色滯不妨

또한 어떤 상법에는 노인이 밝은 것은 마땅하지 않고, 젊은이는 어두운 것이 마땅치 않다 했으니 색이 체한 것을 방비하지 않으면 안 된다고 하였다.

分月氣色 분월기색

◉ **正月寅宮**정월인궁

> 正月氣色在寅宮上者, 乃虎耳歸來, 酒令酒池上, 宜淸白明潤, 方是
> 正色, 正色欲成點成粒方好, 如暗滯不明, 此月不利.
> 詩曰, 正月寅宮白帶靑, 錢財積聚喜重重, 紅色一來防大賊, 黃須失
> 脫黑官刑.

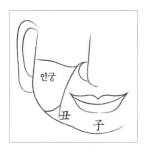

正月氣色在寅宮上者, 乃虎耳歸來, 酒令酒池上,
宜淸白明潤, 方是正色

정월의 기색은 인궁에 나타나고 이는 호이·귀래·주령·주지의 위에 있으며, 맑고 희며, 밝게 윤택해야 정월의 기색이 된다.

正色欲成點成粒方好, 如暗滯不明, 此月不利

정월의 색은 점처럼 이뤄지고, 밥알처럼 된 것이 좋고, 암색과 체색으로 밝지 못하면 이 달은 불리하게 된다.

詩曰, 正月寅宮白帶靑, 錢財積聚喜重重, 紅色一來防大賊, 黃必失脫黑官刑

시왈, 정월은 인궁으로 흰색 바탕에 청색이 띄게 되면 금전과 재물이 쌓이고 기쁨이 거듭 일어나게 된다. 홍색이 한 번 들어오면 큰 도적을 조심해야 하며, 황색은 잃거나 빼앗기고, 흑색은 관송으로 형벌이 따르게 된다.

●二月卯宮 이월묘궁

二月在卯宮上, 看平眼角, 不到顴骨邊, 命門, 連眼下臥蠶, 西山嶽上下左右看, 宜青色發外, 不宜在內, 宜成一片, 不宜成點, 凡氣色獨二月萬物發生成, 片在外爲妙, 忌白黑暗黃赤, 不忌紅紫.

詩曰, 卯宮本月最宜青, 明火紅黃喜自生, 一赤一黃東嶽界, 須知此月有災星.

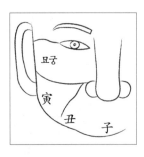

二月在卯宮上, 看平眼角, 不到顴骨邊, 命門, 連眼下臥蠶, 西山嶽上下左右看

2월은 묘궁에 나타나며, 안각(눈꼬리)이 평평한지를 봐야 하고, 관골의 가장자리의 지고에는 이르지 않고, 명문(귀 앞)에서 눈 아래 와잠으로 이어지고, 서악(오른쪽 관골)의 상하좌우를 살펴봐야 한다.

宜青色發外, 不宜在內, 宜成一片, 不宜成點

청색이 피부 겉으로 발생한 것이 마땅하며, 청색이 피부 속에는 마땅치 않고, 작은 조각으로 이루어진 것은 마땅하며, 점처럼 이루어진 것도 마땅치 않다.

凡氣色獨二月萬物發生, 成片在外爲妙

기색은 유독 이월에 만물이 발생하는 것이니 작은 조각처럼 이루어져 피부 겉으로 드러난 것이 좋은 기색이 된다.

不宜黑暗黃赤, 不忌紅紫

흑색·암색·황색·적색은 마땅치 않고, 홍색과 자색은 꺼리지 않게 된다.

詩曰, 卯宮本月最宜青, 明火紅黃喜自生

시왈, 묘궁의 본월은 청색이 가장 마땅하며, 밝은 화기의 홍색·황색이 자연히 생기는 것을 기쁘게 본다.

一赤一黃東嶽界, 須知此月有災星

적색과 황색이 섞여 동악의 경계선에 나타나면 이월에 재화가 있음을 알 수 있다.

●三月辰宮삼월진궁

三月辰宮, 乃天倉福星驛馬弔庭, 天門郊外, 右眉尾上看, 宜黃暗潤, 忌白明黑, 三月氣色, 帶微紅爲妙.

詩曰, 三月天倉只取黃, 紅來相應是榮昌, 白色刑傷是孝服, 靑至自己有災殃.

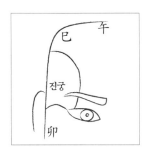

三月辰宮, 乃天倉福星驛馬弔庭, 天門郊外, 右眉尾上看

3월의 진궁은 천창과 복덕성이며, 역마와 조정, 천문, 교외, 오른쪽 눈썹 꼬리를 살펴봐야 한다.

宜黃暗潤, 忌白明黑, 三月氣色, 帶微紅爲妙

황색·암색이 윤택한 것이 마땅하며, 밝은 백색과 흑색은 꺼리게 된다. 3월의 기색은 살짝 홍색이 띠면 좋은 기색이 된다.

詩曰, 三月天倉只取黃, 紅來相應是榮昌, 白色刑傷是孝服, 靑至自己有災殃

시왈, 3월은 천창에 황색을 취하게 되며, 홍색이 상응하여 들어오면 영화롭게 번창하며, 백색은 효복의 형상을 당하게 되며, 청색이 나타나면 자기 자신에게 재앙이 일어난다.

◉四月巳宮사월사궁

四月巳宮, 在彩霞奏書虎骨, 上至月角下, 至三陰上, 看其色宜紅紫光彩爲妙, 惟火宜旺不宜衰弱, 所以要紅明, 若暗若滯, 主災病, 黑主死, 青主刑險, 黃主失脫, 白主孝服.

詩曰, 巳宮火旺只宜紅, 青色多侵於犯刑, 黑至五朝暗帶死, 謹防災破自傷親.

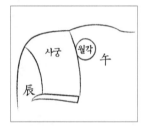

四月巳宮, 在彩霞奏書虎骨, 上至月角, 下至三陰上

4월은 사궁이며, 채하·주서·호골을 보고, 위로는 월각부터 아래로는 삼음〔오른쪽 와잠〕의 위까지 봐야 한다.

看其色宜紅紫光彩爲妙, 惟火宜旺不宜衰弱, 所以要紅明

그 색은 마땅히 홍색·자색이 밝게 빛나야 좋은 기색이 되고, 오직 화기가 왕성해야 하며, 쇠약한 것은 마땅치 않으니 이로써 홍색으로 밝아야 한다.

若暗若滯, 主災病, 黑主死

만약 암색 또는 체색이면 중병의 재화가 되고, 흑색이면 죽을 수 있다.

青主刑險, 黃主失脫, 白主孝服

청색은 험한 형벌을 받게 되고, 황색이면 재물을 잃게 되며, 백색이면 효복을 입게 된다.

詩曰, 巳宮火旺只宜紅, 青色多侵於犯刑, 黑至五朝暗帶死, 謹防災破自傷親

시왈, 사궁은 화기가 왕성하여 홍색이 마땅하며, 청색이 많이 침범하면 범법으로 형벌을 받는다. 오조〔오악〕에 흑색과 암색이 띄면 죽을 수 있으며, 재화로 깨지고, 스스로 가족들에게 상해를 입힐까 삼가고 예방해야 한다.

●五月午宮 오월오궁

五月午宮, 在彩霞上至日角, 不及三陽, 連印邊左首上看,

宜紅紫, 微黃不妨, 微青有破, 微白不妨, 微黑有危, 惟紫紅赤, 乃火之

正色, 最怕水, 水不宜黑白青暗, 又云, 五月印堂宜火旺, 故夏看印內

是也.

詩曰, 午月之宮只要紅, 紫還喜赤平平, 若生暗色及青白, 不破家事及

犯刑.

五月午宮, 在彩霞上至日角, 不及三陽, 連印邊左首上看
5월은 오궁이며, 채하부터 위로는 일각까지이고, 삼양[와 잠]에 미치지 않으며, 이어 인당·변지, 왼쪽 머리 위까지 살펴봐야 한다.

宜紅紫, 微黃不妨, 微青有破
홍색과 자색이 마땅하며, 옅은 황색은 손재를 방지해야 하고, 옅은 청색이 있으면 사업이 깨지게 된다.

微白不妨, 微黑有危
옅은 백색은 효복을 예방해야 하며, 옅은 흑색은 위험한 재화가 있게 된다.

惟紫紅赤, 乃火之正色, 最怕水, 水不宜黑白青暗
오직 자색·홍색·적색이 화기의 정색이 되며, 가장 두려운 것이 수기이니 수기의 흑색과 백색·청색·암색이 마땅치 않다.

又云, 五月印堂宜火旺, 故夏看印內是也
우운, 오월의 인당은 화기가 왕한 것이 마땅하니, 고로 여름에는 인당을 잘 살펴야 한다 하였다.

詩曰, 午月之宮只要紅, 紫還喜赤平平, 若生暗色及靑白, 不破家事及犯刑

시왈, 오월의 오궁은 홍색이어야 하며, 자색이면 기쁜 일이 생기고, 적색은 평범하게 된다. 만약 암색·청색·백색이 나타나면 가정이 깨지지 않으면, 범법으로 형벌을 받게 된다.

◉六月未宮유월미궁

六月未宮, 色在天倉, 未乃火衰之月, 土旺之位, 故宜紫黃, 不宜別色, 全紫全黃, 十八日遂意, 官遷土捷, 商利人興, 如獨紫亦＜不＞難, 獨黃爲次, 其靑暗白色爲傷, 赤色不忌, 黑色最嫌. 詩曰, 未月炎炎火氣衰, 黃光紫氣必爲財, 靑暗來侵成阻滯, 弱火逢金定有災.

六月未宮, 色在天倉, 未乃火衰之月, 土旺之位, 故宜紫黃, 不宜別色

6월은 미궁이며, 왼쪽의 천창에 색이 있어야 하고, 미궁은 화기가 쇠퇴한 달이니 토기가 왕성한 위치에 있다. 고로 자색과 황색이 마땅하며, 다른 색은 마땅치 않게 된다.

全紫全黃, 十八日遂意, 官遷土捷, 商利人興

온전히 자색과 황색이 나타나야 18일 동안 뜻이 순조롭고, 관직이 영전하게 되며, 선비는 출세가 빠르고, 상인은 이익을 보게 되며, 보통 사람은 흥성하게 된다.

如獨紫亦＜不＞難, 獨黃爲次, 其靑暗白色爲傷, 赤色不忌, 黑色最嫌

만일 오로지 자색이면 역시 어렵지 않고, 오로지 황색이면 다음으로 본다. 그 청색·암색·백색은 상해를 입게 되고, 적색은 꺼리지 않으며, 흑색은 가장 혐오스럽게 본다.

詩曰, 未月炎炎火氣衰, 黃光紫氣必爲財, 靑暗來侵成阻滯, 弱火逢金定有災

시왈, 미월에는 불타는 듯하면 화기가 쇠퇴하고, 황색과 자기가 밝게 빛나면 재물의
이익이 있게 된다. 청색이나 암색이 미궁을 침범하면 일이 험하게 막히게 되며, 화기
가 약한데 금기를 만나면 재화가 있게 된다.

◉七月申宮칠월신궁

七月申宮, 連三陽下臥蠶命門, 欲黃欲白, 欲明欲潤, 爲財喜, 不欲滯
暗, 紅赤則爲大災. 不欲黑, 必黃白黃明方妙, 七月前十日交後十日
退, 申金管事, 氣要强壯, 色要鮮明, 則吉. 詩曰, 七月申宮氣取强, 又
宜明潤又宜黃, 黑暗赤靑多塞滯, 爲官去職士民殃.

七月申宮, 連三陽下臥蠶命門

7월은 신궁이며, 이어 삼양 아래에 와잠과 명문에 있다.

欲黃欲白, 欲明欲潤, 爲財喜

황색과 백색이어야 하며, 밝고 윤택해야 재물의 기쁨이 있게 된다.

不欲滯暗, 紅赤則爲大災

체색과 암색이면 안 되며, 홍색과 적색이면 큰 재화를 만나게 된다.

不欲黑, 必黃白黃明方妙

흑색이 나타나면 안 되고, 황백색·황명색이면 좋은 기색이 된다.

七月前十日交後十日退, 申金管事, 氣要强壯, 色要鮮明, 則吉

7월 전 10일에서 이후 10일까지는 申金(신금)이 관장하게 되며, 기세가 강하고 굳세

어서 색이 선명해야 길하게 된다.

詩曰, 七月申宮氣取强, 又宜明潤又宜黃, 黑暗赤靑多塞滯, 爲官去職士民殃
시왈, 7월에 신궁의 강한 기세를 취하니 또한 밝게 윤택해야 하고 황색이 마땅하다. 흑색·암색·적색·청색이 많아서 막힌 듯 체하면 관직을 떠나게 되고, 직책에 있는 선비와 서민은 재앙이 있게 된다.

◉八月酉宮팔월유궁

八月酉宮, 看左顴東嶽上下部位, 與正月部位相同, 不宜黑暗靑紅赤, 獨喜黃明潤爲要. 八月火氣成<退>, 金氣退<成>, 人<水>氣生, 何須用赤用紅, 不獨此宮, 滿面氣色, 俱宜黃白明亮, 若犯一邊紅赤, 卽口舌, 犯靑暗, 卽主災殃. 詩曰, 酉月秋金只愛明, 若還暗滯有災刑, 不獨本宮宜黃色, 滿面俱宜黃且明.

八月酉宮, 看左顴東嶽上下部位, 與正<卯>月部位相同
8월은 유궁이며, 왼쪽 관골인 동악의 위아래 부위를 살피고, 더불어 묘월의 부위 설명과 서로 같이 보게 된다.

不宜黑暗靑紅赤, 獨喜黃明潤爲要
흑색·암색·청색·홍색·적색이 마땅치 않으며, 유독 황색이 맑고 윤택한 것이 좋으며 중요한 기색이 된다.

八月火氣成<退>, 金氣退<成>, 人<水>氣生, 何須用赤用紅
8월에는 화기가 물러나고 금기가 왕성하게 되니 수기를 생하여 준다. 어찌 적색을 쓰며, 홍색을 쓰겠는가.

不獨此宮, 滿面氣色, 俱宜黃白明亮

다만 유궁은 얼굴 전체의 기색뿐만 아니라 모두 황색·백색이 밝고 맑아야 마땅하다.

若犯一邊紅赤, 卽口舌

만약 어느 한쪽에 홍색·적색이 나타나면 곧 구설시비가 따르게 된다.

犯青暗, 卽主災殃

청색과 암색이 침범하면 곧 재앙이 있게 된다.

詩曰, 酉月秋金只愛明, 若還暗滯有災刑, 不獨本宮宜黃色, 滿面俱宜黃且明

시왈, 유월은 가을의 금기로서 밝은 것을 좋아하며, 만약 암색·체색이 나타나면 재화와 형벌이 있게 된다. 다만 본궁은 황색이 마땅할 뿐만 아니라 만면 황색이 가득하고 또 밝게 깨끗해야 한다.

◉**九月戌宮** 구월술궁

> 九月戌宮, 看右地庫歸來, 下倉綠倉顋位, 宜紅黃, 主大財喜. 不宜青黑, 赤暗主大災. 然黃宜在外, 紅宜在內方好, 若黃內紅外亦忌.
> 詩曰, 戌宮上<土>旺要黃明, 內現紅光得火星, 若是赤紅俱在外, 資財耗散主虛驚.

九月戌宮, 看右地庫歸來, 下倉綠倉顋位,

9월은 술궁이니 오른쪽 지고와 귀래를 보고, 하창과 록창【오른쪽 지고, 입꼬리】, 턱의 위치를 살펴야 한다.

宜紅黃, 主大財喜.

홍색·황색이 마땅하며, 재물이 크게 늘어나 기쁘게 된다.

不宜青黑, 赤暗主大災.

청색과 흑색을 꺼리며, 적색과 암색은 큰 재앙이 따르게 된다.

然黃宜在外, 紅宜在內方好,

그러므로 황색이 피부 밖에 나타나야 마땅하고, 홍색은 피부 안에 있어야 마땅하니 반드시 좋은 기색이 된다.

若黃內紅外亦忌.

만약 황색이 피부 안에 있고, 홍색이 피부 밖에 나타나면 또한 꺼리게 된다.

詩曰, 戌宮上＜土＞旺要黃明, 內現紅光得火星, 若是赤紅俱在外, 資財耗散主虛驚.

시왈, 술궁은 토기가 왕성하여 황색이 밝아야 하며, 홍색이 피부 안에서 밝게 빛나야 화성【이마】의 도움을 받게 된다. 만약 적색과 홍색이 피부 밖으로 드러나면 자산과 재물이 모두 흩어지고, 헛되이 놀라게 된다.

◉**十月亥宮**시월해궁

十月亥宮, 看頷堂邊地平, 口角地倉地閣, 白色爲財, 赤色爲災, 黃色主病死, 黑靑亦忌. 夫口爲水星, 不宜暗滯, 亥乃水位, 最嫌黃來, 惟陂池一點黑色爲妙, 其白色亦要明潤, 若點點粒粒, 大不利也.
詩曰, 亥宮水季氣宜明, 色要光華一片成, 一點黃光一點白, 若非大病卽官刑.

十月亥宮, 看頷堂邊地平, 口角地倉地閣,

10월은 해궁이며, 턱의 가장자리가 평평해야 하고, 구각·지고·지각에 위치한다.

白色爲財, 赤色爲災, 黃色主病死, 黑靑亦忌.

백색은 재물이 되고, 적색은 재앙이 되며, 황색은 병으로 죽게 되고, 흑색과 청색은 또한 꺼리게 된다.

夫口爲水星, 不宜暗滯, 亥乃水位, 最嫌黃來,

입을 수성이라 하며 암색과 체색을 꺼리고, 해궁은 수기의 자리이니 황색이 나타난 것을 가장 꺼리게 된다.

☞ 土剋水토극수로 인하여 꺼린다

惟陂池一點黑色爲妙, 其白色亦要明潤, 若點點粒粒, 大不利也.

오직 파지【오른쪽 보조개】에 일점 흑색이 나타난 것이 좋은 기색이 되며, 그 백색 또한 밝게 윤택해야 하고, 만약 점점이 알알이 있으면 크게 불리하게 된다.

詩曰, 亥宮水季氣宜明, 色要光華一片成, 一點黃光一點白, 若非大病卽官刑.

시왈, 해궁은 수기의 계절이니 밝아야 마땅하며, 전체가 색이 밝고 화사하게 나타나야 한다. 일점의 황색빛과 일점의 백색이 섞이게 되면 만약 중병이 아니면 관송으로 형벌이 따르게 된다.

◉十一月子宮 십일월자궁

十一月子宮同亥位一樣, 色亦宜白, 不忌靑黑, 惟忌紅黃及斑點赤暗, 一陽之後. 故不忌靑, 水之正位, 故不忌黑, 若如墨如珠二者, 則又主死矣. 詩曰, 二〈一〉陽子位看須眞, 各宮禁界要分明, 此宮獨嫌黃赤暗, 如珠如墨壽元終.

十一月子宮同亥位一樣,
11월 자궁은 해궁과 같은 모양이다.

色亦宜白, 不忌靑黑, 惟忌紅黃及斑點赤暗,

색이 백색이라야 마땅하며, 청색과 흑색은 꺼리고, 오직 홍색과 황색을 꺼리게 된다. 반점이나 적색·암색도 꺼리게 된다.

一陽之後, 故不忌靑, 水之正位,

일양 이후에는 고로 청색을 꺼리지 않는 것은 수기의 바른자리이기 때문이다.

☞ 一陽일양은 지뢰복괘를 의미하며, 동지를 뜻한다

故不忌黑, 若如墨如珠二者, 則又主死矣.

고로 흑색을 꺼리지는 않지만 만약 먹물을 찍은 듯 두 개의 구슬처럼 띄면 곧 죽게 된다.

詩曰, 二<一>陽子位看須眞, 各宮禁界要分明, 此宮獨嫌黃赤暗,

如珠如墨壽元終.

시왈, 일양이 자궁의 위치이며 잘 살펴봐야 한다. 각각의 궁의 경계선이 분명해야 한다. 자궁은 유독 황색·적색·암색을 혐오하며, 구슬처럼 먹물을 찍은 듯하면 타고난 수명을 마치게 된다.

◉十二月丑宮 십이월축궁

十二月丑宮, 亦在下庫, 宜靑宜暗宜黃, 不宜滯黑, 亦因赤黑太重, 方成滯色, 定要認眞地位, 獨子丑二宮相連, 不要差錯, 二宮氣色, 各不相同, 要細看入神, 子宮宜白, 不宜黑, 丑宮宜黑, 不宜白, 是以要辨. 詩曰, 五庫須黃方問成, 白光一見便相侵, 若還赤滯如煙霧, 三七之間必有刑.

十二月丑宮, 亦在下庫,

12월은 축궁이니 또한 오른쪽 지고에 위치한다.

宜青宜暗宜黃, 不宜滯黑,

청색·암색·황색이 마땅하며, 체색과 흑색은 꺼리게 된다.

亦因赤黑太重, 方成滯色, 定要認眞地位,

또한 적색·흑색이 가장 중요하게 보며, 체색이 이루어지게 되면 축궁의 바른 위치로 인식하게 된다.

獨子丑二宮相連, 不要差錯.

유독 子丑(자축) 두 궁은 서로 연관되어 있지만 서로 섞이면 안 된다.

二宮氣色, 各不相同, 要細看入神,

두 궁의 기색은 각각 서로 같지 않으며, 기색이 들어오는 것을 자세히 살펴보아야 한다.

子宮宜白, 不宜黑,

자궁은 백색이 마땅하며, 흑색은 마땅하지 않게 된다.

丑宮宜黑, 不宜白, 是以要辨.

축궁은 흑색이 마땅하며, 백색이 마땅하지 않으니 이로써 잘 분별해야 한다.

詩曰, 五庫須黃方問成, 白光一見便相侵, 若還赤滯如煙霧, 三七之間必有刑.

시왈, 오고에 황색이 나타나면 성공을 물을 수 있으며, 백색이 밝게 보이면 편안함을 서로 침범하게 된다. 만약 적색·체색이 연기나 안개와 같으면 21일 사이에 범법으로 형벌을 받게 된다.

☞ 五庫오고 : 좌우 천창, 좌우 지고, 준두 등 모두 다섯 개를 오고라 한다

東不宜暗, 西不宜青, 南不宜白, 北不宜紅. 倉宜紅黃, 庫宜青暗, 此
乃大槪, 無不應驗. 東位宜青, 南位宜赤, 西位宜明, 北位宜白, 此乃
定理, 若反此, 則有災凶. 後有詳問解訣, 乃論春夏秋冬, 若色白破敗,
色靑疾病, 色黑大災, 必須血如火者, 方許祿財稱意, 此大槪也.
總詩, 妙法只須三五句, 無師傳授枉勞心, 自徒識得玄中理, 笑殺江湖
賣術人

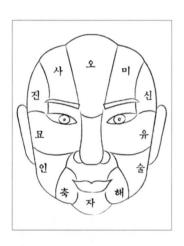

東不宜暗, 西不宜靑, 南不宜白, 北不宜紅.
동악은 암색이 마땅치 않으며, 서악은 청색이 마땅치
않고, 남악은 백색이 마땅치 않으며, 북악은 홍색이
마땅치 않다.

倉宜紅黃, 庫宜靑暗, 此乃大槪, 無不應驗.
천창은 홍색과 황색이 마땅하며, 지고는 청색과 암색이 마땅하다. 이는 대개 그렇다
는 것이고, 징험이 감응하지 않음이 없었다.

東位宜靑, 南位宜赤, 西位宜明, 北位宜白, 此乃定理,
동악의 자리는 청색이 마땅하며, 남악의 자리는 적색이 마땅하고, 서악의 자리는 밝
은 것이 마땅하며, 북악의 자리는 백색이 마땅하다. 이는 정해진 상법의 이치이다.

若反此, 則有災凶.

만약 이와 반대이면 곧 재화와 흉사가 있게 된다.

後有詳問解訣, 乃論春夏秋冬,

뒤에서 자세하게 비결을 풀이하여 써놓으니, 이는 봄·여름·가을·겨울에 관한 이론이다.

若色白破敗, 色青疾病, 色黑大災, 必須血如火者, 方許祿財稱意, 此大概也.

만약 백색이면 깨지고 실패하며, 청색이면 질병에 걸리고, 흑색은 큰 재앙이 있으며, 반드시 혈색이 불꽃같은 자는 반드시 재록이 뜻대로 이뤄지니 대개 이러한 이론이다.

總詩, 妙法只須三五句, 無師傳授枉勞心, 自徒識得玄中理, 笑殺江湖賣術人.

총시, 기색의 묘법은 삼오구절로 지어져 있으며, 스승 없이 전수 받으려면 헛고생할 것이다. 스스로 알고자 하는 사람에게는 아득한 이치이니 강호에서 방술로써 하는 자는 웃음꺼리가 될 것이다.

掌心氣色
장 심 기 색

凡掌心氣色, 要內外通明, 黃紅赤紫, 爲財喜之色, 黑暗不好, 如卯辰
之時, 掌有一紅色者, 一點紅, 主一分財也. 白道在離宮, 一時卽破耗,
靑道發明堂, 半載有凶危, 暗色起乾坎, 根基有損失, 赤道起明堂, 一
年乃大發, 紫氣發艮震, 旬日必高遷, 黃光透震位, 妻懷六甲, 血光坤
兌位, 必産貴子, 不論四季, 血如火噴, 大發財喜.

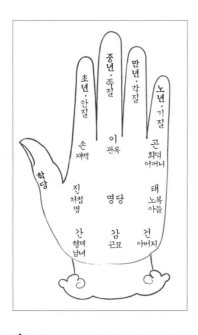

凡掌心氣色, 要內外通明,
손바닥의 기색은 피부의 안과 밖이 모두 투명하게
밝아야 한다.

黃紅赤紫, 爲財喜之色, 黑暗不好,
황색·홍색·적색·자색은 재물이 늘어나는 기쁨
이 있는 색이며, 흑색과 암색이면 좋은 기색이 아
니다.

如卯辰之時, 掌有一紅色者, 一點紅, 主一分財也.
만약 卯(묘)시와 辰(진)시에 손바닥에 홍색이 있고, 홍색이 점점이 이뤄지면 얼마간의
재물이 늘어나게 된다.

☞ 묘시는 5시 30분~7시 30분, 진시는 7시 30분~9시 30분을 말한다

白道在離宮, 一時即破耗,

손바닥의 이궁에 백색이 나타나면 일시적으로 재물을 소모하게 된다.

青道發明堂, 半載有凶危,

손바닥 가운데에 청색이 나타나면 흉화로 위험한 일이 절반 정도만 일어난다.

暗色起乾坎, 根基有損失,

건궁과 감궁에 암색이 일어나면 근본적인 재물의 손실이 있게 된다.

赤道起明堂, 一年乃大發,

손바닥 가운데에 적색이 일어나면 일 년 안에 크게 재물이 들어오게 된다.

紫氣發艮震, 旬日必高遷,

간궁과 진궁에 자색이 발생하면 열흘 안에 높은 관직으로 승진하게 된다.

黃光透震位, 妻懷六甲,

진궁의 자리에 황색이 밝게 빛나면 부인이 임신을 하게 된다.

血光坤兌位, 必産貴子,

곤궁과 태궁에 혈색이 밝게 빛나면 귀한 아들을 출산하게 된다.

不論四季, 血如火噴, 大發財喜.

사계를 막론하고 혈색이 불을 뿜어내는 듯하면 재물이 크게 늘어나는 기쁨이 있다.

夫掌只宜血壯爲榮, 血弱爲災, 古書云, 掌如噴火, 紅如猩血, 乃大富之手也, 掌如瑩玉白銀亮, 大貴之手也. 甲暗者, 官職有損, 掌昏者名利俱無, 色明者加官進爵, 色潤者四序平安. 貴人之手, 表裏通明, 武將之手, 血光射目, 凡大小官職, 俱看掌心氣色, 求財求喜, 八卦定位, 只宜黃明, 最嫌色滯. 古人富貴, 觀乎手足, 此之謂也. 手白光明嫌暗滯, 手白暗滯喜光明. 明堂內血如點豆, 家旺財豐. 白如散光, 人離家破. 黃而加紫, 得喜得財. 靑黑帶滯, 有疾有失. 赤色宜掌心, 不宜甲內. 明潤宜手背, 還宜甲中, 指有白光, 文盛才高. 指卽手指背也, 背起暗色, 文難書滯. 大槪血明爲妙, 血滯爲殃也.

夫掌只宜血壯爲榮, 血弱爲災.

손바닥이 다만 혈색이 왕성하면 영화롭게 되며, 혈색이 쇠약하면 재화가 있게 된다.

古書云, 掌如噴火, 紅如猩血, 乃大富之手.

옛글에 운하되, 손바닥이 불을 뿜은 듯하고, 홍색이 피가 성성히 맺힌 듯하면 이는 큰 부자의 손이 된다고 하였다.

掌如瑩玉白銀亮, 大貴之手也.

손바닥이 옥처럼 맑고, 은처럼 밝으면 대귀의 손이 된다.

甲暗者, 官職有損, 掌昏者名利俱無,

손톱이 어두운 자는 관직에서 물러나게 되고, 손바닥이 어두운 자는 명예와 재물의 이득이 모두 없게 된다.

色明者加官進爵, 色潤者四序平安.

혈색이 밝은 자는 관직이 더욱 높은 벼슬을 받고, 혈색이 윤택한 자는 일 년 내내 편안하다.

貴人之手, 表裏通明, 武將之手, 血光射目.

귀인의 손은 피부의 안과 밖에 밝게 빛나며, 무장의 손은 혈색이 빛나서 눈이 부시다.

凡大小官職, 俱看掌心氣色, 求財求喜, 八卦定位, 只宜黃明, 最嫌色滯.

크고 작은 관직은 모두 손바닥의 기색을 살펴봐야 하고, 재물을 구하거나 기쁨을 구하는 것은 팔괘의 바른 위치에서 다만 황색이 밝아야 마땅하고, 가장 혐오하는 것은 체색이다.

古人富貴, 觀乎手足, 此之謂也.

옛 사람들이 부귀라는 것은 손과 발을 살펴봐야 하니 이를 말하는 것이다.

手白光明嫌暗滯, 手白暗滯喜光明.

손이 하얗게 밝고 빛나야 하고, 어둡고 막힌 듯한 것를 싫어하며, 손이 희고 어둡고 막힌 듯해도 밝게 빛나는 것을 좋게 본다.

明堂内血如點豆, 家旺財豐.

손바닥 중심의 혈색이 점이나 콩 같으면 가정이 왕성해지고 재물이 풍성하게 된다.

白如散光, 人離家破.

백색의 흩어진 빛과 같으면 사람이 떠나고 가정이 깨지게 된다.

黃而加紫, 得喜得財.

황색에 자색이 더해지면 기쁨을 얻고 재물을 얻게 된다.

青黑帶滯, 有疾有失.

청색과 흑색이 막힌 듯하면 질병이 있거나 실패를 하게 된다.

赤色宜掌心, 不宜甲内.

손바닥에 적색이 나타난 것은 마땅하지만 손톱이 적색이면 마땅치 않다.

明潤宜手背, 還宜甲中, 指有白光, 文盛才高.

손등이 밝고 윤택한 것이 마땅하며, 또한 중지의 손톱이 조화로워야 하고, 손가락이 하얗게 빛나면 문채의 재능이 왕성하고 뛰어나게 된다.

指卽手指背也, 背起暗色, 文難書滯.

손가락은 곧 손가락의 등이다. 손가락의 등이 암색이 일어나면 문서가 어렵고 막히게 된다.

大槪血明爲妙, 血滯爲殃也.

대개 혈색이 밝으면 좋은 기색이 되고, 혈색이 체하면 재앙이 있게 된다.

氣色之論
기 색 지 론

氣乃神餘, 神貫爲妙. 氣乃色之根本, 最要安藏, 還宜壯實, 先來面目
之間, 次到四肢之内. 氣足一月, 方發爲色, 色發在外, 方定吉凶. 氣
無色不驗, 色無氣不靈. 有色無氣爲散光, 終須不足. 有氣無色爲隱
藏, 待發方通. 寧可有氣無色, 不可有色無氣. 總言氣色俱配, 吉凶方
準. 氣乃丹田之發, 或脾或藏或腎或膀胱, 一宮之發, 不久不堅. 滿面
容壯, 方言發福. 色看各宮, 氣要上下一身俱足, 色只一月一年, 氣發
可受十年之福, 氣來和明, 滿面壯實. 隱隱如珠玉, 何愁不發, 昏昏在
内, 得富甚難. 氣不壯, 雖色明, 不過一載興廢. 氣色<已>壯, 色不開,
還須半載困窮. 氣滯者一生困苦, 氣暗者九載迍邅.

氣乃神餘, 神貫爲妙.

기는 신의 여분이 되며, 신이 표출되어야 묘하게 된다.

氣乃色之根本, 最要安藏, 還宜壯實, 先來面目之間, 次到四肢之内.

기는 색의 근본이 되며, 안정적으로 감춰진 것이 가장 중요하다. 또한 기세가 굳세
고 실실해야 하며, 먼저는 얼굴과 눈에서 나타나고 다음은 사지로 이르게 된다.

氣足一月, 方發爲色, 色發在外, 方定吉凶.

기가 한 달 동안 충족하면 반드시 색이 발생하게 되고, 색이 피부 밖으로 발생하면
반드시 길흉이 정해진다.

氣無色不驗, 色無氣不靈.

기는 있는데 색이 없으면 효과가 없고, 색은 있는데 기가 없으면 영험하지 않게 된다.

有色無氣爲散光, 終須不足.

색은 있는데 기가 없으면 빛이 흩어졌다고 하고, 마침내 기가 부족하게 된다.

有氣無色爲隱藏, 待發方通.

기는 있는데 색이 없으면 은은하게 감춰졌다고 하며, 색이 발생하기를 기다리면 통하게 된다.

寧可有氣無色, 不可有色無氣.

오히려 기만 있고 색이 없어도 좋지만, 색만 있고 기가 없으면 좋지 않다.

總言氣色俱配, 吉凶方準.

종합해 보면, 기와 색은 모두 잘 배합이 맞아야 하며, 길흉의 기준이 된다는 말이다.

氣乃丹田之發, 或脾或臟或腎或膀胱, 一宮之發, 不久不堅.

기는 단전에서 발생해야 하고, 혹 비장 혹 위장 혹 신장 혹 방광 중에 한 궁에서만 발생하면 기는 오래가지 않고, 굳세지 않게 된다.

滿面容壯, 方言發福.

만면의 용모가 굳세면 반드시 발복한다고 말한다.

色看各宮, 氣要上下一身俱足,

색은 각각의 궁에서 볼 수 있으며, 기는 상체·하체·몸 전체에 모두 충족되어야 한다.

色只一月一年, 氣發可受十年之福,

색은 다만 한 달이나 일 년이 지속되지만, 기가 발생하면 10년의 복을 받게 된다.

氣來和明, 滿面壯實.

기가 화사하고 밝게 들어와서 얼굴 전체가 굳세고 실실해야 한다.

隱隱如珠玉, 何愁不發, 昏昏在內, 得富甚難.

옥구슬이 은은하면 어찌 근심이 발생하겠는가. 피부 속이 어두우면 부유함을 얻기 매우 어렵다.

氣不壯, 雖色明, 不過一載興廢.

기가 굳세지 않고 비록 색만 밝아도 다만 일 년 동안 흥하고 폐할 뿐이다.

氣色<已>壯, 色不開, 還須半載困窮.

기가 이미 굳세어도 색이 열리지 않으면 오히려 반년 정도를 곤궁하게 지내게 된다.

氣滯者一生困苦, 氣暗者九載迍邅.

기가 체하면 평생 동안 곤궁하고 고생스러우며, 기가 어두우면 9년 동안 뜻을 얻지 못한다.

◉神昏不佳 신혼불가

神昏者因氣不佳, 幷壽難許. 故氣不足, 萬事無成. 氣白滯, 還須有守, 待紅潤, 方可亨通. 氣黑滯, 可言損壽, 數年內大敗大窮. 氣來暗, 爲官退位, 老壽不堅, 少年我病, 日日消條. 氣足神強, 方言發福. 氣生色, 色定榮枯. 氣不和, 色自不和, 根不實, 豈得有苗, 氣數可定終身, 人言氣數興廢, 正此謂也. 夫氣乃五色之內表, 要和潤, 怕血少. 神淸氣足, 若鮮明, 發福綿綿直到老. 氣濁神枯死定期, 暗衰不賤一生愚, 不壯不顔不和潤, 何年何月得安居.

神昏者因氣不佳, 幷壽難許.

신이 어두운 것은 기가 좋지 못하기 때문이고, 더불어 장수를 기대하기 어렵다.

故氣不足, 萬事無成.

고로 기가 부족하면 모든 일이 성사되지 않는다.

氣白滯, 還須有守, 待紅潤, 方可亨通.

기가 백색으로 체하면 오히려 현 상황을 지켜야 하며, 윤택한 홍색이 들어오기를 기다리면 만사가 형통하게 된다.

氣黑滯, 可言損壽, 數年內大敗大窮.

기가 흑색으로 체하면 수명이 줄어들고, 수년 내에 크게 패하게 되며 크게 궁색해진다고 말하였다.

氣來暗, 爲官退位, 老壽不堅, 少年我病, 日日消條.

기가 어둡게 들어오면 관직에서 퇴위하게 되며, 노인이면 수명이 굳건하지 못하고, 젊어서는 병이 있으며, 매일매일 재물이 사라지게 된다.

氣足神强, 方言發福.

기가 충족되고, 신이 강하면 발복한다고 말하였다.

氣生色, 色定榮枯.

기가 색을 생하면 색으로 영고성쇠를 정하게 된다.

氣不和, 色自不和, 根不實, 豈得有苗,

기가 온화하지 않으면 색이 자연히 온화하지 않게 되니, 근본이 부실하면 어찌 그 싹을 얻을 수 있겠는가.

氣數可定終身, 人言氣數興廢, 正此謂也.

운수는 평생을 정하며, 사람의 운수는 흥폐를 말한다. 바로 이러함을 말하였다.

夫氣乃五色之內表, 要和潤, 怕血少.

기는 오색으로 안에서 표출되는 것이며, 온화하고 윤택해야 하고, 혈색이 적은 것을 두려워한다.

神淸氣足, 若鮮明, 發福綿綿直到老.

신이 맑고 기가 충족되며, 만약 선명하면 발복하여 노년까지 끊임없이 이어지게 된다.

氣濁神枯死定期, 暗衰不賤一生愚,

기가 탁하고 신이 마르면 죽을 날을 기약해야 하며, 어둡고 쇠약하면 하천하지 않으면 평생 어리석게 된다.

不壯不顔不和潤, 何年何月得安居.

기가 굳세지 않고, 안색이 온화하며 윤택하지 않으면 어느 해 어느 달에 편안히 쉴 수 있겠는가.

◉**萬物之苗**만물지묘

> 夫色乃萬物之苗, 五臟六肺<腑>祥瑞, 宜隱隱有光, 灼灼有色, 偏嫌滑艶光浮, 最忌如油如垢. 獨宜榮潤, 最忌烟蒙. 喜色乃紫乃瑩, 晦色定黑定枯. 黑色宜明, 惟仲冬可發. 地閣白色要潤, 秋初只喜, 兩山火色, 夏天生於巳午, 兼黃明, 必獲榮昌, 靑色只宜東嶽, 仲春前後可觀, 紅黃紫宜如珠點點, <黑>白赤散亂, 方免災殃. 色未發, 事還未遇, 色已發, 事可相親. 梅花點巨鹿班, 方爲妙用. 如絲縷, 似粟粒, 次第而觀, 當時及合, 謀爲順便, 失令過時. 塞滯艱難, 大色老色木形宜, 本色小色發不忌, 犯相生可言有用, 犯剋處必主刑傷. 一二品觀倉觀印, 三四品看準看輪, 牧民可觀六位, 憲臺要看雙山, 出兵須要看唐符國印, 武將必要察顴骨三陽, 出征上陣, 要看眸子白睛, 邊塞功臣, 還看項喉脣舌, 此乃相中要法, 不可不辨分明.

夫色乃萬物之苗, 五臟六肺<腑>祥瑞, 宜隱隱有光, 灼灼有色,

색은 만물의 싹이며, 오장육부의 상서로움이다. 은은히 빛나야 마땅하며, 밝게 빛나는 색이 있어야 한다.

偏嫌滑艶光浮, 最忌如油如垢.

지나치게 매끄럽고, 고우며, 빛나고, 들뜬 것을 싫어하며, 기름을 바른 듯하고 때가 낀 듯한 것을 가장 꺼리게 된다.

獨宜榮潤, 最忌烟蒙.

유독 선명하게 윤택해야 마땅하며, 검은 연기가 나는 듯 어두우면 가장 꺼리게 된다.

喜色乃紫乃瑩, 晦色定黑定枯.

좋은 색은 자색이 영롱해야 하고, 어두운 색은 흑색이 메마른 것이 된다.

黑色宜明, 惟仲冬可發.

흑색이 밝으면 마땅하며, 오로지 子月(자월)에 발생한 것이 좋다.

地閣白色要潤, 秋初只喜,

지각은 백색으로 윤택해야 하며, 申月(신월)에만 좋은 기색으로 본다.

兩山火色, 夏天生於巳午, 兼黃明, 必獲榮昌,

양산[관골]에 화색은 여름날의 巳月·午月(사오월)이 생겨야 하고, 또한 황색이 밝으면 영화롭고 번창하게 된다.

青色只宜東嶽, 仲春前後可觀,

청색은 다만 동악에만 나타난 것이 마땅하며, 卯月(묘월)에 전후에 볼 수 있다.

紅黃紫宜如珠點點, <黑>白赤散亂, 方免災殃.

홍색·황색·자색이 구슬처럼 점점이 나타나야 마땅하며, 흑색·백색·적색은 어지럽게 산란하면 재앙을 면할 수 있다.

色未發, 事還未遇, 色已發, 事可相親.

색이 아직 발생하지 않으면 일을 아직 만나지 못하고, 색이 이미 발생하면 일을 하고 있게 된다.

梅花點巨鹿班, 方爲妙用.

매화가 점점이 나타난 모양이 큰 사슴의 반점처럼 있으면 좋은 일이 작용하게 된다.

如絲縷, 似粟粒,

색이 마치 실타래 같고, 쌀알 같아야 한다.

次第而觀時, 當時及合, 謀爲順便, 失令過時, 寒滯艱難

다음으로 관찰할 때는 당시에 부합하면 계획이 순리대로 되며, 때가 맞지 않으면 순조롭지 않고 어렵고 힘들게 된다.

大色老色木形宜, 本色小色發不忌,

목형인은 색이 크고 짙게 나타나야 마땅하며, 평상시 얼굴색이나 색이 작게 발생해도 꺼리지 않는다.

犯相生可言有用, 犯剋處必主刑傷.

체형과 상생이 되는 색이면 유용한 작용이 있다고 말하며, 체형과 상극이 되는 색이면 刑傷(형상)이 있게 된다.

一二品觀倉觀印, 三四品看準看輪,

일품과 이품의 벼슬은 천창과 인당의 기색을 살펴야 하며, 삼품과 사품은 준두와 귀의 윤곽의 기색을 봐야 한다.

牧民可觀六位, 憲臺要看雙山,

목민은 육위【육부】의 기색을 살펴야 하며, 부호는 쌍산【양 관골】의 기색을 봐야 한다.

☞ 牧民목민은 지방관리를 의미한다

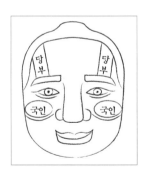

出兵須要看唐符國印, 武將必要察顴骨三陽,

출병은 장군의 당부【보골】와 국인【관골】를 봐야 하며, 무장은 관골과 삼양【와잠】을 살펴봐야 한다.

出征上陣, 要看眸子白睛, 邊塞功臣, 還看項喉脣舌,

출정하여 진영을 세우는 것은 검은동자와 흰동자를 살펴봐야 하고, 국경의 공신은 목의 울대뼈와 입술과 혀를 살펴봐야 한다.

此乃相中要法, 不可不辨分明,

이는 상법 가운데 중요한 비법이니 분명히 분별하지 않으면 안 된다.

◉商人庶民상인서민

商賈黎庶, 細看十二宮庭, 還在各月爲, 用還宜各位細, 推審輕重量淺深, 紅貫未可言美, <月>黑白不宜斷凶, 千變萬化, 玄機最宜活法. 毋取一途, 雜職可看命宮, 下庫耳門, 吏典差辦只看掌心, 秋場擧子, 看雙耳珠, 命門年壽, 俱宜黃紫兼羅計, 還共三陽, 俱要明旺, 若一處暗, 難許功名. 春試獨觀輔弼, 再看命門, 此二處若紅若紫, 再遇知名. 眸光射目, 白睛貫神, 可言及第. 雙眉貫紫, 身掛綠衣. 入泮者, 不過年壽, 小就者也. 看命宮, 九流醫術, 準共耳輪, 工人作匠, 無花雜京省馳名, 爲奴爲婢. 喜倉明庫潤, 乃興家旺主之人. 爲僧者不忌紅黑暗, 爲道者忌火上濁滯, 只宜金水澄清. 爲兵爲卒, 一花一雜, 朝酒暮肉, 一白一明, 家破身輕. 妓女桃花, 要觀終身, 得寵, 公卿若還血應不浮, 定有良人作配. 莫道氣色好看, 遊遍江湖, 二十五春.

商賈黎庶, 細看十二宮庭,

상인과 서민은 십이궁의 자리를 자세히 살펴봐야 한다.

還在各月爲, 用還宜各位細, 推審輕重量淺深,

또한 각 달에 있어서 각각 부위를 자세히 살펴서 활용해야 하고, 색의 경중과 기의 심천을 추론하여 살펴봐야 한다.

紅貫未可言美, <月>黑白不宜斷凶,

홍색이 만면에 있다고 아직 좋다고 말하기 어렵고, 흑색과 백색이 만면에 있다고 흉화로 판단하는 것은 마땅치 않다.

千變萬化, 玄機最宜活法, 毋取一途.

천변만화하고 현묘한 기미를 활용하는 방법을 터득해야 하고, 한 가지 기색법으로 고집해서는 안 된다.

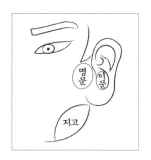

雜職可看命宮, 下庫耳門, 吏典差辦只看掌心,

잡직은 인당·지고·이문【귀 구멍】을 살펴봐야 하고, 법을 지키고 어기는 것은 다만 손바닥을 살펴야 한다.

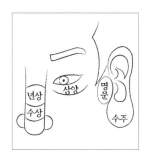

秋場舉子, 看雙耳珠, 命門年壽, 俱宜黃紫兼羅計, 還共三陽, 俱要明旺, 若一處暗, 難許功名.

가을 과시에 응시하는 자는 두 귀의 수주를 봐야 하고, 명문과 년상과 수상이 모두 황색과 자색이 눈썹에 나타나야 마땅하고, 또한 삼양이 더불어 밝고 왕성해야 한다. 만약 한 곳이라도 어두우면 공명을 얻기가 어렵게 된다.

春試獨觀輔弼, 再看命門, 此二處若紅若紫, 再遇知名.

봄의 과시는 유독 관골이 보필해야 하며, 또한 인당을 살펴야 하니 이는 두 곳이 만약 홍색이나 자색이 나타나면 또한 명예를 알릴 기회를 얻게 된다.

眸光射目, 白睛貫神, 可言及第.

눈동자의 빛이 사람의 눈을 쏘아보는 듯하고, 흰동자에 빛이 가득하면 급제【수석합격】를 할 수 있게 된다.

雙眉貫紫, 身掛綠衣.

두 눈썹에 자색이 가득 차면 일신에 관복을 걸칠 수 있게 된다.

入泮者, 不過年壽, 小就者也, 看命宮,

생원이 되는 것은 다만 년상과 수상에 희색이 나타나면 적게 성취하지만 명궁을 봐야 한다.

九流醫術, 準共耳輪,

구류·의사·술사는 준두와 귀의 윤곽을 살펴봐야 한다.

☞ 九流구류는 유가, 도가, 음양가, 법가, 명가, 묵가, 종횡가, 잡가, 농가를 뜻한다

工人作匠, 無花雜京省馳名,

공인·장인의 기색이 혼잡하지 않으면 장안에서 이름을 널리 알리게 된다.

爲奴爲婢, 喜倉明庫潤, 乃興家旺主之人.

노예나 여종은 천창과 지고가 밝고 윤택해야 좋은 기색이 되며, 가정을 일으켜 세우고, 주인을 왕성하게 일으키게 된다.

爲僧者不忌紅黑暗, 爲道者忌火上濁滯, 只宜金水澄淸.

승려는 홍색·흑색·암색을 꺼리지 않으며, 수도인은 화기가 상승하여 탁한 체색을 꺼리고, 다만 금기와 수기가 맑고 깨끗해야 마땅하다.

☞ 승려나 수도인은 탁해도 무방하지만 화기가 상승하면
走火入魔주화입마로 인해 몸을 상할 수 있다

爲兵爲卒, 一花一雜, 朝酒暮肉, 一白一明, 家破身輕.

병졸이 화색과 잡색이 섞이면 아침에 술을 마시고 저녁에 고기를 먹게 된다. 백색이 한 번 밝게 나타나면 집과 가족을 잃게 된다.

妓女桃花, 要觀終身, 得寵,

기녀가 도화색이 나타나면 평생 총애를 받는 것을 보게 된다.

公卿若還血應不浮, 定有良人作配.

고위 관직자가 만약 혈색이 응당 들뜨지 않아야 현모양처의 배필을 얻게 된다.

莫道氣色好看, 遊遍江湖, 二十五春.

기색의 좋게 보인다고 강호를 두루 유랑하게 되는 젊은 청춘과 같다고 말하지 마라.

◉氣色滑艶기색활염

> 色之滑灩<艶>不同, <夫>氣色各有一說, 另有一看, 如油潤琉璃之
> 上, 如丹靑畫, 雖紅潤亦用珠砂, 內氣不應, 外色不來, 獨發一滑一艶
> 者, 莫非隸卒, 卽是娼優. 非美色淸爽, 亦主刑破, 若受祿去職, 農庶
> 受殃. 滑艶一至, 災不遠矣.
> 詩曰, 色若鮮明一派光, 紅如顏淡白如霜, 不成斑點成虛色, 百事無成
> 有禍殃.

色之滑灩<艶>不同, <夫>氣色各有一說, 另有一看,

색은 매끄러운 것과 고운 것이 다르고, 기와 색은 각기 설명이 되어 있으므로 달리
볼 수 있어야 한다.

如油潤琉璃之上, 如丹靑畫, 雖紅潤亦用珠砂,

유리에 기름을 바른 듯 윤택하고 단청의 그림과 같으며, 비록 홍색이 윤택한 것 또
한 주사로 바른 듯해야 한다.

內氣不應, 外色不來,

피부 안의 기가 반응하지 않으면 피부 밖의 색이 들어오지 않게 된다.

獨發一滑一艶者, 莫非隸卒, 卽是娼優.

유독 매끄럽고, 농염하면 노예나 병졸이 아니면 창기나 배우가 된다.

非美色淸爽, 亦主刑破, 若受祿去職, 農庶受殃.

미색이 맑고 밝지 않으면 또한 형상과 파패가 있게 되고, 만약 봉록은 받았지만 직
책에서 물러나게 되며, 농민이나 서민은 재앙이 있게 된다.

滑艶一至, 災不遠矣.

농염한 색이 한 번 이르게 되면 재화가 멀지 않게 된다.

詩曰, 色若鮮明一派光, 紅如顔淡白如霜, 不成斑點成虛色, 百事無成有禍殃.

시왈, 색이 만약 선명하지만 빛이 들뜨고, 만약 얼굴에서 홍색이 엷고 서리처럼 희며, 반점으로 이루어지지 않고 허한 색으로 이루어지면, 모든 일이 이뤄지지 않고 재앙만 있을 뿐이다.

◉光浮不同광부부동

色之光浮不同, 夫灧<艶>又一說, 白色如粉, 灼灼滿面, 故爲浮光.
如有此色, 敗家之子. 少年主損, 老得辛勤, 君子犯刑名, 女多好色,
難言子嗣, 壽促財破, 萬分狼狽. 當家之子得此, 必貧窮. 光浮非是美
色, 乃禍殃之根, 有百千之忌, 無一可取.
詩曰, 色嫩光浮自古然, 刑傷破敗萬千千, 少年三九歸泉路, 老主辛勤
苦難纏.

色之光浮不同, 夫灧<艶>又一說,

색은 빛과 번들거리는 것이 다르며, 농염한 것은 또 다른 뜻이다.

白色如粉, 灼灼滿面, 故爲浮光.

백색이 분과 같고, 만면에 번쩍번쩍 빛나게 되면 고로 부광이라 한다.

如有此色, 敗家之子.

이와 같은 색은 패가의 자손이 된다.

少年主損, 老得辛勤,

젊어서 손해를 보고, 노년에 수고롭게 고생한다.

君子犯刑名, 女多好色, 難言子嗣,

남자가 범법으로 형벌의 이름이 올라가고, 여자가 남색을 좋아하면 자손을 말하기 어렵다.

壽促財破, 萬分狼狽.

수명을 재촉하며 재물이 깨지고 모든 일이 낭패를 본다.

當家之子得此, 必貧窮.

마땅히 가정의 아들을 얻었어도 가난하고 궁핍하게 된다.

光浮非是美色, 乃禍殃之根, 有百千之忌, 無一可取.

빛이 들뜬 듯한 것은 좋은 색이 아니며, 이는 재앙의 근원이 되고, 수백 수천 번 꺼리는 것이니 하나라도 취할 것이 없다.

詩曰, 色嫩光浮自古然, 刑傷破敗萬千千, 少年三九歸泉路, 老主辛勤苦難纏.

시왈, 색이 여리고 빛이 들뜬 듯한 것은 옛날부터 같은 형상을 당하게 되고, 파패함이 무수히 일어나니 27세 젊은 나이에 황천길로 돌아가거나 노년에는 수고롭게 고생하고 고통스러운 일들이 얽히게 된다.

◉**五色若變**오색약변

> 夫五色若變, 凡紅色多在皮內膜外, 不散不光, 而隱隱深藏, 瑩瑩堅久, 點點分明, 絲絲明潤, 方爲美色. 爲喜爲祿, 爲福爲財, 連片一散, 不成斑點, 不妙不驗矣.

夫五色若變, 凡紅色多在皮內膜外, 不散不光, 而隱隱深藏, 瑩瑩堅久, 點點分明, 絲絲明潤, 方爲美色, 爲喜爲祿爲福爲財,

다섯 가지 색은 변화가 있으니, 홍색이 피부 안에서 밖으로 많이 들어나야 하며, 흩어지지 않고 빛나지 않으며, 은은히 깊이 숨은 듯하고, 맑고 밝아서 오래 가고, 점점이 분명하며, 실타래처럼 맑고 윤택하면 아름다운 홍색이 기쁨·일·관록·유복·발재가 된다.

連片一散, 不成斑點, 不妙不驗矣.

홍색이 작은 조각들로 연이어져 한 번 흩어지고, 반점처럼 이루어지지 않으면 묘하지도 않고, 효험도 없게 된다.

☞ 홍색은 작은 점처럼 이루어져야 좋은 색이 되며,
홍색이 덩어리지거나 연기처럼 피어오르면 홍색으로 보지 않는다

●紫色皮內 자색피내

紫色亦在皮內膜內外, 乃紅重爲紫斑點, 勢大爲紅色明, 易得見爲紅, 然欲深藏, 不宜明露, 若十分不露亦不爲妙, 此乃太過不及, 俱不驗矣. 若一散一亂, 非作紫色也,

紫色亦在皮內膜內外, 乃紅重爲紫斑點, 勢大爲紅色明, 易得見爲紅,

자색은 또한 피부 안에서 비롯하여 피부 내외로 투영되며, 이는 홍색이 짙으면 자색의 반점으로 나타나며 기세가 크게 되면 홍색이 선명하고, 엷으면 홍색처럼 보이기도 한다.

然欲深藏, 不宜明露, 若十分不露亦不爲妙, 此乃太過不及, 俱不驗矣.

그러나 피부 깊이 감춰져야 하니 밝게 드러난 것을 꺼리며, 만약 완전히 드러나지 않아도 또한 묘하지 않고, 이는 지나치거나 모자라면 모두 효험이 없게 된다.

若一散一亂, 非作紫色也,

만약 한 번 산란하게 되면 자색이 아니다.

●紅紫二色 홍자이색

凡紅紫二色, 一重一亂, 發在膜外, 不成斑點, 連片昏昏, 卽作赤色看, 故云赤色多在外, 紅紫多在內. 赤與紫辨得分明, 凡赤色乃紅紫色, 在

心經所發, 燥暴變爲赤色, 勢來最大, 其形最壯, 四季若得此色, 不拘
何宮, 亦主大凶大難. 連一二宮小可, 連三四五六處, 其禍不淺, 輕則
破家, 重則喪命. 赤中紫黑爲滯色, 亦主凶危, 赤中帶靑帶黃爲花, 難
免一半.

凡紅紫二色, 一重一亂, 發在膜外, 不成斑點, 連片昏昏, 卽作赤色看,

홍색과 자색 두 가지 색이 한 번 짙고 어지러우며, 피부 밖으로 발생되고 반점으로
이뤄지지 않으며, 조각들이 어둡게 연이은 듯하면 곧 적색으로 본다.

故云赤色多在外, 紅紫多在內, 赤與紫辨得分明,

고운, 적색은 피부 밖에 많이 나타나며, 홍색과 자색은 피부 안에 많이 나타나고, 적
색과 자색은 분명하게 분별해야 한다고 하였다.

凡赤色乃紅紫色, 在心經所發, 燥暴變爲赤色, 勢來最大,

적색·홍색·자색은 심장경에서 발생하는 것이니, 메마르고 까칠하게 변하여 적색이
되면 기세가 최대한으로 들어오게 된다.

其形最壯, 四季若得此色, 不拘何宮, 亦主大凶大難.

그 형세가 최대로 굳세게 되어 만약 사계절에 이 색이 나타나면 어느 궁이든 불구하
고, 또한 크게 흉하며 크게 어려움을 겪게 된다.

連一二宮小可, 連三四五六處其禍不淺, 輕則破家, 重則喪命.

1~2군데에서 서로 연이은 듯하면 조금 괜찮으나 3~4 군데가 연이은 듯하면 재화가
가볍지 않다. 적색이 옅으면 가정이 깨지고, 짙으면 생명을 잃게 된다.

赤中紫黑爲滯色, 亦主凶危, 赤中帶靑帶黃爲花, 難免一半.

적색 가운데 자색·흑색이 있으면 체색이 되며, 또한 흉하고 위험하게 되며, 적색과
청색·황색이 띄면 花(화)라고 하니 어려움이 절반으로 줄어든다.

●黑色屬水흑색속수

> 黑色屬水, 乃腎經所發, 明亮大散, 獨冬季地閣可取, 其外俱是病, 色發天停者, 主死, 重色不開如藍靛者, 主死, 亮者免,

黑色屬水, 乃腎經所發, 明亮大散, 獨冬季地閣可取, 其外俱是病,
흑색은 수에 속하니 이는 신장경에서 발생하는 것이며, 맑고 밝아 크게 흩어져야 하고 유독 겨울에 지각에서만 취하게 되며, 그 외에서는 모두 병이 된다.

色發天停者, 主死, 重色不開如藍靛者, 主死, 亮者免,
색이 이마에서 발생하면 곧 죽게 된다. 짙은 색이 열리지 않아서 푸른 녹이나 곰팡이 같으면 죽게 된다. 밝으면 죽음을 면할 수 있다.

●白色地閣백색지각

> 白色多生地閣, 不發天停, 一片者爲光明, 爲開順, 冬季可取, 若隱在膜內, 灼灼有光, 斑成點, 乃是孝服, 發是何宮, 主傷何人.

白色多生地閣, 不發天停,
백색은 지각에서 많이 생기며, 이마에서는 발생하지 않는다.

一片者爲光明, 爲開順, 冬季可取,
한 조각으로 밝게 빛나면 운이 순조롭게 열리게 된다. 겨울에만 취하여 쓸 수 있다.

若隱在膜內, 灼灼有光, 斑成點, 乃是孝服, 發是何宮, 主傷何人.
만약 피부 안에 은은하게 있고 반짝반짝 빛나며, 반점처럼 이뤄지면 이는 효복을 입게 되며, 어느 궁이든 발생하면 육친 중에서 상해를 입게 된다.

●黃色所變 황색소변

> 黃色乃五色所變, 多在土星多, 天停多, 在內庫明亮爲財, 成珠成塊
> 爲妙, 暗滯散亂, 亦作滯色, 不妙. 發在水星, 三十前, 主大病, 三十外,
> 主死, 老人卽發, 又名主<土>色到, 何得生, 惟黑色一點, 一點爲死
> 也. 此乃膀胱生色, 何能得生,

黃色乃五色所變, 多在土星多, 天停多, 在內庫明亮爲財, 成珠成塊爲妙,

황색은 다섯 가지 색이 변한 것이니 코에서 많이 있으며, 이마에도 많이 있고, 지고
에서 밝고 맑게 나타나면 재물이 되며, 구슬을 이루고 덩어리로 이뤄지면 좋은 색이
된다.

暗滯散亂, 亦作滯色, 不妙.

황색이 어둡고 체하며, 흩어지고 어지러우면 체색이라 하여 좋은 색이 아니다.

發水星, 三十前, 主大病, 三十外, 主死,

황색이 입[주위]에서 발생하면 30세 전에는 큰 병이 생기고, 30세가 넘으면 죽게
된다.

老人卽發, 又名主<土>色到, 何得生,

노인에게 황색이 발생하면 또한 이름하여 토색이 도래한 것이니, 어찌 살 수 있겠
는가.

惟黑色一點, 一點爲死也, 此乃膀胱生色, 何能得生,

황색 가운데 오직 흑색 일점이 있으면 그 일점이 죽음이 된다. 이는 방광에서 발생한
색으로 어찌 살 수 있겠는가.

●靑色愁惱청색수뇌

靑色因愁惱而至, 又因酒色所生, 獨在陰陽之位, 明潤開散, 春季可
得財喜, 成點成斑, 隱藏大愁大悶, 百事難見, 當用指重點一點. 凡掌
上氣色, 掌心皮厚, 一時難明, 須用此法方可辨其吉凶. 凡看四十外
到六十, 宜用此法, 六十外到八十, 不用此法, 求其自然明潤, 老人不
看氣色, 只看血氣, 皮土潤者生, 枯者死. 此非氣色之說也.

靑色因愁惱而至, 又因酒色所生,

청색은 수심이 가득 이르게 되고, 또 酒色(주색)으로 발생하는 것이다.

獨在陰陽之位, 明潤開散, 春季可得財喜,

유독 음양【삼양·삼음 : 와잠】의 자리에서 나타나며, 밝고 윤택하여 넓게 흩어지면 봄
에 재물의 기쁨을 얻게 된다.

成點成斑, 隱藏大愁大悶,

청색이 점이나 반점처럼 이뤄져서 은근히 숨어 있으면 근심 걱정이 크게 일어난다.

百事難見, 當用指重點一點.

모든 일이 어렵게 보이는 것은 마땅히 일점이 청색의 짙은 점이 나타난 것을 뜻한다.

凡掌上氣色, 掌心皮厚, 一時難明, 須用此法方可辨其吉凶.

손바닥의 기색은 손바닥의 피부가 두터워야 하며, 청색이 일시에 밝기 어려우니 이
기색법은 그 길흉을 분별해야 한다.

凡看四十外到六十, 宜用此法, 六十外到八十, 不用此法, 求其自然明潤,

기색은 40개에서 60개를 살펴보니 마땅히 이 기색법을 유용하게 쓰이고, 60개에서
80개까지의 이 기색법은 유용하게 쓰이지 않는다. 기색이 자연스럽게 밝고 윤택함
을 구한다.

老人不看氣色, 只看血氣, 皮土潤者生, 枯者死. 此非氣色之說也.

노인은 기색을 보지 않고 다만 혈기로 살펴봐야 하니, 피부가 윤택하면 오래 살고 메마르면 죽게 된다. 이는 기색의 뜻이 아니다.

◉法明明說 법명명설

詩曰, 此法明明說與君, 靑黃赤白辨分明, 用心細察須詳看, 自有天機神聖功, 五色從今辨得明, 方言禍福吉和凶, 寅卯分明巳午散, 酉申時分自濛濛.

凡氣色有二百四十四法, 如此則入門一法矣.

詩曰, 此法明明說與君, 靑黃赤白辨分明, 用心細察須詳看, 自有天機神聖功.

시왈, 이 기색법은 명백한 뜻이 있고, 주도적으로 적용된다. 청색·황색·적색·백색을 분명하게 분별하면 마음의 작용을 세세히 살필 수 있으며, 하늘의 기틀로부터 신성의 공덕이 세워지게 된다.

五色從今辨得明, 方言禍福吉和凶,

오색에 따라 지금의 운을 분명히 분별하면 길흉과 화복을 말할 수 있다.

寅卯分明巳午散, 酉申時分自濛濛.

기색은 寅卯(인묘)시에는 분명하고, 巳午(사오)시에는 흩어지며, 申酉(신유)시는 점차 흐려지게 된다.

☞ 寅인시는 3시 30분~5시 30분, 卯묘시는 5시 30분~7시 30분, 巳사시는 9시 30분~11시 30분, 午오시는 11시 30분~1시 30분, 申신시는 오후 3시 30분~5시 30분, 酉유시는 오후 5시 30분~7시 30분이다

凡氣色有二百四十四法, 如此則入門一法矣.

기색은 244가지의 방법이 있으니 이와 같은 것은 입문의 한 방법이다.

◉五色所應 오색소응

> 五色所應日期○解曰, 靑色在外, 應甲乙, 在內應寅卯○白色潤, 應
> 壬癸亥子, 帶黃明, 應申酉○黑色應七月內, 黑氣應一月間○黃色應
> 戊己, 帶滯應辰戌丑未○紅色應丙丁, 紫色應巳午火旺之日, 赤色輕,
> 應火旺之日, 赤色, 重應水旺之日.

五色所應日期○解曰,

오색은 언제 나타나는가. 해왈,

○靑色在外, 應甲乙, 在內應寅卯

청색이 피부 밖에 있으면 갑을일에 응하게 되고, 청색이 피부 안에 있으면 인묘일에
응한다.

○白色潤, 應壬癸亥子, 帶黃明, 應申酉

백색이 윤택하면 임계해자일에 응하게 되며, 황명색이 띠면 신유일에 응하게 된다.

○黑色應七月內, 黑氣應一月間

흑색은 7일 안에 응하게 되고, 흑기는 한 달 안에 응하게 된다.

○黃色應戊己, 帶滯應辰戌丑未

황색은 무기일에 응하게 되고, 체색을 띠면 진술축미일에 응하게 된다.

○紅色應丙丁, 紫色應巳午火旺之日,

홍색은 병정일에 응하게 되고, 자색은 사오일 화기가 왕한 날에 응하게 된다.

赤色輕, 應火旺之日, 赤色, 重應水旺之日.

적색이 옅으면 화기가 왕성한 날에 응하게 되고, 적색이 짙으면 수기가 왕성한 날에 응하게 된다.

◉出河口訣출하구결

出河口訣○訣曰, 水色重, 可往南方, 火色重, 可往北地, 青色宜往東, 白色宜往西, 赤重千里之外可免, 黑重白, 守其災, 黃色東南得利. 故 出行只看驛馬, 有黃明, 方可得財, 暗滯途遭驚恐, 黑赤喪命傾身, 驛 馬雖明命門暗, 不許出路, 命門亮, 印堂開, 何怕行兵, 下庫暗, 妨小 人之害, 天倉潤, 遇貴人扶持, 路途得財得喜, 要觀邊地光明.

出河口訣○訣曰,

출하구결○ 결왈,

○水色重, 可往南方, 火色重, 可往北地, 青色宜往東, 白色宜往西,

수색【흑색】이 짙으면 남방으로 가야 하고, 화색【적색】이 짙으면 북쪽 땅에 가야 한다. 청색은 동방으로 가야 마땅하며, 백색은 서방으로 가야 마땅하다.

赤重千里之外可免, 黑重白, 守其災,

적색이 짙으면 천 리 밖에 나가야 화를 면할 수 있으며, 흑색이 짙은 가운데에 백색이 있으면 그 재화를 막을 수 있다.

黃色東南得利.

황색은 동방과 남방에서 모두 이익을 얻게 된다.

故出行只看驛馬, 有黃明方可得財,

고로 외출할 때는 다만 역마를 살펴야 하니, 황색이 밝게 있으면 재물을 얻게 된다.

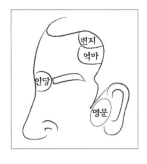

暗滯途遭驚恐, 黑赤喪命傾身,

암색과 체색이 나타나면 길에서 놀랄 일을 만날까 두려우며, 흑색과 적색이면 목숨을 잃거나 망신수가 있게 된다.

驛馬雖明命門暗, 不許出路,

역마가 비록 밝아도 명문【귀 앞】이 어두우면 외출을 삼가야 한다.

命門亮, 印堂開, 何怕行兵,

명문이 밝고 인당이 열리면 출병하는 것이 어찌 두렵겠는가.

下庫暗, 妨小人之害, 天倉潤, 遇貴人扶持,

지고가 어두우면 소인배의 해를 입을까 예방해야 하고, 천창이 윤택하면 귀인을 만나 도움을 받게 된다.

路途得財得喜, 要觀邊地光明.

여행 도중에 재물의 기쁨을 얻는 것은 변지가 밝게 빛나야 한다.

●黑遶太陽흑요태양

> 黑遶太陽, 盧醫難救, 青遮口角, 扁鵲難醫. 此乃古法, 要察明白○解
> 曰, 黑遶太陽者乃天倉起黑色, 如靛墨者死, 如烏鴉翎者生, 成點者
> 死, 色散者生. 青遮口角忌春夏, 不忌秋冬, 忌成片, 不忌散亂, 忌明
> 亮如漆, 忌滯如泥, 內有一點白光, 卽不死矣.

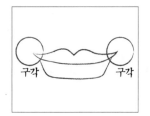

黑遶太陽, 盧醫難救, 青遮口角, 扁鵲難醫. 此乃古法, 要察明白○解曰

흑색이 눈 주변을 감싸면 명의를 구하지 못할까 걱정스러우며, 입꼬리에 청색이 덮으면 편작의 의술을 만나기가

어렵다. 이는 옛 상법으로 맑고 깨끗한 것을 살펴봐야 한다. 해왈,

黑遶太陽者乃天倉起黑色, 如靛墨者死,

태양【눈 주변】에 흑색이 감싸고 천창에서 흑색이 일어나니, 이와 같이 검푸른 색이 나타나면 죽게 된다.

如烏鴉翎者生, 成點者死, 色散者生.

만일 까마귀 깃털색이 나타나서 점점이 이루어지면 죽게 된다. 색이 흩어지면 살 수 있다.

青遮口角忌春夏, 不忌秋冬,

청색이 구각을 덮으면 봄과 여름에는 꺼리지만, 가을과 겨울은 꺼리지 않는다.

忌成片, 不忌散亂,

한 조각으로 이뤄진 것은 꺼리지만, 조각들이 어지럽게 흩어진 것은 꺼리지 않는다.

忌明亮如漆, 忌滯如泥,

옻칠처럼 밝게 빛나는 것을 꺼리고, 진흙처럼 체한 것도 꺼린다.

内有一點白光, 卽不死矣.

피부 안으로 일점의 백색 빛이 있으면 곧 죽지는 않는다.

◉天庭額角 천정액각

> **天廣<庭>額角(面部共計二十六條) ○解曰, 日月角, 耳門前, 不宜青 暗淹滯. 古書云, 黃氣發從高廣, 旬日遷官, 青色遶於命門, 半年損 壽, 日月角接天廣<庭>部位, 宜黃明忌青暗.**

天廣<庭>額角(面部共計二十六條) ○解曰,

천정과 액각(세주 : 얼굴을 총합하여 26부위로 나눈다). 해왈,

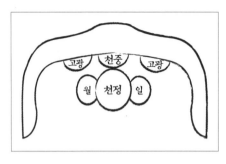

日月角, 耳門前, 不宜靑暗淹滯.

일월각과 귀 앞에 청색과 암색이 가려져 막
히면 마땅치 않다.

古書云, 黃氣發從高廣, 旬日遷官,

고서운, 황기가 고광에서 발생하면 열흘 안
에 관직이 승진하게 된다고 하였다.

靑色遶於命門, 半年損壽,

청색이 명문【귀 앞】을 감싸면 반년 안에 수명을 단축시키게 된다.

日月角接天廣<庭>部位, 宜黃明忌靑暗.

일월각과 천정 부위가 서로 접하여 황명색이 마땅하며, 청색과 암색을 꺼린다.

●印堂準頭인당준두

> 印堂年壽準頭上, 最忌赤暗靑○解曰, 凡印堂, 四季俱要明潤, 年壽上
> 一世不喜赤靑, 年壽若赤, 準頭一暗, 人離家破. 年壽靑, 至多疾病, 赤
> 主血光之災, 滯主暗疾, 印堂明, 一歲亨通, 印堂赤暗, 破職亡家, 印乃
> 命宮, 年壽爲病厄宮, 準頭爲財帛宮, 三處一生之主, 性命根本, 故先
> 要看三處爲主.

印堂年壽準頭上, 最忌赤暗靑○解曰,

인당·년상·수상·준두에 적색·암색·청색은 가장 꺼리는 기색이다. 해왈,

凡印堂, 四季俱要明潤

인당은 사계절이 모두 맑고 윤택해야 한다.

年壽上一世不喜赤青, 年壽若赤, 準頭一暗, 人離家破.

년상과 수상에 평생 적색과 청색은 좋은 기색이 아니며, 년상과 수상이 만약 적색이 나타나고, 준두가 한 번 암색을 띠면 가족이 떠나고 가정이 깨지게 된다.

年壽青, 至多疾病, 赤主血光之災, 滯主暗疾,

년상과 수상에 청색이 있으면 질병이 많게 되고, 적색이 핏빛으로 나타나면 재화가 있으며, 체색이 있으면 무서운 질병에 걸리게 된다.

印堂明, 一歲亨通, 印堂赤暗, 破職亡家,

인당이 밝으면 일 년 동안 형통하게 되고, 인당이 적색이나 암색이면 퇴직을 당하게 되고 가정을 잃게 된다.

印乃命宮, 年壽爲病厄宮, 準頭爲財帛宮, 三處一生之主, 性命根本, 故先要看三處爲主.

인당은 명궁이고, 년상과 수상은 질액궁이며, 준두는 재백궁이다. 이곳은 평생의 주체가 되며 성명의 근본이 된다. 고로 이곳을 먼저 살피는 것을 위주로 삼아야 한다.

◉一明一暗일명일암

氣色一明一暗, 一亮一開, 非爲吉兆○解曰, 凡氣色, 只宜一色, 不宜明亮, 不宜變更, 雖得新明, 亦非福利, 恐還是禍, 所以暗色方開, 豈可就爲福利耶.

氣色一明一暗, 一亮一開, 非爲吉兆○解曰,

기색이 한 번 밝다가 다시 어두워지고, 다시 밝게 열리면 길조가 아니다. 해왈,

凡氣色, 只宜一色, 不宜明亮, 不宜變更,

기색은 다만 한 가지 색이라야 하는데 밝게 빛나는 것은 마땅치 않으며, 변화하는 것은 마땅치 않다.

雖得新明, 亦非福利, 恐還是禍, 所以暗色方開, 豈可就爲福利耶.

비록 새롭게 밝아져도 또한 복리가 아니며 다만 재화가 두려운 것이니, 이로써 암색 이 열리면 어찌 복리를 취할 수 있겠는가.

●五色俱全오색구전

> 五色俱全, 名爲雜花○解曰, 凡色只宜二宜三, 還看生扶剋制. 如紅
> 色少得, 靑色不忌, 黃色少得, 紅色不<光>利. 犯生者好, 犯剋者凶.
> 五色俱全, 滿面亂發, 爲雜花, 若不立事, 不發財, 一起創, 卽破敗也.
> 書云, 靑黃不忌, 赤白橫於滿面, 卽主家破人離.

五色俱全, 名爲雜花○解曰,

오색이 모두 나타나면 이름하여 잡화라 한다. 해왈,

凡色只宜二宜三, 還看生扶剋制.

색은 한두 가지가 마땅하며, 또한 생하여 돕고 극하여 억제하는 것을 봐야 한다.

如紅色少, 得靑色不忌,

만일 홍색은 적은데, 청색이 나타나도 꺼리지 않는다.

黃色少, 得紅色不<光>利.

황색은 적게 있는데, 홍색의 빛이 나면 이롭게 된다.

犯生者好, 犯剋者凶.

서로 생하는 기색이 나타나면 좋지만 서로 극하는 기색이 나타나면 흉하게 된다.

五色俱全, 滿面亂發, 爲雜花,

오색이 모두 만면에 어지럽게 발생하면 이를 잡화라고 한다.

若不立事, 不發財, 一起創, 卽破敗也.

만일 잡화가 발생하면 일이 성립되지 않고 재물이 늘어나지 않으며, 잡화가 한 번 생기면 창업을 해도 곧 재물이 깨지고 실패하게 된다.

書云, 靑黃不忌, 赤白橫於滿面, 卽主家破人離.

서운, 청색과 황색은 꺼리지 않으며, 만면에 적색과 백색은 가득 나타나면 곧 가정이 깨지고 가족이 흩어진다.

●**色發三陽**색발삼양

色發三陽, 多以得應○解曰, 太陽命門準頭, 此三處爲面上三陽, 若色發在三陽, 必應如神. 又云, 三光明旺, 財自天來.

色發三陽, 多以得應○解曰,

삼양에 색이 발생하면 응하는 것이 많이 있다. 해왈,

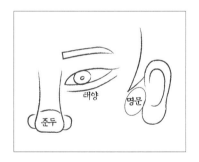

太陽命門準頭, 此三處爲面上三陽,

태양·명문·준두 이 세 곳이 얼굴의 삼양이다.

若色發在三陽, 必應如神.

만약 삼양에 색이 발생하면 반드시 신[빛]이 응하게 된다.

又云, 三光明旺, 財自天來.

우운, 삼양에 밝은 빛이 왕성하게 나타나면 재물이 하늘로부터 온다고 하였다.

◉氣生皮內기생피내

> 氣生皮內, 百日方成○解曰, 凡氣發於皮內, 一百日後, 發出爲色, 方應吉凶. 氣好莫卽言美, 氣滯勿就言凶, 凡氣乃血生, 氣後生色, 方定吉凶, 氣血最要辨明.

氣生皮內, 百日方成○解曰

기가 피부 안에 생기면 100일 안에 이루어진다. 해왈,

凡氣發於皮內, 一百日後, 發出爲色, 方應吉凶.

피부 안에서 기가 발생하면 100일 후에 색이 발생하여 나타나니 길흉으로 반응하게 된다.

氣好莫卽言美, 氣滯勿就言凶,

기가 좋다고 곧 좋은 말을 하지 말고, 기가 체했다고 나쁜 말도 하지 말라.

凡氣乃血生, 氣後生色, 方定吉凶, 氣血最要辨明.

기는 혈에서 생하니 기가 발생한 후에 색이 나오고 나서 길흉이 정해진다. 기색을 분별하는 것이 가장 중요하다.

◉一見鮮妍일견선연

> 一見鮮妍, 久觀自散, 難許發財發福○解曰, 凡色一看灼灼, 久看散者, 雖似爲喜之色亦不應驗.

一見鮮妍, 久觀自散, 難許發財發福○解曰,

첫 눈에 선명하게 보였는데, 오래 보니 저절로 흩어지면 재물과 복이 발생하기 어렵다. 해왈,

凡色一看灼灼, 久看散者, 雖似爲喜之色亦不應驗.

색을 한 번 봐서 밝게 빛나는데, 오래 보니 흩어진다는 것은 비록 좋은 색처럼 보이지만 또한 응험이 없게 된다.

◉一見昏昏일견혼혼

> 一見昏昏, 久看明潤, 必然福壽康寧○解曰, 凡氣色一見如朦, 久視明潤, 乃是皮內膜外之色, 正是根本堅實, 何愁枝葉不茂, 乃發福發財之兆也. 老人色嫩, 刑妻剋子主辛勤. ○凡五十外不宜色嫩, ○少年光浮, 言破敗, 言飄蕩, ○凡年少二十前後, 不宜光浮.

一見昏昏, 久看明潤, 必然福壽康寧○解曰,

첫 눈에 어두운데, 오래 보니 밝고 윤택하면 복수와 강녕을 하게 된다. 해왈,

凡氣色一見如朦, 久視明潤, 乃是皮內膜外之色, 正是根本堅實,

기색이 첫눈에 희미한데, 오래 보니 밝고 윤택하면 이는 피부 안에서 피부 밖으로 나오는 색이니 바로 근본이 견실한 것이다.

何愁枝葉不茂, 乃發福發財之兆也.

가지와 잎이 무성하지 않은 것을 어찌 근심하느냐. 이는 발복과 발재를 하는 징조이다.

老人色嫩, 刑妻剋子主辛勤.

노인의 색이 여리면 처자를 형극하고, 수롭게 고생하게 된다.

○凡五十外不宜色嫩,

50세 이후에 색이 여리면 마땅치 않게 된다.

○少年光浮, 言破敗, 言飄蕩,

젊은 사람이 빛이 들뜨게 되면 파패가 있고, 정처 없이 방랑하게 된다고 말한다.

○凡年少二十前後, 不宜光浮.

젊은 사람은 20세 전후이며, 빛이 들뜨게 된 것은 마땅치 않게 된다.

◉輪廓命門윤곽명문

輪廓命門暗, 眉尾元<玄>珠青, 莫求名利. ○解曰, 凡耳爲外學堂, 不
宜暗滯, 最喜鮮明. 又云, 文滯書難, 兩眉角生青色, 命門不開, 到底一
寒儒而已. 前書云, 耳白過面, 朝野聞名. 耳輪一暗, 文散書空, 必無才
學之人也.

輪廓命門暗, 眉尾元<玄>珠青, 莫求名利. ○解曰,

귀의 윤곽과 명문【귀 앞】이 어둡고, 눈썹의 끝이 검은 구슬【천창】이 청색을 띄면 명리
를 구하기 어렵다. 해왈,

凡耳爲外學堂, 不宜暗滯, 最喜鮮明.

귀는 외학당이 되고, 암색과 체색은 마땅치 않으며, 선명해야 가장 좋은 기색이 된다.

又云, 文滯書難, 兩眉角生青色, 命門不開, 到底一寒儒而已.

우운, 문서가 막히고 어렵게 되는 것은 두 눈썹의 끝이 청색이기 때문이며, 명문이
열리지 않으면 결국은 춥고 배고픈 유생일 뿐이라고 하였다.

前書云, 耳白過面, 朝野聞名.

전서운, 귀가 얼굴보다 희면 조정이나 재야에서 명성을 듣게 된다고 하였다.

耳輪一暗, 文散書空, 必無才學之人也.

귀의 윤곽이 한 번 어두워지면 문서가 흩어지고 공허하게 되니 학문의 재주가 없는
사람이다.

◉掌心紅潤장심홍윤

掌心紅, 指節潤, 博學廣文, 何愁不去登雲. ○解曰, 凡掌心紅, 指背白, 乃有學問之士, 何愁不顯達登雲.

掌心紅, 指節潤, 博學廣文, 何愁不去登雲. ○解曰,

손바닥이 홍색이고, 손가락마디가 윤택하면 학문의 폭이 넓어 어찌 과거에 등용하지 못할까 근심하랴. 해왈,

凡掌心紅, 指背白, 乃有學問之士, 何愁不顯達登雲.

손바닥이 홍색이며, 손가락의 등이 희면 이는 학문이 뛰어난 선비이니 어찌 현달하여 등용하지 못할까 근심하랴.

◉白粉光華백분광화

内如白粉外光華, 雖發不過一載. ○解曰, 凡紅色內氣如枯骨白粉者, 外面鮮明, 雖發不過一載, 必復貧窮.

内如白粉外光華, 雖發不過一載. ○解曰,

피부 안은 하얀 분을 바른 듯하고, 피부 밖은 화사하게 빛이 나면 비록 발달한다고 해도 다만 일 년 뿐이다. 해왈,

凡紅色內氣如枯骨白粉者, 外面鮮明, 雖發不過一載, 必復貧窮.

홍색이 내기에서 메마른 뼈처럼 하얀 분을 바른 듯한 자가 외면이 선명하게 나타나면 비록 발달해도 일 년 뿐이고, 다시 빈궁하게 된다.

◉內色血貫내색혈관

> 內色血貫外如朦, 還守一春. ○解曰, 此論內氣雖足, 外氣不開, 待一
> 載後血足氣壯, 色必開矣, 表裏通明, 色潤光明, 自然福祿駢臻.

內色血貫外如朦, 還守一春. ○解曰,

피부 안의 혈색이 관통하여 피부 밖으로 풍만하면 한 해의 복록을 지킨다. 해왈,

此論內氣雖足, 外氣不開, 待一載後血足氣壯, 色必開矣,

이는 내기가 비록 풍족해도 외기가 열리지 않으면 일 년 후에 혈이 충족되고, 기가
굳세기를 기다려야 색이 열리게 된다는 뜻이다.

表裏通明, 色潤光明, 自然福祿駢臻.

피부의 표리가 환히 밝고, 색이 윤택하며, 빛이 선명하면 자연 복록이 모두 이르게
된다.

◉氣足色足기족색족

> 氣足色足神不足, 難言福祿.○解曰, 凡氣色乃神之苗裔, 神若不壯,
> 雖有氣色亦不發, 雖發達難許長壽. 少年發達神氣壯, 老年興旺血皮
> 潤, 神氣色三者全, 方爲有用. 凡老相只有血壯, 其頭皮項皮俱和潤,
> 方言興旺, 若皮枯血弱則死.

氣足色足神不足, 難言福祿.○解曰,

기가 충족하고 색이 풍족한데, 신이 부족하면 복록을 말하기 어렵다. 해왈,

凡氣色乃神之苗裔, 神若不壯, 雖有氣色亦不發, 雖發達難許長壽.

기색은 신의 싹이니 신이 만약 굳세지 않으면 비록 기색이 있어도 또한 발달하지 못

하게 된다. 비록 발달한다고 해도 장수하기 어렵게 된다.

少年發達神氣壯, 老年興旺血皮潤, 神氣色三者全, 方爲有用.

젊어서 발달하는 것은 신과 기가 굳건해서이며, 노년에 흥왕하는 것은 혈기와 피부가 윤택하기 때문이다. 신·기·색 세 가지가 온전하면 유용하게 된다.

凡老相只有血壯, 其頭皮項皮俱和潤, 方言興旺, 若皮枯血弱則死.

노인의 상은 다만 혈분이 굳건한 것이 있어야 하며, 그 두피와 목의 피부가 모두 온화하고 윤택해야 흥왕하게 되며, 만약 피부가 메마르고 혈기가 약하면 죽게 된다.

◉氣觀一體기관일체

大槪氣觀一體. ○解曰, 凡氣發頭面四肢身腰背腹, 若一處不壯, 卽不長也, 不看各宮.

大槪氣觀一體. ○解曰,

기는 몸의 전체를 살펴봐야 한다. 해왈,

凡氣發頭面四肢身腰背腹, 若一處不壯, 卽不長也, 不看各宮.

기는 두상·얼굴·사지·몸·허리·등·배에서 발생하며, 만약 한 곳이라도 굳건하지 않으면 오래가지 않으니 각각의 궁마다 살펴봐야 한다.

◉精細色看정세색간

精細色看分毫. ○解曰, 凡色只看各宮, 要成分毫, 亦成有用. 如大者多有不應.

精細色看分毫. ○解曰,

정밀하게 색을 봐야 하니, 섬세하게 나눠서 봐야 한다. 해왈,

凡色只看各宮, 要成分毫, 亦成有用. 如大者多有不應.

색은 다만 각각의 궁마다 살펴야 하니, 색은 섬세하게 나눠 이루어지고 또한 유용하게 쓰이니, 만약 대략적으로 본다면 맞지 않을 것이다.

●雙顴紅噴쌍관홍분

> 雙顴紅噴, 四庫光明, 家財日進. ○解曰, 此論氣色. 顴骨紅潤, 天倉地庫光明, 大興可知, 歌云, 雙顴噴火眼如星, 此之謂也.

雙顴紅噴, 四庫光明, 家財日進. ○解曰,

양 관골에 홍색을 뿜은 듯하고, 천창지고가 밝게 빛나면 집 재산이 날로 늘어난다. 해왈,

此論氣色. 顴骨紅潤, 天倉地庫光明, 大興可知,

이는 기색의 이론이다. 관골에 홍색으로 윤택하고, 천창과 지고가 밝게 빛나면 크게 흥한다는 것을 알 수 있다.

歌云, 雙顴噴火眼如星, 此之謂也.

가운, 양 관골에 불을 뿜은 듯하고, 눈이 별처럼 빛나는 것을 이를 이르는 말이다.

●五星本色오성본색

> 五星得本色, 顯達雲程. ○解曰, 耳爲金木二星, 宜明白潤如玉, 額爲火星, 宜紅潤, 口爲水星, 宜白亮, 脣要紅明, 鼻爲土星, 宜黃明瑩潤, 此謂五星得本色, 如此氣色上下, 何愁不旺功名, 商賈自然獲利也.

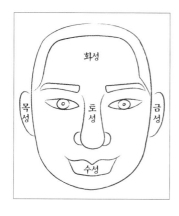

五星得本色, 顯達雲程. ○解曰,

오성이 본래의 색을 얻으면 부귀하며 현달하게 된다. 해왈,

耳爲金木二星, 宜明白潤如玉, 額爲火星, 宜紅潤,

귀는 금성과 목성이니 옥처럼 밝고 하얗게 윤택해야 하고, 이마는 화성이니 홍색으로 윤택해야 마땅하다.

口爲水星, 宜白亮, 脣要紅明,

입은 수성이니 하얗게 밝아야 마땅하며, 입술은 홍색으로 밝아야 한다.

鼻爲土星, 宜黃明瑩潤,

코는 토성이니 황색으로 밝고 윤택하게 밝아야 한다.

此謂五星得本色, 如此氣色上下, 何愁不旺功名, 商賈自然獲利也.

이는 오성의 본색을 얻었다고 한 것이니 이와 같이 기색이 위아래로 있으면 공명이 왕성하지 않을까 어찌 근심하게 되고, 상인은 자연히 이익을 획득하게 된다.

●四正黃光 사정황광

四正見黃光, 何愁不發. ○解曰, 四正乃印準雙顴. 如黃明潤澤, 主興家計, 立根基, 創田莊之兆.

四正見黃光, 何愁不發. ○解曰,

사정에 황색으로 빛나 보이면 발전이 없을까 어찌 근심하는가. 해왈,

四正乃印準雙顴.

사정은 인당과 준두와 양 관골이다.

如黃明潤澤, 主興家計, 立根基, 創田莊之兆.

만약 황색으로 밝고 윤택하면 가계가 흥하게 되고, 근기가 바로 서게 되며, 가업을 창건하게 되는 징조이다.

◉六位靑暗 육위청암

六位若靑暗者消, 明黃者積. ○解曰, 六位乃三陽三陰, 眼上又名龍宮, 忌靑暗, 喜黃明, 忌枯乾, 喜紅潤. 古云, 龍宮陷, 兒女無緣, 正此謂也.

六位若靑暗者消, 明黃者積. ○解曰,

육위가 만약 청색과 암색이면 【재산을】 소모하게 되고, 밝은 황색이면 【재산이】 쌓이게 된다. 해왈,

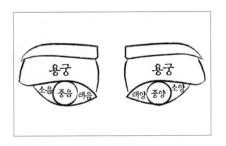

六位乃三陽三陰, 眼上又名龍宮, 忌靑暗, 喜黃明, 忌枯乾, 喜紅潤.

육위는 삼양과 삼음이다. 눈의 위를 또 용궁이라 부르니 청색과 암색을 꺼리며, 황색으로 밝으면 좋은 기색이고, 건조하면 꺼리며, 홍색으로 윤택하면 좋은 기색이다.

古云, 龍宮陷, 兒女無緣, 正此謂也.

고운, 용궁이 움푹 꺼지면 자녀와 인연이 없다고 하니, 바로 이를 말한 것이다.

◉六府昏昏 육부혼혼

六府昏昏脣慘黑, 一載身亡. ○解曰, 六府乃天倉地庫雙顴, 若昏昏而暗, 脣若慘黑, 乃氣不足血已枯, 何能得生耳.

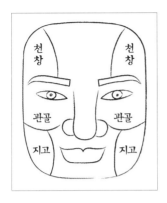

천창 천창

관골 관골

지고 지고

六府昏昏脣慘黑, 一載身亡. ○解曰,

육부가 어둡고, 입술이 검푸르면 일 년 안에 죽게 된다. 해왈,

六府乃天倉地庫雙顴,

육부는 천창과 지고와 양 관골이다.

若昏昏而暗, 脣若慘黑, 乃氣不足血已枯, 何能得生耳.

만약 어두운 암색이 띄고 입술이 검푸르면, 이는 기가 부족하고 혈이 이미 마른 것이니 어찌 살 수 있겠는가.

◉耳黑準赤이흑준적

耳輪黑, 準頭赤, 怕逢春季. ○解曰, 耳黑枯, 氣血不足, 準赤如泥, 血不潤, 若是春天見此氣色, 必死.

耳輪黑, 準頭赤, 怕逢春季. ○解曰,

귀의 윤곽이 흑색이고, 준두에 적색이 봄에 나타나는 것이 두렵다. 해왈 ,

耳黑枯, 氣血不足, 準赤如泥, 血不潤,

귀가 흑색으로 메마른 것은 기혈이 부족한 것이고, 준두가 진흙처럼 붉은 색은 혈이 윤택하지 않기 때문이다.

若是春天見此氣色, 必死.

만약 봄에 이러한 기색이 보이면 반드시 죽게 된다.

●白色如粉백색여분

> 白色忌如粉, 赤色忌如硃. ○解曰, 二色最忌鮮明, 若如粉如硃, 傾家喪命, 刑傷必死.

白色忌如粉, 赤色忌如硃. ○解曰,

백색이 분과 같은 것을 꺼리고, 적색이 주사와 같은 것을 꺼린다. 해왈,

二色最忌鮮明,

두 가지 색은 선명한 것을 가장 꺼린다.

若如粉如硃, 傾家喪命, 刑傷必死.

만약 분과 같고 주사와 같으면 가업이 기울고 생명을 잃게 되니, 갖은 형상을 입게 되어 죽게 된다.

●日月角忌일월각기

> 日月角忌青白黑暗. ○解曰, 此乃父母宮, 最忌此色, 俱應父母. 只喜黃明, 白主刑傷, 黑主大病, 赤有刑, 青暗主災疾.

日月角忌青白黑暗. ○解曰,

일각과 월각은 청색·백색·흑색·암색을 꺼린다. 해왈,

此乃父母宮, 最忌此色, 俱應父母.

이는 부모궁이니, 이러한 색을 가장 꺼리니 모두 부모에게 해를 입히게 된다.

只喜黃明, 白主刑傷, 黑主大病, 赤有刑, 青暗主災疾.

다만 황색은 밝은 것이 좋으며, 백색은 해를 입히고, 흑색은 큰 병이 있게 되며, 적색은 형상을 겪게 되고, 청색과 암색은 재화와 질병이 있게 된다.

●山根上喜산근상희

山根上喜紅白黃明. ○解曰, 此乃根基, 故名山根, 喜白亮紅黃明潤, 不主破敗, 暗滯靑赤枯乾, 乃大破敗, 飄流之色.

山根上喜紅白黃明. ○解曰,

산근에 홍색과 백색과 황색이 밝게 나타난 것이 좋다. 해왈,

此乃根基, 故名山根,

이는 근기가 되며, 고로 산근이라 부른다.

喜白亮紅黃明潤, 不主破敗,

맑은 백색과 홍색과 황색이 밝고 윤택한 것을 좋게 보니, 파패하는 일이 없게 된다.

暗滯靑赤枯乾, 乃大破敗, 飄流之色.

암색과 체색과 청색과 적색이 메마르고 건조하면 이는 크게 파패하게 되니, 표류하는 색이라 한다.

●羅計白潤라계백윤

羅計內宜白潤, 怕見煙濛. ○解曰, 凡眉內氣色明潤, 忌暗滯煙濛.

羅計內宜白潤, 怕見煙濛. ○解曰,

라계는 백색으로 윤택해야 마땅하고, 연기처럼 흐릿하게 보이면 두렵다. 해왈,

凡眉內氣色明潤, 忌暗滯煙濛.

눈썹 안의 기색이 밝고 윤택해야 하며, 암색과 체색이 연기처럼 흐린 것을 꺼린다.

◉天倉暗慘 천창암참

> 天倉最忌暗<黶>慘, 地庫暗滯不妨. ○解曰, 天倉宜黃明, 忌赤暗,
> 地庫赤暗還不妨, 春夏發不妙, 秋冬方可.

天倉最忌暗<黶>慘, 地庫暗滯不妨. ○解曰,

천창에 검푸른 색을 가장 꺼리며, 지고에 암색과 체색은 꺼리지 않는다. 해왈,

天倉宜黃明, 忌赤暗,

천창은 황색으로 밝은 것이 마땅하며, 적색과 암색을 꺼린다.

地庫赤暗不妨, 春夏發不妙, 秋冬方可.

지고는 적색과 암색을 해롭지 않으며, 봄과 여름에 발생하면 좋지 않고, 가을과 겨울에도 좋다.

◉邊地玄壁 변지현벽

> 邊地玄壁, 色如硃如墨, 主飛災橫禍. ○解曰, 邊地上不宜赤如硃, 黑
> 如墨, 黃如泥, 濛如烟, 此數者俱大凶色也.

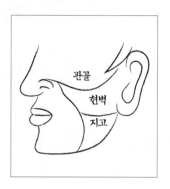

邊地玄壁, 色如硃如墨, 主飛災橫禍. ○解曰,

변지【이마 모서리】와 현벽【뺨】에 주사나 먹물 같으면 재액이 일어나고 재화를 겪게 된다. 해왈,

邊地上不宜赤如硃, 黑如墨, 黃如泥, 濛如烟,

변지에 붉은 주사, 검은 먹, 누런 진흙, 흐린 연기 같은 색을 꺼린다.

此數者俱大凶色也.

이러한 것들은 모두 크게 흉한 색이다.

◉邊地口角변지구각

> 邊地明, 口角明, 亦主不死. ○解曰, 前言口角青, 主死, 若邊地明還
> 須有救, 邊地再暗, 必死無疑.

邊地明, 口角明, 亦主不死. ○解曰,

변지가 밝고, 구각【입꼬리】이 밝으면 또한 죽지 않는다. 해왈,

前言口角青, 主死,

앞에서 구각이 푸르면 죽는다고 말하였다.

若邊地明還須有救, 邊地再暗, 必死無疑.

만약 변지가 밝으면 얻고자 함을 구하고, 변지가 다시 어두워지면 죽음을 의심치 말라.

◉黃色發內황색발내

> 黃色發內若無紅, 反爲不妙. ○解曰, 凡黃色必須要有紅色應, 方好,
> 黃光獨見, 亦作不滯色.

黃色發內若無紅, 反爲不妙. ○解曰,

황색이 피부 안에서 발생하는데, 만약 홍색이 없다면 오히려 좋지 않다. 해왈,

凡黃色必須要有紅色應, 方好,

황색은 반드시 홍색과 서로 상응해야 좋은 기색이 된다.

黃光獨見, 亦作不滯色.

황색 빛이 홀로 보이게 되면 또한 체색으로 작용하지 않는다.

◉青色多內청색다내

> 青色多, 內若有黃, 憂中反得財喜. ○解曰, 凡青色不過憂愁之色, 內
> 若黃明, 憂中變喜, 反爲吉兆.

青色多, 內若有黃, 憂中反得財喜. ○解曰,

청색이 많이 나타난 가운데 피부 속에서 만약 황색이 있으면 근심 중에 오히려 재물
이 들어오는 기쁨이 있다. 해왈,

凡青色不過憂愁之色, 內若黃明, 憂中變喜, 反爲吉兆.

청색은 다만 근심의 색이지만, 피부 속에서 만약 황색이 밝게 나타나면 근심이 기쁘
게 변하게 되니 오히려 길조라 할 수 있다.

◉紅黃發外홍황발외

> 紅黃發外, 內不應, 難言吉兆. ○解曰, 凡色要內應, 方好, 內不應爲
> 虛色, 反爲耗散之色, 亦不吉.

紅黃發外, 內不應, 難言吉兆. ○解曰,

홍색과 황색이 피부 밖으로 드러나고, 피부 안에서 반응하지 않으면 길조라 말하기
어렵다. 해왈,

凡色要內應, 方好, 內不應爲虛色, 反爲耗散之色, 亦不吉.

색은 피부 안에서 【기가】 반응해야 좋은데, 피부 안에서 【기가】 응하지 않으면 허한

색이니 오히려 흩어지는 색으로 역시 불길하게 된다.

◉井灶雖暗 정조수암

> 井灶亮而雖暗, 家道終興. ○解曰, 凡井灶乃庫門, 又名金甲二櫃. 若明潤主家道興隆, 雖滿面不開, 此二處潤, 亦爲上. 士看天倉, 庶民看井灶, 相中決法, 不可不依.

井灶亮而雖暗, 家道終興. ○解曰,

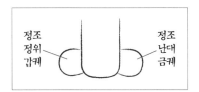

정조【콧망울】가 밝으면 비록 조금 어둡더라도 가도가 마침내는 흥하게 된다. 해왈,

凡井灶乃庫門, 又名金甲二櫃.

정조는 창고 문이 되고, 또는 금궤와 갑궤라고 부른다.

若明潤主家道興隆, 雖滿面不開, 此二處潤, 亦爲上.

만약 밝고 윤택하면 가업이 흥융하게 되고, 비록 만면이 열리지 않아도 이 두 곳이 윤택하게 되면 또한 좋게 된다.

士看天倉, 庶民看井灶, 相中決法, 不可不依.

선비는 천창을 보고, 서민은 정조를 보니 상법 가운데 비결이니 의지하지 않을 수 없는 것이다.

● 白睛眸子백정모자

白睛眸子光彩貫色, 雖面有死色, 亦不爲害. ○解曰, 黑睛爲眸子, 白有爲白睛, 最要色貫, 不宜色滯.

白睛眸子光彩貫色, 雖面有死色, 亦不爲害. ○解曰,
흰 동자와 검은 동자가 광채가 나고, 색이 연관되면 비록 얼굴에 사색이 되어도 또한 해로운 것이 아니다. 해왈,

黑睛爲眸子, 白有爲白睛, 最要色貫, 不宜色滯.
검은 동자를 모자라 하고, 흰 동자를 백정이라 한다. 가장 좋은 것은 색이 연관되어야 하니, 색이 체한 것을 꺼린다.

☞ 검은 동자와 흰 동자가 선명하게 분별이 되어야
가장 귀한 눈이 된다

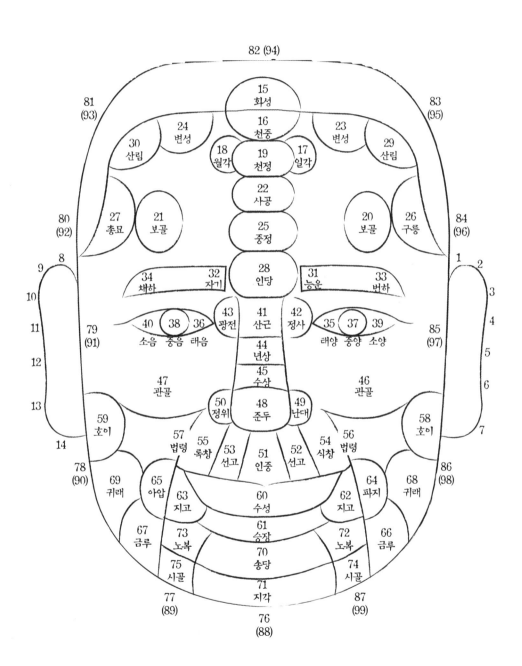

◉1~7세

一二三四五六七, 看左耳金星, 輪廓宜赤不宜靑. ○解曰, 凡耳輪不宜暗, 無病耳輪赤, 有疾年壽昏.

一二三四五六七, 看左耳金星, 輪廓宜赤不宜靑. ○解曰,

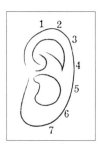

1세부터 7세까지는 왼쪽 귀이며, 금성으로 본다. 귀의 윤곽이 적색이면 마땅하며, 청색은 마땅치 않다. 해왈,

凡耳輪不宜暗, 無病耳輪赤, 有疾年壽昏.

귀의 윤곽이 암색이면 마땅치 않으며, 적색이면 병이 없고, 년상과 수상이 어두우면 질병이 있게 된다.

◉8~14세

八九十十一十二十三十四, 看右耳木星, 輪廓氣色, 宜潤宜紅. ○解曰, 凡小兒只看命宮, 雙耳前後爲主, 其珠明秀, 少年身重名高施, 十五前後看耳, 珠紅者早發, 白者淹留, 黑者損壽.

八九十十一十二十三十四, 看右耳木星, 輪廓氣色, 宜潤宜紅. ○解曰,

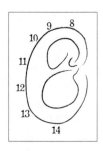

8세부터 14세는 오른쪽 귀이며, 목성으로 본다. 윤곽의 기색이 윤택한 홍색이면 마땅하다. 해왈,

凡小兒只看命宮, 雙耳前後爲主,

소아는 단지 명궁【인당】과 두 귀의 전후를 위주로 봐야 한다.

其珠明秀, 少年身重名高施, 十五前後看耳,

그 수주가 밝고 수려하면 젊어서 몸가짐이 신중하고 명예가 높아지게 되니, 15세 전후하여 귀를 봐야 한다.

珠紅者早發, 白者淹留, 黑者損壽.

수주가 홍색이면 이른 나이에 발전하고, 백색이면 발전하는데 오래 걸리며, 흑색이면 수명이 줄게 된다.

◉15~16세

> 紅現正額連發際, 二八前早其有身名. ○解曰, 十五火星主運, 十六天中主運, 此處紅如火明, 必主美兆, 若黑暗者定主少年不利.

紅現正額連發際, 二八前早其有身名. ○解曰,

홍색이 이마 정중앙과 발제에 연이어 나타나면 16세 전에 일찍 출세하여 공명을 얻는다. 해왈,

十五火星主運, 十六天中主運,

15세는 화성을 위주로 운세를 보고, 16세는 천중으로 운세를 본다.

此處紅如火明, 必主美兆,

이곳에 홍색이 불처럼 밝게 나타나면 좋은 길조로 본다.

若黑暗者定主少年不利.

만약 흑색·암색이 나타나면 젊어서 불리하게 된다.

◉17~18세

> 日月角不宜昏暗, 最喜黃明. ○解曰, 十七十八主運, 若暗主刑傷父母, 明者父母俱健.

日月角不宜昏暗, 最喜黃明. ○解曰,

일각과 월각이 어두운 암색이면 마땅치 않으니 밝은 황색이면 가장 좋은 색이다. 해왈,

十七十八主運, 若暗主刑傷父母, 明者父母俱健.

17세, 18세의 운을 보게 되며, 만약 암색이면 부모가 상해를 입게 되며, 밝으면 부모 모두 건강하게 된다.

◉19~21세

> 輔骨驛馬共天庭, 切忌昏沈. ○解曰, 此三處連一宮, 宜紅明瑩, 昏沈
> 者途遭大難. 少主災殃, 十九二十二十一三年, 主事. 此地觀之極驗,
> 非獨三年, 卽一世可定, 凡五品以上, 俱看驛馬輔骨, 以定吉凶.

輔骨驛馬共天庭, 切忌昏沈. ○解曰,

보골과 역마와 더불어 천정은 어두운 것을 확실히 꺼린다. 해왈,

此三處連一宮, 宜紅明瑩, 昏沈者途遭大難. 少主災殃,

이 세 곳은 하나의 궁으로 이어져 있으니 홍색으로 밝게 빛나는 것이 마땅하며, 어두우면 길에서 큰 어려움을 만나게 되고, 젊어서 재앙이 있게 된다.

十九二十二十一三年主事.

19세, 20세, 21세의 삼 년 동안에 일을 주관한다.

此地觀之極驗, 非獨三年, 卽一世可定,

이곳을 보는데 지극한 효험이 있었으니, 유독 삼 년뿐만 아니라 곧 평생의 운을 정하게 된다.

凡五品以上, 俱看驛馬輔骨, 以定吉凶.

오품 이상의 벼슬을 하게 되니 모두 역마와 보골을 살펴서 길흉을 정하게 된다.

◉22세

司空正額連少府, 俱要光明. ○解曰, 二十一<二>主此部位一世, 不
宜發靑, 赤忌夏季, 靑氣春災.

司空正額連少府, 俱要光明. ○解曰,

사공은 이마 가운데이며, 소부【사공의 옆 부분】와 연이어 있으니 모두 밝게 빛나야 한
다. 해왈,

二十一<二>主此部位一世, 不宜發靑, 赤忌夏季, 靑氣春災.

22세의 운을 주관하며, 이 부위로 평생을 살핀다. 청색이 발생하면 마땅치 않으며,
여름에는 적색을 꺼리고, 봄에 청기는 재앙이 따르게 된다.

☞ 中正중정은 사공과 인당 사이의 부위이며,
25세의 운을 주관하며, 중정은 사공과 같은 내용으로 보면 된다

◉23~24세

地郊外忌紅忌赤爲災. ○解曰, 此位紅輕爲防, 紅重恐變成赤色, 不
好, 靑滯不好, 一世不宜赤, 非二十三四不主此限.

地郊外忌紅忌赤爲災. ○解曰,

교외라는 곳은 홍색과 적색을 꺼리며 재앙이 된다. 해왈,

☞ 마의상법과 면상비급의 유년법에 23세, 24세는 邊城변성으로 되어 있다

此位紅輕爲防, 紅重恐變成, 赤色不好,

이 부위가 홍색이 옅으면 해가 되며, 홍색이 짙으면 다만 적색으로 변할까 두렵고,
좋은 기색은 아니다.

靑滯不好, 一世不宜赤,

청색과 체색이면 좋지 않으니, 평생 적색은 마땅치 않다.

非二十三四不主此限.

23세와 24세만 한정되어 작용하지 않는다.

◉26~27세

塚墓丘陵靑暗不足爲害, 紅赤定爲殃. ○解曰, 此二部位原屬靑暗, 故取爲塚墓丘陵, 靑色不妨, 只忌重紅深赤. 二十六七至此立應.

塚墓丘陵靑暗不足爲害, 紅赤定爲殃. ○解曰,

총묘와 구릉에 청색과 암색이 나타나면 해가 되지 않으며, 홍색과 적색은 재앙이 된다. 해왈,

此二部位原屬靑暗, 故取爲塚墓丘陵, 靑色不妨, 只忌重紅深赤.

이 두 부위는 원래 청색과 암색에 속하며 고로 총묘와 구릉을 취하는 것은 청색이 나타나면 해가 되지 않고, 다만 짙은 홍색이나 심한 적색은 꺼린다.

二十六七至此立應.

26세, 27세의 운이 이르게 되면 반응하게 된다.

◉28세

印堂乃火位, 宜火黃紫亮, 忌赤暗黑靑. ○解曰, 此火宮要紅明, 不宜昏暗, 二十八交此, 爲初限, 可管十三〈三十〉年事.

印堂乃火位, 宜火黃紫亮, 忌赤暗黑靑. ○解曰,

인당은 화기의 자리이니 화기와 황색과 자색이 밝으면 마땅하며, 적색·암색·흑색·청색을 꺼린다. 해왈,

此火宮要紅明, 不宜昏暗,

이 화궁은 홍색이 밝으면 마땅하며, 어두운 암색은 마땅치 않다.

二十八交此, 爲初限, 可管十三<三十>年事.

28세에 운이 이르며, 초년의 30세까지의 모든 일을 관장하게 된다.

◉29~30세

> **林**木左右取山林, 宜秀亮黃明. ○解曰, 林木要秀, 髮際要清, 一沈一濁, 災立至矣. 二十九三十內主此, 若此處色黑, 主有獸驚之難, 色暗者不宜陸路出行.

林木左右取山林, 宜秀亮黃明. ○解曰,

임목은 좌우의 산림을 취하니, 수려하게 맑고 황색이 빛나야 한다. 해왈,

林木要秀, 發際要清, 一沈一濁, 災立至矣.

임목은 수려해야 하니, 발제가 맑아야 하고 가라앉거나 탁하게 되면 재앙이 이르게 된다.

二十九三十內主此, 若此處色黑, 主有獸驚之難,

29세와 30세는 이곳을 보며, 만약 이곳의 색이 검으면 들짐승에 놀라 피해를 입게 된다.

色暗者不宜陸路出行.

색이 어두우면 육로로 여행하는 것은 마땅치 않다.

雙眉色宜紅紫白亮, 不宜如點如珠. ○解曰, 凡眉內紅紫貫者, 主有大權, 極白亮者, 亨通. 白如點珠者, 主兄弟孝服, 無兄弟卽妻應之. 三十一起至三十四止, 非惟四年, 一世要羅計明亮. 凡文臣武職, 俱在此處, 定吉凶爵氣.

雙眉色宜紅紫白亮, 不宜如點如珠. ○解曰,

두 눈썹의 색은 홍색과 자색과 백색이 밝으면 마땅하며, 점이나 구슬처럼 되면 마땅치 않다. 해왈,

凡眉內紅紫貫者, 主有大權, 極白亮者, 亨通.

눈썹 속에 홍색과 자색이 투출되어 나오면 큰 권력을 쥐며, 지극히 맑은 백색이 있으면 만사가 형통하게 된다.

白如點珠者, 主兄弟孝服, 無兄弟卽妻應之.

백색이 점이나 구슬처럼 되면 형제를 잃게 되며, 형제가 없으면 처에게 반응하게 된다.

三十一起至三十四止, 非惟四年, 一世要羅計明亮.

31세부터 34세까지 이르게 되며, 오직 4년만이 아니라 평생 눈썹이 밝고 맑아야 한다.

凡文臣武職, 在此處, 定吉凶爵氣.

문신과 무직은 모두 이곳으로 길흉과 벼슬의 기세를 정하게 된다.

◉35, 36, 39,40세

少陽三十九, 少陰四十, 太陽三十五, 太陰三十六之位, 獨嫌枯黃, 只喜紫瑩光明. ○解曰, 此二處俱要紅紫爲上色, 光瑩爲中色, 明白爲平色, 靑黑暗滯, 萬事破敗, 枯者命亦有虧, 此取龍宮, 最忌枯暗偏, 宜紅潤.

少陽三十九, 少陰四十, 太陽三十五, 太陰三十六之位, 獨嫌枯黃,
只喜紫瑩光明. ○解曰,

태양은 35세, 태음은 36세, 소양은 39세, 소음은 40세를 보며, 유독 건조한 황색을 싫어하며, 다만 맑은 자색이 밝게 빛나야 좋다. 해왈,

☞ 태양·태음은 양쪽 눈의 안쪽 흰동자이며,
소양·소음은 양쪽 눈의 바깥쪽 흰동자이다

此二處俱要紅紫爲上色, 光瑩爲中色, 明白爲平色,

이 두 곳은 모두 홍색과 자색이 최상의 색이 되며, 밝게 빛나는 색은 보통색이 되며, 맑고 흰색은 평범한 색이 된다.

靑黑暗滯, 萬事破敗, 枯者命亦有虧,

청색·흑색과 암색·체색은 만사가 파패하게 되며, 건조한 것은 운명적으로 또한 모자라게 된다.

此取龍宮, 最忌枯暗偏, 宜紅潤.

이는 용궁을 취하게 되며, 건조하거나 암색으로 편중된 것을 가장 꺼리며 윤택한 홍색은 마땅하다.

☞ 중양은 37세, 중음은 38세를 보며,
검은 눈동자이므로 기색이 나타나지 않는 부위이다

◉41~42세

月孛紫氣乃爲山根, 怕黑怕枯, 忌白色如粉. 四十一四十二主此. ○解曰, 此位氣色嫌靑黑白枯, 要紅明, 四十一入爲中限, 管十<三>年事.

月孛紫氣乃爲山根, 怕黑怕枯, 忌白色如粉. 四十一四十二主此. ○解曰,
월패와 자기는 산근이 되며, 흑색과 메마른 것을 두려워하고 백색이 분을 바른 듯한 것을 꺼린다. 41세와 42세의 운이 이른다. 해왈,

☞ 山根산근은 41세, 精舍정사는 42세, 光殿광전은 43세를 본다

此位氣色嫌靑黑白枯, 要紅明,
이 부위의 기색이 청색·흑색·백색으로 메마른 것을 혐오하며 밝은 홍색이어야 한다.

四十一入爲中限, 管十<三>年事.
41세부터 중년을 제한하여 보게 되며, 10년의 일을 관장한다.

◉臥蠶淚堂와잠루당

蠶位共淚堂, 大不相同, 臥蠶下乃淚堂, 再下爲陰德宮, 龍宮, 卽三陽也. ○解曰, 雙目下一條高弦爲臥蠶, 又名男女宮. 色宜黃明, 若發紫, 主生子之兆, 黑暗尅子之期. 淚堂又名陰德宮, 屬腎經, 故長有靑<淸>色, 不爲害, 不爲忌, 獨臥蠶忌黑忌靑.

蠶位共淚堂, 大不相同, 臥蠶下乃淚堂, 再下爲陰德宮, 龍宮, 卽三陽也. ○解曰,
와잠과 루당은 같은 부위이며 크게는 다르지 않다. 와잠의 아래를 루당이라 하며, 다시 아래를 음덕궁·용궁이라 하며 곧 삼양이 된다. 해왈,

雙目下一條高弦爲臥蠶, 又名男女宮.

두 눈 아래 한 줄기 높은 반달 모양을 와잠이라 하며, 다른 이름으로는 남녀궁이다.

色宜黃明, 若發紫, 主生子之兆, 黑暗剋子之期.

색이 황색이 밝아야 마땅하며, 만약 자색이 발생하면 아들을 낳을 징조이며, 흑색과 암색이면 아들을 극하게 된다.

淚堂又名陰德宮, 屬腎經, 故長有靑<淸>色, 不爲害, 不爲忌,

루당은 다른 이름으로 음덕궁이 되며 신장경에 속한다. 고로 오랫동안 맑은 색이면 해롭거나 꺼리지 않는다.

獨臥蠶忌黑忌靑.

유독 와잠에는 흑색과 청색은 꺼린다.

◉44~45세

年壽又名疾厄, 紅赤靑黑, 必有災星. 四十四四十五主此. ○解曰, 疾厄宮明潤無病, 犯前色, 必有災星, 若病人色開, 方和病好.

年壽又名疾厄, 紅赤靑黑, 必有災星. 四十四四十五主此. ○解曰,

년상과 수상을 다른 이름으로 질액궁이니 홍색·적색·청색·흑색은 재화의 별이 된다. 44세, 45세의 운이 이른다. 해왈,

疾厄宮明潤無病, 犯前色, 必有災星,

질액궁이 밝고 윤택하면 병이 없으며, 앞에 말한 색이 있으면 재화의 별이 된다.

若病人色開, 方和病好.

만약 병자가 색이 열리면 안정되고 병이 호전된다.

●雙顴火色 쌍관화색

> 雙顴少宜火色, 老要黃明. ○解曰, 凡肉有骨之處, 乃顴也, 要紅明,
> 以肉無骨之處, 乃虛位, 紅明者少, 靑暗者多, 此顴若靑暗, 壽必盡矣.
> 少年血旺宜明, 老來血不得紅明, 宜黃潤. ○正面不管事, 其餘一身上
> 下, 俱管事.

雙顴少宜火色, 老要黃明. ○解曰,

양 관골은 젊은 시기에는 화색이 마땅하며, 노년에는 밝은 황색이 마땅하다. 해왈,

☞ 왼쪽 관골은 47세, 오른쪽 관골은 48세를 본다

凡肉有骨之處, 乃顴也, 要紅明, 以肉無骨之處, 乃虛位,

얼굴의 살 속에 뼈가 있는 곳이 관골이 된다. 밝은 홍색이어야 하며, 살은 있는데 뼈
가 없으면 관골이 허하게 된다.

紅明者少, 靑暗者多, 此顴若靑暗, 壽必盡矣.

밝은 홍색이 적게 나타나며, 어두운 청색이 많이 나타난다. 이 관골에 만약 청색·암
색이면 수명이 다한 것이다.

少年血旺宜明, 老來血不得紅明, 宜黃潤.

젊은 사람은 혈색이 왕성하여 밝은 것이 마땅하며, 노인은 혈색이 부족하여 밝은 홍
색을 얻지 못하니 윤택한 황색이 마땅한 것이다.

○正面不管事, 其餘一身上下, 俱管事.

정면[관골] 나이의 일만 관장하지 않고, 여력으로 일신의 상하와 모든 일을 관장하게
된다.

◉48~50세

> 準頭雙井灶, 只要明潤, 諸色不宜. 四十八九五十主此. ○解曰, 紅者
> 不妙, 青黑主死, 赤主散財, 黃色宜明方好, 滯暗也要生災, 故土星忌
> 火, 忌木, 忌水, 爲災.

準頭雙井灶, 只要明潤, 諸色不宜. 四十八九五十主此. ○解曰,

준두와 양 정조는 밝게 윤택해야 하며 모든 색은 마땅치 않다. 48세부터 50세까지의 운이 이른다. 해왈,

紅者不妙, 青黑主死, 赤主散財, 黃色宜明方好, 滯暗也要生災,

홍색은 좋지 않으며, 청색과 흑색은 죽게 되고, 적색은 재산이 흩어지며, 황색이 밝으면 마땅하고 좋은 기색이다. 체색·암색은 재앙이 일어나게 된다.

故土星忌火, 忌木, 忌水, 爲災.

고로 토성[준두]은 화기[적기]·목기[청기]·수기[흑기]를 모두 꺼리고 재앙이 된다.

◉51~57세

> 人中邊連法令, 竝食祿二庫之所, 不可塵蒙. ○人中五十一, 仙庫五十
> 二三, 食倉五十四, 祿倉五十五, 法令五十六七. ○解曰, 脣上人中, 邊
> 爲仙庫, 平口角再外之倉, 名食祿, 二倉再外成深法者, 爲法令, 此乃
> 水星, 切忌塵蒙, 最宜明潤, 若白色成點, 亦不利, 黃色發出, 老人主
> 病, 少年不妨, 中年不利, 五十四<一>交庫爲暮限, 管十<三>年事.

人中邊連法令, 竝食祿二庫之所, 不可塵蒙.

인중은 가장자리에 법령이 이어져 있고, 더불어 식창과 록창 두 창고가 있는 곳이

다. 때가 낀 듯 어두우면 안 된다.

○人中五十一, 仙庫五十二三, 食倉五十四, 祿倉五十五, 法令五十六七. ○解曰,
인중은 51세, 선고는 52세~53세, 식창은 54세, 록창은 55세, 법령은 56세~57세를
본다. 해왈,

脣上人中, 邊爲仙庫, 平口角再外之倉, 名食祿, 二倉再外成深法者, 爲法令,
해왈, 입술 위는 인중이 되며, 인중 옆은 선고의 부위가 되고, 구각과 가지런하고
그 밖을 창고라 하니 이름하여 식창과 록창이다. 두 창고 밖에 깊은 주름이 법령이
된다.

此乃水星, 切忌塵蒙, 最宜明潤,
이는 모두 수성이며, 확실히 때가 낀 듯 어두우면 안 되며, 밝고 윤택해야 한다.

若白色成點, 亦不利,
만약 백색으로 점을 이루면 또한 불리하게 된다.

黃色發出, 老人主病, 少年不妨, 中年不利,
황색으로 표출되면 노인은 병이 되지만 젊은이는 해가 되지 않으며, 중년은 불리하
게 된다.

五十四<一>交庫爲暮限, 管十<三>年事.
51세부터 말년을 보며, 10년의 일을 관장한다.

●**騰蛇紅紫**등사홍자

○騰蛇內紅紫爲福, 黑白爲災. ○解曰, 此看騰蛇內深紋氣色, 凡老年
人俱有此紋, 內若紅紫血壯, 爲福爲壽, 青黑爲疾爲災, 此氣色只在
紋內深處看, 不在紋外看, 紋外宜黃明白亮, 凡紋內俱宜紅紫, 黑白
無妨.

騰蛇内紅紫爲福, 黑白爲災. ○解曰,

등사의 주름 안에서 홍색·자색이 나타나면 복이 되며, 흑색·백색은 재앙이 된다. 해왈,

此看騰蛇内深紋氣色,

이는 등사[법령]의 깊은 주름의 기색을 살펴야 한다.

凡老年人俱有此紋, 内若紅紫血壯, 爲福爲壽, 青黑爲疾爲災,

노년은 모두 이런 주름이 있으며, 주름 안에 만약 홍색·자색으로 혈색이 굳세면 복수가 되며, 청색과 흑색은 질병과 재화가 된다.

此氣色只在紋内深處看, 不在紋外看, 紋外宜黃明白亮,

이 기색은 다만 주름 안의 깊은 곳을 살펴야 하니 주름 밖을 살펴서는 안 되며, 주름 밖은 황색이 밝고, 백색이 맑아야 한다.

凡紋内俱宜紅紫, 黑白不妨.

주름 안은 모두 홍색과 자색이 마땅하며, 흑색과 백색은 재앙을 예방하지 않으면 안 된다.

◉58~59세

> **歸來虎耳兼奴僕, 名爲下庫, 黃暗何妨, 五十八九主此. ○解曰, 此三<二>處爲兩邊下庫, 若發暗色, 也不爲忌.**

歸來虎耳兼奴僕, 名爲下庫, 黃暗何妨, 五十八九主此. ○解曰,

귀래와 호이와 노복을 보고, 다른 이름으로 하고[지고]라 한다. 황색과 암색이면 어찌 해로움이 되겠는가. 58세와 59세의 운이 들어온다. 해왈,

此三<二>處爲兩邊

이 두 곳은 얼굴의 양쪽 측면이 된다.

下庫若發暗色, 也不爲忌.

지고에 만약 어두운 색이 발생해도 꺼리지 않는다.

◉60세

> 水星脣內忌暗黑靑, 六十主此. ○解曰, 凡水星不拘老幼, 宜明宜紅
> 宜紫, 女人宜<忌>白色, 男子忌靑赤.

水星脣內忌暗黑靑, 六十主此. ○解曰,

수성【입】과 입술은 암색·흑색·청색을 꺼린다. 60세에 운이 들어온다. 해왈,

凡水星不拘老幼, 宜明宜紅宜紫, 女人宜<忌>白色, 男子忌靑赤.

수성은 노소를 불구하고 홍색과 자색이 밝으면 마땅하다. 여자는 백색을 꺼리고, 남자는 청색과 적색을 꺼린다.

◉61세

> 承漿內, 色若黑者死, 白者生, 黃者死, 靑者病, 六十一主此. ○解曰,
> 承漿內五十前後, 宜白宜紅, 若少年發出黑色, 主投水而死.

承漿內, 色若黑者死, 白者生, 黃者死, 靑者病, 六十一主此. ○解曰,

승장 안의 색이 만약 흑색이면 죽게 되고 백색이면 살게 된다. 황색이면 죽게 되고 청색이면 병이 든다. 61세를 주관한다. 해왈,

承漿內五十前後, 宜白宜紅,

승장은 50세를 전후하여 백색과 홍색이 마땅하다.

若少年發出黑色, 主投水而死.

만약 젊은이가 흑색을 발출하게 되면 물에 빠져 죽을 수 있다.

◉62~63세

> 地閣兩邊爲地庫, 白光一色, 家道方興, 六十二三主此. ○解曰, 地閣
> 兩邊爲地庫, 只要白色爲妙, 不拘老少, 黑暗爲災.

地閣兩邊爲地庫, 白光一色, 家道方興, 六十二三主此. ○解曰,

지각의 양 옆을 지고라 하며, 백색으로 빛나면 가도가 흥하니 62세와 63세를 주관한다. 해왈,

地閣兩邊爲地庫, 只要白色爲妙, 不拘老少, 黑暗爲災.

지각의 양 옆을 지고라 하며, 다만 백색이면 좋은 기색이 되고, 노소에 불구하며 흑색과 암색이면 재화가 따른다.

◉64~67세

> 陂池鵝鴨兼金縷, 乃子亥二宮, 居水位, 白如珠玉爲祥, 六十四在陂地,
> 六十五在鵝鴨, 六十六七在金縷. ○解曰, 此子亥二宮色宜白. 有二樣
> 看法, 若發出來玉如珠, 有彩有光爲妙, 白如枯骨爲災, 死必至矣.

陂池鵝鴨兼金縷, 乃子亥二宮, 居水位, 白如珠玉爲祥,

파지와 아압과 금루가 子宮(자궁)과 亥宮(해궁)이고, 수기의 자리이다. 백색이 옥구슬 같으면 상서로운 일이 일어난다.

六十四在陂地, 六十五在鵝鴨, 六十六七在金縷. ○解曰,

64세는 파지, 65세는 아압이며, 66세와 67세는 금루라 한다. 해왈,

此子亥二宮色宜白.

이는 子宮(자궁)과 亥宮(해궁)의 색이 백색이면 마땅하다.

有二樣看法, 若發出來玉如珠, 有彩有光爲妙, 白如枯骨爲災, 死必至矣.

子宮(자궁)과 亥宮(해궁)을 보는 상법은 만약 옥구슬 같이 광채가 발출하면 좋은 기색이 되며, 백색이 마른 뼈와 같으면 재화가 되거나 죽음에 이르게 된다.

◉68~70세

> 正中爲地閣, 宜白宜紅, 黑色發, 災星立至, 六十八九七十主此. ○解曰, 此地閣上白色亦好, 如紅色主大好, 黑色一至, 即死無疑.

正中爲地閣, 宜白宜紅, 黑色發, 災星立至, 六十八九七十主此. ○解曰,

턱의 정중앙에 지각은 백색과 홍색이 마땅하며, 흑색이 발생하면 재화의 별이 일어나게 된다. 68세부터 70세까지의 나이를 주관한다. 해왈,

☞ 좌우 歸來귀래는 턱의 모서리 부분이며, 68~69세를 보며, 송당을 70세로 본다

此地閣上白色亦好, 如紅色主大好, 黑色一至, 即死無疑.

이 지각에 백색이 나타나면 역시 좋게 되고, 만약 홍색이 나타나면 크게 좋으며, 흑색이 한 번 이르게 되면 곧 죽음을 의심치 마라.

☞ 면상비급의 유년법에는 송당을 70세, 지각을 71세로 본다

◉71세

> 頌堂之色長欲潤, 老忌枯乾, 少嫌水黑, 七十一至此管事. ○解曰, 用舌尖舐得着處爲頌堂, 舐不着者爲子亥二宮, 色宜潤, 怕枯.

頌堂之色長欲潤, 老忌枯乾, 少嫌水黑, 七十一至此管事. ○解曰,

송당의 색이 오랫동안 윤택해야 하고, 노년의 송당이 건조한 것을 꺼리며, 젊은이는 흑색이면 싫어한다. 71세에 이르러 모든 일을 관장한다. 해왈,

☞ 송당은 승장과 지각 사이를 말한다

用舌尖舐得着處爲頌堂, 舐不着者爲子亥二宮, 色宜潤, 怕枯.

혀의 끝이 닿는 곳을 송당이라 한다. 혀가 닿지 않는 자는 子宮(자궁)과 亥宮(해궁) 두 곳의 색이 윤택해야 하며, 건조한 것을 두려워해야 한다.

☞ 면상비급의 유년법에는 송당을 70세로 본다

●72~77세

奴僕宮七十二三, 前已論子丑位, 七十六七, 亦依前法, 顴骨邊七十四五發黑色, 宜車馬客, 若<客舍>通衢二位黃明現, 水路得財, 酒池命門玄壁暗, 戒花戒酒, 弔庭郊外靑路紅潤, 何愁千里之程, 靑帶黑滯, 年壽暗, 老莫言生, 三台俱要紅活, 六腑<府>切忌有靑, 氣色得配, 可行千里, 如不得配, 宜乎安心○解曰, 春季靑龍得位, 夏宜朱雀當官, 秋來白虎喜發於申酉, 冬內玄武要旺在本宮. 勾陳若居戌巳, 財盈祿旺, 萬事亨通, 騰蛇分發來四庫, 日月有增榮, 丙丁色要現, 居離位, 到坎宮, 祿有千鍾, 甲乙分生申及酉, 田園破敗, 妻子遭刑, 壬癸色到, 離宮出現, 六親刑剋, 自己屯遭, 日日勞神, 只爲朱雀作亂, 時時費力, 位因玄武成形, 愁困怨貧可恨, 靑龍橫於滿面, 資用積聚天倉, 妙用, 勾陳, 白虎來於金甲, 家囊滿足, 奴僕成群, 靑龍來到命門, 人離家破, 疾病纏身, 一長百, 百長千, 只爲丙丁應於膜內, 家內漸富, 祿漸高, 皆因戊己起於三陽, 水色少, 金色重, 方爲有用, 金色弱, 土色重, 方可成功, 財若聚, 色在三陽隱隱, 色若散, 財去似水滔滔, 欲求名, 三台還須火色, 欲求利, 倉庫土色光華, 一派白光, 獨喜發邊城邊地, 許多黃色, 偏宜準共三陽, 少女血明, 不久滿箱環玉, 婦人血旺, 助夫益子, 還須麻豆倉盈, 士子木橫滿面, 空費螢窗之苦, 商賈木旺天停, 枉勞雨雪風霜, 小兒火色, 喜居雙耳, 將軍泉水, 宜到眸中, 四肢上獨嫌青暗, 若有火色, 財祿無虧, 問壽元須看口角, 問功名羅計黃明, 求財祿要準頭爲主, 問經營四庫雙顴爲先, 吾〈一〉辨明五形根本, 二須觀五色生扶, 三察乎神血內外, 四詳看四弔〈季〉宮庭, 明此理萬無一失, 生生剋剋, 變化無窮.

奴僕宮七十二三, 前已論子丑位, 七十六七, 亦依前法,

노복궁은 72세와 73세이며, 앞에서 이미 子宮(자궁)과 丑宮(축궁)의 자리를 논하고, 76세와 77세 또한 앞에서 논한 법에 의지하라.

顋骨邊七十四五發黑色, 不宜車馬客,

턱의 가장자리는 74세와 75세이며, 흑색이 발생하면 가마를 타고 객지로 가는 것이 마땅치 않다.

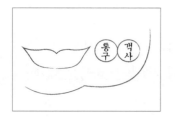

若〈客舍〉通衢二位黃明現, 水路得財,

객사와 통구【입 주변】의 두 자리에 밝은 황색이 나타나면 물가에 놀러가서 재물을 얻는다.

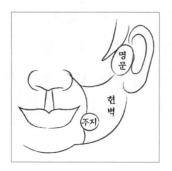

酒池命門玄壁暗, 戒花戒酒,

주지와 명문과 현벽이 어두우면 여자와 술을 경계해야한다.

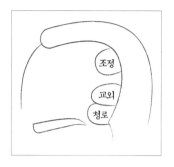

弔庭郊外青路紅潤, 何愁千里之程,

조정·교외·청로에 홍색이 윤택하면 천 리를 가는데 어찌 근심하겠는가.

青帶黑滯, 年壽暗, 老莫言生,

청색에 검은 체기가 띄고, 년상과 수상이 암색이면 노인의 수명을 말하기 어렵다.

三台俱要紅活, 六腑(府)切忌有青,

삼태【코와 양 관골】가 모두 홍색으로 생기가 나야 하고, 육부는 결코 청색이 나타난 것을 꺼린다.

氣色得配, 可行千里,

기색이 서로 배합이 맞으면 천 리라도 갈 수 있다.

如不得配, 宜乎安心

만약 기색이 서로 배합이 맞지 않으면 어찌 안심할 수 있겠는가.

○解曰, 春季青龍得位, 夏宜朱雀當官, 秋來白虎喜發於申酉, 冬內玄武要旺在本宮.

해왈, 봄에는 청룡이 지위를 얻게 되고, 여름에는 주작이 관리가 마땅하며, 가을에는 백호가 申酉月(신유월) 과시에 합격하여 기뻐하고, 겨울에는 현무가 본궁에 왕성하게 있어야 한다.

勾陳若居戊己, 財盈祿旺, 萬事亨通,

구진이 만약 무기【비량】에 거하면 재물이 가득하고 복록이 왕성해지며, 만사가 형통하게 된다.

騰蛇兮發來四庫, 日月有增榮,

등사가 사고【천창·지고】에 발생하고, 일월각에 있으면 더욱 영화로운 일이 일어난다.

丙丁色要現, 居離位, 到坎宮, 祿有千鍾,

병정의 색[홍색]이 나타난 것이 이궁[이마]의 자리에서 감궁[턱]에 이르면 관록이 천종에 이른다.

甲乙兮生申及酉, 田園破敗, 妻子遭刑,

갑을[청색]이 신궁[왼쪽 천창]에서 나타나 유궁[왼쪽 관골]에 이르면 전원이 깨지고 실패하며, 처자에게 형극이 일어난다.

壬癸色到, 離宮出現, 六親刑剋, 自己屯遭,

임계의 색[흑색]이 이궁[이마]에 출현하면 육친에게 형극이 일어나고, 자기자신은 순탄치 않게 된다.

日日勞神, 只爲朱雀作亂,

매일 노고가 많은 것은 다만 주작[적색]이 어지럽게 일어났기 때문이다.

時時費力, 位因玄武成形,

때때로 [제물을] 소비하는 것은 어느 부위에 현무[흑색]가 형성되었기 때문이다.

愁困怨貧, 可恨青龍橫於滿面,

빈궁함으로 근심이 되는 것은 청룡[청색]이 만면에 가득 차서 한스럽다.

資用積聚天倉, 妙用,

자금이 쌓이는 것은 천창의 좋은 기색이 작용했기 때문이다.

勾陳, 白虎來於金甲, 家囊滿足, 奴僕成群,

구진[황색]과 백호[백색]가 금갑[콧망울]에 들어오면 집안 창고가 가득 차고, 노복이 무리를 이루게 된다.

青龍來到命門, 人離家破, 疾病纏身,

청룡[청색]이 명문[귀 앞]에 이르면 가족이 떠나고 가정이 깨지며, 질병이 몸에 얽히게 된다.

一長百, 百長千, 只爲丙丁應於膜內,

하나를 얻으려면 백이 넘고, 백을 얻으려면 천이 넘는 것은 다만 병정【이마의 홍색】이 피부 안에 나타났기 때문이다.

家內漸富, 祿漸高, 皆因戊己起於三陽,

가정이 점차 부유해지며 관록이 점점 높아지는 것은 모두 무기【황색】가 삼양【와잠】에서 일어났기 때문이다.

水色少, 金色重, 方爲有用,

수색【흑색】이 엷고, 금색【백색】이 짙으면 재능이 유용하게 쓰이게 된다.

金色弱, 土色重, 方可成功,

금색【백색】이 엷고, 토색【황색】이 짙으면 재능으로 공을 이루게 된다.

財若聚, 色在三陽隱隱,

재물을 만약 모으고자 한다면 색이 삼양【와잠】에 은은하게 나타나야 한다.

色若散, 財去似水滔滔,

색이 만약 흩어지면 재물이 나가는 것이 물이 도도히 흘러 나가는 것과 같다.

欲求名, 三台還須火色,

명예를 구하고자 한다면 삼태【준두와 양 관골】에 화색【홍색】이 나타나야 한다.

欲求利, 倉庫土色光華,

이익을 구하고자 한다면 천창과 지고에 토색【황색】이 화사하게 빛나야 한다.

一派白光, 獨喜發邊城邊地,

백색의 빛이 물결치듯 유독 변성과 변지에 나타나면 재물이 늘어나게 되어 기뻐한다.

許多黃色, 偏宜準共三陽,

황색이 많아서 좋은 것은 유독 준두와 삼양에 나타나면 재물의 늘어나게 된다.

少女血明, 不久滿箱環玉,

젊은 여인의 혈색이 밝으면 머지않아 옥구슬이 상자 안에 가득 차게 된다.

婦人血旺, 助夫益子, 還須麻豆倉盈,

부인의 혈색이 왕성하면 남편에게 내조하고 아들을 출세시키며, 옷감과 곡식이 창고에 가득 차게 된다.

士子木橫滿面, 空費螢窓之苦,

선비의 만면에 목색[청색]이 가득 차 있으면 형창지고의 뜻이 헛수고가 된다.

☞ 螢窓雪案형창설안 : 반딧불과 창 밖의 눈빛을 등불 삼아 공부를 한다는 뜻이다

商賈木旺天停, 枉勞雨雪風霜,

상인의 천정[이마]에 목색[청색]이 왕성하게 나타나면 우설풍상 속에 허리 굽혀 길을 만들고 다리를 놓는 고생을 하게 된다.

小兒火色, 喜居雙耳,

어린아이의 두 귀에 화색[홍색]이 있으면 좋은 기색이 된다.

將軍泉水, 宜到眸中,

장군의 천수[흑색]가 눈동자[주변]에서 나타나면 마땅하다.

四肢上獨嫌靑暗,

사지[팔다리]에 유독 청색과 암색이 나타난 것을 싫어한다.

若有火色, 財祿無虧,

만약 화색[홍색]이 있으면 재록의 손해가 없게 된다.

問壽元須看口角,

수명의 근원을 묻는다면 구각[입꼬리]의 기색을 봐야 한다.

問功名羅計黃明,

공명을 묻는다면 라계[눈썹]에 밝은 황색이 있어야 한다.

求財祿要準頭爲主,

재록을 구하고자 한다면 준두의 기색을 위주로 봐야 한다.

問經營四庫雙顴爲先,

경영에 관해 묻는다면 천창·지고·양 관골의 기색을 먼저 봐야 한다.

吾<一>辨明五形根本, 二須觀五色生扶, 三察乎神血内外,

四詳看四吊<季>宮庭,

첫 번째는 오형의 근본을 분명히 분별해야 하고, 두 번째는 오색이 生扶(생부)를 관찰해야 하며, 세 번째는 신과 혈의 내외를 살펴야 하고, 네 번째는 사계와 각각의 부위를 봐야 한다.

明此理萬無一失, 生生剋剋, 變化無窮.

이러한 이치를 만에 하나라도 실수가 없어야 하고, 상생과 상극의 관계와 변화의 무궁함을 밝혀야 한다.

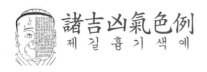

◉求利구리

求利○解曰, 將本求利, 看印堂宜黃明, 色在內不宜在外, 紅白色, 宜水路, 紅黃色, 宜陸路, 空拳在外, 宜色在外, 不宜在內, 謁貴求財, 不宜紅, 只宜黃白, 俱在印堂看, 近貴, 還看龍宮淚堂, 若有靑色, 不必求之, 置貨宜色暗, 脫貨要色明, 田土上求財, 還要地庫色明, 托人求財, 眉犀宜明, 更改求財, 遷移要旺色, 三光明潤, 財自天來, 三光者, 兩天倉太陽太陰, 印堂準頭, 目不與也

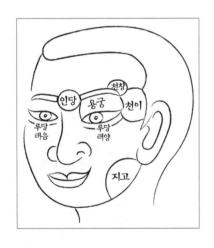

求利○解曰,

구리. 해왈,

將本求利, 看印堂宜黃明, 色在內不宜在外.
자본을 들여 이익을 구하고자 한다면 인당의 황색이 밝아야 마땅하며, 색이 피부 안에 있어야 마땅하며 피부 밖으로 드러나면 마땅치 않다.

紅白色, 宜水路, 紅黃色, 宜陸路, 空拳在外, 宜色在外, 不宜在內.
홍색과 백색은 뱃길로 가서 이익을 얻는 것이 마땅하며, 홍색과 황색은 육로로 가서 이익을 얻는 것이 마땅하니, 아무것도 가진 것이 없는 사람은 피부 밖에 있어야 하고, 색은 피부 밖에 있어야 마땅하며, 색이 피부 안에 있으면 마땅치 않다.

謁貴求財, 不宜紅, 只宜黃白, 俱在印堂看,

귀인을 알현하여 재물을 구하고자 한다면 홍색은 마땅치 않으며, 다만 황색과 백색이 마땅하다. 이는 모두 인당을 살펴봐야 한다.

近貴, 還看龍宮淚堂, 若有靑色, 不必求之,

귀인을 가까이 알현하려면 용궁[눈 주위]과 루당[와잠]을 살펴야 하니, 만약 청색이 있으면 재물을 구하지 못하게 된다.

置貨宜色暗, 脫貨要色明,

물건을 사고 값을 치르는 것은 색이 어두운 것이 마땅하며, 물건을 팔고 값을 받는 것은 색이 선명한 것이 마땅하다.

田土上求財, 還要地庫色明,

전답이나 토지상으로 재물을 구하고자 한다면 지고의 색이 선명해야 한다.

托人求財, 眉犀宜明,

남에게 부탁하여 재물을 빌리려 한다면 미릉골의 색이 선명해야 한다.

更改求財, 遷移要旺色,

이사를 하거나 상점을 고쳐 재물을 구하고자 한다면 천이궁의 색이 왕성해야 한다.

三光明潤, 財自天來,

삼광의 색이 밝고 윤택하면 재물이 자연적으로 들어오게 된다.

三光者, 兩天倉太陽太陰,

삼광이란 양 천창과 태양, 태음을 의미한다.

印堂準頭, 目不與也.

인당과 준두와 눈에 관한 이론으로는 부족하다.

●求名 구명

求名〇解曰, 入學看命門雙耳印堂山根, 宜黃潤明亮, 忌紅赤黑青, 登
行看眉宜明白, 耳輪命門三陽年壽, 此數處俱宜黃白, 如一處不明, 亦
難得中, 春間看眉内三陽, 俱宜紫色爲應, 青黃不妙, 小就只看四庫,
俱宜紅黃爲喜, 紫色大好, 吏員掌心宜紅明, 亦看四庫, 凡求名之色不
拘, 大小前程, 俱要印堂官祿驛馬, 紅黃白潤, 方好, 若暗滯赤青不妙.

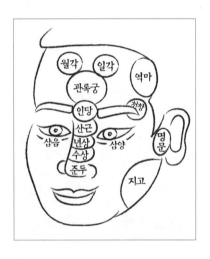

求名〇解曰,

구명. 해왈,

入學看命門雙耳印堂山根, 宜黃潤明亮,
忌紅赤黑青,

입학을 하려면 명문·두 귀·인당·산근을 살펴
봐야 하고, 황색이 윤택하며 밝고 맑아야 마땅하
며 홍색·적색·흑색·청색은 꺼린다.

登行看眉宜明白, 耳輪命門三陽年壽, 此數處俱宜黃白, 如一處不明, 亦難得中,
등과[합격]를 하려면 눈썹이 백색으로 밝아야 하며, 귀의 윤곽·명문·삼양·년상·수
상 등 여러 곳이 모두 황색과 백색이 마땅하고, 만일 한 곳이라도 밝지 못하면 또한
등과하기 어렵게 된다.

春間看眉内三陽, 俱宜紫色爲應, 青黃不妙,
봄의 과시를 묻는다면 눈썹 속과 삼양이 모두 자색으로 반응해야 마땅하며 청색·황
색은 좋은 기색이 아니다.

小就只看四庫, 俱宜紅黃爲喜, 紫色大好,

소과에 합격하려면 다만 사고【천창, 지고】를 봐야 하니 모두 홍색과 황색이 마땅히 좋으며, 자색은 크게 길하게 된다.

吏員掌心宜紅明, 亦看四庫,

벼슬을 하려면 손바닥이 홍색으로 밝아야 하고 또한 사고【천창, 지고】가 밝아야 한다.

凡求名之色不拘, 大小前程, 俱要印堂官祿驛馬, 紅黃白潤, 方好,
若暗滯赤靑不妙.

명예를 구하는 데 있어서 색에 구애받지 않고, 대시와 소시를 보기에 앞서 인당·관록·역마 등은 모두 홍색·황색과 백색이 윤택해야 길하게 되며, 만약 암색·체색·적색·청색은 좋지 않다.

◉出行출행

> 出行○解曰, 凡出行只看驛馬邊地, 四季俱要此處黃明, 方可出路,
> 青暗白不宜出行. 若無赤色, 爲驛馬不動, 有赤色, 爲驛馬動, 不宜守,
> 要行動, 方有財氣, 若守反有疾病, 口舌不遂, 故馬不宜困, 動則生財,
> 若白氣爲驛馬不動, 難以出行, 如在宮細察別宮氣色, 若驛馬動, 方
> 可決陞降, 如驛馬不動, 則不陞不降.

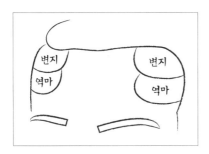

出行○解曰,

출행. 해왈,

凡出行只看驛馬邊地, 四季俱要此處黃明,
方可出路, 青暗白不宜出行.

여행을 하는데 다만 역마와 변지를 살피고, 사계절이 이곳이 모두 황색으로 밝아야 여행이 가능하다. 청색과 암색과 백색은 여행이 마땅치 않다.

若無赤色, 爲驛馬不動,

만약 적색이 없으면 역마가 발동하지 않게 된다.

有赤色, 爲驛馬動, 不宜守, 要行動, 方有財氣,

적색이 있으면 역마가 발동하게 된다. 자리를 지키는 것은 마땅치 않으며, 행동을 해야 하는 것이니 재물의 운기가 있게 된다.

若守反有疾病, 口舌不逐

만약 자리를 지키면 오히려 질병이 생기지만 구설은 따르지 않게 된다.

故馬不宜困, 動則生財,

고로 역마가 이미 발동되었다면 자리를 지키는 것이 마땅치 않으니, 움직이면 곧 재물이 생기게 된다.

若白氣爲驛馬不動, 難以出行,

만약 백기가 나타나면 역마가 발동하지 않으니, 출행이 어렵게 된다.

如在宮細察別宮氣色,

역마궁을 자세히 봐야 하며, 다른 궁의 기색도 살펴야 한다.

若驛馬動, 方可決陞降,

만약 역마가 발동하면 관직이 오르내릴 수 있게 된다.

如驛馬不動, 則不陞不降.

만일 역마가 발동하지 않으면 관직이 오르지도, 내려가지도 않게 된다.

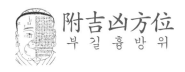

附吉凶方位
부길흉방위

◉靑色東南청색동남

青色重, 往東南, 反得重利, 若往西北, 必有災殃, 紅色一重, 必作赤色,
宜往東北, 水木之鄉. 可反吉爲凶, 若從南方, 火土旺地, 災必至矣.

青色重, 往東南, 反得重利, 若往西北, 必有災殃,
청색이 짙으면 동방과 남방으로 가서 오히려 재물의 이익이 많게 되고, 만약 서방과
북방으로 가면 재앙이 있게 된다.

紅色一重, 必作赤色, 宜往東北, 水木之鄉.
홍색이 한 번 짙게 나타나면 적색이 작용하여 동방과 북방으로 가야 마땅하며, 수기
와 목기가 왕성한 방향이다.

可反吉爲凶, 若從南方, 火土旺地, 災必至矣.
길한 것이 오히려 흉하게 되는 것은 만약 남방으로 쫓아가면 화기와 토기가 왕성한
방향이므로 재앙이 이르게 된다.

◉赤色北方적색북방

赤暗色重, 亦可往北方, 或遠行, 方免其災厄.

赤暗色重, 亦可往北方, 或遠行, 方免其災厄.
적색과 암색이 짙으면 역시 북방으로 가야 하니 혹 멀리 떠나면 재액을 면할 수 있다.

●**黃色諸謀**황색제모

> 凡黃色不拘諸謀爲宜. 在南地或火土旺月方好. 水旺之方不利, 故冬
> 季忌黃色生口, 乃土不宜剋水, 反吉爲凶. 白色旺在北方, 死絶在東地,
> 不喜南方, 只宜西北. 求謀行動, 方好,

凡黃色不拘諸謀爲宜.

황색은 모든 계획에 구애를 받지 않으니 마땅하게 된다.

在南地或火土旺月方好.

남방 지역은 혹 화기와 토기가 왕성한 방향이니 좋은 방향이 된다.

水旺之方不利, 故冬季忌黃色生口, 乃土不宜剋水, 反吉爲凶.

수기가 왕성한 방향은 불리하니, 고로 겨울에는 황색이 입 주변에 생기면 꺼리게 된다. 이에 토기가 수기를 극하니 마땅치 않게 된다. 오히려 길한 것이 흉하게 된다.

白色旺在北方, 死絶在東地, 不喜南方, 只宜西北, 求謀行動, 方好,

백색이 왕성한 북방에 있으면 동방 지역의 사절지(死絶地)가 되니 남방은 좋지 않고, 다만 서방과 북방이 마땅하니 계획을 세우고 행동을 하고자 한다면 좋은 방향이 된다.

●**七品以上**칠품이상

> 凡七品以上, 二三四品以下, 但得印堂驛馬耳門一明, 卽得高遷喜信,
> 若準暗, 命宮赤, 邊地暗, 休官敗職. 眉間紫氣現, 有恩典到. 七品以
> 下, 不忌暗色, 只要倉庫開, 命門紅潤, 主有高遷, 四庫一靑, 休官立
> 至, 命宮一赤, 是非卽來, 井灶明, 財祿豐盈, 爲官久長.

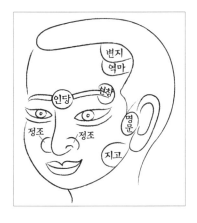

凡七品以上, 二三四品以下, 但得印堂驛馬耳
門一明, 卽得高遷喜信,

칠품 이상, 이품·삼품·사품 이하는 다만 인당과
역마와 귀의 앞이 한 번 밝아지면 곧 관직을 승진
하게 되는 희소식이 듣게 된다.

若準暗, 命宮赤, 邊地暗, 休官敗職.

만약 준두가 암색이고, 명궁이 적색이며, 변지가
암색이면 휴직을 하거나 퇴직 당하게 된다.

眉間紫氣現, 有恩典到.

눈썹 사이에 자기색이 나타나면 은혜를 널리 베풀게 된다.

七品以下, 不忌暗色,

칠품 이하는 암색을 꺼리지 않게 된다.

只要倉庫開, 命門紅潤, 主有高遷,

다만 천창과 지고가 열리며, 명문【귀 앞】이 홍색으로 윤택하면 관록이 높게 영진하게
된다.

四庫一靑, 休官立至,

사고【천창, 지고】에 청색이 나타나면 휴직하여 높은 지위에 이르지 못하게 된다.

命宮一赤, 是非卽來,

명궁에 적색이 한 번 나타나면 시비구설이 따르게 된다.

井灶明, 財祿豊盈, 爲官久長.

정조【콧망울】가 밝으면 재록이 풍요롭게 가득 차고, 관직에서 오래 머물게 된다.

●公訟공송

公訟○解曰, 是非多因赤色, 官事只爲靑光, 額暗多招牢獄, 三停明, 還有救星. 凡見官不宜年壽井灶赤色, 及邊地靑, 若犯一件, 必有刑險, 額角靑, 主下獄, 下庫明, 主見官得喜, 靑暗黑赤俱不利, 只宜黃白爲喜色. 目有光彩必勝, 目散神枯必負. 總論赤色一到, 牢獄重災, 久訟公庭, 四庫一明卽散, 邊地靑, 乃閑非纏繞傷身.

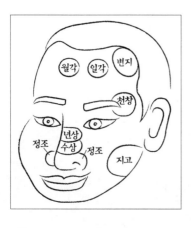

公訟○解曰,

공송, 해왈,

是非多因赤色, 官事只爲靑光, 額暗多招牢獄, 三停明, 還有救星.

시비는 적색이 많이 나타났기 때문이며, 관송【시비】은 다만 청색의 빛이 나고 이마가 암색이 많으면 감옥에 갇히게 되며, 삼정이 밝으면 구명될 수 있다.

凡見官不宜年壽井灶赤色, 及邊地靑, 若犯一件, 必有刑險,

관송【시비】은 년상·수상·정조에 적색은 마땅하지 않으며, 청색이 변지에 미치면 만약 한 건이라도 걸리면 형상으로 위태롭게 된다.

額角靑, 主下獄,

액각【일월각】이 청색이면 하옥된다.

下庫明, 主見官得喜,

지고가 밝으면 관송【시비】에서 기쁨을 볼 수 있게 된다.

靑暗黑赤俱不利, 只宜黃白爲喜色.

청색·암색·흑색·적색은 모두 불리하고, 다만 황색과 백색은 기쁜 색이 된다.

目有光彩必勝, 目散神枯必負.

눈에서 광채가 나면 소송에서 이기게 되며, 눈빛이 흩어지고 메마르면 소송에서 지게 된다.

總論赤色一到, 牢獄重災, 久訟公庭, 四庫一明卽散, 邊地靑, 乃鬪非纏繞傷身.

총론하자면, 적색이 한 번 이르면 중죄로 감옥에 갇히고 공판 송사가 오래 간다. 사고[천창, 지고]가 한 번 밝았다가 곧 흩어지면 소송에 얽히거나 그렇지 않으면 몸을 상하게 된다.

◉婚姻혼인

> 婚姻○解曰, 凡閨女滿面瑩玉, 年內大遂, 心志命宮紫貫, 準若自明,
> 主得貴人爲夫, 女出嫁時, 若紫色生印堂, 乃旺夫生子, 福壽之人, 色
> 明潤爲中色, 黃光爲下色, 不旺夫, 不益子, 白色滿面爲敗色, 嫁卽刑
> 傷, 臨期出嫁氣色, 可定一生貴賤, 若色多暗滯, 三旬方配夫君.

婚姻○解曰,

혼인, 해왈.

凡閨女滿面瑩玉, 年內大遂, 心志命宮紫貫,

규방 여인의 만면이 옥처럼 빛나면 일 년 내에 큰 혼담이 들어오고, 혼담이 성사되면 명궁에 자색이 이마로 꿰어 올라간다.

準若自明, 主得貴人爲夫,

준두가 만약 밝게 빛나면 귀한 남편을 얻게 된다.

女出嫁時, 若紫色生印堂, 乃旺夫生子,

여인이 결혼할 때에 만약 인당에 자색이 발생하면 이는 남편을 왕성하게 하고, 귀한 아들을 낳게 된다.

福壽之人, 色明潤爲中色, 黃光爲下色,

복수를 누리는 사람은 얼굴색이 밝고 윤택해야 보통의 색이고, 황색으로 빛나는 것은 보통 이하의 색이다.

不旺夫, 不益子, 白色滿面爲敗色, 嫁卽刑傷,

남편을 성공시키지 못하고 자녀를 출세시키지 못하는 것은 【여인의】 만면에 백색이면 가업이 패하는 색이며, 시집을 가서 형상을 겪게 된다.

臨期出嫁氣色, 可定一生貴賤,

결혼해서 임신할 때의 기색으로 평생의 귀천을 정하게 된다.

若色多暗滯, 三旬方配夫君.

만약 얼굴의 색이 암색과 체색이 많으면 30세가 되어 부군을 만나게 된다.

●**妻妾**처첩

妻妾○解曰, 奸門魚尾, 乃妻妾宮, 龍＜左＞乃妻宮, 右乃妾位, 若妻宮紅黃明潤, 臨期多得妻財, 黑者成而複破, 暗者費力難成, 宜在外聚妾, 看右邊魚尾明潤, 暗內生明, 黃印得紫, 則招美妾而又賢能, 凡妻妾宮中明中生暗, 妻强妾弱, 暗內生明, 妾盛於妻, 奸門長暗, 子當庶出, 色若新開, 可招美妾, 內整家業. 凡娶妻妾, 宜命宮紅紫赤成.

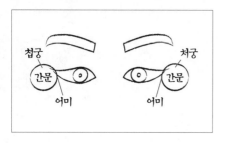

妻妾○解曰,

처첩, 해왈,

奸門魚尾, 乃妻妾宮, 龍＜左＞乃妻宮,

右乃妾位.

간문과 어미를 처첩궁이라 하며, 왼쪽은 처궁, 오른쪽은 첩의 자리라 한다.

若妻宮紅黃明潤, 臨期多得妻財,

만약 처궁에 홍색과 황색이 밝고 윤택하여 때가 이르면 처와 재물을 모두 얻게 된다.

黑者成而複破, 暗者費力難成.

흑색이 나타나면 파혼을 당할 수 있으며, 암색이면 애를 써도 결혼이 성사되기 어렵게 된다.

宜在外聚妾, 看右邊魚尾明潤,

밖에서 첩을 얻고자 한다면 오른쪽 어미의 가장자리가 밝게 윤택해야 한다.

暗內生明, 黃印得紫, 則招美妾而又賢能.

암색 가운데 밝은 색이 나타나고, 인당이 황색 가운데 자색이 나타나면 미인의 첩을 얻게 되며, 또한 현명하고 재능이 뛰어나다.

凡妻妾宮中明中生暗, 妻强妾弱,

처첩궁에 밝은 가운데 암색이 발생하면 처는 건강하고, 첩은 허약해진다.

暗內生明, 妾盛於妻,

암색 안에 밝은 색이 나타나면 처보다 첩이 왕성하게 된다.

奸門長暗, 子當庶出,

간문에 오랫동안 암색이 나타나면 아들이 당연히 서출이 된다.

色若新開, 可招美妾, 內整家業.

색이 만약 새롭게 열리면 미인의 첩을 얻게 되며, 가정과 가업이 안정이 된다.

凡娶妻妾, 宜命宮紅紫赤成.

처와 첩을 얻는데 마땅히 명궁에 홍색과 자색과 적색으로 이뤄져야 한다.

●父母病 부모병

父母病○解曰, 父病看日角暗重, 一明卽死, 暗輕一明卽愈, 紅如點
雪卽死, 黑若烟濛父傷, 身還有損, 氣來紅潤, 旬日災輕, 自己還昌,
月角靑暗, 主母病重, 白赤色必刑傷, 紅輕紫重, 母方安, 明潤不滯,
母無病.

父母病○解曰,
부모병, 해왈,

父病看日角暗重, 一明卽死, 暗輕一明卽愈.
아버지의 병환은 일각의 짙은 암색을 봐야 하고, 일
시적으로 밝아지면 곧 돌아가시게 된다. 암색이 엷고, 일시적으로 밝으면 병환이 낫
게 된다.

紅如點雪卽死, 黑若烟濛父傷, 身還有損, 氣來紅潤, 旬日災輕, 己還昌,
홍색이 눈덩이처럼 점점이 있으면 곧 돌아가시게 된다. 흑색이 만약 연기처럼 흐리
면 아버지가 상해를 입게 되고, 자신의 몸이 다칠 수 있다. 기가 홍색으로 윤택하게
돌아오면 10일 내에 병환이 가벼워지고, 자신은 더욱 번창하게 된다.

月角靑暗, 主母病重,
월각이 청색과 암색으로 나타나면 어머니가 중병에 걸리게 된다.

白赤色必刑傷, 紅輕紫重, 母方安,
백색과 적색이 나타나면 형상을 입게 되며, 홍색이 엷고 자색이 짙으면 어머니의 병
환이 안정적으로 된다.

明潤不滯, 母無病.
밝게 윤택하고 체하지 않으면 어머니가 무병장수하게 된다.

●兄弟病형제병

> 兄弟病○解曰, 眉内多赤色, 白如粟米, 黃若白塵, 必刑手足, 準頭上
> 有一點白光, 必主兄弟孝服, 鬚内生暗色, 亦主手足刑傷.

兄弟病○解曰,

형제병, 해왈,

眉内多赤色, 白如粟米, 黃若白塵, 必刑手足,

눈썹 속에 적색이 많고 백색이 좁쌀 같으며, 황색이 만약 하얀 먼지처럼 보이면 형제가 형상을 입게 된다.

準頭上有一點白光, 必主兄弟孝服,

준두에 일점의 백색의 빛이 있으면 형제의 상복을 입게 된다.

鬚内生暗色, 亦主手足刑傷.

수염 속에 암색이 생기면 형제가 형상을 겪게 된다.

●妻妾病처첩병

> 妻妾病○解曰, 青暗不死, 白潤不死, 紅紫卽愈, 赤色有刑, 白如枯骨卽
> 死, 若臥蠶生黑色, 方喪, 妻看左, 妾看右, 此法不可不依. 書云, 部位在
> 魚尾, 氣色在臥蠶, 極驗之法. 奸門雖白有色, 臥蠶不黑, 決不刑傷妻妾.

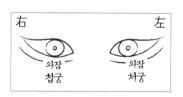

妻妾病○解曰,

처첩병, 해왈,

青暗不死, 白潤不死, 紅紫卽愈,

청색과 암색이면 죽지는 않고, 백색이 윤택해도 죽지 않으며, 홍색과 자색은 병이 낮게 된다.

赤色有刑, 白如枯骨卽死,

적색은 처첩에게 형상이 있게 되고, 백색이 메마른 뼈 같으면 곧 죽게 된다.

若臥蠶生黑色, 方喪, 妻看左, 妾看右, 此法不可不依.

만약 와잠의 흑색이 발생하면 상복을 입게 되며, 처궁은 왼쪽을 보고 첩궁은 오른쪽을 본다. 이 법을 따르지 않으면 안 된다.

書云, 部位在魚尾, 氣色在臥蠶, 極驗之法.

서운, 처첩의 부위는 어미에 있으며, 기색은 와잠에 나타난다. 지극한 경험에 의한 법이라고 하였다.

奸門雖白有色, 臥蠶不黑, 決不刑傷妻妾.

간문에 비록 백색이 있으나, 와잠이 흑색이 아니면 결코 처첩의 형상이 일어나지 않게 된다.

◉**子女病**자녀병

> **子女病○解曰, 子左女右, 臥蠶黑, 主死, 若臥蠶之位明潤, 亦不妨, 枯者死, 黑黃者死, 青重者生. 白起三陽三陰, 主剋子. 臥蠶雖暗, 奸門若明, 決不刑子, 若加奸門暗, 必刑無疑.**

子女病○解曰,

자녀병, 해왈,

子左女右, 臥蠶黑, 主死,

아들은 왼쪽 와잠이고, 딸은 오른쪽 와잠을 보며, 와잠이 검으면 죽게 된다.

若臥蠶之位明潤, 亦不妨,

만약 와잠의 자리가 밝고 윤택하면 또한 꺼리지 않는다.

枯者死, 黑黃者死, 靑重者生.

건조하거나 흑색과 황색이면 죽게 된다. 청색이 짙으면 살 수 있게 된다.

白起三陽三陰, 主剋子.

삼양【왼쪽 와잠】과 삼음【오른쪽 와잠】에 백색이 일어나면 아들이 형극을 겪게 된다.

臥蠶雖暗, 奸門若明, 決不刑子,

와잠이 비록 암색이지만 간문이 만약 밝다면 결코 아들이 형상을 겪지 않게 된다.

若加奸門暗, 必刑無疑.

만약 간문까지 암색이 나타나면 형상을 당하는 것을 의심치 말라.

◉**奴僕病** 노복병

奴僕病○解曰, 驛馬色暗, 奴僕宮滯, 自然喪盡, 卽不死喪, 亦逃他鄕.

奴僕病○解曰,

노복병, 해왈,

驛馬色暗, 奴僕宮滯, 自然喪盡, 卽不死喪, 亦逃他鄕.

역마의 색이 암색이고, 노복궁이 체색이면 자연적으로 죽게 된다. 곧 죽어 없어지거나 그렇지 않으면 또한 타향으로 도망가게 된다.

◉**六畜旺** 육축왕

六畜旺○解曰, 六畜之位, 不在部位, 在邊地邊城, 本屬各宮上看. 黃白自旺, 靑黑多散, 紫色因畜得財, 發在某宮, 卽應某事, 畜乃子丑寅

卯十二宮也. 獨辰宮不宜白, 子宮不宜黃. 此位在宮分之邊, 不在宮分
之上.

六畜旺○解曰,

육축왕, 해왈,

☞육축 : 닭, 개, 양, 돼지, 소를 키운다는 뜻이다

六畜之位, 不在部位, 在邊地邊城, 本屬各宮上看.

육축의 자리는 부위가 있지 않고 변지와 변성에 있으며, 본래 각궁의 속하여 본다.

黃白自旺, 青黑多散, 紫色因畜得財,

황색과 백색이면 육축이 왕성하고, 청색과 흑색이면 육축이 많이 흩어지며, 자색이
면 육축으로 인해 재물이 들어오게 된다.

發在某宮, 卽應某事, 畜乃子丑寅卯十二宮也.

어떠한 궁에 발생하면 곧 무슨 일이 곧 응하게 되니, 가축은 子丑寅卯(자축인묘) 등의
십이지지의 궁이다.

獨辰宮不宜白, 子宮不宜黃.

유독 진궁에는 백색이 마땅치 않으며, 자궁은 황색이 마땅치 않다.

此位在宮分之邊, 不在宮分之上.

이러한 위치는 가장자리에 여러 궁으로 나뉘며, 어떤 궁의 위치에 있지 않는다.

◉住宅安주택안

住宅安○解曰, 在遷移, 天倉地庫看. 赤防火燭, 白防小人, 黑有損壞,
黃遭妒害, 獨喜明紅, 住宅安穩.

住宅安○解曰,

주택안, 해왈,

在遷移, 天倉地庫看.

천이궁에 있으며, 천창과 지고를 살펴야 한다.

赤防火燭, 白防小人,

적색이 나타나면 화재를 주의해야 하며, 백색이 나타나면 소인배를 조심해야 한다.

黑有損壞, 黃遭妒害,

흑색은 있으면 집에 손상됨이 있고, 황색이 생기면 질투의 해로움을 만나게 된다.

喜明紅, 住宅安穩.

유독 좋은 기색은 홍색이 밝으면 주택의 안온함이 있게 된다.

◉外門家宅외문가택

> 外門家宅○解曰, 山根發黃色, 家宅吉, 印堂有紅紫紅二色, 家宅人口
> 俱安, 井灶起赤暗, 人口不安, 龍宮四庫赤色, 火盜相侵, 看各宮六親,
> 亦從前法. 若山根臥蠶上青赤, 小口不利, 印堂井灶若明, 家宅和安.

外門家宅○解曰,

외문가택, 해왈,

山根發黃色, 家宅吉,

산근에 황색이 발생하면 가택이 길하게 된다.

印堂有紅紫紅二色, 家宅人口俱安,

인당이 홍색과 자홍색으로 두 가지 색이 있으면 가택의 가족들이 모두 편안하게
된다.

井灶起赤暗, 人口不安,

정조【콧망울】에 적색과 암색이 일어나면 가족이 불안하게 된다.

龍宮四庫赤色, 火盜相侵,

용궁【눈 주위】과 사고【천창, 지고】에 적색이 있으면 화재나 도둑이 침범하게 된다.

看各宮六親, 亦從前法.

각 궁의 육친을 본다면 또한 앞의 상법을 따라야 한다.

若山根臥蠶上青赤, 小口不利,

만약 산근과 와잠에 청색과 적색이 있으면 소(小)가족에게 불리하게 된다.

印堂井灶若明, 家宅和安.

인당과 정조가 만약 밝으면 가택이 온화하고 편안하게 된다.

◉本身疾病본신질병

本身疾病○解曰, 看病之法, 年壽三陽三陰命宮命門準頭, 此數處俱赤, 主大病時災, 年壽青, 三陽發白, 肚腹之災, 年壽赤光, 膿血之災, 印堂明年壽暗, 下元之疾. 凡此氣色, 不過主病, 待色開必愈矣, 凡病人天倉地閣不暗黑, 口角不發黃, 必不死, 若以下之色一到, 卽死無疑矣. 氣色俱不明不暗, 皮膚一乾, 項皮一縐, 卽死. 脣青舌黑如紫肝, 十病九死. 病人喜脣發白, 地庫光明, 自有良方來救. 諸色俱生, 獨喉上起一赤色, 或黑色暗, 卽死. 朝發暮應, 暮發朝應, 掌心血明, 方言有救.

本身疾病○解曰,

본신질병, 해왈,

看病之法, 年壽三陽三陰命宮命門準頭, 此數處俱赤, 主大病時災,

질병을 보는 방법은 년상·수상·삼양·삼음·명궁·명문·준두 등 이 여러 곳에 모두 적색이 나타나면 큰 병으로 재화가 따르게 된다.

年壽靑, 三陽發白, 肚腹之災,

년상과 수상이 청색이고, 삼양에 백색이 발생하면 복통의 재액이 있다.

年壽赤光, 膿血之災,

년상과 수상에 적색 빛이 나면 피고름의 재액이 있게 된다.

印堂明年壽暗, 下元之疾.

인당은 밝은데 년상과 수상이 어두우면 하원【신장】에 질병이 있게 된다.

凡此氣色, 不過主病, 待色開必愈矣.

이런 기색은 다면 병이 되지만 색이 열리기를 기다리면 낫게 된다.

凡病人天倉地閣不暗黑, 口角不發黃, 必不死,

병자의 천창과 지각에 암색과 흑색이 나타나지 않고, 구각에 황색이 발생하지 않으면 죽지는 않는다.

若以下之色一到, 卽死無疑矣.

만약 하기【하정】의 흑색이 한 번 이르면 병자가 곧 죽는다고 의심할 수가 없게 된다.

氣色俱不明不暗, 皮膚一乾, 項皮一縐, 卽死.

기색이 모두 밝지도 어둡지도 않으며, 피부가 건조하고 목의 피부가 주름지면 병자가 곧 죽게 된다.

脣靑舌黑如紫肝, 十病九死.

입술이 청색이고, 혀가 흑색으로 마치 자주색의 간과 같으면 10명의 병자 중에 9명은 죽게 된다.

病人喜脣發白, 地庫光明, 自有良方來救.

병자의 입술에 백색이 발생하면 좋아지고, 지고가 밝게 빛나면 좋은 처방으로 인하여 목숨을 구할 수 있게 된다.

諸色俱生, 獨喉上起一赤色, 或黑色暗, 卽死.

모든 색이 좋아도 유독 결후부터 일점의 적색이 일어나고, 혹은 흑색이 어두우면 곧 죽게 된다.

朝發暮應, 暮發朝應, 掌心血明, 方言有救.

아침에 색이 발생하면 저녁에 약을 구하고, 저녁에 색이 발생하면 아침에 약을 구하니 손바닥의 혈색이 밝으면 병을 고쳐줄 의사를 구할 수 있게 된다.

●兒童疾病아동질병

> 兒童疾病○解曰, 小兒骨格未成, 獨氣色爲主立應, 上爲山根年壽, 次看命門口脣, 俱有靑色者, 五日內喪, 俱有黃色者, 三日內亡, 人中黑, 休望再活, 印堂赤, 難許退災, 天倉赤, 不是好色, 地閣黃, 主死無疑, 眼若散光, 脣多靑黑, 卽刻身亡, 若看得生之法, 命門人中白, 印堂黃, 天倉退赤. 口脣白, 旬日得生. 麻痘看耳尾耳輪耳珠, 此三處, 宜明不宜黑暗, 若頭一赤, 不得全生. 凡痘疹頭皮項皮一赤, 十有九死. 命門前高者爲風牌, 又名探口. 俗云, 耳空, 故無部位.

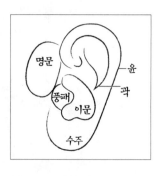

兒童疾病○解曰,

아동질병, 해왈,

小兒骨格未成, 獨氣色爲主立應,

어린아이의 골격은 미성숙하기 때문에 오직 기색을 위주로 나타나는 것을 알아야 한다.

上爲山根年壽, 次看命門口脣,

먼저 산근과 년상과 수상을 보고, 다음으로 명문과 입과 입술을 살핀다.

俱有靑色者, 五日內喪,

모두 청색이 있으면 5일 내에 상복을 입게 된다.

俱有黃色者, 三日內亡,

모두 황색이 있으면 3일 내에 죽게 된다.

人中黑, 休望再活,

인중이 흑색이면 휴식을 취하면 다시 생기가 돌아오게 된다.

印堂赤, 難許退災,

인당이 적색이면 재액이 물러나기 어렵게 된다.

天倉赤, 不是好色, 地閣黃, 主死無疑,

천창이 적색이면 좋은 색이 아니며, 지각이 황색이면 죽는 것을 의심치 마라.

眼若散光, 脣多靑黑, 卽刻身亡,

눈의 빛이 만약 흩어지고, 입술이 청색과 흑색이 많으면 즉각 죽게 된다.

若看得生之法, 命門人中白, 印堂黃, 天倉退赤, 口脣白, 旬日得生.

만약 살아나는 법을 얻으려면 명문과 인중의 백색이 나타나야 하고, 인당의 황색이 띠며, 천창에서 적색이 물러나고, 입과 입술이 백색이면 10일 이내에 살아나게 된다.

麻痘看耳尾耳輪耳珠, 此三處, 宜明不宜黑暗,

천연두에 걸리면 귀의 윗부분, 귀의 윤곽, 귀의 수주, 이 3곳이 밝아야 마땅하며 흑색과 암색이면 마땅치 않다.

若頭一赤, 不得全生.

만약 두상에 일점의 적색이 있으면 완전히 낫기 어렵다.

凡痘疹頭皮項皮一赤, 十有九死.

천연두와 홍역은 두상의 피부와 목의 피부에 일점의 적색이 나타나면 10명 중 9명이 죽게 된다.

命門前高者爲風牌, 又名探口, 俗云, 耳空, 故無部位.

명문 앞의 높은 것을 풍패라 하며, 다른 이름으로 심구라 한다. 속운, 귓구멍이라 하니 고로 부위의 명칭이 없다고 하였다.

●園林竹木원림죽목

園林竹木○解曰, 林墓郊外色白, 種竹栽桑, 必獲利.

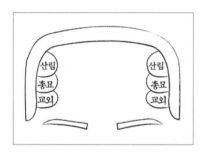

園林竹木○解曰,

원림【조경】죽목, 해왈,

林墓郊外色白, 種竹栽桑, 必獲利.

산림과 총묘와 교외에 백색이 있으면 대나무 씨를 뿌리고, 뽕나무를 심으면 이익을 얻는다.

●墳塋風水분영풍수

墳塋風水○解曰, 凡風水在林墓中庭髮際邊看. 淸秀際根齊, 有光明亮, 白光, 祖塋風水極好, 起黃光, 主人破損, 起靑潤, 宜修理, 起白色, 風水秀.

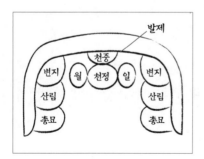

墳塋風水○解曰,

분영【묘지】풍수, 해왈,

風水在林墓中庭髮際邊看.

풍수는 산림과 총묘에 있으며, 천중과 천정과 발제와 변지의 부위를 살핀다.

清秀際根齊, 有光明亮, 白光, 祖塋風水極好,

발제가 가지런하고 맑으며, 수려하고 빛이 밝게 빛나며, 백색의 빛이 있으면 선산의 풍수가 지극히 좋다.

起黃光, 主人破損,

황색 빛이 일어나면 사람으로 인하여 선산에 파손이 있게 된다.

起靑潤, 宜修理,

청색이 윤택하면 선산을 수리하는 것이 마땅하다.

起白色, 風水秀.

백색이 나타나면 선산의 풍수가 수려하다.

◉**鑑池養魚**감지양어

鑑池養魚〇解曰, 上庫開白光, 宜造塘養魚.

鑑池養魚〇解曰,

감지【연못을 파서】양어, 해왈,

上庫開白光, 宜造塘養魚.

상고【천창】가 백색 빛으로 열리면 마땅히 저수지를 조성하여 양어를 함이 마땅하다.

◉**置産**치산

置産〇解曰, 凡置房屋, 要山根遷移, 此二處俱發黃光紫色, 方得成就, 若紋赤暗, 招口舌是非, 亦不宜成, 雖成亦難爲子孫之計.

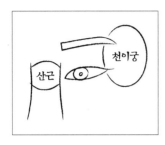

置産○解曰,

치산【부동산】, 해왈,

凡置房屋, 要山根遷移,

가옥을 사는 것은 산근과 천이궁이 중요하다.

此二處俱發黃光紫色, 方得成就,

이 두 곳이 모두 황색으로 빛나고 자색이 있으면 성취할 수 있게 된다.

若紋赤暗, 招口舌是非, 亦不宜成,

만약 【산근에】 주름이 적색과 암색이면 구설시비를 초래할 수 있으며, 또한 성취하지 못하게 된다.

雖成亦難爲子孫之計.

비록 성취하여도 또한 자손의 계획이 어렵게 된다.

◉修造수조

修造○解曰, 在左右山林井灶看. 此四處, 若起黃赤二色, 當得動土修造. 明潤爲吉, 青暗不宜, 白色下庫, 起工要損人口.

修造○解曰,

수조, 해왈,

在左右山林井灶看.

좌우의 산림과 정조를 살펴본다.

此四處, 若起黃赤二色, 當得動土修造.

이 네 곳에 만약 황색과 적색 두 가지 색이 일어나면 마땅히 땅을 파고 공사를 할 수 있게 된다.

明潤爲吉, 靑暗不宜, 白色下庫, 起工要損人口.

밝고 윤택하면 길하고, 청색과 암색은 마땅치 않다. 백색이 지고에 일어나면 공사를 하는 중에 가족을 잃게 된다.

◉置物 치물

> 置物○解曰, 凡置家事, 俱宜井灶光明, 若財帛宮暗赤, 主置物爲害,
> 破反吉, 準頭暗, 灶門光, 應該置物.

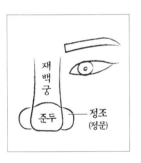

置物○解曰,

치물, 해왈,

凡置家事, 俱宜井灶光明,

집안의 재산을 구입하는 것은 모두 정조가 마땅히 밝게 빛나야 한다.

若財帛宮暗赤, 主置物爲害破, 反吉,

만약 재백궁이 암색과 적색이면 재물을 구입하는데 손해와 파손이 되고, 길하지 못하게 된다.

準頭暗, 灶門光, 應該置物.

준두가 암색이고, 정문이 빛나면 물건을 구입하는데 마땅하다.

☞ 재물을 쓰는 경우에는 준두가 어둡게 나타나게 된다

◉妊娠 임신

> 妊娠○解曰, 凡女人臨産之期, 第一要命門紅紫, 二要雙眼光彩, 三要
> 耳有白光, 四要聲音淸亮, 方順便而生, 必是母喜, 利益成人. 第一忌

命宮天庭起暗色, 二忌面多青光, 耳暗如濛, 三忌脣青口角暗, 四忌音
啞眼無神, 但犯一件, 卽有産厄, 多只生女. 凡當盆之日, 看左右手中
可明, 内血紅潤, 必以掌心爲主, 若血併紅如水者, 立産得男, 血併白
青主女, 暗黑二色若重, 恐難産有損. 黄光重全母不全子, 白光全子,
暗黑青黄者, 子母難全, 此乃要法, 不可輕洩, 恐露天機, 以致損壽.

妊娠○解曰,

임신, 해왈,

凡女人臨産之期,

여인이 임신하는 기간 동안에,

**第一要命門紅紫, 二要雙眼光彩, 三要耳有白光, 四要聲音清亮, 方順便而生,
必是母喜, 利益成人.**

첫 번째 요건은 명문에 홍색과 자색이고, 두 번째 요건은 두 눈에 광채가 나야 하며,
세 번째 요건은 귀가 희게 빛나야 하고, 네 번째 요건은 음성이 맑게 울려야 한다. 반
드시 편안하게 순산하게 되니 산모도 기쁘며, 성인이 되어 가정의 이익이 된다.

**第一忌命宮天庭起暗色, 二忌面多青光, 耳暗如濛, 三忌脣青口角暗,
四忌音啞眼無神,**

첫 번째 꺼리는 것은 명문과 천정에 암색이 일어나고, 두 번째로 꺼리는 것은 얼굴
에 청색 빛이 많이 나며 귀가 암색으로 흐리고, 세 번째로 꺼리는 것은 입술이 청색
이고 구각이 암색이 된 것이며, 네 번째로 꺼리는 것은 음성이 까칠하고 눈의 빛이
없는 것이다.

但犯一件, 卽有産厄, 多只生女.

단 한 건이라도 범하면 곧 산액이 있으니, 딸을 많이 출산하게 된다.

凡當盆之日, 看左右手中可明, 内血紅潤, 必以掌心爲主,

출산일이 되어서 좌우의 손바닥이 밝아야 하며, 손바닥의 혈색이 홍색으로 윤택해야 한다. 손바닥을 위주로 본다.

若血併紅如水者, 立產得男, 血併白青主女, 暗黑二色若重, 恐難產有損.

만약 손바닥의 혈색이 물 같은 홍색이면 남아를 출산하게 되고, 손박닥의 혈색이 백색·청색이면 여아를 출산하게 된다. 암색과 흑색 두 가지 색으로 만약 짙으면 다만 난산으로 해를 입게 된다.

黃光重全母不全子, 白光全子, 暗黑青黃者, 子母難全,

황색 빛이 짙으면 산모는 안전하나 태아가 안전하지 않게 되고, 백색 빛이 나면 태아도 안전하게 된다. 암색과 흑색과 청색과 황색이 나타나면 태아와 산모가 모두 안전하기 어렵게 된다.

此乃要法, 不可輕洩, 恐露天機, 以致損壽.

이는 비법이니 가벼이 누설치 말라. 천기누설이 두려운 것은 수명이 줄어들 수 있기 때문이다.

◉**問生子**문생자

問生子〇解曰, 凡人問生子, 看奸門可有白暗黑色, 方定妻妾吉凶. 妻妊看左, 妾妊看右, 然後看臥蠶, 紫紅則爲男喜, 顴骨紅亦生男, 準紅印紅, 亦主生男, 臥蠶黃者生女, 三陽三陰青者生女, 而無紅色生女, 依前法某色可定某日. 書云, 三陽火旺, 甲乙丙丁可生男, 三陰青多, 庚辛壬癸應主女, 奸門暗慘, 臥蠶青, 妻遭產厄. 準頭暗滯, 魚尾斑尅子刑妻.

問生子〇解曰,

문생자, 해왈,

凡人問生子, 看奸門可有白暗黑色, 方定妻妾吉凶.

아들을 낳는 것을 질문하면 간문에 백색과 암색과 흑색을 봐야 하며, 처첩궁으로 길흉이 정해진다.

妻妊看左, 妾妊看右, 然後看臥蠶, 紫紅則爲男喜,

처가 임신하면 왼쪽 간문을 보고, 첩이 임신하면 오른쪽 간문을 본 연후에 와잠을 보는데, 자색과 홍색이면 득남의 기쁨이 있게 된다.

顴骨紅亦生男, 準紅印紅, 亦主生男, 臥蠶黃者生女,

관골이 홍색이면 역시 득남하게 되고, 준두와 인당이 홍색이면 역시 득남을 하게 되며, 와잠이 황색이면 딸을 낳게 된다.

三陽三陰青者生女, 而無紅色生女, 依前法某色可定某日.

삼양과 삼음에 청색이 있으면 딸을 낳게 되고, 홍색이 없으면 딸을 낳게 된다. 앞의 상법에 의거하여 기색이 어떠하냐에 따라 출산일이 어떤 날인지 정해지게 된다.

書云, 三陽火旺, 甲乙丙丁可生男,

서운, 삼양이 화기가 왕성하면 甲乙日(갑을일)이나 丙丁日(병정일)에 아들을 낳게 된다.

三陰青多, 庚辛壬癸應主女,

삼음에 청색이 많으면 庚辛日(경신일)이나 壬癸日(임계일)에 딸을 낳게 된다.

奸門暗慘, 臥蠶青, 妻遭産厄.

간문이 암색이 짙고, 와잠이 청색이면 처가 산액을 겪게 된다.

準頭暗滯, 魚尾斑尅子刑妻.

준두가 암색과 체색이고, 어미에 반점이 생기면 처와 아들이 형극을 겪게 된다.

●入衙門입아문

入衙門○解曰, 凡人入公門, 看灶門準頭, 白如水色, 利見貴人, 雙耳色明, 貴人得喜, 可興家業. 耳塵濛, 準頭青暗, 邊地青, 則不宜入公門.

入衙門○解曰,
입아문, 해왈,

凡人入公門, 看灶門準頭, 白如水色, 利見貴人,
사람이 대궐에 들어가려면 조문과 준두를 봐야 하고, 백색이 물색과 같으면 귀인을 알현하게 된다.

雙耳色明, 貴人得喜, 可興家業.
두 귀의 색이 밝으면 귀인의 도움으로 기쁨이 있게 되고, 가업을 흥성시킬 수 있게 된다.

耳塵濛, 準頭青暗, 邊地青, 則不宜入公門.
귀가 때가 낀 듯 흐리고, 준두가 청색과 암색이 나타나며, 변지가 청색이면 대궐에 들어가는 일이 마땅치 않게 된다.

●造船舶조선박

造船舶○解曰, 在下庫邊, 舟車上看, 若有重紋, 一生利於財生水上, 若白色有水災, 白黃明, 則有水利, 井灶明赤, 舟車明亮, 宜造船舶.

造船舶○解曰,
조선박, 해왈,

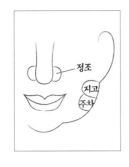

在下庫邊, 舟車上看,

지고는 얼굴의 가장자리에 있으며, 주차 부위의 위를 봐야 한다.

若有重紋, 一生利於財生水上,

만약 지고의 주름이 깊으면, 평생 물에서 얻어진 재물을 얻게 된다.

若白色有水災, 白黃明, 則有水利,

만약 백색이면 수재가 있고, 백색과 황색이 밝으면 물에서 이익이 있게 된다.

井灶明赤, 舟車明亮, 宜造船舶.

정조가 적색이 밝고, 주차 부위가 맑고 밝으면 마땅히 선박을 만들 수 있게 된다.

●飄洋過海표양과해

> 飄洋過海○解曰, 凡飄洋不拘官庶, 俱看承漿, 若起黑色, 不過虛驚,
> 白色遇水獸驚恐, 起黃色不可行, 赤筋起亦不可行, 靑如靛不可行,
> 凡承漿之色, 只宜白光明潤, 則爲利便. 古書云, 承漿紋深, 恐投浪裏,
> 靑筋若現, 一世不可入湖海淵源深處.

飄洋過海○解曰,

표양과해, 해왈,

凡飄洋不拘官庶, 俱看承漿,

바다의 폭풍은 관리와 서민을 구별하지 않고 모두 승장을 살펴야 한다.

若起黑色, 不過虛驚, 白色遇水獸驚恐,

만약 흑색이 일어나면 다만 헛되이 놀라고, 백색이면 바다짐승을 만나 놀라 두렵게 된다.

起黃色不可行, 赤筋起亦不可行, 靑如?不可行,

황색이 일어나면 바다를 건너지 말고, 붉은 힘줄이 서면 또한 바다를 건너지 말며, 청색이 녹슨 듯하면 바다를 건너지 말아야 한다.

凡承漿之色, 只宜白光明潤, 則爲利便.

승장의 색이 다만 백색 빛이 밝고, 윤택함이 마땅한 즉 편안하게 이익을 얻게 된다.

古書云, 承漿紋深, 恐投浪裏, 靑筋若現, 一世不可入湖海淵源深處.

고서운, 승장에 주름이 깊으면 다만 풍랑 속으로 떨어지게 되고, 푸른 힘줄이 만약 보이면 평생 호수·바다·연못·깊은 샘터 근처에도 가지 말라고 하였다.

◉**田苗稼穡**전묘가색

田苗稼穡○解曰, 天倉赤色遭水淹, 下庫色黃遭旱災, 四庫色暗反不忌, 四庫明, 苗大熟, 井灶赤色, 田土不收, 山根不紫, 莫望田苗, 夏收須看山根, 田苗秋收, 要看井灶, 雜穀唯三陽.

田苗稼穡○解曰,

전묘가색, 해왈,

天倉赤色遭水淹, 下庫色黃遭旱災,

천창이 적색이면 물에 잠기게 되고, 지고의 색이 황색이면 가뭄에 말라 죽게 된다.

四庫色暗反不忌, 四庫明, 苗大熟,

사고의 색이 어두우면 오히려 꺼리지 않으니, 사고가 밝으면 농작물이 풍작이 된다.

井灶赤色, 田土不收,

정조가 적색이면 밭농사는 수확을 못하게 된다.

山根不紫, 莫望田苗,

산근이 자색이 아니면 농작물을 바라지 마라.

夏收須看山根, 田苗秋收, 要看井灶, 雜穀唯三陽.

여름의 수확은 산근을 보고, 가을의 농작물 수확은 정조를 보며, 잡곡은 오직 삼양을
본다.

◉分居분거

> 分居○解曰, 凡分居之色, 乃興敗之兆, 滿面喜容眉間紫, 只宜共炊
> 不宜分, 滯色三陽倉庫暗, 多生奸計也. 兄弟各居只爲眉, 生暗滯, 新
> 光滿面, 同居三世旺田壯, 眉生明潤, 分居必富. 眉生暗色, 分後必貧.
> 赤色主口舌, 黃色主破財, 白色大不利.

分居○解曰,

분거, 해왈,

凡分居之色, 乃興敗之兆,

분가하는 색으로 흥패의 조짐을 알 수 있다.

滿面喜容眉間紫, 只宜共炊不宜分,

만면의 기쁜 모습과 인당에 자색이면 다만 함께 살아야 마땅하며, 분가는 꺼리게
된다.

滯色三陽倉庫暗, 多生奸計也.

체색으로 삼양과 천창과 지고가 어두우면 간교한 계략이 많이 따르게 된다.

兄弟各居只爲眉, 生暗滯,

형제들이 각각 사는 것은 다만 눈썹에 있으니, 암색과 체색으로 나타난다.

新光滿面, 同居三世旺田壯,

만면에 새로운 빛이 생기면 3세대가 함께 살고, 가정이 왕성하게 된다.

眉生明潤, 分居必富.

눈썹이 밝고 윤택하면 분가하여 부자가 된다.

眉生暗色, 分後必貧.

눈썹에 암색이 나타나면 분가 후에 가난하게 된다.

赤色主口舌, 黃色主破財, 白色大不利.

적색은 구설이 있고, 황색은 재물이 깨지며, 백색은 큰 이익이 없게 된다.

◉守舊수구

守舊○解曰, 暗內有明宜守舊. 三陽靑黑赤色發動, 準紅白色發, 地閣四
<三>件俱宜守舊. 氣色不開, 亦守舊, 縱有一二明潤之色, 亦不宜輕改.

守舊○解曰,

수구, 해왈,

暗內有明宜守舊.

암색 속에 밝은 것이 있으면 낡은 것을 보수하는 것이 마땅하다.

三陽靑黑赤色發動, 準紅白色發, 地閣四<三>件俱宜守舊.

삼양이 청색과 흑색과 적색이면 발동하고, 준두가 홍색과 백색이면 발동하며, 지각과 3건은 모두 낡은 것을 보수하는 것이 마땅하다.

☞ 3건은 삼양·준두·지각을 의미한다

氣色不開, 亦守舊, 縱有一二明潤之色, 亦不宜輕改.

기색이 열리지 않으면 또한 옛 것을 지켜야 하고, 설령 한두 군데가 밝게 윤택한 색이 나타나면 또한 가볍게 고치는 것도 마땅치 않게 된다.

●**更改**갱개

> 更改○解曰, 凡更改只看天倉遷移, 此處紅黃白者方利, 赤黑白不如,
> 明色宜更改, 三陽紅, 命門亮, 黃少紅重, 俱宜更改. 凡更改只看天倉
> 爲遷移, 此處赤黑白俱不妙, 紅黃白者, 方爲大吉利.

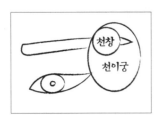

更改○解曰,

갱개, 해왈.

凡更改只看天倉遷移, 此處紅黃白者方利,

변경하려면 다만 천창과 천이궁을 봐야 하고, 이곳에 홍색과 황색과 백색이 나타나면 이로움이 있게 된다.

赤黑白不如, 明色宜更改,

적색과 흑색과 백색은 여의치 않으며, 밝은 색은 변경해도 마땅하게 된다.

三陽紅, 命門亮, 黃少紅重, 俱宜更改.

삼양에 홍색이 나타나고, 명문이 밝으며, 황색이 엷으면서 홍색이 짙으면 모두 변경해도 마땅하게 된다.

凡更改只看天倉爲遷移, 此處赤黑白俱不妙,

변경하는데 다만 천창궁을 천이궁으로 봐야 하고, 이곳에 적색과 흑색과 백색이면 모두 좋지 않다.

紅黃白者, 方爲大吉利.

홍색과 황색과 백색이 나타나면 크게 길하며 이로움이 있게 된다.

加納○解曰, 凡加納功名, 看天倉官祿命宮, 此數處俱要黃明, 方宜行此事, 若一處不明, 縱加納亦不成.

加納○解曰,

가납, 해왈,

凡加納功名, 看天倉官祿命宮, 此數處俱要黃明,

方宜行此事,

돈으로 공명첩(功名帖)을 사는 것은 천창과 관록과 명궁을 봐야 하며, 여러 곳이 모두 황색으로 밝아야 이 일을 행사하는데 마땅하다.

若一處不明, 縱加納亦不成.

만약 한 곳이라도 밝지 못하면 설령 돈으로 공명첩을 산다고 해도 또한 이루지 못하게 된다.

●陞遷승천

陞遷○解曰, 凡官吏陞遷要青黃貫鼻, 紅透命宮, 紫透眉尾, 定主高遷.

陞遷○解曰,

승천, 해왈,

凡官吏陞遷要青黃貫鼻, 紅透命宮, 紫透眉尾, 定主高遷.

관리가 승진하여 자리를 옮기는 것은 청색과 황색이 비량을 꿰고, 명궁에 홍색이 투출되어야 하며, 눈썹 꼬리에 자색이 투영되어야 높은 관직으로 영전하게 된다.

上諫○解曰, 進本看天倉邊, 驛馬奏書, 靑黃暗不宜, 恐遭難, 白明<日
月>紅紫, 方得思喜.

上諫○解曰,

상간, 해왈,

進本看天倉邊, 驛馬奏書,

군주에게 상서를 올리려면 천창의 가장자리를 봐야 하며, 역마는 상서로 본다.

靑黃暗不宜, 恐遭難,

청색과 황색과 암색은 마땅치 않으며, 다만 어려운 일을 겪게 된다.

白明<日月>紅紫, 方得思喜.

일각과 월각에 홍색과 자색이 나타나면 생각한 대로 기쁨을 얻는다.

●出征_{출정}

出征○解曰, 凡出征, 項皮氣色不宜赤, 喉上不宜起紅絲, 命門暗, 印
綬靑, 項皮赤, 此乃將軍大忌. 印堂命門潤, 何怕出征.

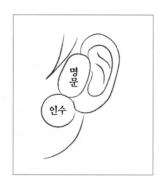

出征○解曰,

출정, 해왈,

凡出征, 項皮氣色不宜赤, 喉上不宜起紅絲, 命門暗,
印綬靑, 項皮赤, 此乃將軍大忌.

군을 통솔하여 출정하는 것은 목의 피부의 기색이 적색
이면 마땅치 않으며, 결후에 홍색의 실처럼 일어나면

꺼리며, 명문이 암색이고 인수[명문 아래]가 청색이며 목의 피부가 적색이면 이는 장군에게 크게 꺼리게 된다.

印堂命門潤, 何怕出征.

인당과 명문이 윤택하면 어찌 출정을 두려워하겠는가.

●行軍행군

行軍○解曰, 軍行要看驛馬邊地邊城, 主帥要看唐符國印, 俱要紫色紅色潤色爲大進, 暗滯赤三色遭奸, 青赤二色全者, 不利, 切不宜行.

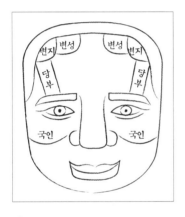

行軍○解曰,

행군, 해왈,

軍行要看驛馬邊地邊城, 主帥要看唐符國印,

행군하는 것은 역마와 변지와 변성을 봐야 하며, 장수의 당부[보골]와 국인[관골]을 봐야 한다.

俱要紫色紅色潤色爲大進,

자색과 홍색이 윤택하면 크게대승할 수 있게 된다.

暗滯赤三色遭奸,

암색·체색·적색 등 세 가지 색은 간교함에 빠지게 된다.

青赤二色全者, 不利, 切不宜行.

청색·적색 두 가지 색은 모두 불리하고 절대 행군해서는 마땅치 않게 된다.

●交友교우

交友○解曰, 凡色赤不宜交友, 色明太過, 不宜交友. 桃園結義, 皆因
眉頭眉尾色如霞, 孫臏龐涓大害, 只爲羅計內色生靑白如粉. 凡眉內
生靑白二色, 忌惡心之友, 很毒之朋. 此法世人罕知.

交友○解曰,

교우, 해왈,

凡色赤不宜交友, 色明太過, 不宜交友.

색이 적색이면 교우관계가 마땅치 않으며, 밝은 색이 지나쳐도 교우관계에 마땅치
않다.

桃園結義, 皆因眉頭眉尾色如霞,

도원결의를 할 때 모두 눈썹의 머리와 눈썹의 꼬리의 색이 마치 노을과 같은 색이기
때문이다.

孫臏龐涓大害, 只爲羅計內色生靑白如粉.

손빈과 방연의 큰 피해는 다만 라계 안에 색이 청색과 백색이 분처럼 나타났기 때문
이다.

凡眉內生靑白二色, 忌惡心之友, 很毒之朋.

눈썹 안에 청색과 백색 두 가지 색이 나타나면 악심을 품은 친구이므로 꺼리며, 잔
인한 친구이다.

此法世人罕知.

이 법은 세상 사람들로 하여금 모두 알게 하여라.

◉宿娼숙창

宿娼○解曰, 奸門生紫色, 滿面起桃花, 久主娼家獲利. 眉尾青暗, 滿面光浮, 因花酒敗家, 尚有災禍. 命門再暗, 到底傾囊. 年壽如珠<朱>, 因嫖致疾.

宿娼○解曰,

숙창, 해왈,

奸門生紫色, 滿面起桃花, 久主娼家獲利.

간문에 자색이 생기고, 만면에 도화색이 일어나면 오래도록 기생집에 있어도 이로움을 얻게 된다.

眉尾青暗, 滿面光浮, 因花酒敗家, 尚有災禍.

눈썹 꼬리에 청색과 암색이 있고, 만면에 빛이 들뜨면 기생과 술로 인해 집의 재산을 탕진하고 항상 재화가 따르게 된다.

命門再暗, 到底傾囊.

명문이 다시 암색을 띄면 반드시 돈주머니가 바닥나게 된다.

年壽如珠<朱>, 因嫖致疾.

년상과 수상이 붉게 띄면 음탕한 기생으로 인하여 질병에 걸리게 된다.

◉遊獵유렵

遊獵○解曰, 看山林邊城, 有青黃者, 不得重利, 赤暗者遇怪獸之驚. 又有一法, 指甲起白星, 不宜入林木深處, 準頭發暗, 亦不許入山林.

遊獵○解曰,

유렵, 해왈,

看山林邊城, 有靑黃者, 不得重利, 赤暗者遇怪獸之驚.

산림과 변성을 봐야 하며, 청색·황색이 있으면 큰 이익이 없으며, 적색·암색이면 사나운 짐승으로 인해 놀라게 된다.

又有一法, 指甲起白星, 不宜入林木深處, 準頭發暗, 亦不許入山林.

또한 어떤 상법에는 손톱에 백색별이 일어나면 깊은 숲 속에 들어가는 것이 마땅치 않으며, 준두에 암색이 발생하면 또한 산 속 숲에 들어가서는 안 된다.

◉**捕魚**포어

捕魚○解曰, 子亥二宮起黃光, 不宜入水. 山嶽起靑色, 不宜入水. 下庫白光明潤, 宜入深源, 必得重利.

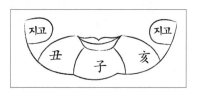

捕魚○解曰,

포어, 해왈,

子亥二宮起黃光, 不宜入水.

子亥(자해) 두 궁에 황색이 빛나면 물에 들어가는 것이 마땅치 않다.

山嶽起靑色, 不宜入水.

산악【관골】에 청색이 일어나면 물에 들어가는 것이 마땅치 않다.

下庫白光明潤, 宜入深源, 必得重利.

지고에 백색 빛이 밝고 윤택하면 깊은 물에 들어가도 마땅하며, 큰 이로움을 얻게 된다.

●音信음신

音信○解曰, 雙眉尾爲文書宮, 問信在此看. 父問子信宜明, 子求父書宜紅, 妻問夫宜白, 問妻宜血, 白黃俱利. 若文書發動, 卽有信至, 不動不通音信. 求恩詔, 亦要看眉, 雙尾, 暗滯得音不喜, 明潤主約喜信, 宜血黃爲用, 靑暗爲災, 赤色紫色, 亦主書信到.

音信○解曰,
음신, 해왈,

雙眉尾爲文書宮, 問信在此看.
두 눈썹의 꼬리가 문서궁이다. 소식을 묻는다면 이곳을 봐야 한다.

父問子信宜明, 子求父書宜紅,
아버지가 아들의 소식을 묻는다면 눈썹의 끝이 밝게 빛나야 마땅하고, 아들이 아버지의 서신을 기다린다면 눈썹 끝이 홍색이 마땅하다.

妻問夫宜白, 問妻宜血, 白黃俱利.
부인이 남편의 소식을 묻는다면 백색이 마땅하며, 부인의 소식을 묻는다면 혈색이 백색과 황색이면 모두 이롭게 된다.

若文書發動, 卽有信至, 不動不通音信.
만약 문서궁이 발동하면 소식이 오고, 문서궁이 발동하지 않으면 소식이 통하지 않게 된다.

求恩詔, 亦要看眉,
군주의 은혜를 구하고자 한다면 또한 눈썹을 중요하게 봐야 한다.

雙尾, 暗滯得音不喜,
두 눈썹이 암색과 체색이면 기쁜 소식이 아니다.

明潤主約喜信, 宜血黃爲用,

눈썹 끝이 밝고 윤택하면 약속한 기쁜 소식이 오고, 눈썹 끝의 혈색이 황색이면 고용되는 소식이 된다.

靑暗爲災, 赤色紫色, 亦主書信到.

청색과 암색이면 재앙의 소식이 오고, 적색과 자색이면 서신으로 소식이 온다.

◉口舌구설

> 口舌○解曰, 凡赤色主口舌, 看發動何處, 則主何事口舌, 獨命宮年壽忌赤, 邊地亦忌赤, 其外還輕.

口舌○解曰,

구설, 해왈,

凡赤色主口舌, 看發動何處, 則主何事口舌,

적색이 나타나면 구설이 따르니, 어느 곳에 발동하느냐에 따라 곧 어떤 일로 구설시비가 생길지 알 수 있다.

獨命宮年壽忌赤, 邊地亦忌赤, 其外還輕.

유독 명궁·년상·수상에 적색을 꺼리며 변지 또한 적색을 꺼리니, 그 외의 다른 색은 오히려 가볍다.

◉求醫구의

> 求醫○解曰, 命宮明潤耳輪赤, 必有良方求濟. 井灶赤, 年壽靑, 沈病難醫.

求醫○解曰,

구의, 해왈,

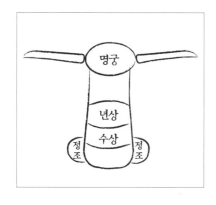

命宮明潤耳輪赤, 必有良方求濟.

명궁이 밝고 윤택하며, 귀의 윤곽이 적색이면 좋은 처방을 구하여 병이 낫게 된다.

井灶赤, 年壽青, 沈病難醫.

정조가 적색이고, 년상과 수상이 청색이면 병이 깊어도 의사를 구하기 어렵게 된다.

◉聚色 취색

> 聚色○解曰, 凡氣色足不明爲聚, 內外俱明爲大聚, 四庫新開爲大聚, 血和氣壯爲聚, 掌色足面不足亦爲聚, 掌色足而暗滯亦爲聚. 凡此數件, 雖色暗, 諸事不如, 赤有成望, 乃聚色至矣, 多則主年內興旺, 少則一季而興旺, 故樂不遠矣.

聚色○解曰,

취색, 해왈,

凡氣色足不明爲聚,

기색은 풍족한데 밝지 않으면 취라고 한다.

內外俱明爲大聚, 四庫新開爲大聚, 血和氣壯爲聚,

피부의 내외가 모두 밝으면 대취가 되고, 사고[천창, 지고]가 새롭게 열려도 대취가 되며, 혈색이 온화하고 기가 군세도 취가 된다.

掌色足面不足亦爲聚, 掌色足而暗滯亦爲聚.

손바닥의 색이 풍족한데 얼굴의 색이 부족하다면 또한 취가 되고, 손바닥 색이 암색과 체색이면 또한 취라 한다.

凡此數件, 雖色暗, 諸事不如,

이러한 여러 가지로 볼 때 비록 색이 암색이면 모든 일이 여의치 않게 된다.

赤有成望, 乃聚色至矣,

적색은 원하는 것이 이뤄지며, 이는 취색이 나타난 것이다.

多則主年內興旺, 少則一季而興旺, 故樂不遠矣.

취색이 많으면 일 년 동안 흥왕하고, 취색이 적으면 한 계절 동안 흥왕하니 고로 즐거움이 멀지 않게 된다.

●散色 산색

散色○解曰, 有色無氣, 滿面<浮>光彩, 花雜爲散. 明中生暗爲暗,
面色瑩潤, 掌無氣亦爲散, 面明耳鼻暗爲散, 此數件俱主大敗.

散色○解曰,

산색, 해왈,

有色無氣, 滿面<浮>光彩, 花雜爲散.

색은 있는데 기가 없어도 만면에 광채가 나면 화잡【혼잡】하여 산이라 한다.

☞ 부광채는 윤기가 아닌 번들번들한 기름기를 의미한다

明中生暗爲暗, 面色瑩潤, 掌無氣亦爲散,

밝은 가운데 어두워지면 암색이 되며, 얼굴색이 밝고 윤택한데 손바닥에 기가 없으면 또한 산이 된다.

面明耳鼻暗爲散, 此數件俱主大敗.

얼굴이 밝고 귀와 코가 암색이면 산이 되니, 이러한 것들은 모두 크게 패하게 된다.

●**復變**복변

復變○解曰, 暗復明爲變喜, 明復暗爲變憂. 有此變亂作態之色, 雖寸分好色, 亦不爲美, 若一日忽變, 則大不妙, 三四日一變, 亦不妙, 就是明亦不好, 此乃根不穩, 則面有往來變色也.

復變○解曰,

복변, 해왈,

暗復明爲變喜, 明復暗爲變憂.

어두운 것이 다시 밝게 되면 좋은 기색으로 변한 것이며, 밝은 색이 다시 어두워지면 근심으로 변하는 것이다.

有此變亂作態之色, 雖寸分好色, 亦不爲美,

이렇게 어지럽게 변하는 형태의 색은 비록 조금의 좋은 기색이라도 또한 좋은 것이 아니다.

若一日忽變, 則大不妙,

만약 하루에 홀연히 변하면 곧 크게 좋지 않게 된다.

三四日一變, 亦不妙,

삼사일에 한 번 변해도 또한 좋지 않다.

就是明, 亦不好,

밝은 것만 취하는 것도 좋은 기색이 아니다.

此乃根不穩, 則面有往來變色也.

이는 뿌리가 깊지 않은 즉 얼굴의 색이 자주 바뀌는 것이다.

◉動色동색

動色○解曰, 明潤新開宜動, 居守不利, 若赤重, 亦不宜動.

動色○解曰,

동색, 해왈,

明潤新開宜動, 居守不利,

밝고 윤택한 색이 새롭게 열리면 활동을 해야 마땅하며, 자리를 지키고 있으면 불리하게 된다.

若赤重, 亦不宜動.

만약 적색이 짙은데, 또한 활동을 하면 마땅치 않다.

◉守色수색

守色○解曰, 滯暗赤黑守, 待色開, 方宜動.

守色○解曰,

수색, 해왈,

滯暗赤黑守, 待色開, 方宜動.

체색·암색과 적색·흑색은 자리를 지켜야 하고, 색이 열리기를 기다려서 활동하는 것이 마땅하다.

◉成色성색

成色○解曰, 凡成事起造求謀財喜, 俱宜耳明印紅準明, 方爲喜兆, 其驗如神, 耳鼻準不明, 決非喜兆.

成色○解曰,

성색, 해왈,

凡成事起造求謀財喜, 俱宜耳明印紅準明, 方爲喜兆,

일을 하고 창업을 하며, 재물을 구하고 기쁜 일을 이루려면, 귀가 밝고 인당이 홍색이며, 준두가 밝아야 좋은 징조이다.

其驗如神, 耳鼻準不明, 決非喜兆.

그 징험이 신과 같으며 귀·코·준두가 밝지 않으면 좋은 징조가 아니다.

◉害色해색

害色○解曰, 年壽赤, 忌官刑害, 四庫暗, 忌途路女人害. 井灶赤, 忌破耗之害, 山林赤, 忌火光之害, 印堂青, 忌牽連之害, 花雜滿面, 忌出行之害, 地閣黑, 忌水厄之害.

害色○解曰,

해색, 해왈,

年壽赤, 忌官刑害,

년상과 수상이 적색이면 관송으로 형옥을 범하니 꺼리게 된다.

四庫暗, 忌途路女人害.

사고【천창, 지고】가 암색이면 도로에서 여인에게 가해를 하니 꺼리게 된다.

井灶赤, 忌破耗之害,

정조가 적색이면 재산이 깨지고 흩어지는 해를 당하니 꺼리게 된다.

山林赤, 忌火光之害,

산림이 적색이면 화재의 해로움이 있으니 꺼리게 된다.

印堂青, 忌牽連之害,

인당이 청색이면 범죄에 연루되는 해를 당하니 꺼리게 된다.

花雜滿面, 忌出行之害,

만면에 화잡[혼잡]하면 외출하는데 해로움을 당하니 꺼리게 된다.

地閣黑, 忌水厄之害.

지각이 흑색이면 수액의 해로움을 당하니 꺼리게 된다.

◉利便色이편색

> 利便色○解曰, 暗中有明, 耳準俱白, 掌心氣潤, 皮血光彩, 眼內神足,
> 行事便利.

利便色○解曰,

이편색, 해왈,

暗中有明, 耳準俱白, 掌心氣潤, 皮血光彩, 眼內神足, 行事便利.

어두운 가운데 밝은 것이 있고, 귀와 준두가 모두 백색이며, 손바닥의 기가 윤택하고, 피부의 혈색이 밝게 빛나며, 눈 속의 신이 풍족하면 활동하는데 편리함이 있다.

◉蹇滯色건체색

> 蹇滯色○解曰, 四庫如泥, 耳準如烟, 三陽不開, 滿面如濛, 面紅如火,
> 明亮如油, 俱是大窮大困之色.

蹇滯色○解曰,

건체색, 해왈,

四庫如泥, 耳準如烟, 三陽不開, 滿面如濛, 面紅如火, 明亮如油,
俱是大窮大困之色.

사고[천창, 지고]가 때가 낀 것 같고, 귀와 준두가 연기 같으며, 삼양이 열리지 않고,
만면이 어둡고, 얼굴의 홍색이 불과 같으며, 기름처럼 반짝이면 모두 크게 궁색하고
크게 곤란한 색이다.

◉忌日犯色기일범색

> 忌日期犯色○解曰, 犯色不宜行事, 赤色忌丙丁火日, 土不利, 紅色忌
> 壬癸水日, 黑色亦忌水日, 黃色忌甲乙木日, 白色忌火日, 靑色亦甲乙
> 木日期.
> 詩曰, 五色之中辨不明, 徒然費力枉勞心, 若是不知方位者, 縱有好色
> 亦成空.

忌日期犯色○解曰,

기일기범색, 해왈,

犯色不宜行事, 赤色忌丙丁火日, 土不利,

행사에 마땅치 않은 색을 범하는 것은 적색은 丙丁火日(병정화일)을 꺼리고, 土日(토
일)에 불리하게 된다.

紅色忌壬癸水日,

홍색은 壬癸水日(임계수일)을 꺼리게 된다.

黑色亦忌水日,

흑색은 또한 水日(수일)을 꺼리게 된다.

黃色忌甲乙木日,

황색은 甲乙木日(갑을목일)을 꺼리게 된다.

白色忌火日,

백색은 火日(화일)을 꺼리게 된다.

靑色亦甲乙木日期,

청색 또한 甲乙木日(갑을목일)을 기다린다.

詩曰, 五色之中辨不明, 徒然費力枉勞心, 若是不知方位者, 縱有好色亦成空.

시왈, 오색 가운데 분별이 분명하지 않으면 힘을 낭비하고 쓸데없이 수고로움이 있게 된다. 만약 어느 위치에 나타날지 모르면 설령 좋은 색이 나타나도 또한 성공이 공허해진다.

◉大忌五件대기오건

> 大忌五件○解曰, 天倉靑, 不可行. 年壽赤, 不可見官. 印堂暗, 不可起造. 地庫暗, 不可用人. 面多光紛, 不可交友. 恐有大害, 爲桃花色, 卽面上光彩.
>
> 五行氣色, 定要察得分明, 各位各宮, 可審輕重, 各宮禁境界, 看人要細入神, 不可大槪, 定要用心, 如毫釐之差, 有千里之錯, 論神論氣, 可看周身, 論色論光, 可觀各部, 雖萬事千端, 各有頭項, 不可一理而推.

大忌五件○解曰,

대기오건, 해왈,

天倉靑, 不可行.

천창이 청색이면 멀리 가는 것이 좋지 않게 된다.

年壽赤, 不可見官.

년상과 수상이 적색이면 관리를 보는 것이 좋지 않게 된다.

印堂暗, 不可起造.

인당이 암색이면 건축하는 것이 좋지 않게 된다.

地庫暗, 不可用人.

지고가 암색이면 사람을 고용하는 것이 좋지 않게 된다.

面多光紛, 不可交友.

얼굴의 빛이 많이 어지러우면 친구를 사귀는 것이 좋지 않게 된다.

恐有大害, 爲桃花色, 卽面上光彩.

다만 큰 피해를 입는 것은 도화색으로, 곧 만면에 광채가 나는 것이다.

五行氣色, 定要察得分明,

오행의 기색은 분명하게 살펴봐야 한다.

各位各宮, 可審輕重, 各宮禁境界, 看人要細入神, 不可大槪, 定要用心,

각각의 위치와 각 궁의 경중을 살펴야 하며, 각 궁의 경계가 분명해야 하고, 정신을 집중해서 사람을 관찰해야 하며, 대충 봐서는 안 되며, 마음의 작용력이 중요하게 된다.

如毫釐之差, 有千里之錯,

털끝 같은 차이가 천 리의 차이가 나게 된다.

論神論氣, 可看周身,

신을 논하고, 기를 논하려면 몸을 두루 살펴봐야 한다.

論色論光, 可觀各部,

색을 논하고, 빛을 논하려면 각각의 부위를 살펴봐야 한다.

雖萬事千端, 各有頭項, 不可一理而推.

비록 모든 일의 시작은 각각의 두서가 있고, 다양한 상법의 비결이 있으니 한 가지 이치로 추구해서는 안 된다.

◉相雖應驗상수응험

> 相雖應驗, 難得入神, 今將秘券梓書, 使神異相傳, 庶無舛誤其中.
> 再約深淺, 詳量輕重以活<治>法, 變心推情爲用, 自然術幾於化矣.

相雖應驗, 難得入神, 今將秘券梓書, 使神異相傳, 庶無舛誤其中,

상은 비록 응험을 많이 했어도 입신의 경지에 이르기는 어렵다. 지금 장차 비결의 책을 출판하여 신의 경이로운 상법을 전하여 그 가운데 서민들의 미망이 없기를 바란다.

再約深淺, 詳量輕重以活<治>法, 變心推情爲用, 自然術幾於化矣.

다시 깊고 얕은 것을 가려 간략하게 엮고, 경중으로써 상법을 상세히 다뤘고, 마음이 능숙하게 그 뜻을 추론하여 응용하였으며, 자연법칙의 조화를 거의 모두 다뤘다.

◉眉起骨鎖미기골쇄

> 眉起骨鎖分鸞尾, 主多刑子怠○眼大露光, 主犯刑死○鼻起節, 主破家死在外鄉○肥人面赤, 主性心凶○瘦人髮黃, 主多貪, 奸殺之徒○有頭無項, 三十前死○項圓頭小頸偏頭削, 一生不成事, 如項再不圓, 主少年死○男女晴黃, 性多主燥急, 再露者犯刑名.

眉起骨鎖分鷰尾, 主多刑子息.

미릉골이 일어나고, 눈썹 꼬리가 갈고리처럼 갈라지게 되면
자식이 형극을 많이 겪게 된다.

眼大露光, 主犯刑死.

눈이 커서 빛이 노출되면 범법을 하여 형틀 아래 죽게 된다.

鼻起節, 主破家死在外鄕.

비량의 뼈마디가 일어나면 가정이 깨지고, 타향에서 죽음을
맞게 된다.

肥人面赤, 主性心凶.

비만한 사람의 얼굴색이 붉으면 심성이 흉악하게 된다.

瘦人髮黃, 主多貪, 奸殺之徒.

마른 사람의 두발이 누런색이면 탐욕이 많고, 간악하여 살기가 있는 사람이다.

有頭無項, 三十前死.

머리는 큰데 목이 짧으면 30세 전에 죽게 된다.

項圓頭小頸偏頭削, 一生不成事, 如項再不圓, 主少年死.

목은 둥근데 머리가 작거나, 목이 둥글지 않고 두상이 깎이면 평생 되는 일이 없고,
만약 목이 둥글지 않으면 젊어서 죽게 된다.

☞ 頸偏항편은 목이 기울어졌다는 의미보다는 둥글지 않다는 뜻이다

男女睛黃, 性多主燥急, 再露者犯刑名.

남녀의 눈동자가 누런색이면 성격이 매우 조급하다. 또 눈동자가 돌출하면 형법으
로 이름이 오르게 된다.

眼大常招陰人口舌○男人細眉, 主得陰人財帛○女人髮深, 多好色,
男人亦同○男女有結喉者, 招惡夢○眉輕口闊, 長招水驚, ○耳間生
黑子, 長招水驚, 在本命不妨○眉生黑子, 招陰人口舌, 又主水厄○男
女捲髮, 犯刑好色○髮黃者, 下流之論○項背上生肉如堆, 項後髮脚
處, 生高肉如堆, 眼深, 髮黃, 三者, 俱主犯人命

眼大常招陰人口舌

눈이 큰 사람은 항상 남모르게 구설수를 초래하게 된다.

男人細眉, 主得陰人財帛

남자의 눈썹이 가늘면 모르는 사람의 도움으로 재물을 얻게 된다.

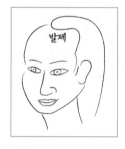

발제

女人髮深, 多好色, 男人亦同

여인의 발제가 깊으면 남색을 많이 좋아하게 되고, 남자 또한
마찬가지다.

男女有結喉者, 招惡夢

남녀 모두 울대뼈가 맺히면 악몽을 초래하게 된다.

眉輕口闊, 長招水驚,

눈썹이 희미하고, 입이 넓으면 오래도록 수액을 초래하게 된다.

耳間生黑子, 長招水驚, 在本命不妨

귀에 점이 있으면 오래도록 수액을 초래하지만 생명에는 방해가 되지 않는다.

眉生黑子, 招陰人口舌, 又主水厄

눈썹에 점이 있으면 남모르게 구설수에 오르고, 또한 수액을 당하게 된다.

男女捲髮, 犯刑好色

남녀 모두 곱슬머리면 형법을 범하고, 주색을 좋아하게 된다.

髮黃者, 下流之論

두발이 누런색이면 하류지인이라 한다.

項背上生肉如堆, 項後髮脚處, 生高肉如堆, 眼深, 髮黃, 三者, 俱主犯人命

목과 등에 살덩어리가 뭉쳐 있고, 목 뒤에 두발이 뾰족하게 나오며, 살덩어리가 높게 뭉쳐 있고, 눈이 깊고 두발이 누런색이며, 이 3가지를 모두 범하면 인명을 욕보이게 된다.

◉眉梢開化미초개화

眉梢開花, 運不通, ○鬚尾開花, 多寒滯, ○眉生毛, 耳大小, 若犯此二件, 俱主外家養大之人○眼不轉睛, 及上下左右視者, 俱主做賊○眉垂耳低, 多是偏生庶出○女耳無稜, 額削骨粗, 二者多主爲妾○婦人仰面, 多有奸淫. ○男人垂頭, 一心貪酷○身大手小, 一生不聚財, 身小手大, 一生下愚○沙皮多起家, 蛇皮多破家(沙皮者, 似沙魚皮一樣, 遇寒天卽起, 初年不妙, 末年白手成家)

眉梢開花, 運不通,

눈썹 끝이 꽃 피듯 넓게 퍼지면 운이 통하지 못하게 된다.

鬚尾開花, 多蹇滯,

수염의 꼬리가 꽃이 피듯 넓게 퍼지면 순탄치 않은 일이 많게 된다.

眉生毛, 耳大小, 若犯此二件, 俱主外家養大之人

눈썹에 굵은 털이 나고 두 귀의 크기가 다르면, 만약 두 가지 모두 범하게 되면 외가에서 어른이 될 때까지 키워지게 된다.

眼不轉睛, 及上下左右視者, 俱主做賊

눈동자를 굴리지 못하여 얼굴을 상하좌우로 돌려서 보게 되면 도적이 된다.

☞ 사람을 바로 쳐다보지 못하고 회피하면 도둑의 심보를 의미한다

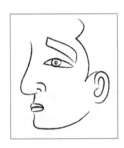

眉垂耳低, 多是偏生庶出

눈썹이 아래로 처지고, 귀가【눈보다】낮으면 편부모에게서 출산한 서출이 많다.

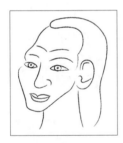

女耳無稜, 額削骨粗, 二者多主爲妾

여자 귀의 능선이 없고, 이마가 깎이고 뼈가 거칠면 이 두 가지는 첩이 된다.

婦人仰面, 多有奸淫.

부인의 얼굴이 앙면체가 되면 간교하고 음탕함이 많게 된다.

☞ 양면체는 코만 오뚝하게 높고, 이마·턱·관골이 약하고 뒤로 기울어져 있는 얼굴 모양이다

男人垂頭, 一心貪酷

남자가 고개를 숙이고 있으면 마음속에 독한 탐심을 가지고 있다.

身大手小, 一生不聚財, 身小手大, 一生下愚

몸은 큰데 손이 작으면 평생 재산을 모으지 못하고, 몸은 작은데 손이 크면 평생 하천하고 어리석은 사람이다.

沙皮多起家, 蛇皮多破家

사피는 가정을 많이 일으키고, 뱀의 피부와 같으면 집안을 많이 망친다.

(**沙**皮者, 似沙魚皮一樣, 遇寒天卽起, 初年不妙, 末年白手成家)

(세주 : 사피는 상어의 피부와 같은 것으로 어려운 시기를 지내다가 곧 운이 일어난다는 것이다. 초년에는 좋지 못했지만 말년에 빈손으로 집안을 일으키게 된다).

◉**面大婦人**면대부인

○面大婦人, 多不孝○睛圓女子必妨姑○嘴尖面陷, 爲奴, 一日要打三遭, 面大鼻小之僕, 忠直興家旺主○口闊脣紅, 多貪飮食, ○肚小背陷, 一生無祿, ○腰偏臍深<淺>, 多有邪淫○目紅語結, 好色無窮○眼大小, 鬚偏左, 俱主懼內○左肩高, 主白手大富, 右肩高, 主大貧大苦○夢語者, 一生多胡說妄言

面大婦人, 多不孝

얼굴이 큰 부인은 불효를 많이 하게 된다.

睛圓女子必妨姑

눈동자가 둥근 여자는 시부모를 모시지 않는다.

嘴尖面陷, 爲奴, 一日要打三遭,

입이 뾰족하고 얼굴이 움푹 꺼지면 노예가 되고, 하루에 【매를】
세 번 맞는 일을 겪게 된다.

面大鼻小之僕, 忠直興家旺主.

얼굴은 큰데 코가 작으면 노복(奴僕)이 되며, 충성스럽고 성실
하여 주인을 도와 가업을 왕성하게 만들어 준다.

口闊脣紅, 多貪飮食,

입이 넓고 입술이 붉으면 음식 탐심이 많다.

肚小背陷, 一生無祿,

배가 작고, 등이 움푹 꺼지면 평생 식록이 없게 된다.

腰偏臍深<淺>, 多有邪淫

허리가 가늘고, 배꼽이 얕으면 간사하고 음욕이 많게 된다.

☞ 腰偏요편은 허리가 기울다는 의미보다 허리가 가늘다는 뜻이 맞다

目紅語結, 好色無窮

눈동자가 붉고 말을 더듬으면 여색을 좋아하는 것이 끝이 없다.

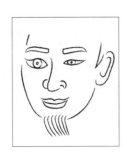

眼大小, 鬚偏左, 俱主懼內

두 눈의 크기가 서로 다르고, 수염이 왼쪽으로 치우치면 부인
을 두려워한다.

左肩高, 主白手大富, 右肩高, 主大貧大苦

왼쪽 어깨가 높으면 맨손으로 큰 부자가 되고, 오른쪽 어깨가 높으면 매우 빈고하게 된다.

夢語者, 一生多胡說妄言

잠꼬대를 하는 사람은 평생 사나운 말을 하고, 망언을 많이 하게 된다.

◉包牙懼內 포아구내

○包牙多主懼內, 妻病, 少年不穩○脣薄動者多奸, 不聚財, 不信行○脣青, 主老來飢餓之病○女人汗多, 主一生勞苦, 無汗無子, 汗香子貴, 汗濁子賤○小兒齬齒, 主妨父母, 開口睡, 難養, ○關中不起, 男女主招邪魔(掌後高骨爲關, 在大指根下, 爲中處)○自言自語, 主招鬼迷, 亦壽夭○奸門有十字紋者, 主打妻, ○女人顴骨高於眼角上者, 主打夫○女顴高大, 手骨粗, 能作生涯○男眼中有痣聰明, 女眼中有痣淫亂

包牙多主懼內, 妻病, 少年不穩

【남자가】 뻐드렁니면 부인을 많이 두려워하고, 부인은 병이 많으며, 젊어서는 평온하지 않게 된다.

脣薄動者多奸, 不聚財, 不信行

입술이 얇아서 자주 움직이는 자는 간사하고, 재물이 쌓이지 않으며, 언행을 믿을 수 없다.

脣青, 主老來飢餓之病

입술이 푸른색이면 노인이 되어서 굶어죽는 병에 걸리게 된다.

女人汗多, 主一生勞苦,

여인이 땀이 많으면 평생 노고가 많게 된다.

無汗無子, 汗香子貴, 汗濁子賤

땀이 없으면 아들이 없게 되고, 땀이 향기로우면 아들이 귀하게 되고, 땀이 탁하면 아들이 천하게 된다.

小兒齧齒, 主妨父母, 開口睡, 難養,

어린이가 잘 때 이를 갈면 부모에게 해가 된다. 입을 벌리고 자면 잘 성장하기 어렵게 된다.

關中不起, 男女主招邪魔

손목의 뼈가 일어나지 않으면 남녀가 사악한 마귀를 초래하게 된다.

(掌後高骨爲關, 在大指根下, 爲中處)

(세주 : 손바닥 뒤에 높은 뼈를 관절이라 한다. 엄지의 뿌리 아래를 중처라 한다).

自言自語, 主招鬼迷, 亦壽夭

자기 스스로 말하고 답하면 귀신의 미혹을 초래하고, 또한 수명이 짧아진다.

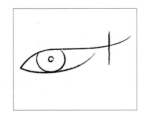

奸門有十字紋者, 主打妻,

간문에 열 십 자 모양의 주름이 있으면 부인을 때리게 된다.

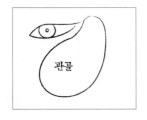

女人顴骨高於眼角上者, 主打夫

여인의 관골이 높아 눈꼬리에 이르면 남편을 때리게 된다.

女顴高大, 手骨粗, 能作生涯

여인의 관골이 높고 크며, 손가락마디가 거칠면 생계를 도모해야 한다.

男眼中有痣聰明, **女**眼中有痣淫亂

남자의 눈 가운데 점이 있으면 총명하고, 여인의 눈 가운데 점이 있으면 음란하게 된다.

◉**耳薄樑低**이박량저

> 耳薄樑低, 嘴嶠, 胸凸, 犯此四件, 主爲人奴, ○四件全者, 一生爲奴, 不得人意○少年神散, 卽死, ○老者頭項皮乾, 卽死, ○女人脣白得病, 脣靑卽死, ○小我眼黑, 十無一大, ○男子頭偏, 主無一成, ○婦人脣白, 十無一子, ○老來頭乾, 十無一生, 此乃眞法

耳薄樑低, 嘴嶠, 胸凸, 犯此四件, 主爲人奴,

귀가 얇고, 비량이 낮으며, 입이 뾰족하고, 가슴이 튀어 나오는 이 네 가지를 범하게 되면 노예가 된다.

四件全者, 一生爲奴, 不得人意

네 가지 모두 완전하게 갖춘 자는 평생 노예로 살게 되고, 뜻대로 안 된다.

少年神散, 卽死,

젊은 사람의 눈빛이 흩어지면 곧 죽게 된다.

老者頭項皮乾, 卽死,

노인의 두피와 목의 피부가 메마르면 곧 죽게 된다.

女人脣白得病, 脣靑卽死,

여인의 입술이 희면 병이 생기고, 입술이 푸르면 곧 죽게 된다.

小兒眼黑, 十無一大,

어린이의 눈이 검기만 하면 10명 중 1명도 성장하기 어렵게 된다.

男子頭偏, 主無一成,

남자의 두상이 치우치면 성공할 수 없게 된다.

婦人脣白, 十無一子,

부인의 입술이 희면 10명 중 1명이라도 아들을 낳을 수 없게 된다.

老來頭乾, 十無一生,

노인이 되어서 두피가 건조하면 10명 중 1명도 살 수 없게 된다.

此乃眞法

이는 곧 진실된 상법이다.

◉眉毛生毫미모생호

眉毛生毫, 不過主壽, 朝上者, 剋子剋處○鬚分燕尾, 十子死九, ○老
來面白無紋, 髮鬚有黃, 尾白如羊鬐, 數件俱主剋子○老來耳白主子
貴, 脣索<紫>主子貴, ○老來房事多, 主有壽, 主子貴, ○老落鬚, 主
剋子, 老不落髮, 主勞碌, ○女不落髮, 主大壽○龜頭黑色, 子早, 白色
子遲, ○準頭<不>偏, 主賢子, ○腳根削小, 主後代不如, 若血紅潤,
稍可○孤峯獨聳, 刑破敗家, 只存本身, 還要受窮,

眉毛生毫, 不過主壽, 朝上者, 剋子剋妻

눈썹에 긴 털이 나면 다만 장수하게 되고, 긴 털이 위로 향하면 처자를 극하게 된다.

鬚分燕尾, 十子死九,

수염이 제비 꼬리처럼 갈라지면 10명의 아들 중 9명이 죽게 된다.

老來面白無紋, 髮鬚有黃, 尾白如羊鬐, 數件俱主剋子

노인이 되어 얼굴이 희고 주름이 없으며, 두발과 수염이 누렇고 염소수염처럼 끝이 하얗게 되면 이러한 것들은 모두 아들을 극하게 된다.

老來耳白主子貴, 脣索<紫>主子貴,

노인이 되어 귀가 희면 아들이 귀하고, 입술이 자색이면 아들이 귀하게 된다.

老來房事多, 主有壽, 主子貴,

노인이 되어 방사가 많으면 장수를 하게 되고, 아들이 귀하게 된다.

老落鬚, 主剋子, 老不落髮, 主勞碌,

노인의 두발이 빠지면 아들을 극하고, 노인의 두발이 빠지지 않으면 수고롭고 고달프게 된다.

女不落髮, 主大壽

여자가 두발이 빠지지 않으면 장수하게 된다.

龜頭黑色, 子早, 白色子遲,

귀두가 검은색이면 아들을 일찍 두고, 귀두가 희면 아들을 늦게 낳는다.

準頭<不>偏, 主賢子,

준두가 기울지 않으면 현명한 아들이 있게 된다.

脚根削小, 主後代不如, 若血紅潤, 稍可,

발뒤꿈치가 작게 깎이면 후손이 뜻대로 되지 않고, 만약 뒤꿈치의 혈색이 붉고 윤택하면 조금 낫다.

☞ 발뒤꿈치가 없거나 너무 작으면 후사를 잇기가 어렵다는 의미이다

孤峯獨聳, 刑破敗家, 只存本身, 還要受窮

코가 외로운 봉우리처럼 홀로 솟으면 형파로 가정이 깨진다. 다만 본인의 자존심은 강하지만 오히려 궁핍하게 살게 된다.

●**耳若無邊**이약무변

○耳若無邊, 到有八旬之壽, 子勝<盛>孫榮, 上有邊者亦爲反○鬚生
項下, 多得外家財産, ○項下起骨節, 多主外家破耗, 承漿無鬚, 脣再紫
<青>, 定遭水厄(承漿者, 在脣下是也)○痣上有毛, 定是豪傑, 乳邊生
毫, 子必淸高, 二三方好, 多者爲草○女人下脣包上, 一生口舌到老, 上
脣包下, 爲雷公嘴, 主無子而又不賢○女人開聲無韻, 主賤, 男人開聲
無韻, 主貧○足指短, 足心陷, 足多骨, 三者犯一, 必主貧賤, ○足生肉,
足生軟毛, 俱主一生安樂, 足紅潤, 主多貴, ○耳内靑色, 血疾亡身○男
子髮粗, 多犯刑名, 女人髮粗, 刑夫剋子, 色如粉雪莫言好, 恐遭重刑

耳若無邊, 到有八旬之壽, 子勝<盛>孫榮, 上有邊者亦爲反

귀가 만약 가장자리가 없으면 팔순까지 장수할 수 있고 아들은 왕성하게 되며 손자
는 영화롭게 된다. 앞에서 가장자리라고 한 것은 귀가 뒤집힌 것을 의미한다.

☞ 귀가 뒤집혀도 수주[귓망울]가 있으면 장수하고 자손이 영화롭다

鬚生項下, 多得外家財産

수염이 목 아래로 나면 외가의 재산을 많이 얻게 된다.

項下起骨節, 多主外家破耗

목 아래 뼈가 튀어 나오면 외가가 망하고 재산이 많이 흩어지게 된다.

承漿無鬚, 脣再紫<青>, 定遭水厄

승장의 수염이 없고, 입술이 청색이면 수액을 당하게 된다.

(承漿者, 在脣下是也)

(세주 : 승장의 부위는 아랫입술의 아래에 있다).

痣上有毛, 定是豪傑,

점에서 털이 나면 호걸이라 할 수 있다.

乳邊生毫, 子必清高,

유두 주변에 가는 털이 있으면 아들이 청고한 벼슬을 하게 된다.

二三方好, 多者爲草

유두에 2~3개의 가는 털이 나면 좋고, 너무 많으면 잡초와 같다.

女人下脣包上, 一生口舌到老,

여인의 아랫입술이 윗입술을 덮으면 평생 노인이 되어서도 구설수가 떠나지 않는다.

上脣包下, 爲雷公嘴, 主無子而又不賢

윗입술이 아랫입술을 덮으면 뢰공취[취화구]라고 하며 아들이 없거나, 있어도 현명하지 않게 된다.

女人開聲無韻, 主賤, 男人開聲無韻, 主貧

여인의 음성에 여운이 없으면 천하게 되고, 남자의 음성에 여운이 없으면 가난하게 된다.

足指短, 足心陷, 足多骨, 三者犯一, 必主貧賤,

발가락이 짧고, 발바닥이 움푹 꺼지며, 발의 뼈가 많이 보이면 이 세 가지 중 한 가지라도 범하게 되면 가난하고 천하게 된다.

足生肉, 足生軟毛, 俱主一生安樂,

발에 살이 많고, 발등에 부드러운 털이 나면 평생 안락하게 된다.

足紅潤, 主多貴,

발이 홍색으로 윤택하면 고귀하게 된다.

耳内靑色, 血疾亡身

귓속에 푸른색이 나타나면 빈혈로 죽을 수도 있다.

男子髮粗, 多犯刑名, 女人髮粗, 刑夫剋子,

남자의 모발이 거칠면 형벌로 이름이 올라가게 되고, 여인의 두발이 거칠면 남편과 아들을 형극하게 된다.

◉**色如粉雪**색여분설

色如粉雪莫言好, 恐遭重刑○六指者多妨父, 一生不得顯榮, 下賤之相○身白面黃, 不久守困, 身黃面白, 不久身榮○女人掌上有紋深, 方言有子, 男子陰囊上無紋, 必主絶嗣○女人手起節骨, 一生辛勤, 主多賤○女人頭圓, 主生好子, 男子額削, 一生不得顯達○女無指甲, 一生下愚. 臍下生毛淫亂. 淺薄亦不好. (臍下乃子宮也)○周<眉>心有赤脈, 女主貴, 男主富○腰腹起一筋, 橫生貴, 直主窮, 靑爲次, 赤爲貴, 男女俱異橫直○人長手短, 一生不成器

色如粉雪莫言好, 恐遭重刑

피부색이 눈가루처럼 희면 좋을 것이 없으니, 다만 중형을 받게 된다.

六指者多妨父, 一生不得顯榮, 下賤之相

손가락이 6개면 아버지를 많이 방해하고, 평생 영달하지 못하며, 하천한 상이다.

身白面黃, 不久守困,

몸의 색이 하얀데 얼굴색이 누런색이면 머지않아 곤궁하게 된다.

身黃面白, 不久身榮

몸은 누런색인데 얼굴이 희면 머지않아 영화를 누리게 된다.

女人掌上有紋深, 方言有子, 男子陰囊上無紋, 必主絶嗣

여인의 손금이 깊으면 아들이 있다고 말할 수 있으며, 남자의 음낭에 주름이 없으면 후사가 끊어지게 된다.

女人手起節骨, 一生辛勤, 主多賤

여인의 손마디가 굵으면 평생 고생스럽고, 천한 사람이 많다.

女人頭圓, 主生好子,

여인의 두상이 둥글면 좋은 아들을 낳게 된다.

男子額削, 一生不得顯達

남자의 이마가 깎이면 평생 영달하지 못하게 된다.

女無指甲, 一生下愚.

여인의 손톱이 짧으면 평생 하천하고 어리석다.

臍下生毛淫亂. 淺薄亦不好.

여인의 배꼽 아래 털이 나면 음란하고, 배꼽이 얕고 얇아도 좋지 않다.

(臍下乃子宮也)

(세주 : 배꼽 아래는 자궁이다).

周<眉>心有赤脈, 女主貴, 男主富.

눈썹 중심에 홍색의 힘줄이 있으면 여인은 귀하고, 남자는 부자가 된다.

腰腹起一筋, 橫生貴, 直主窮, 靑爲次, 赤爲貴. 男女俱異橫直.

허리와 배에 힘줄이 가로로 나타나면 귀하고 세로로 생기면 궁색하게 된다. 푸른 힘줄은 다음이 되고, 붉은 힘줄은 귀하게 된다. 남녀 모두 가로와 세로로 힘줄이 있으면 기이하다.

人長手短, 一生不成器.

사람의 키는 큰데 팔이 짧으면 평생 인재가 될 수 없다.

●**魚尾紋直**어미문직

魚尾紋直上天倉, 白手成大貴〇女面不赤, 有痣獨生天倉, 應主生四子〇女人齒朝外, 主行商, 朝内主孤獨〇女人面黑身白賤, 面斑身青賤. 〇女相瘦人脣紅, 爲子成群. 〇瘦人脣白, 壽元短促. 〇黃面婦人多好色. 〇脣青脣白決無兒. 〇瘦人血白主心狼, 肥人紅<血>白主心慈. 〇面上無寒毛, 貧賤逃外鄕. 〇蓬頭脣嘴, 其心極奸. 〇少年皮生黑斑主死, 小兒腰闊有須必壽. 〇老人生斑爲壽, 高黑方好, 平黃主貧.

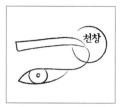

魚尾紋直上天倉, 白手成大貴.
어미에 주름이 곧게 천창으로 올라가면 맨손으로 대귀를 이루게 된다.

女面不宜有痣, 獨生天倉, 應主生四子
여인의 얼굴에 점이 있는 것은 좋지 않으나, 유독 천창에 점이 있으면 아들을 네 명이나 낳게 된다.

女人齒朝外, 主行商, 朝内主孤獨
여인의 치아가 밖으로 뻗으면 행상을 하게 되고, 치아가 안으로 뻗으면 고독하게 된다.

女人面黑身白賤, 面斑身青賤.
여인의 얼굴은 검은데 몸이 희면 천하며, 얼굴에 반점이 있고 몸이 푸르면 천하게 된다.

女相瘦人脣紅, 爲子成群.
여인의 상에서 몸은 말랐어도 입술이 붉으면 여러 아들을 낳게 된다.

瘦人脣白, 壽元短促.

몸이 마르고, 입술이 희면 타고난 수명이 단축하게 된다.

黃面婦人多好色.

누런 얼굴의 부인은 남색을 매우 좋아하게 된다.

脣靑脣白決無兒.

입술이 푸르거나 희면 절대로 아들을 낳을 수 없다.

瘦人血白主心狼, 肥人紅<血>白主心慈.

마른 사람의 혈색이 희면 마음이 사납고, 비만한 사람의 혈색이 희면 마음이 자비롭다.

面上無寒毛, 貧賤逃外鄕.

얼굴에 잔털이 없으면 빈천하며, 타향으로 도망가게 된다.

蓬頭脣嘴, 其心極奸.

모발의 숱이 많고, 입술이 뾰족하면 그 마음이 지극히 간악하게 된다.

少年皮生黑斑主死

젊은 사람의 피부에 검은 반점이 나타나면 죽게 된다.

小兒腰闊有須必壽.

어린아이의 허리가 넓으면 장수하게 된다.

老人生斑爲壽, 高黑方好, 平黃主貧.

노인에게 반점이 생기면 장수하게 된다. 반점이 높고 검으면 좋고, 반점이 평평하고 누런색이면 빈궁하게 된다.

> 凡人生肉先從腰上生方爲有用, 胸上面上生非好也. ○四肢乾一年主
> 死, 四肢潤二年主富. ○老轉黑髮, 老生齒, 主壽, 然必克子刑孫, 乃大
> 孤獨之相. ○額角有旋毛, 主過房. 額多亂紋主過房. ○額有三四紋,
> 額大面小尖, 額大無梁低, 俱是華蓋額. (兩太陽竝天庭有一股方名爲
> 華蓋骨, 華蓋骨與華蓋額不同) ○額有三條川字樣, 何愁金榜不題名.

凡人生肉先從腰上生方爲有用, 胸上面上生非好也.

사람이 먼저 허리부터 살이 찌게 되면 재능이 유용하게 되고, 가슴이나 얼굴부터 살이 찌면 좋지 않게 된다.

四肢乾一年主死, 四肢潤二年主富.

사지에 살이 마르면 1년 안에 죽게 된다. 사지에 윤택하게 살이 찌면 2년 안에 부유하게 된다.

老轉黑髮, 老生齒, 主壽, 然必剋子刑孫, 乃大孤獨之相.

노인이 되어 검은 두발이 다시 나고, 치아가 새로 나면 장수하게 된다. 그러나 자손을 형극하게 되니 이는 매우 고독한 상이 된다.

額角有旋毛, 主過房.

일월각에 곱슬한 털이 나면 양자를 기르게 된다.

額多亂紋, 主過房.

이마에 어지러운 주름이 많으면 양자를 기르게 된다.

額有三四紋, 額大面小尖, 額大無梁低, 俱是華蓋額.

이마에 3~4개의 주름이 있고, 이마는 큰데 얼굴이 작고 뾰족하며, 이마는 큰데 비량이 없거나 낮으면 모두 화개액이라고 한다.

☞화개는 고독한 종교인을 의미한다

(兩太陽竝天庭有一股方名爲華蓋骨, 華蓋骨與華
蓋額不同)

(세주 : 양쪽의 태양골과 더불어 천정골이 하나의 뼈대로 이뤄지
면 화개골이라 부른다. 화개골과 화개액은 같지 않다).

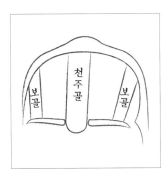

額有三條川字樣, 何愁金榜不題名

이마에 세 개의 골기가 천자 모양이 있으면 과거시험
이 낙방할까 어찌 슬퍼하겠는가.

●山林一痣 산림일지

山林得一痣, 主得大財○痣上生霜毫, 主生貴子. 臥蠶發紫主生貴子.
弦上有小黑子主生貴子. ○弦低黑暗, 子要克盡. ○奸門有雜色, 娶娼
婦爲妻妾. ○年壽有一缺一陷或一紋一痕, 主成敗一次, 有二紋成敗
二次. ○十二亥宮起白色如粟米, 主遭禍害. ○眉間上下生白包, 主招
花酒亡身. ○眼邊生包, 主子女多刑. ○滿面生包, 主傷妻損子. (乃薄
沙染皀粟米之說)

山林得一痣, 主得大財.

산림에 점이 있으면 큰 재물을 얻게 된다.

痣上生雙毫, 主生貴子.

점에서 두 개의 긴 털이 자라나면 귀한 아들을 얻게 된다.

臥蠶發紫主生貴子.

와잠에 자색이 발생하면 귀한 아들을 낳게 된다.

弦上有小黑子主生貴子.

눈꺼풀 위에 작은 검은 점이 있으면 귀한 아들을 얻게 된다.

玄低黑暗, 子要剋盡.

아래 눈꺼풀이 검게 어두우면 아들을 잃게 된다.

奸門有雜色, 娶娼婦爲妻妾.

간문에 여러 가지 색이 섞여서 나타나면 창부를 부인으로 얻게 된다.

年壽有一陷一缺, 或一紋一痕, 主成敗一次, 有二紋成敗二次.

년상과 수상에 결함이 있고 또 주름이나 상처가 있으면 성패가 한 차례씩 있게 되고, 주름이 두 개 있으면 성패가 두 차례 있게 된다.

十二亥宮起白包如粟米, 主遭奴僕之害.

얼굴의 둘레를 십이지지로 나눠 亥宮(해궁)에 하얀 좁쌀처럼 일어나면 아랫사람으로 인하여 피해를 입게 된다.

眉間上下生白包, 主招花酒亡身.

눈썹 위아래에 하얀 좁쌀처럼 나타나면 주색으로 망신을 초래하게 된다.

眼邊生包, 主子女多刑.

눈 주변에 하얀 좁쌀처럼 생기면 자녀에게 형극이 많이 일어난다.

滿面生包, 主妻喪子損.

얼굴 전체에 하얀 좁쌀처럼 생기면 처를 잃고 아들을 상해하게 된다.

(乃薄沙染皂粟米之說)

(세주 : 이는 가는 모래에 검게 물들인 조와 쌀을 뜻한다).

●足底紋直족저문직

足底紋宜直, 不宜橫, 宜變, 不宜交亂. 如亂多刑, 子孫亦遲. ○手指足指如蛇頭, 鴨嘴, 主一生奸狡孤獨, 女人上刑父母. ○婦生牙兒, 主刑夫克子, 一生貧賤. ○女人鴨脚多是姨婆, 男人鴨脚一生下愚. ○男人臍淺無衣祿, 女人臍淺不立子. 前雖有此二法, 宜切記之.

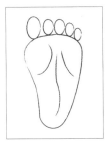

足底紋宜直, 不宜橫, 宜雙, 不宜交亂, 如亂多刑, 子孫亦遲.

발바닥에 곧은 【세로】 주름은 마땅하지만 가로주름은 마땅치 않다. 두 줄의 주름은 마땅하지만 어지럽게 교차된 주름은 좋지 않다. 주름이 어지러우면 형극이 많고, 자손 또한 늦게 낳는다.

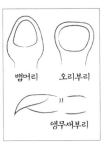

뱀머리   오리부리

앵무새부리

手指足指, 如蛇頭鴉嘴鸚嘴, 主一生奸狡孤獨, 女人主刑父母.

손가락과 발가락이 뱀 머리, 오리부리, 앵무새부리와 같으면 평생 간교하고 고독하게 되며, 여인은 부모를 형극하게 된다.

婦生兒牙, 主刑夫克子,

부인에게 유치가 새로 나면 남편과 아들을 형극하게 된다.

男人主剋子剋妻, 一生貧賤.

남자가 유치가 새로 나면 처자를 형극하게 되고, 평생 가난하고 천하게 된다.

女人鴨脚多是姨婆, 男人鴨脚一生下愚人.

여인의 다리가 오리다리와 같으면 고독하게 되고, 남자가 오리다리와 같으면 평생 하천한 사람이 된다.

☞ 姨婆이파는 이모할머니라는 뜻이고, 평생 혼자 사는 여인을 의미한다

男人臍淺, 無衣祿, 女人臍淺, 決不生子.

남자의 배꼽이 얕으면 의록이 없고, 여인의 배꼽이 얕으면 결코 아들을 출산하지 못한다.

前雖有此二法, 宜切記之.

앞의 두 가지 상법은 꼭 기억해야 마땅하다.

◉凡人生子범인생자

○凡人生子發財, 俱要血壯氣足. 此二件最要得法, 不可亂言○刑妻剋子, 俱因氣色不潤, 氣不和. ○非奸門臥蠶一處爲用, 一本相書獨以氣血二字爲用, 精神爲用. ○滿面部位印堂爲用. (印堂可管一身一世, 各樣事俱看爲主) ○女人看臍乳陰户, 以辨子女貴賤. (陰産前上者佳, 後者不好, 毛亂生, 臍淺者不好) ○山根有一根橫紋離祖, 二根橫紋離六親, 三根橫紋白手成大家. ○口水爲夜增, 老人喜, 少年嫌, 三十有二年死, 四十有三年死, 五十有五年死, 六十有六年死.

凡人生子發財, 俱要血壯氣足,

사람이 아들을 낳고, 재물이 늘어나는 것은 모두 혈이 왕성하고, 기가 충족하기 때문이다.

此二件最要得法, 不可亂言

이 두 가지 건은 매우 중요한 상법이니 함부로 말하지 마라.

刑妻剋子, 俱因色不潤, 氣不和.

처자를 형극하는 것은 모두 색이 윤택하지 않고, 기가 온화하지 않기 때문이다.

非奸門臥蠶一處爲用, 還要氣色爲用.

간문과 와잠의 한 곳만 보고 처자를 판단하지 말며, 오히려 기색이 중요하게 쓰인다.

一本相書, 獨以氣血二字爲妙, 精神爲用.

어떤 상서에는 유독 기와 혈 두 글자를 좋게 보지만, 정과 신이 중요하게 쓰인다.

滿面部位印堂爲用, 印堂可管一身一世, 各樣事俱看印堂爲主.

만면의 모든 부위에서 인당이 중요하게 쓰이고, 인당은 일신의 평생을 관장한다. 다양한 모든 일들은 인당을 위주로 봐야 한다.

女人切記看乳臍陰户, 以辨子孫貴賤.

여인은 절대적으로 중요하게 살피는 것이 유방과 배꼽과 음호이다. 이로써 자손의 귀천을 분별하게 된다.

陰户前上者佳, 後下者不如, 毛亂生臍者不如

음호가 위나 앞으로 가까이에 있으면 좋고, 아래나 뒤로 가까이 있으면 좋지 않다. 음모가 어지럽게 배꼽까지 자라게 되면 좋지 않다.

山根有一根橫紋, 主離祖, 二根橫紋, 主離六親, 三根橫紋, 白手成大家.

산근에 횡문이 하나 깊게 있으면 선묘를 떠나고, 횡문이 두 개가 깊이 있으면 가족을 떠나게 되고, 횡문이 세 개가 깊이 있으면 백수로 집안을 일으킨다.

☞ 횡문이 세 개면 조상의 유산을 못받게 되어 스스로 독립할 수밖에 없다는 뜻이다

口水爲夜漕漕, 老人喜, 少年嫌.

군침을 흘리는 것을 야조조라 한다. 노인은 좋고, 젊은 사람은 혐오스럽게 본다.

☞ 口水구수는 군침을 뜻한다.
밥을 먹거나 잘 때 침을 흘리는 것을 말한다

三十有二年死, 四十有三年死, 五十有五年死, 六十有六年死.

30대에 잘 때 침을 흘리면 2년 안에 죽고, 40대에 잘 때 침을 흘리면 3년 안에 죽고, 50대에 잘 때 침을 흘리면 5년 안에 죽고, 60대에 잘 때 침을 흘리면 6년 내에 죽게 된다.

● **古書云**고서운

古書云, 眉毫不如耳毫, 耳毫不如項條, 不如夜漕漕. 有人言, 夜增乃水, 非邊, 小水頻者老來主足疾, 下肢亦有病. ○老來多睡主死, 少年多睡主愚. ○睡時忽然眼大主視死, 忽然聲噪主重疾, 幹韻主死. ○總然氣色好而脣白, 亦不好. ○男女中年落髮, 老來苦. ○髮生絨毛者, 男女俱主困窮. ○少年髮白, 主喪父母, 大不利. ○魚尾有拖, 老主因妻破家. 有直紋, 大困苦. ○額上有紋, 主大破耗. ○少年髮白, 主傷父母, 大不利. ○魚尾有梅花, 主因妻破家, 有直紋, 大困窮. ○天倉橫直紋, 主破家. 書云, 地庫要紋, 天倉要明.

古書曰 眉毫不如耳毫, 耳毫不如項下條, 不如夜漕漕.

고서왈, 눈썹에 긴 털이 난 것보다 귓속의 긴 털이 좋고, 귓속의 긴 털보다 목 아래 주름이 좋지만 야조조보다는 못하다.

有人言夜漕 乃小水, 非也, 小水頻者, 老來主足疾, 下元亦有疾.

사람들의 말이 야조는 소변이라고 하는데, 틀린 말이다. 소변을 자주 보는 자는 노인이 되어 다리에 질병이 생기고, 하원【신장】에 또한 질병이 있게 된다.

老來多睡主死, 少年多睡主愚.

노인이 되어서 잠이 많으면 죽게 되고, 젊은 사람이 잠이 많으면 어리석은 사람이다.

忽然眼睡下視, 主死.

눈빛이 갑자기 졸린 듯 눈을 아래로 내려다보면 죽게 된다.

忽然聲嗓主重疾, 乾韻主死.

갑자기 음성이 거칠어지면 중병에 걸리고, 여운이 메마르면 죽게 된다.

總然氣色好, 脣白亦不好, 可切看此事.

전체적인 기색이 좋은데 입술이 희면 역시 좋지 않다. 이런 일은 반드시 잘 살펴야 한다.

男女中年頂髮落, 老來最苦.

남녀 모두 중년에 정수리의 머리카락이 빠지면 노인이 되어서 고생을 심하게 한다.

髮生絨毛者, 男女俱主困窮.

머리카락이 지나치게 가늘면 남녀 모두 곤궁하게 된다.

額上有紋, 主大破耗.

관골 위에 주름이 있으면 재산이 깨지고 소모하게 된다.

少年髮白, 主傷父母, 大不利.

젊은 사람의 머리카락이 하얗게 세면 부모에게 상해를 입히고, 크게 불리하다.

魚尾有梅花, 主因妻破家, 有直紋, 大困窮.

어미에 매화꽃이 피면 부인으로 인하여 가정이 깨지고, 어미에 곧은 주름이 있으면 크게 곤궁하게 된다.

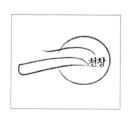

天倉橫直紋, 主破家.

천창에 가로로 곧은 주름이 있으면 가정이 깨지게 된다.

書云, 地庫要紋, 天倉要明.

서운, 지고에 주름이 있어야 하고, 천창은 밝아야 한다고 하였다.

◉準頭南方준두남방

○準頭南方不忌偏, 惟忌白. ○書云 : 南方無正土, 北方人忌偏, 偏左外家破, 偏右老來窮. ○鼻孔有一二毫, 長者爲全食, 多者有餘糧. ○寧使倉庫有餘糧, 莫使井竈有長槍. ○井竈薄而能動, 一世休聚財, 乃敗家之子也. ○地閣有一處紋, 生一處田莊, 二處紋生二處田莊. ○臥中狂叫者遭惡人死. ○病人伏臥主生, 常人伏臥主死. ○臥中歎<嘆>氣, 決非吉兆. ○臥中切齒, 害子害妻. ○臥中如吹火, 少年主刑死, 老來不善終.

準頭南方不忌偏, 惟忌曲.

남방인의 준두는 약간 삐뚤어져도 꺼리지 않지만 북방인의 준두가 굽은 것은 꺼린다.

書云, 南方無正土, 北方人忌偏. 偏左外家破, 偏右老來窮.

서운, 남방인은 단정한 코가 없지만 북방인은 준두가 치우친 것을 꺼린다고 하였다. 준두가 왼쪽으로 기울면 외가가 망하고, 오른쪽으로 기울면 노인이 되어서 곤궁하게 된다.

鼻孔有一二毫, 長者爲長槍, 多者有餘糧.

비공에 한두 가닥의 털이 길게 나오면 긴 창과 같은 것이다. 비공 속의 털이 많으면 식량이 여유롭다.

寧使倉庫有餘糧, 莫使井竈有長槍.

차라리 창고에 식량이 넉넉하다는 것은 정조에서 긴 창이 나오면 안 된다.

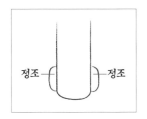

井灶薄而能動, 一世休聚財, 乃敗子也.

정조가 얇아서 움직이면 평생 재산을 모을 수 없고, 가업의 실패하는 아들이 된다.

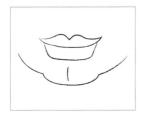

地閣有一處紋生, 一處田莊, 二處紋生, 二處田莊.

지각 한 군데 주름이 생기면 논밭이 한 군데 생기고, 지각 두 군데 주름이 생기면 논밭이 두 군데 생긴다.

臥中狂叫者, 遭惡人死.

자다가 큰 소리로 절규하듯 소리를 지르면 악인을 만나 죽게 된다.

病人伏臥, 主生, 常人伏臥, 主死.

병든 사람이 엎드려서 자면 병이 낫고, 보통 사람이 엎어 자면 죽게 된다.

臥中歎<嘆>氣, 決非吉兆.

자다가 탄식을 하면 결코 길조는 아니다.

臥中切齒, 害子害妻.

자면서 이를 갈면 처자에게 상해를 입히게 된다.

臥中如吹火, 少年主刑死, 老來不善終.

자면서 불을 끄듯 바람을 불면 젊어서 형벌에 죽게 되고, 노인이 되어서는 고종명을 하지 못한다.

◉凡內瘤紅범내류홍

> 凡肉瘤紅者佳, 白者不好. ○背厚主富. ○面上牛瘤主窮, 下身主賤. ○
> 指甲朝外主孤. ○項內髮肉, 拳者主在髮, 項內髮肉, 如堆者主招凶.

○面生黑痣, 宜火宜高者貴, 若低小不壽. ○眼生毛者宜軟宜細少, 多亂如草, 子孫不賢, 無毛主子孫不孝. ○食祿二倉生紋, 主老貧.

凡内瘤紅者佳, 白色者不好. 生背後, 主富, 然亦不長久也.

옷 속에 감춰진 혹이 붉으면 좋은 것이고 희면 좋지 않다. 혹이 등 뒤에 있으면 부유하게 되지만 오래가지는 않는다.

面上生瘤, 主窮, 下身主賤.

얼굴에 혹이 있으면 궁색하게 되고, 하체에 혹이 있으면 하천한 사람이다.

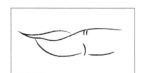

指甲朝外主孤.

손톱이 위로 뻗치면 고독하게 된다.

内髮肉, 拳螺者, 主大發財.

목과 두발 사이에 살덩이가 소라처럼 보이면 크게 재물이 늘어나게 된다.

項内髮肉, 如堆者主招凶.

목과 두 발 사이에 살덩이가 높게 쌓이면 흉사를 초래하게 된다.

面生黑痣, 宜大宜高者貴, 若低小不壽.

얼굴에 검은 점이 크고 높으면 귀하고, 만약 점이 낮고 작으면 오래 못산다.

眼生毛者宜軟宜細少, 多亂如草, 子孫不賢, 無毛主子孫不孝.

속눈썹은 부드럽고 가늘고 숱이 적어야 하며, 숱이 많아서 잡초처럼 어지러우면 자손이 현명하지 못하며, 속눈썹이 없으면 자손이 불효하게 된다.

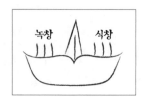

祿二倉生紋, 主老貧.

식창과 록창에 주름이 생기면 노인이 되어 가난하게 된다.

男人所忌四十一種
남 인 소 기 사 십 일 종

男人所忌四十一種, 犯者貧窮之相

頭忌偏削, 髮忌粗重, 眉忌尾垂, 耳忌開花, 睛忌露光, 樑忌陷削, 年壽忌節, 準忌尖峰, 地閣忌尖, 井灶忌仰, 台尉忌削, 人中忌紋, 口忌如吹, 下庫忌削, 項忌露骨, 邊地忌生寒毛, 胸忌高露, 背忌陷坎<坑>, 乳忌白小, 腹忌上大, 臍忌近下, 膝忌偏斜, 膝忌露筋, 足忌陷削, 指忌粗硬, 跟<眼>忌削下, 聲忌低小, 臀尖忌小, 手忌掌削, 指忌短長<偏>, 齒忌薄小希疏, 步忌蛇行, 聲忌低淚, 神忌短少, 色忌如油, 氣忌粗濁, 肉忌虛浮, 骨忌粗硬, 血忌帶暗, 髮忌開花, 臍忌朝下.

男人所忌四十一種, 犯者貧窮之相

남자에게 41가지 꺼리는 것이 있으니 이를 범하면 빈궁한 상이 된다.

頭忌偏削 _ 머리가 기울고 깎인 듯하면 빈궁한 상이 된다.

髮忌粗重 _ 두발의 숱이 많고 거칠면 꺼리는 상이 된다.

眉忌尾垂 _ 눈썹의 끝이 아래로 처지게 되면 꺼리는 상이 된다.

耳忌開花 _ 귀가 꽃이 활짝 핀 듯 열리면 꺼리는 상이 된다.

睛忌露光 _ 눈동자의 빛이 노출되면 꺼리는 상이 된다.

樑忌陷削 _ 비량이 꺼지고 깎인 듯하면 꺼리는 상이 된다.

年壽忌節 _ 년상과 수상 뼈마디가 드러나면 꺼리는 상이 된다.

準忌尖峰 _ 준두가 뾰족한 봉우리 같으면 꺼리는 상이 된다.

地閣忌尖 _ 지각이 뾰족하면 꺼리는 상이 된다.

井灶忌仰 _ 정조가 들려서 보이면 꺼리는 상이 된다.

台尉忌削 _ 난대정위가 얇으면 꺼리는 상이 된다.

人中邊忌紋 _ 인중 위에 세로주름이 있으면 꺼리는 상이 된다.

口忌如吹 _ 입이 불을 불 듯 나오면 꺼리는 상이 된다.

下庫忌削 _ 지고가 기울면 꺼리는 상이 된다.

項忌露骨 _ 목이 말라서 뼈가 드러나면 꺼리는 상이 된다.

邊地忌毛 _ 변지에 잔잔한 털이 있으면 꺼리는 상이 된다.

胸忌高露 _ 가슴이 높아 뼈가 드러나 보이면 꺼리는 상이 된다.

背忌陷坎<坑> _ 등이 움푹 파이고, 고랑이 생기면 꺼리는 상이 된다.

乳忌白小 _ 유두가 희고 작으면 꺼리는 상이 된다.

腹忌上大 _ 윗배가 크면 꺼리는 상이 된다.

臍忌近下 _ 배꼽이 아래로 가까우면 꺼리는 상이 된다.

膝忌偏斜 _ 무릎이 기울고 삐뚤면 꺼리는 상이 된다.

膝忌露筋 _ 무릎의 힘줄이 드러나면 꺼리는 상이 된다.

足忌陷削 _ 발바닥이 움푹 파이고, 깎인 듯하면 꺼리는 상이 된다.

指忌粗硬 _ 손가락이 거칠고 단단하면 꺼리는 상이 된다.

跟<眼>忌削下 _ 눈이 움푹 꺼지고 눈 꼬리가 아래로 처지면 꺼리는 상이 된다.

聲忌低小 _ 음성이 낮고 작으면 꺼리는 상이 된다.

臀尖忌小 _ 엉덩이가 뾰족하고 작으면 꺼리는 상이 된다.

手忌掌削 _ 손바닥에 살이 없어 깎인 듯하면 꺼리는 상이 된다.

指忌短長<偏> _ 손가락이 짧고 삐뚤어지면 꺼리는 상이 된다.

齒忌薄小希疏 _ 치아가 얇고 작으며 드물고 치아 사이가 벌어지면 꺼리는 상이 된다.

步忌蛇行 _ 걸음걸이가 뱀이 가듯 하면 꺼리는 상이 된다.

聲忌低淚 _ 목소리가 낮고, 우는 소리를 내면 꺼리는 상이 된다.

神忌短少 _ 신이 짧고 작으며 촉박하면 꺼리는 상이 된다.

色忌如油 _ 기색이 기름을 바른 듯하면 꺼리는 상이 된다.

氣忌粗濁 _ 운이 거칠고 탁하면 꺼리는 상이 된다.

肉忌虛浮 _ 살이 허하게 들뜨면 꺼리는 상이 된다.

骨忌粗硬 _ 뼈가 거칠고 단단하면 꺼리는 상이 된다.

血忌帶暗 _ 혈색이 막힌 듯 어두우면 꺼리는 상이 된다.

髮忌開花 _ 두발이 꽃을 피우듯 어지러우면 꺼리는 상이 된다.

臍忌朝下 _ 배꼽이 아래로 향하면 빈궁한 상이 된다.

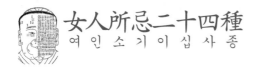

女人所忌二十四種
여 인 소 기 이 십 사 종

女人所忌二十四種, 犯者貧賤之相
頭忌尖削, 髮忌黃濁, 耳忌反復, 眉忌尾垂, 目忌黃光, 鼻忌尖陷, 嘴忌
尖凸, 齒忌白小, 顴忌高聳, 口忌尖偏, 項忌粗短, 髮忌過命門, 背大忌
陷, 胸大忌高, 乳忌白小, 臍忌淺低, 腰忌偏斜, 腿忌多筋, 肉忌虛浮,
血忌赤暗, 骨忌粗硬, 聲忌宏大, 面忌如仰, 色忌光浮.

女人所忌二十四種, 犯者貧賤之相
여인에게 꺼리는 24가지가 있으니 이를 범하면 가난하고 천한 상이 된다.

頭忌尖削 _ 두상이 뾰족하고 깎인 듯하면 가난하고 천한 상이 된다.

髮忌黃濁 _ 두발이 누렇게 탁하면 꺼리는 상이 된다.

耳忌反復 _ 귀가 뒤집히고 엎어지듯 하면 꺼리는 상이 된다.

眉忌尾垂 _ 눈썹의 꼬리가 아래로 처지면 꺼리는 상이 된다.

目忌黃光 _ 눈이 누렇게 빛나면 꺼리는 상이 된다.

鼻忌尖陷 _ 코가 뾰족하고 꺼지면 꺼리는 상이 된다.

嘴忌尖凸 _ 입이 뾰족하게 튀어나오면 꺼리는 상이 된다.

齒忌白小 _ 치아가 지나치게 희고 작으면 꺼리는 상이 된다.

顴忌高聳 _ 관골이 지나치게 높으면 꺼리는 상이 된다.

口忌尖偏 _ 입이 뾰족하고 삐뚤어지면 꺼리는 상이 된다.

項忌粗短 _ 목이 거칠고 짧으면 꺼리는 상이 된다.

髮忌過命門 _ 두발이 귀 앞을 가리면 꺼리는 상이 된다.

背大忌陷 _ 등은 큰데 등줄기가 꺼지면 꺼리는 상이 된다.

胸大忌高 _ 가슴이 크고 높으면 꺼리는 상이 된다.

乳忌白小 _ 유두가 희고 작으면 꺼리는 상이 된다.

臍忌淺低 _ 배꼽이 얕고 낮으면 꺼리는 상이 된다.

腰忌偏斜 _ 허리가 삐뚤고 기울어지면 꺼리는 상이 된다.

腿忌多筋 _ 허벅지에 근육이 많이 있으면 꺼리는 상이 된다.

肉忌虛浮 _ 살이 들떠서 허하면 꺼리는 상이 된다.

血忌赤暗 _ 혈색이 붉어서 어둡게 보이면 꺼리는 상이 된다.

骨忌粗硬 _ 뼈마디가 거칠고 단단하면 꺼리는 상이 된다.

聲忌宏大 _ 목소리가 우렁차고 크면 꺼리는 상이 된다.

面忌如仰 _ 얼굴이 볼록하게 나와 보이면 꺼리는 상이 된다.

色忌光浮 _ 혈색이 광채가 나서 들떠 보이면 꺼리는 상이 된다.

印堂三表
인당삼표

凡印堂三表是根基, 耳爲外表, 印爲中表, 鼻爲上表. ○ 唐符, 乃眉上輔骨, 國印, 乃雙顴也. ○ 禾倉祿馬, 禾乃眼, 倉乃天倉, 祿爲口, 馬爲鼻, 此乃四停, 陽宮陰後亦同途, 胸乃陽. 背乃陰也, 或云眼下, 甚屬誣談. ○ 皮肉寬實爲恢宏, 肉浮骨少爲肥胖. ○ 相中最忌郎君面, 皮薄色白血不足, 乃郎君之面也. ○ 三山突潤, 乃兩顴一鼻. ○ 禾倉天倉, 耳爲禾倉, 眼爲天倉. ○ 卯酉前如移, 卯酉卽顴也. (此卽骨爲顴骨不高之談) ○ 莫教四反五六, 耳鼻口爲四反, 五爲五官, 六爲六府. ○ 莫教四反五六, 耳鼻口爲四反, 五爲五官, 六爲六府. ○ 四瀆淸明, 目爲河, 鼻爲濟, 口爲淮, 耳爲江, 共爲四瀆. ○ 文武雙全, 眼不動爲文, 口出納爲武, 二宮故要得配 ○ 龍骨插天, 又名日月角, 又名山根, 乃天城大骨是也. ○ 三角有光, 深藏毒害, 爲眼也. ○ 薄紗染皂出粟米, 謂其色似紗, 肉帶滯黃白衣. ○ 六害眉新親又絶, 眉薄一也, 稀疎二也, 低壓三也, 交連四也, 散亂五也, 眉尾垂六也. ○ 穀道亂毛, 號作淫耗, 主好色也. ○ 分水紋後, 再抗不光, 若有二條分開, 主死於水. ○ 喉下又有紋, 主縊死. ○ 四餘者, 指甲乃筋之餘, 髮乃血之餘, 齒乃骨之餘, 色乃氣之餘. ○ 三堂者, 乃兩福堂, 一印堂. ○ 三台者, 乃兩顴一鼻也.

○ 凡印堂三表是根基, 耳爲外表, 印爲中表, 鼻爲上表.

인당은 삼표의 근기가 되니, 귀는 외표가 되고, 인당은 중표가 되며, 코는 상표가 된다.

○ 唐符, 乃眉上輔骨, 國印, 乃雙顴也.

당부는 눈썹 위의 보골이 되며, 국인은 양 관골이다.

○ 禾倉祿馬, 禾乃眼, 倉乃天倉, 祿爲口, 馬爲鼻, 此乃四停, 陽宮陰後亦同途, 胸乃陽. 背乃陰也, 或云眼下, 甚屬誣談.

화창록마의 화는 눈이고, 창은 천창이며, 록은 입이고, 마는 코가 된다. 이 네 개를 사정이라 한다. 양궁과 음후 또한 똑같이 본다. 가슴은 양이고, 등은 음이다. 다른 책에는 눈 아래라고 하는데, 이는 심히 잘못된 말이 된다.

○ 皮肉寬實爲恢宏, 肉浮骨少爲肥胖.

피부와 살이 너그럽고 실실한 것은 회굉이라 한다. 살이 들뜨고 뼈가 적은 것은 비반[비만]이라 한다.

○ 相中最忌郎君面, 皮薄色白血不足, 乃郎君之面也.

상법에서 가장 꺼리는 것은 낭군의 얼굴이다. 피부가 얇고 혈색이 희며, 혈정이 부족한 것을 낭군의 얼굴이라 한다.

○ 三山突潤, 乃兩顴一鼻.

세 개의 산이 돌출하여 윤택해야 한다. 이는 양 관골과 코를 말하는 것이다.

○ 禾倉天倉, 耳爲禾倉, 眼爲天倉.

화창과 천창이란 귀는 화창이고, 눈은 천창이 된다.

○ 卯酉前如移, 卯酉卽顴也.

卯酉(묘유)가 앞으로 나와야 하는데, 卯酉(묘유)는 관골을 의미한다.

(此卽骨爲顴骨不高之談)

(세주 : 이는 얼굴의 뼈를 관골이라 하며, 뼈가 높은 것을 말한 것이 아니다).

○ 莫敎四反五六, 耳鼻口爲四反, 五爲五官, 六爲六府.

사반을 오관이나 육부라 말한 것은 틀린 말이다. 양쪽 귀와 코와 입을 사반이라 하고, 오는 오관이며, 육은 육부라고 한다.

○ 四瀆淸明, 目爲河, 鼻爲濟, 口爲淮, 耳爲江, 共爲四瀆.

사독이 모두 맑고 밝아야 한다. 눈은 하(河), 코는 제(濟), 입은 회(淮), 귀는 강(江)이다. 이 네 가지가 모두 사독이다.

○ 文武雙全, 眼不動爲文, 口出納爲武, 二宮故要得配.

문무쌍전은 눈을 움직이지 않으면 문반이 되고, 입이 크면 무반이 되며, 눈과 입은 고로 서로 배합이 잘 맞아야 한다.

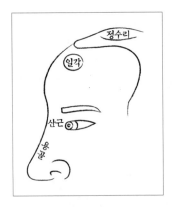

○ 龍骨揷天, 又名日月角, 又名山根, 乃天城大骨是也.

용골이 정수리로 올라간 것은 일월각이라 부르고, 산근이라 부르며, 이는 천성대골이라 한다.

○ 三角有光, 深藏毒害, 謂眼也.

눈이 삼각형 모양이고 빛이 깊이 숨으면 독하고 해롭다. 이는 눈을 말한다.

○ 薄紗染皂出粟米, 謂其色似紗, 肉帶滯黃白衣.

얇은 헝겊에 물들인 듯하고, 좁쌀처럼 검은 빛이 나타난 그 색을 사사(似紗)라 한다. 살이 체색·황색이 나타나면 상복을 입게 된다.

○ 六害眉心親義絶, 眉薄一也, 稀疎二也, 低壓三也, 交連四也, 散亂五也, 眉尾垂六也.

육해미는 눈썹의 중심이 끊어지면 육친의 의가 끊어지게 된다. 첫 번째가 엷은 눈썹, 두 번째가 희미한 눈썹, 세 번째가 눈썹이 낮아서 눈을 압박하고, 네 번째가 눈썹이 서로 연이은 듯하고, 다섯 번째가 눈썹이 어지럽게 흩어지고, 여섯 번째가 눈썹 끝이 아래로 처진 것이 된다.

○ 穀道亂毛, 號作淫秒, 主好色也.

곡도【항문】에 어지러운 털이 나면 이를 음초(淫秒)라 하며, 색을 좋아하게 된다.

○ 分水紋後, 再抗不光, 若有二條分開, 主死於水.

【항문에】 주름이 분수처럼 있어야 하는데, 또 주름이 막혀서 밝지 않고, 만약 두 개의 주름이 벌어지면 수액으로 죽게 된다.

○ 喉下又有紋, 主縊死.

목 아래 주름이 있으면 목을 메고 죽게 된다.

○ 四餘者, 指甲乃筋之餘, 髮乃血之餘, 齒乃骨之餘, 色乃氣之餘.

사여란 손톱은 근육의 여분이며, 두발은 피의 여분이고, 치아는 뼈의 여분이며, 색은 기의 여분이라 한다.

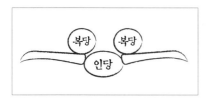

○ 三堂者, 乃兩福堂, 一印堂.

삼당이라는 것은 양 복당과 인당을 의미한다.

○ 三台者, 乃兩顴一鼻也.

삼태라는 것은 양 관골과 코를 말한다.

참고도서

출판사	참고도서	국적	비고
신문풍출판사	유장상법	대만	본문
화령출판사	유장신상	중국	오탈자
세계지식출판사	유장신상	중국	오탈자
영혼채색인쇄공사	면상비급	대만	유년법
명문당출판사	마의상법	한국	12궁

柳莊相法_유장상법

1판 1쇄 인쇄 | 2015년 03월 05일
1판 1쇄 발행 | 2015년 03월 12일

원저자 | 원충철
역 주 | 김용남
펴낸이 | 문해성
펴낸곳 | 상원문화사
주소 | 서울시 은평구 신사1동 32-9호 대일빌딩 2층(122-882)
전화 | 02)354-8646 · 팩시밀리 | 02)384-8644
이메일 | mjs1044@naver.com
출판등록 | 1996년 7월 2일 제8-190호

책임편집 | 김영철
표지 및 본문디자인 | 개미집

ISBN 979-11-85179-10-0 (03180)

이 도서의 국립중앙도서관 출판예정도서목록(CIP)은 서지정보유통지원시스템 홈페이지
(http://seoji.nl.go.kr)와 국가자료공동목록시스템(http://www.nl.go.kr/kolisnet)에서 이
용하실 수 있습니다. (CIP제어번호 : CIP2015006621)